KB035363

대한민국 부동산
10년 후 미래가치에
주목하라

서울, 수도권, 지방까지 한눈에 읽는 부동산 투자 지도

대한민국 부동산 10년 후 미래가치에 주목하라

박합수 지음

매일경제신문사

대한민국 부동산,
10년 후 미래가치에 주목하라

부동산은 미래가치의 핵심으로 투자선택 1순위다. 서울의 정비사업과 수도권의 변화에 주목하고 대처하는 미래가치에 대한 통찰력이 필요하다. 또한 수도권의 발전 축과 기존 도시의 업그레이드 차원의 변화에 주목해야 한다. 수도권 GTX 노선도는 부동산의 큰 맥을 잡는 길잡이가 된다. 지방 부동산 기대주의 변신에도 주목하고 대응해야 한다.

서울의 도심 명품 주거지는 반포, 압구정, 용산에서 정점을 이루고, 강북 도시재생의 미래가치는 한남뉴타운과 성수전략정비구역에서 실현될 것이다. 재건축과 재개발을 통해 새롭게 변신하는 서울의 미래는 지금과는 전혀 다른 색다른 가치를 보유하게 될 것이다. 그 미래 열차에 동승해야 한다.

수도권 발전 축의 변화는 시흥시, 남양주시에서 완성될 것으로 예상된다. 수도권에 서북의 일산과 동남의 분당이 있다면, 향후 시흥과 남양주의 출현은 동북과 서남을 연결하는 X자 발전 축의 완성

⁝ 대한민국 지도

을 의미한다. 또한 수도권에서 고양 대곡역, 부천종합운동장, 광명, 금정, 성남구시가지, 하남, 구리 남양주는 미완의 대기에서 조만간 반짝일 명품 입지다. 철도 개통에 따라 서울 도심 접근성을 30분 전후로 확보한 지역들은 성장성이 돋보이는 핵심 거점이다. 인천 검단

의 변화와 영종도의 가치도 눈여겨봐야 할 대목이다. 청정 주거지역인 양평 등 1시간 내 출퇴근이 가능한 한강조망 교외 단독주택도 가치가 높아질 것이다. 향후 이 지역들을 중심으로 한 미래가치에 주목해야 한다.

GTX의 미래가치에도 주목할 필요가 있다. 주목해야 할 곳은 GTX 개통 시 수도권을 30분대 생활권으로 연결할 수 있는 교통축이 완성되는 곳이다. 중심지역으로는 서울역, 청량리역, 삼성역이 있다. 이 세 지역은 트라이앵글을 형성하며 가치가 높아질 것이다. 연계성이 뛰어난 지하철 노선 흐름에 집중할 필요가 있다. 또한 지방 부동산 기대주에 주목해야 한다. 이 책에서는 여수와 통영, 속초, 강릉, 새만금, 부산, 서귀포 등을 꼽았다. 각각 남해안과 동해안, 서해안, 제주도를 대표하는 곳이다. 남해안 다도해 시대를 이끌어갈 역량을 담은 도시가 여수와 통영이다. 속초와 강릉은 동해안을 갈망하는 수도권 거주자들의 수요를 충족시킬 것으로 예상된다. 새만금은 서해안 시대의 대표 주자로 발돋움할 것이다. 제주 부동산 시장은 안정된 가운데 새로운 길을 모색할 것으로 예상된다. 부산은 대한민국 제2의 도시로 동북아 해양수도의 면모를 갖출 것이다.

KTX(SRT)를 통해 본 전국 일일 생활권의 변화도 미래 가치를 파악하는 데 중요한 역할을 할 것이다. 서울(용산)을 중심으로 대전, 대구, 광주, 창원 등의 변화도 눈여겨봐야 한다.

2020년 들어 전 세계적으로 불거진 코로나19 전염병으로 인해 부동산 시장도 관망세를 보이고 있다. 코로나19 사태가 상반기 내 어느 정도 진정될 경우 영향은 제한적일 것으로 판단된다. 다만 이 분위기가 연말까지 계속 이어져 경제시스템 자체에 타격이 커지게 되면 부동산에 미치는 파고도 종전의 외환위기, 금융위기 수준으로 격상될 수 있다. 경제가 회복되려면 최소 1~2년 정도의 시간이 필요할 것이다. 그렇지만 종전의 위기와 다른 점은 지속적인 저금리 기조 유지가 예상되고, 정부의 정책자금 지출 등 시장의 유동성이 풍부하다는 점이다. 또한 주택 수급체계에서도 공급부족 현상이 계속 진행 중이다. 물론 특단의 경기침체는 이런 영향요인을 모두 제압할 수 있을 만큼 강력하다. 다만 위기의 시작이 경제시스템의 문제가 아니라, 전염병에서 시작되었다는 점에서 치유가 적절히 이루어진다면 회복속도는 빨라질 수 있다는 것이 특징이다. 이 책은 중장기적인 관점에서 대한민국 부동산의 미래가치를 논하고 있다. 앞으로 10년간 이번 사태처럼 크고 작은 사건이 일어나고 그에 따라 어느 정도의 굴곡은 있더라도 수요와 공급에 입각한 부동산 시장의 대세 흐름은 유지될 수밖에 없을 것이다.

CONTENTS

Part 2

서울, 새로운 지평을 펼치다

Part 3

수도권의 미래는 반전이다

Part 4

지방, 그 화려한 비상의 날개

Part 1

대한민국 부동산의
미래가치

대한민국 부동산 30년의 여정

격동의 1988년! 대한민국의 자부심이었던 서울 올림픽이 개최된 해다. 전 국민적인 기대감이 부풀었던 이때는 부동산 시장 차원에서도 호황기였다. 이 시기는 전 세계적으로도 부동산 가격이 폭등하는 전형적인 대세 상승기였다. 노태우 정부가 출범하며 당면과제로 떠오른 현안이 부동산 가격안정이었다. 정부는 특단의 주택공급대책(1987년부터 계획)을 발표하는데 바로 전국에 200만 호의 주택을 건설하는 것이었다. 그 대표적인 정책이 수도권 1기 신도시다. 분당, 일산, 평촌, 중동, 산본 5곳이다. 1993년 전후부터 본격 입주가 시작되며 주택시장은 진정된다. 그 후 1998년 IMF 외환위기까지 겹치며 안정기는 10년 가까이 이어졌다.

주택공급, 즉 신도시 택지지구는 5년 단위로 체계적인 점검이 필요하다. 1988년 이후 대통령 임기가 5년임을 감안할 때, 매 정부에서 주택브랜드를 만들고, 적절한 공급이 가능하도록 잘 관리했다면 시장은 안정세를 유지했을 것이다. 주택 공급체계가 일단 이루어

: 전국 주택가격 추이

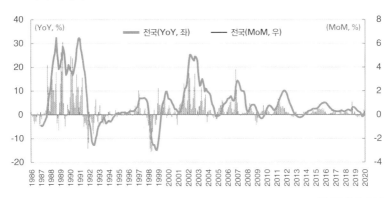

자료: KB부동산 리브온

지면 당대에 혜택을 보기보다는 차기와 그 다음에 보다 실질적인 수혜를 얻을 수 있다. 결국 당대에 공급을 게을리하면 후대는 주택공급 부족으로 가격상승 주기를 맞이할 우려가 높은 것이다. 지난 30년을 되돌아보면 계속해서 이런 방식의 주기가 반복되었다. 특히 수도권에서는 이런 현상이 뚜렷하다.

1993년 출범한 김영삼 문민정부는 주택시장 안정기로 신도시 공급의 최대 수혜자라고 할 수 있다. 하지만 이 시기에는 노태우 정부에서 추진한 1기 신도시를 제외하고는 대규모 택지지구 조성 등에 따른 폐해가 부각되기 시작했다. 자체 주택 브랜드를 개발하거나 공급체계를 수립하지 못한 것이 아쉬움으로 남는다. 그 다음 정부에서 다시 한 번 주택공급 부족의 시기를 맞이하기 때문이다.

1998년 김대중 정부에서는 경제 살리기가 최우선 과제였다. 부동산 시장을 활성화시키는 문제도 경제 살리기에 포함되었다. 그래서 대표적으로 실행한 것이 분양권 전매제한 폐지였다. 당시 서울에서 아파트는 동시분양으로 이루어졌다. 아파트 분양을 개별적으로 건설시행사가 진행하는 것이 아니라, 매월 분양할 단지를 모두 한날에 모아 청약을 받았다. 동시분양은 집중적으로 분양 시장의 붐을 일으키는 데 일조했다. 부동산 시장이 회복되면서 경제도 일정 부분 개선되기 시작했다. 하지만 김대중 정부에서도 뚜렷한 주택공급 정책의 브랜드나 계획은 없었다.

2003년에 등장한 노무현 정부 시절에는 경제 살리기 차원의 부양 여파와 누적된 공급부족 등으로 주택가격은 본격 상승기를 맞이한다. 당시 분당의 아파트 값은 2001~2003년까지 연 30%씩 상승하여 3년 만에 2배가 되었다. 이때 얻은 별칭이 '천당 밑에 분당'이다. 급기야 정부는 역사에 길이 남을 2005년 8.31 부동산 대책을 발표한다. 다주택자 양도세 중과와 종합부동산세 부과, 재건축 규제, 분양가상한제 등을 총망라한 일련의 대책이었다. 이 정책은 고스란히 2017년 8.2 부동산 대책으로 승계된다. 정부의 강력한 대책으로도 부동산 시장이 안정되지 않자 동원한 특단의 해결책은 역시 공급 확충이었다. 이른바 2기 신도시 정책이다. 성남 판교, 수원 광교, 화성 동탄, 평택 고덕, 서울 송파(위례), 양주 옥정, 파주 운정, 경기 김포(한강), 인천 검단 등에서 이루어졌다. 제일 인기가 좋았던 곳은 판교였다. 2006년과 2009년 청약 광풍이 불었다. 2006년 한해 필자도 청약관련 강의만 50회 이상을 진행할 정도였다.

2008년 시작한 이명박 정부와 그 다음까지는 2기 신도시의 수혜자다. 1기 신도시가 그랬던 것처럼 10년에 걸쳐 효과가 나타났다. 물론 2008년 리먼 사태 등의 경기침체 여파로 기본적인 흐름은 조정기였다. 그럼에도 불구하고 신도시 청약 등에 관심이 높아지자 이명박 정부는 서울 주변 개발제한구역(그린벨트)을 해제하여 반값으로 주택을 공급하겠다며 독자적인 주택 브랜드인 '보금자리주택'을 추진했다. 이 또한 차기 정부가 상당 부분 수혜를 보았다. 대표적인 곳이 하남 미사지구, 서초 내곡과 우면, 강남 세곡, 남양주 다산신도시 등이다. 그리고 택지지구와 별개로 2009년 함께 도입한 '도시형생활주택'(이하 도생)은 전국에 선풍적인 바람을 일으키며 단독주택이 대규모 원룸주택으로 변신하였다. 도생은 소형 오피스텔과 더불어 1인 가구의 주거난을 해결한 주역으로 평가받아 마땅하다. 지금도 도생사업은 진행 중이다.

2013년 출범한 박근혜 정부의 주택 브랜드는 '행복주택'이다. 철도부지, 유수지 등 유휴부지에 주택공급이라는 기획 자체는 좋았으나, 임대주택이라는 오해로 추진 자체가 난관에 부딪히고 말았다. 결국 기존 2기 신도시 공공임대주택에 이름만 달리 붙이는 선에서 마무리된 격이다. 2017년 초까지 박근혜 정부는 택지지구다운 공급을 거의 하지 못한 채 막을 내리고 말았다. 주택 가격은 노무현 정부부터 이어진 2기 신도시와 이명박 정부의 공급을 바탕으로 안정세

: 보금자리주택지구

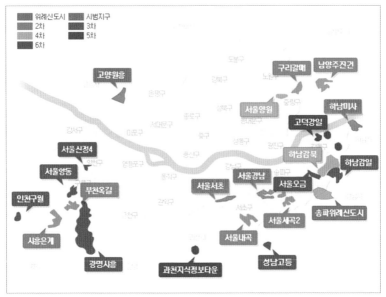

를 유지하였다. 특히 2013년에서 2014년 시기에는 '하우스 푸어'라는 집 가진 자의 슬픈 사회현상까지 만들어냈다. 2014년 7월에는 경제활성화 방안으로 대출규제를 완화했다. 이때 빚을 내서 집을 사라고 했다는 오해를 받기도 했다. 주택시장의 가격이 바닥이었던 시기였다. 그 시기의 주택 가격을 2020년과 비교해보면 약 2배가 올랐으니 최적의 매수 시기였다고 볼 수 있다. 이때 필자도 저점임을 인식하고 집을 사야 한다고 강력히 추천했지만 막상 매입한 부류는 많지 않았다.

2017년 대통령의 5년 주기보다 1년 먼저 등장한 문재인 정부는 서서히 오르기 시작한 집값을 잡겠다며 시장의 수요억제책을 강력하게 시행했다. 2017년 8.2 부동산 대책, 2018년 9.13 부동산 대책과 2019년 12.16 부동산 대책 등 굵직한 대책 3번을 포함하여 2020년 4월 기준 부동산 대책과 관련된 총 20번의 발표가 이루어졌다. 큰 틀에서 보면 노무현 정부의 정책을 토대로 한 전방위적인 정책이었다. 문재인 정부 전반기에 수도권은 공급부족으로 가격이 오르고 지방은 공급과잉으로 가격이 하락하는 상황이었다. 그럼에도 불구하고 이러한 대세 흐름에 대응하기보다는 수요억제책을 통해 주택가격 안정에 치중한 결과 주택가격은 계속 상승하였다. 후반기에 이런 공급 부족을 만회하기 위해 내놓은 대책이 수도권 30만 호 공급이다. 그 중심에는 3기 신도시 정책이 있다. 물론 주택가격 상승을 뒷받침한 것은 저금리 기조를 유지한 정책이었다. 풍부한 유동자금이 부동산으로 몰리며 시장을 강력하게 지지했다. 아울러 재건축과 재개발에 대한 높은 관심과 새 아파트에 대한 뚜렷한 선호 현상이 나타났다. 투자자와 실수요자가 대거 몰린 결과다.

아파트 공급은
계속되어야 한다

주택은 한 가구가 주거생활을 영위할 수 있는, 1개 이상의 방과 부엌 및 출입구를 갖추고 있는 건축물이다. 주택의 유형에는 단독주택(다가구주택 포함)과 공동주택(아파트, 연립, 다세대), 비거주용 건물내주택(상가주택) 등이 있다. 이렇게 주택은 토지 위에 정착된 건축물로 공간의 이동이 제한되어 있다. 물론 차량을 통해 옮겨 다닐 수 있는 이동식 주택도 있으나 현실적으로 임시거처일 뿐이다. 주택은 부동산의 한 종류로 고정되어 있는 건축물이다. 따라서 지역 간의 대체성이 없다. 즉, 특정 시군에 주택이 남아돈다고 하더라도 그 지역의 문제일 뿐 다른 곳의 부족함을 해결하긴 어렵다. 아울러 주택시장은 수요 대비 공급지역의 범위를 좁게 해석해야 한다. 전국단위 아파트의 입주물량, 총 주택 수 등은 전체적인 동향을 파악하는 수준으로는 가능하겠지만 세부지역별 의미 있는 파악이 불가능하다. 특정지역의 상황과는 맞지 않은 결과가 나오기 때문이다. 특히, 지방은 시군 단위로 정교하게 수요와 공급을 분석해야 시장에 효과적으로 대

⋮ 시도별 주택 유형(2018년)

단위: 천 호(%)

	계	단독주택	아파트	연립주택	다세대주택	비거주용 건물내주택
전국	17,633 (100)	3,949 (22.4)	10,826 (61.4)	509 (2.9)	2,140 (12.1)	210 (1.2)
서울	2,894 (100)	322 (11.1)	1,680 (58)	112 (3.9)	750 (25.9)	30 (1)
부산	1,221 (100)	209 (17.1)	798 (65.4)	31 (2.5)	169 (13.8)	14 (1.1)
대구	793 (100)	152 (19.2)	568 (71.6)	10 (1.2)	53 (6.7)	11 (1.4)
인천	998 (100)	100 (10.1)	624 (62.6)	26 (2.6)	239 (23.9)	8 (0.8)
광주	515) (100)	85 (16.6)	406 (78.9)	9 (1.7)	9 (1.7)	6 (1.1)
대전	487 (100)	81 (16.6)	356 (73)	10 (2.1)	35 (7.1)	5 (1.1)
울산	380 (100)	67 (17.6)	273 (72)	8 (2.1)	25 (6.6)	6 (1.7)
세종	119 (100)	16 (13.5)	100 (83.7)	1 (0.9)	2 (1.3)	1 (0.6)
경기	4,169 (100)	505 (12.1)	2,860 (68.6)	127 (3)	643 (15.4)	34 (0.8)
강원	604 (100)	236 (39.2)	323 (53.5)	21 (3.5)	12 (2)	11 (1.8)
충북	608 (100)	210 (34.5)	352 (57.9)	16 (2.7)	20 (3.3)	10 (1.6)
충남	836 (100)	308 (36.9)	454 (54.3)	22 (2.7)	41 (4.8)	11 (1.3)
전북	713 (100)	282 (39.6)	389 (54.6)	16 (2.2)	15 (2.1)	11 (1.5)
전남	778 (100)	404 (51.9)	336 (43.2)	15 (2)	11 (1.4)	13 (1.6)
경북	1,061 (100)	459 (43.2)	507 (47.8)	30 (2.8)	47 (4.4)	18 (1.7)
경남	1,227 (100)	420 (34.2)	727 (59.2)	27 (2.2)	37 (3)	17 (1.4)
제주	233	93 (39.8)	74 (31.8)	27 (11.6)	34 (14.5)	5 (2.3)

자료 : 통계청

응할 수 있다.

서울의 주택유형(2018년 기준 통계청 자료)을 살펴보면, 아파트 58%, 연립·다세대 30%, 단독주택 11%, 비거주용건물내주택 1% 정도로 나뉘어져 있다. 아파트가 대다수를 차지한다. 투자가치인 상품성과 환금성을 두루 갖춘 가장 선호도 높은 주택유형이다. 서울 시민의 80~90%는 아파트에 거주하길 희망한다. 현재 다세대에 거주하더라도 장래희망은 아파트 매입이고 아파트에 거주하는 것이다. 아파트가 주택으로서의 경쟁력을 갖추고 있기 때문이다. 전국을 놓고 보면 아파트 비율은 평균 61.4%다. 연립·다세대가 15%, 단독주택이 22.4%, 비거주용건물내주택이 1.2% 수준이다. 경기도의 경우 아파트 비율은 68.6%로 서울보다 10.6%p가량 많다. 이유는 간단한데 경기도에 들어선 신도시 대부분이 아파트로 개발되었기 때문이다. 전국적으로 아파트 비율이 제일 높은 곳 역시 새로 건설된 세종시로 83.7%다. 광역시 중에서는 광주광역시가 78.9%로 가장 높고, 대전광역시 73%, 울산광역시 72%, 대구광역시 71.6%, 부산광역시 65.4%, 인천 62.6% 순이다. 도의 경우 제주도 31.8%, 전남 43.2%, 경북 47.8%를 제외하면 전국 대부분이 50% 정도의 아파트 비율을 가진다.

따라서 수요가 가장 많은 서울의 아파트 비율이 58%에 불과한 것은 주택시장에 심각한 수급불균형을 초래하고 있다. 거주희망 비율 대비 약 30%의 차이를 보이고 있기 때문이다. 아파트 수요가 그만큼 많다는 의미다. 이처럼 서울 아파트 공급량이 턱없이 모자라기 때문에 아파트 선호 현상은 향후 10년 이상 지속될 수밖에 없다. 그래서 아파트의 가격은 다세대 등 다른 주택유형 대비 상승폭이 가파르다. 서울시 내에서 재건축·재개발 등 정비사업이 제때 진행되지 못한 결과다.

아파트 중에서도 새 아파트에 대한 선호 현상이 두드러지고 있다. 이는 당연한 결과다. 새로운 확장평면을 전제로 설계되어 종전보다 넓은 거주공간이 확보되고, 주차 여건과 단지 내 공원 등 쾌적한 환경을 갖추었다. 또한 요즘 선호하는 단지 내 조식과 세탁서비스, 문화공간, 체육시설 등 커뮤니티 조성이 잘 되어 있는 것도 하나의 이유다. 무엇보다 중요한 것은 아파트 자체의 노후화다. 전국의 아파트 1,082만 6,000호 중 20년 이상 노후 아파트는 428만 7,000호로 무려 39.6%에 해당된다. 서울은 전체 주택 289만 4,000호 중 45.1%에 해당하는 130만 4,000호가 20년 이상 된 낡은 주택이다. 또한 그중 50만 9,000호(서울 전체 주택의 17.6%)는 30년 이상으로 재건축이 필요한 상태다.

아파트에 거주하고 싶은데 아파트 자체는 모자라고 그나마 있는 아파트도 낡은 아파트가 절반에 이른다. 그 결과 새 아파트에 살고 싶다는 희망이 강해 가격에도 반영된다. 새 아파트가 단기간 내 공급될 확률이 사라지자 금값이 된 상황이다. 서울에선 더 이상 머뭇거릴 시간이 없다. 서울 공급량의 대다수를 차지하는 재건축·재개

∶ 3기 신도시 현황

구분	3차 발표(2019.5.7)		2차 발표(2018.12.19)		
	고양 창릉	부천 대장	남양주 왕숙	하남 교산	인천 계양
면적	813만㎡	343만㎡	1,134만㎡	649만㎡	335만㎡
호수	3.8만 호	2.0만 호	6.6만 호	3.2만 호	1.7만 호
권역	서부권		동부권		서부권

자료: 국토교통부

발 사업을 조속히 재개하여 대량 물건을 동시다발적으로 공급해야 한다. 물론 그 과정에서 용적률을 높이고 소형평형을 늘려 주택 수를 확대하는 것도 잊지 말아야 한다. 가격이 너무 올라 있어 구매력이 떨어지는 데다, 점차 가구원 수가 감소하고 1~2인 가구가 대세라는 정황을 고려해야 한다.

서울시 내의 아파트 공급물량 확보와 더불어 주변의 신도시, 택지지구 개발도 동시에 이루어져야 한다. 수도권 전체가 메트로시티화되고 있기 때문이다. 이렇게 외곽지역에 대거 아파트를 공급하면 서울의 집중도를 완화할 수 있는 것은 맞지만 그것이 전부가 되어서는 안 된다. 도심 개발을 등한시해서는 안 되며 반드시 병행해야 한다. 서울 도심에 거주를 희망하는 수요가 강하게 자리하고 있지만 그럼에도 불구하고 도심에 거주하는 것이 어려울 경우에는 외곽으로 이동하는 성향 때문이다. 향후 10년 내 공급될 택지지구로는 3기

: 1, 2기 신도시 위치도

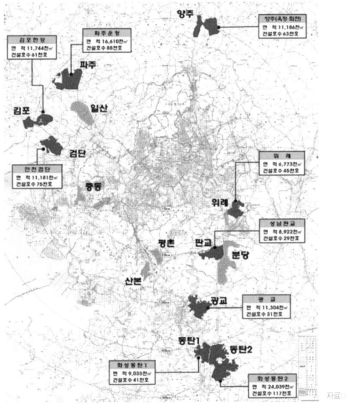

자료: 국토교통부

신도시가 있다. 남양주 왕숙신도시, 하남 교산신도시, 인천 계양신
도시, 고양 창릉신도시, 부천 대장신도시 등 5곳으로 17만 3,000가
구 규모다. 수도권 30만 호 공급을 공략으로 발표했지만 12만 7,000
가구는 중소택지로 본격적인 물량을 계산하기에는 무리가 있다. 어
느 시기에나 늘 있어 온 기본적인 물량이기 때문이다. 신도시로 불

	분당	일산	평촌	산본	중동
사업면적(km²)	19.6	15.7	5.1	4.2	5.5
수용인구(천 인)	390	276	168	168	166
주택건설(천 호)	97.6	69.0	42.0	42.0	41.4
개발기간	'89~'96	'90~'95	'89~'95	'89~'95	'90~'96
개발주체	토지공사	토지공사	토지공사	주택공사	부천시, 주택공사, 토지공사

	성남 판교	화성 동탄1	화성 동탄2	김포 한강	파주 운정	광교	양주 (옥정·회천)	위례	고덕 국제화	인천 검단	아산 (탕정·배방)	대정 도안
위치	경기도 성남시 일원	경기도 화성시 일원	경기도 화성시 석우동, 반송동, 동탄면 일원	경기도 김포시 김포2동 일원	경기도 파주시 일원	경기도 수원시, 용인시 일원	경기도 양주시 일원	송파구, 성남시, 하남시 일원	경기도 평택시 서정동 고덕면 일원	인천시 서구 일원	충남 천안시 불당동, 아산시 배방면 탐정면 일원	대전시 서구 유성구 일원
부지 면적 (km²)	8.9	9.0	24.0	11.7	16.6	11.3	11.2	6.8	13.4	11.2	8.8	6.1
주택건설 (천 호)	29.3	41.5	116.5	61.3	88.2	31.1	63.4	44.8	57.2	74.7	33.3	24.5
수용 인구 (천 인)	88	126	286	167	217	78	163	110	140	184	86	69

자료: 국토교통부

리는 5곳의 물량도 결코 많은 물량이 아니다. 수도권 2기 신도시의 경우 화성 동탄신도시(1, 2차) 1곳에서만 15만 7,000호가 공급되었다. 평택 고덕신도시와 충남 아산신도시, 대전 도안신도시 등 지방택지를 제외하더라도 55만 호에 이른다. 3기 신도시는 2기 신도시 물량의 1/3 수준에 불과하여 상대적으로 너무 적다. 입주 자체도 2027년 전후로 시기가 다소 늦어 공급효과는 제한적일 것으로 우려된다. 참고로 수도권 1기 신도시(분당, 일산, 평촌, 중동, 산본)의 경우 입주물량은 29.2만 호였다. 1기 신도시와 비교하면 3기 신도시는 결코 공급과잉이 아니라, 오히려 너무 부족하여 걱정이 앞서는 수준이다. 2기 신도시가 입주하던 시점에는 별개의 택지지구인 남양주 별내신도시, 부천 옥길지구 등과 이명박 정부의 주택브랜드인 보금자리주택이 대거 입주하였다. 제일 큰 규모인 하남 미사지구는 3.8만 호에 이른다. 3기 신도시인 고양 창릉신도시와 같은 규모다. 이밖에도 그 시기 다산신도시, 하남 감일지구, 구리 갈매지구, 고양 원흥·삼송·지축지구, 서초 우면·내곡지구, 강남 세곡지구 등 일일이 열거할 수 없을 정도로 많은 입주가 이루어졌다. 이젠 보금자리주택지구도 마무리되고 오로지 남은 것은 3기 신도시와 일부 택지지구뿐이다.

신도시 입주 시기를 살펴보면, 1기는 대략 1993년경부터, 2기는 2009년경부터 입주하였고 3기는 2027년 입주 예정이다. 1기와 2기 사이는 16년, 2기와 3기 사이는 18년 정도로 간극이 크다. 주택공급은 상황에 따른 임기응변식 대응이 아니라, 계획적이고 체계적으로 중장기적인 관점에서 수립되어야 한다. 그래야 공백기 없이 주택시장의 안정을 기할 수 있다. 아파트 공급이 계속되어야 하는 이유다.

인구감소는 주택의 수요감소,
가격하락으로 이어질까?

인구는 그 나라의 국력이다. 요즘 같은 글로벌 시대에는 국가 간 경쟁이 치열해지고 있어 인구에 대한 절실함이 더욱 크다. 우리나라는 1960~70년대 산아제한을 철저히 실시한 경험을 가지고 있다. 이 시절 익숙한 표어로 "아들 딸 구별 말고 둘만 낳아 잘 기르자"가 있다. 그러나 최근 주택시장만 보더라도 1가구 3자녀 가구에는 아파트 특별공급까지 부여하고, 신혼부부 우선공급 주택에도 자녀가 있는 것을 조건으로 내걸고 있다. 그야말로 격세지감이다. 그만큼 인구가 국력의 원천임을 반증한다.

이런 인구가 통계청 추계 자료에 의하면 5천만 명을 돌파하지 못하고 꺾인다고 하니 안타까울 뿐이다. 아울러 최근 주택시장 수요와 관련하여 인구가 감소하기 때문에 향후 주택의 수요도 감소할 것이라는 논리가 일반화되어 가고 있다. 언뜻 일리 있는 이야기로 들릴 수 있다. 하지만 이 얘기는 통계를 막연히 해석한 데 따른 오해의 소지가 있는 말이다. 좀 더 내용을 구체적으로 살펴보자. 통계청의 2005년 인구주택총조사에 의하면 우리나라 인구는 2018년 4,934만 명을 정점으로 완만히 감소하여 2030년에는 4,863만 5,000명으로 줄어든다고 발표하였다. 단순히 이 수치만 놓고 해석을 하더라도 인구감소는 2008년인 올해보다 10년이나 지난 2018년 이후에 시작되는 일이다. 몇 년 후도 아닌 강산이 한번 변할 후의 일을 지금부터 걱정할 필요는 없으며, 그 감소폭도 너무 적어 느끼지 못할 정도로 미세하다. 이런 자료를 놓고 당장이라도 나타날 주택수요와 연관 짓는 것은 다소 과장된 측면이 있다. 결국 12년 동안 불과 70만 명 정도가 감소한 것으로 그 의미는 크지 않기 때문이다. 또한 이것은 전국적인 통계 수치이고, 인구가 집중되고 있는 수도권을 놓고 보면, 인구감소는 곧 주택수요 감소라는 논리는 전혀 맞지 않는 허황된 얘기다. 전체인구에서 차지하는 수도권 인구의 비율은 2010년 49.8%에서 2030년에는 54.1%로 증가할 것이다. 경기도의 인구 집중도가 두드러지며, 전체 인구가 감소하는 기간에도 수도권의 인구는 늘어나는 상황이다.

재미있는 통계자료가 또 있다. 주택보급률 등 주택수요를 가늠할 때 '가구'라는 개념을 쓴다. 가구는 '1인 또는 2인 이상이 모여 취사, 취침 등 생계를 같이 하는 생활단위'라고 정의되어 있다. 주택관련 사업자가 수요예측을 할 경우 사실상 인구보다는 주거 단위인 가구가 더 적합한 수치다. 통계청이 조사 추계 발표한 일반가구

추이를 살펴보면, 인구가 정점을 찍는 2018년 1,871만 2,000가구가 2030년에는 1,987만 1,000가구로 늘어난다. 이는 핵가족화, 이혼 등으로 인한 독신가구 증가에 기인한 것으로 해석된다. 가구는 증가한 반면 평균 가구원 수는 2.52명에서 2.35명 정도로 줄어드는 것으로 예측되었다. 결국 인구감소가 곧 주택수요 감소라는 연결고리는 가구 개념을 도입하면 그 의미가 무색해진다. 다만 가구주의 연령이 노령화되고 여성 가구주 비율이 높아짐에 따라 소득수준 저하로 인한 구매력의 한계는 다소 예상할 수 있는 부분이다.

이런 여러 가지 정황을 놓고 볼 때 주택수요 감소를 우려할 상황은 아니다. 향후 10년 이후라도 수도권 인구와 가구 등을 고려하면 주택공급은 꾸준히 유지되어야 한다. 구매력 감소 및 가구원 수하향으로 소형주택이 대세가 될 것이라는 전망도 있지만 이는 1인가구 및 일부 저소득층에 적합한 예측이다. 전반적으로 가구원 수는 비록 줄어들더라도 삶의 질 향상에 따른 일정 규모 이상의 주택이 지속적으로 필요하다는 판단이다.

*필자가 2008년 8월에 쓴 칼럼 내용이다

2008년 그로부터 12년이 지난 2020년에도 필자의 주장은 바뀐게 없다. 오히려 보다 확실하게 검증되고 확신하게 되는 부분이 많다. 수정 보완을 한다면 중소형 주택이 대세가 될 것이라는 부분 정

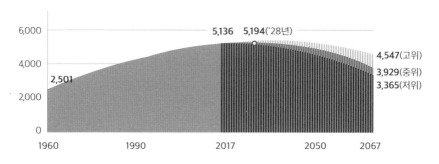

∶ 총인구 추계치

지표	시나리오	1960	1970	1980	1990	2000	2017	2020	2030	2040	2050	2060	2067
총인구 (만 명)	중위추계	2,501	3,224	3,812	4,287	4,701	5,136	5,178	5,193	5,086	4,774	4,287	3,929
	고위추계						5,136	5,194	5,341	5,355	5,161	4,808	4,547
	저위 추계						5,136	5,164	5,065	4,831	4,401	3,801	3,365

자료: 통계청

도다. 1~2인 가구가 60%에 육박하고 주택가격이 너무 올라 구매력이 지나치게 위축되었기 때문이다.

　　우리나라 인구센서스 공식 조사주기는 5년이지만, 요즘은 통계청에서 거의 매년 약식조사 발표를 하고 있다. 행정안전부의 주민등록 기준 인구와 통계청 조사방식에 약간의 차이는 있지만, 2019년 기준 총인구는 5,170만 명 수준이다. 이미 5,000만 명을 못 넘고 감소하리라는 예상은 이미 폐기된 지 오래다. 2018년 기준 서울의 인구는 대략 970만 명, 인천 300만 명, 경기도는 1,310만 명을 넘었다. 수도권에 전체 인구의 절반이 모여 산다. 전체 인구는 2028년 5,280

총가구 및 가구증가율

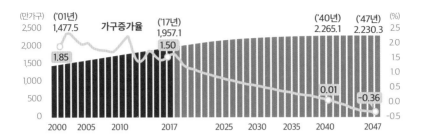

자료: 통계청

만 명을 정점으로 감소한다는 것이 2017년 기준 발표다. 아직도 많이 남았다. 더욱 중요한 지표는 가구 추이다. 가구 역시 2040년이 정점이라는 것이 2017년 기준 발표다. 주택의 수요 단위인 가구는 앞으로도 20년간 증가 추세다. 인구와 가구를 기준으로 주택수요를 예측해보면 수도권과 대도시는 소폭 증가하는 형태며, 지방소도시와 농어촌은 축소되는 모양새다.

결국 인구감소, 수요감소, 가격하락 논리는 당연하고 합리적인 논리처럼 보이지만 수도권과 대도시 입장에서 보면 현실과 괴리된 탁상공론일 뿐이다. 적어도 수도권에서 주택은 매입을 전제로 검토되어야 한다.

우리와 일본 부동산 시장의
상관관계

부동산 시장에서 인구감소로 인한 가격하락과 더불어 널리 회자되는 논리는 일본의 부동산 시장의 침체를 따라간다는 것이다. 일본 부동산 시장의 버블붕괴 초기와 흡사하다는 지적이다. 그 의미를 되짚어 보자.

일본은 1983년부터 시작된 자산가격 상승으로 1991년 정점에 이르렀고 그 후 하락하기 시작하여 2005년까지 15년간 자산 디플레 과정을 밟았다. 우리와 유사한 점도 있지만 차이점도 여럿 발견할 수 있다. 이렇게 여러 가지 상황들을 비교 분석해보고 타산지석으로 삼고자 한다.

2006년부터 2015년경까지는 정체상태를 유지했다. 2020년 현재 도쿄 등 대도시를 중심으로 소폭 상승하고 있다. 아베노믹스에 힘입은 결과다. 그렇다고 본격적인 회복이라고 보기는 이른 상태다. 여전히 매수자의 심리상태가 회복되지 않고 있기 때문이다.

일본은 1983년부터 7년간 연간 20%가 넘는 주가 상승률이 지

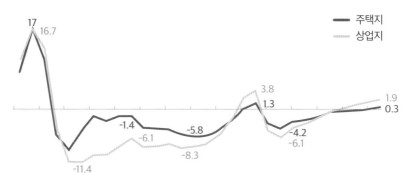

자료: 일본국토교통성

속되었고, 부동산 시장에도 과도한 활황세가 지속되었다. 1991년까지 도심 오피스 수요증가에서 발단된 가격상승은 도쿄 전역과 지방으로 급속히 전파되어 주택가격이 전체적으로 올랐다. 엔고와 원유하락으로 유동성이 증가하고, 물가가 안정된 상태에서 정책금리(우리의 기준금리)와 더불어 시장금리가 지속적으로 하락한 데 따른 결과다. 이 과정에서 보유자산과 유동성 및 가계대출이 증가했음에도 불구하고 재무건전성은 건재했다. 자산가치가 커졌기 때문이다. 부동산시장 활황에 힘입어 대규모 주택공급이 이루어지기도 했다.

우리나라의 주식시장이 장기간 박스권 상태를 벗어나지 못하는 상황은 일본과 다른 점이다. 다만 최근 서울을 중심으로 한 급격한 아파트 가격상승과는 유사한 점이 있다. 사실상 버블 초기 상태로 진단된다. 물론 단시간 내 지나친 가격상승은 부동산 정책의 엇박자에서 기인했다. 일본의 경우 경제 호황기에 발생한 버블이라면 우리나라의 경우 경제침체를 극복하는 과정에서 형성되었다는 것이 차이점이다. 일본은 이런 시기가 장시간(약 7~9년) 지속되어 위기에 둔감한 상태였다. 우리나라의 경우 저금리체제가 유지되고 있어 부동산 시장이 유동적이긴 하지만, 위기에 대비한 금리정책 등 신속한 대응이 이루어지고 있어 위험도는 줄고 있다. 또한 전반적으로 한국 경제의 경우 지금이 침체기이긴 하지만, 큰 흐름에서는 성장기라고 볼 수 있기 때문에 상승 잠재력이 있다는 것도 일본과는 차이가 있다. 중요한 것은 지금의 주택가격 상승은 상당 부분 공급부족에 기인한 측면이 있어 공급과잉으로 인한 우려는 없는 상태다.

일본의 버블 팽창기에 정부의 통화정책은 장기간 저금리에 노출되어 있었다. 5%에 머물던 정책금리를 1986년 1월부터 5차례에 걸쳐 2.5%까지 인하하였다. 저금리는 가계의 이자소득을 감소시켜 소비침체로 이어졌으며, 금융기관이나 기업의 구조조정을 지연시키는 결과를 낳았다. 결국 1990년에 들어서 거품을 인식하고 이를 제거하고자 그해 8월 말에 금리를 6.0%로 급하게 올렸다. 이러한 지나친 조치는 급속한 경기 침체와 자산가격 하락을 불러왔다. 또한 초기 견실함을 보였던 금융기관의 붕괴는 시스템 불안상황으로 급반전시켰다. 담보비율LTV을 100% 전후로 과도하게 운용하고 부실채권 정리를 등한시한 결과였다. 우리나라 금융기관의 담보비율 수준은 50% 이하로 정상범위이며, 연체율도 크게 걱정할 수준은 아니다. 은행의 건전성을 위해 감독당국의 지속적인 대출규제와 자체적인 리스크 관리로 체력을 유지하고 있다. 아울러 이를 답습할 확률은 상대적으로 떨어진다. 금융당국의 대출부문 관리는 LTV, DTI, DSR 제도 도입까지 선제적으로 적정하게 운용되고 있어 금융기관의 부실로 연결될 개연성은 크지 않다.

현 경제상황에서 기준금리를 급격하게 인상할 이유는 거의 없다. 물론 금리를 적정수준에서 유지하는 것은 유동성 관리 차원에서 필요하지만, 전반적인 경제 활성화 측면에서는 당분간 이 체제를 유지해야 한다. 대부분의 버블붕괴는 금리인상(구조조정 동반)과 함께 진행되는데 단기간(1년) 내 3%p가 인상될 경우, 경제주체가 정상범위를 이탈하는 현상을 보인다. 우리의 IMF외환위기, 미국의 서브프라임모기지 사태, 일본의 버블경제가 그 사례다.

일본은 2005년 이후 버블붕괴와 대세하락 과정을 거치며 현재는 안정을 되찾아 가고 있다. 그 과정에서 나타난 현상은 주택에 대한 선호보다 수익형 부동산에 대한 기대가 커진 것이다. 요즘 우리 상황과 유사하다. 일본의 경우 인구구조변화가 급격히 진행되고 있다. 일본은 이미 2007년경 65세 이상 인구가 20%를 넘는 초고령사회로 진입했다. 고령화로 나타나는 주거패턴은 도심회귀 현상이다. 외곽 신도시로 이주했던 고령세대가 병원 등 편의시설을 찾아 되돌아왔다. 젊은 층도 출퇴근을 이유로 직주근접 형태인 도심선호 경향을 보인다. 그 결과 도심주택의 가격이 상승세를 보이고 있다.

우리나라의 초고령사회 진입은 대략 2027년경으로 예상되지만, 도심집중 현상은 이미 진행 중이다. 일본과 유사하게 진행되는 상황이다. 여기서 파생되는 문제는 지방 등 외곽지역의 빈집 문제다. 일본의 인구는 1억 2천만 명 정도인데 빈집은 840만 채를 넘었다는 보도가 있다. 우리도 2018년 기준(통계청)으로 전국의 빈집은 142만 호에 이르는데, 경기도(17.6%) > 경북(9.6%) > 경남(9.3%) > 전남(8.4%) > 충남(7.5%) 순이다. 크게 우려할 수준은 아니지만 지방지역은 점차 증가추세다. 도심 주택가격을 안정시키기 위하여 재건축·재개발 등 정비사업에 대한 전향적인 추진이 필요하다.

2020년 4월을 기준으로 서울 아파트와 도쿄 맨션(아파트)의 가격은 일부 역전된 상황도 나타나고 있다. 서울 아파트값이 단기간 내 급등하여 지역에 따라서는 더 비싼 경우가 발생하고 있다. 단적으로 도쿄 올림픽선수촌으로 쓰일 예정이었던 오다이바의 맨션 분양가는 전용 85㎡(34평)와 유사한 면적이 10억가량이라고 한다. 서울 송파구 올림픽선수촌아파트 유사평형의 실거래가(2019년 12월)는 16.6억 원이다. 지하철 9호선 개통과 재건축을 앞두는 등의 기대감이 반영된 결과지만 이젠 서울 아파트 가격이 결코 싸다고 할 수는 없다. 최근 2~3년간 급등한 결과다. 코로나19 사태가 아니더라도 어느 정도 진정은 필요하다는 느낌이다.

일본과 우리나라는 일부 저금리 기조유지와 유동성 증가라는 유사점도 있지만 나름대로 관리가 체계적으로 이루어지고 있다는 점이 그들의 과거와는 다르다. 금융 관련 위험관리도 잘 유지되고 있어 급격한 자산시장 붕괴는 나타나지 않을 것으로 예상된다. 고령화 등에 따른 인구구조변화는 비슷한 경로로 가고 있으나, 국토 자체가 좁고 수도권에 인구의 절반이 모여 사는 현황을 고려할 때 빈집에 따른 우려는 크지 않다. 오히려 도심 주택가격 상승을 방지하기 위해 소형 위주의 공급량을 확충하는 등 체계적인 공급대책을 세워야 한다.

가계부채가 주택시장에
미치는 영향은?

가계부채가 2019년 4/4분기 기준 1,600조 원을 넘어서며 대출 규제의 목소리가 커지고 있다. 시간이 갈수록 늘어나는 부채를 관리해야 하는 것은 당연하다. 경제 전반에 부정적인 영향을 미칠 수 있기 때문이다. 다만 관리 방법이 지나치게 총액 중심으로 흘러서는 곤란하다. 또한 대출규제를 부채관리 관점보다 부동산 투기방지 차원에서 접근하는 것도 고민해야 한다. 획일적인 가이드라인을 적용할 경우 소득이 적은 실수요자가 더 큰 어려움에 처할 수 있다.

가계부채는 한국은행이 매분기 발표하는 '가계신용' 수치로 예금은행, 비은행예금 취급기관, 기타금융기관 등 판매신용까지 총망라된 포괄적 의미의 가계대출 금액이다. 기타금융기관 등에는 연금기금, 공적금융기관 등의 대출금액도 포함되어 있다. 그중 일부는 복지 차원의 지원으로 상환에 부담이 없지만 대출로 계상되는 등 범위가 다양하다. 특히 판매신용 중 신용카드 사용액(약 60조 원 전후)은 매월 결제되는 지불수단으로 연체율을 통한 관리방식이 적합하다.

: 가계신용

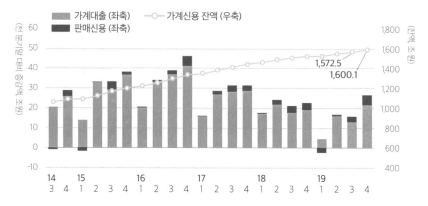

자료: 한국은행, 2019년 4/4분기 중 가계신용

(기간 중 말잔 증감, 조 원, %)

	2018년		2019년			
	3월 4일	4월 4일	1월 4일	2월 4일	3월 4일	4월 4일
가계신용 잔액	1,513.90	1,536.70	1,539.90	1,556.70	1,572.50	1,600.10
전분기대비 증감액	21.5	22.8	3.2	16.8	15.8	27.6
(증감률)	-1.4	-1.5	-0.2	-1.1	-1	-1.8
전년동기대비 증감액	94.8	86.1	71.7	64.4	58.7	63.4
(증감률)	-6.7	-5.9	-4.9	-4.3	-3.9	-4.1
가계대출 잔액	1,427.20	1,446.60	1,451.70	1,468.00	1,481.40	1,504.40
전분기대비 증감액	18	19.4	5.1	16.3	13.4	23
(증감률)	-1.3	-1.4	-0.4	-1.1	-0.9	-1.6
전년동기대비 증감액	86.1	76.8	64.5	58.8	54.2	57.8
(증감률)	-6.4	-5.6	-4.7	-4.2	-3.8	-4
판매신용 잔액	86.7	90.1	88.2	88.7	91.1	95.7
전분기대비 증감액	3.6	3.4	-1.9	0.5	2.4	4.6
(증감률)	-4.3	-3.9	(-2.1)	-0.6	-2.7	-5.1
전년동기대비 증감액	8.7	9.3	7.1	5.6	4.4	5.6
(증감률)	-11.1	-11.5	-8.8	-6.7	-5.1	-6.2

기관별 가계대출 증감액(기간중 말잔 증감, 조 원, %)

	2018년		2019년					
	연중	4월 4일	연중	1월 4일	2월 4일	03월 04일	04월 04일	잔액
가계대출	76.8	19.4	57.8	5.1	16.3	13.4	23	1,504.40
		-1.4		-0.4	-1.1	-0.9	-1.6	
주택담보대출	38	12.2	34.9	4.3	8.4	9.5	12.6	842.9
기타대출	38.8	7.2	22.9	0.8	7.9	3.9	10.4	661.6
예금취급기관[1]	59.2	20.7	50.2	2.1	13.8	16.7	17.5	1,084.00
		-2		-0.2	-1.3	-1.6	-1.6	
예금은행[1]	52.4	17.2	54.6	5.7	13.3	18.7	17	767.7
주택담보대출	30.1	10.8	39.7	7	9	13	10.7	534
기타대출	22.4	6.4	14.9	-1.4	4.3	5.6	6.3	233.8
비은행예금 취급기관[1]	6.8	3.5	-4.5	-3.5	0.5	-1.9	0.5	316.3
주택담보대출	-3.9	-1.1	-10.4	-3.5	-2.2	-2.4	-2.4	99.8
기타대출	10.7	4.6	6	0	2.7	0.5	2.9	216.5
상호저축은행	2.5	0.9	2.6	0.3	0.8	0.7	0.8	26
신용협동조합	-1.4	0.1	-0.8	-0.4	0.1	-0.3	-0.2	35.7
상호금융	7.5	2.9	0.6	-0.1	1.2	-0.8	0.4	188.5
새마을금고	-1.9	-0.6	-6.8	-3.2	-1.6	-1.5	-0.5	64.6
신탁, 우체국예금	0.2	0.2	-0.1	-0.1	0	-0.1	0.1	1.4
기타금융기관 등	17.5	-1.3	7.6	3	2.5	-3.3	5.5	420.5
		(-0.3)		-0.7	-0.6	(-0.8)	-1.3	
주택담보대출	11.8	2.6	5.6	0.8	1.6	-1.1	4.3	209.1
기타대출	5.7	-3.9	2	2.2	0.9	-2.2	1.2	211.3
보험회사[2]	5.2	2.1	-0.9	-1.4	0.4	-0.8	0.8	119.1
연금기금[3]	1	0.4	0.2	0	0	-0.1	0.2	14.8
여신전문회사[4]	4.6	0.1	1.6	-0.1	0.8	0.4	0.7	66.2
공적금융기관[5]	1	-0.2	3.4	0.9	1.4	0.5	0.7	41.6
기타금융중개회사[6]	6.1	-3.2	3.7	3.1	0.5	-3.6	3.6	166.7
기타[7]	-0.3	-0.5	-0.4	0.3	-0.5	0.3	-0.5	12.1

자료 : 한국은행

주 : 1) 예금취급기관이 취급한 주택금융공사, 모기지론의 주택금융공사, 앞 양도분은 포함되어 있지 않음
2) 생명보험, 손해보험, 우체국보험   3) 공무원연금관리공단, 사립학교교직원연금관리공단 등
4) 카드사, 할부사 등   5) 주택도시기금, 한국주택금융공사 등
6) 증권사, 자산유동화회사, 대부사업자 등   7) 한국장학재단 등
* ( )내는 전분기말대비 증감률(%)

신용카드 사용액은 내수소비의 지표다. 사용금액의 증가는 경제 활성화 측면에서 고무적이지만 가계부채 문제로 접근하면 단지 축소의 대상일 뿐이다.

가계부채는 총량 개념의 숫자일 뿐 그 자체가 모두 우려의 대상은 아니다. 그 금액은 우리나라 금융기관의 매출액이고 정상적인 대출이다. 약 70% 이상은 소득 4~5분위가 보유한 우량대출로 경제적으로 순기능 역할을 하는 신용창출 효과가 있다. 무조건 총량을 기준으로 축소 대상, 관리 대상으로 적시하면 오히려 상황이 복잡해진다. 물론 총량도 일정 부분 관리대상이 되어야 하는 것은 불가피하지만 과도하게 금액에 집착할 경우 득보다는 실이 더 많을 수 있다. 경제 주체인 국민이 심리적으로 위축되면 소비가 축소되는 등 경제의 악순환이 우려되기 때문이다.

가계부채 금액인 가계신용 중에서 관리 대상으로 삼을 수 있는 별도의 지표를 개발해야 한다. 즉, 집중관리 대상인 취약계층(저신용자 대출 등) 대출금액의 증감과 연체율 등을 중심으로 새 지표를 만들어야 한다. 그래야 우량대출 수요자는 이 굴레에서 벗어날 수 있다. 취약계층 대출의 경우 기관별 고위험군(저신용자) 대출금액 및 연체율 지표 등을 별도 관리해야 한다. 정부는 2017년 10월 '가계부채 종합대책'에서 취약차주에 대한 맞춤형 지원방안을 통해 체계적인 관리 감독에 나선 상황이다.

가계부채 축소와 대출규제의 대상으로 주택담보대출(이하 주담대)

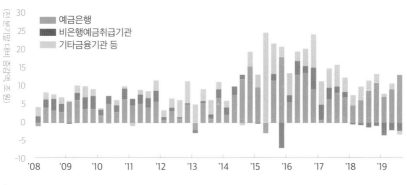

: 업권별 주택담보대출 증감액

(전분기말 대비 증감액, 조원)

- 예금은행
- 비은행예금취급기관
- 기타금융기관 등

자료: 한국은행(2019년 4/4분기 중 가계신용)

이 꼽히고 있다. 주담대는 가계신용 총액 중 50%대의 비중이다. 가계부채 증가는 주담대 증가세와 밀접하다는 것이 정부 분석이다. 다만 가계의 상환능력이 양호하고, 장기 고정금리와 분할상환 중심으로 전환하고자 노력한다면 가계대출의 질적 구조가 개선될 것이다. 한편 연체율과 BIS비율 등을 감안할 때 금융시스템 리스크로 이어질 가능성은 제한적이라는 진단이다.

가계부채 중 집중적으로 축소해야 할 대상으로 떠오른 집단대출(중도금대출)은 아파트 선분양제하에서 발생하는 일시적인 주택금융 형태로 시공사의 건설공사비 성격(기업금융)을 가지고 있다. 공사완공 후 입주 시 분양자의 전세보증금, 주택매도자금 등으로 일정 부분 상환된 다음 잔여금액은 주택구입자금대출로 전환된다. 중도금 대출 축소가 자칫 주택사업 위축으로 연결되어 주택공급이 감소할 경우, 주택가격이 상승하는 악순환이 반복될 수 있다. 분양가격이 9억 원을 초과할 경우 중도금대출을 중단하는 규제는 심각한 부의 편중으로 이어질 수 있다. 서울에서 9억 원이 넘는 분양 아파트가 이미 40%을 넘는 현실에서 중도금 대출이 되지 않을 경우, 그 피해는 고스란히 중산층이 보게 되고 그 결과 중산층의 주택매입 위축이 초래된다. 또한 현금을 가진 부자에게 매수기회가 확대되는 등의 부작용도 존재한다. 따라서 생애 최초주택구입자에게 예외로 대출기준을 완화하여 적용하는 등 융통성 있는 운용이 되어야 한다.

특히 일반매매시장의 대출금지 기준이 15억 원 초과인 만큼 중도금대출금지의 경우에도 같은 기준을 적용해야 합리적이고 형평성에도 맞는다. 문제는 국토교통부 발표에서 알 수 있듯이 15억 원 초과 아파트 매수자의 1/3이 대출을 받아 집을 샀다는 것이다. 결국 규제는 중산층을 매수자 대열에서 탈락시키고 부자들에게만 기회를 주는 왜곡된 결과를 초래할 수 있다. 그렇게 초고가 아파트도 현금만으로 집을 살 수 있는 부자의 영역으로 변하고 마는 것이다. 종국에는 그들만의 리그가 형성되고 주거사다리가 붕괴될 우려마저 있다. 결과적으로 규제에서 자유로운 9억 원 이하, 15억 원 이하 아파트에 대한 풍선효과로 가격이 상승할 여지도 있다.

가계부채를 관리하기 위한 방안으로 투기지역, 투기과열지구 내에서의 대출 건수를 제한하기도 한다. 가계의 소득범위 내에서 상환능력을 감안하여 적정 대출액을 유도하기 위해 LTV(담보인정비율),

DTI(총부채상환비율), 신DTI(생애소득을 감안한 총부채상환비율), DSR(총부채원리금상환비율) 제도를 운영하고 있다. 대출에 대한 합리적인 관리방식이다. 적절한 비율과 운영방식이라면 가이드라인의 필요성은 인정된다. 다만 과도하게 운영할 경우 소득이 상대적으로 적은 소비자의 피해가 커질 수 있다.

대출규제는 투기를 방지하는 수단으로 활용된다. 투기의 대상으로 지목된 것은 다주택자다. 다주택자가 대출을 받아 주택을 여러 채 매입하는 것을 문제 삼는 것이다. 그런데 우리나라에는 독특한 방식인 전세제도가 있다. 다주택자가 집을 늘리는 데 은행대출보다는 오히려 무이자 대출인 전세보증금이 큰 역할을 한다. 전세를 끼고 집을 사는 속칭 '갭투자'는 대출을 전혀 수반하지 않는다. 안타깝게도 투기방지 차원에서의 대출규제 정책에는 한계가 있다. 부자는 자금을 가지고 있어 가격이 하락할 때까지 기다릴 여유가 있다 보니, 실수요자보다 다양한 투자기회를 얻을 수 있다. 따라서 대출규제 외에 취득세와 보유세를 중과(기시행)하는 등 진입장벽을 높여야 한다.

정작 대출을 더 필요로 하는 쪽은 현금이 많지 않은 실수요자다. 일반적으로 자기자금 외에 대출을 동반해야 내 집 마련이 가능하다. 금액의 다과는 있지만, 통상 30~40%는 대출로 조달해야 한다. 과거처럼 무리하게 대출을 받아 집을 사려는 수요자는 거의 자취를 감췄다. 합리적인 선택을 하고 있는 것이다.

실수요자를 위한 대안으로 정책모기지 등을 저금리로 유지하면서 취약계층에 대한 지원을 확대해야 한다. 또한 55세 이상 대출 수요자의 주담대를 주택연금 형태로 지속적으로 전환해야 한다. 대출 상환기간을 개선하고 장기대출인 30년제 위주로 운용하여 상환원리금 부담을 줄여줘야 한다. 특히 생애최초주택구입자를 위해서는 대출 대상자의 소득금액을 상향(현재 부부합산 7천만 원 → 1억 원)하고, 장기대출 형태로 상환 여력을 확대하여 그들의 소비를 진작시키고 주거마련을 장려해야 한다. 이러한 정책은 더 나아가 출산장려책으로 발전할 수도 있다.

다주택자에 대한
개념 재정립이 필요하다

다주택자는 과연 집을 몇 채 이상 가지고 있는 사람일까? 둘 또는 셋 아니면 그 이상을 의미하는지 개념이 모호하다. 단지 많다는 사전적 의미만으로는 얼마 이상의 숫자를 의미하는지 알 수 없다. 대부분의 사람은 3채 이상을 다주택자라고 인식하는 것 같다. 2채까지는 필요에 의해 보유할 수 있다는 데 동의한다.

다주택자는 2020년 현재 어떤 상황에 처해 있을까? 조정대상지역에서 양도 시 2018년 4월부터 2주택자는 일반세율에 10%, 3주택자 이상은 20%를 더 내고 장기보유특별공제에서도 배제된다. 소득세 일반세율은 6~42%이니 최대 2주택자는 52%, 3주택자는 62%를 내야 한다. 문제는 이런 고율의 세금을 계산해보고는 팔 엄두를 못 낸다는 것이다. 이런 현상은 매매시장에서 물량부족을 가져온다. 한 아파트 단지에서 물건 2~3개가 가격을 주도하는 안타까운 왜곡 현상이 나타나게 된다.

다주택자를 체계적으로 관리하기 위해 주택임대사업자 등록을 유도하고 있다. 다주택자의 상당수가 임대사업을 등록하지 않고 있어서 그 필요성은 충분히 인정된다. 하지만 실상은 임대주택 등록기준(수도권 6억 원 이하, 비수도권 3억 원 이하)을 초과하기 때문에 등록하지 못하는 경우가 훨씬 많다. 임대사업 등록에는 장단점이 있다. 장점은 세입자 입장에서 임대사업기간인 4년이나 8년 동안 안정적으로 거주할 수 있고 인상폭(5%)도 제한되어 있어 유리하다. 단점은 임대기간 동안은 임대사업자에게만 매각해야 하므로 매물 자체가 줄어들 수 있다. 본인이 거주하거나 비사업자에게 매도할 수도 있지만 과태료(3천만 원)를 납부해야 한다. 정부는 2018년 9.13 대책을 통해 9월 14일 이후부터는 조정대상지역에서 1주택자가 추가로 주택을 매입하여 임대사업 등록을 하더라도 양도소득세 중과와 종합부동산세 면에서 배제 혜택을 주지 않는다. 임대사업자에게 과도한 혜택을 준다는 비판 때문에 정책이 미묘하게 변한 것이다.

다주택자가 집을 팔도록 유도하는 가장 좋은 방법으로 떠오른 것이 '보유세 인상'이다. 양도소득세를 아무리 중과해도 팔지 않으면 의미가 없으니, 재산세와 종합부동산세인 보유세를 무겁게 부과하여 팔도록 유도하는 것이다. 세금을 통한 다주택자 정책은 일견 의미가 있다. 꼭 필요한 사람만 보유하라는 것이다. 그래서 형성된 개념이 '보유세 강화, 거래세 완화'다. 무거운 보유세를 내더라도 보유할 사람은 가지고 있지만, 거래세(양도소득세)를 정상화하여 퇴로를 확보해 주어야 한다. 보유세와 양도소득세를 둘 다 강화하는 것은 조

: 다주택 소유자 수 및 비율

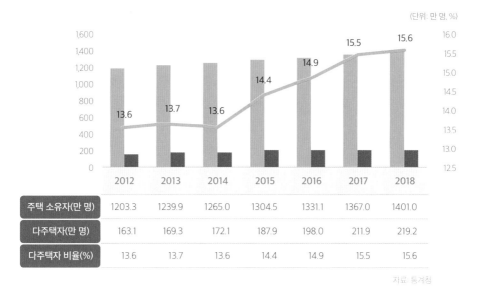

(단위: 만 명, %)

	2012	2013	2014	2015	2016	2017	2018
주택 소유자(만 명)	1203.3	1239.9	1265.0	1304.5	1331.1	1367.0	1401.0
다주택자(만 명)	163.1	169.3	172.1	187.9	198.0	211.9	219.2
다주택자 비율(%)	13.6	13.7	13.6	14.4	14.9	15.5	15.6

자료: 통계청

세저항만 커지게 할 뿐이다. 시장안정에 도움이 되지 않는 것이다. 다만 진입단계에서 거래세인 취득세는 다주택자의 경우 고율의 차등적용을 검토해야 한다. 주택공급이 부족한 상태에서는 장벽을 높여 점진적으로 줄여나갈 필요성은 인정된다.

다주택자는 부동산 시장에서 어떤 역할을 할까? 시장에서 2주택자는 다주택자보다는 실수요자에 가까운 사례도 많다. 본인 명의 주택에 부모나 자녀가 거주하는 부류도 있고, 일시적으로 2주택이 되기도 한다. 투기수요로 단기차익을 얻으려는 차원이 아니라, 장기간 보유한 상황이라면 달리 생각해야 한다. 물론 이를 구별할 특별한 방법은 없다. 다주택자는 본인이 거주하는 주택을 제외하곤 전세나 월세로 임대를 주게 된다. 임대주택의 공급자로 전월세시장 안정에 기여한다. 다주택자가 이런 역할을 한다고 해도 최근 유행하는 속칭 '갭투자' 형태의 주택 소유는 바람직하지 않다. 전세를 끼고 집을 사서 가격상승을 통해 시세차익을 실현하려는 목적을 가진 투기수요 때문에 시장가격이 왜곡될 수 있다. 정부에서 준비 중인 임차인을 위한 제도로 전월세상한제와 계약갱신요구권이 있다. 필자는 계약갱신요구권은 나름대로 안정적인 주거보장을 위해 합리적인 제도라고 생각한다. 그러나 이 제도가 시행되면 주택소유자는 단기간 내 임대료 인상으로 대응할 수 있어 당장 세입자에게 피해가 돌아간다. 따라서 일정 부분 시장이 안정된 상태에서 도입을 검토해야 한다. 보유세 인상 또한 소유자가 전월세 가격 인상으로 대응할 수 있다. 이 부분에 대한 대비도 필요하다.

다주택자를 어떻게 활용해야 할까? 어떻게 주택시장 안정화에 기여할 수 있을까? 다주택자에게 집을 팔라고 하는 부분에서 고민이 필요하다. '보유세 강화, 거래세 완화'라는 조세체계를 갖추고 선택을 하라고 하면 된다. 2채 이상 주택을 보유하고자 하는 사람들을 무조건 투기자로 취급하는 것도 바람직하지 않다. 주택임대사업 등록을 한 정당한 다주택자를 집이 많다는 이유로 매도할 명분은 없다. 다주택자 관리가 가능하도록 시스템이 갖춰지고 있는 것은 고무적인 현상이다. 집을 여러 채 보유하는 대신 그에 상응하는 기회와 비용을 물게 하면 된다. 주택시장 안정을 위해서는 실수요자 보호도 필요하지만, 주택공급자 역할을 하는 다주택자를 시장논리에 맞게 인정하고 대우해야 한다.

1주택자가
최고의 투자다

　1가구(세대) 1주택은 최고의 선이며 투자수단이다. 가구는 생계를 같이하는 단위다. 1가구가 집 한 채를 소유하는 것은 지극히 당연한 행위다. 사회적으로 문제화되고 있는 것은 2채 이상 다주택자의 경우다. 물론 3채 이상은 몰라도 2주택자의 경우 실수요 개념이 포함되어 있어 신중하게 판단할 필요는 있다. 아무튼 1주택자로 살면서 누리는 가치는 많다. 1주택자는 실수요자로 누구도 탓할 수 없는 순수함을 간직한 진정한 투자자다. 삶을 영위해야 하는 가구주로서 주택에 대한 소유욕을 갖는 것은 어찌 보면 당연한 것이다. 생활 속에서 편안히 쉴 공간을 확보하려는 의지는 본능에 가깝다.

　그런 만큼 1주택자는 실수요자로서 사회로부터 배려를 받는다. 물론 고가주택 9억, 초고가주택 15억 등 주택금액의 다과에 따라 차별은 존재한다. 1주택자는 집을 가지지 못한 세입자와는 큰 차이가 있다. 무주택자는 어떻게 하든 집을 가지려 노력하는 과정에 있는, 더 보호받아야 하는 대상이다. 물론 구매력이 없어서 사지 못하거나

⦂ 거주지역별 주택소유 가구 수 현황(2018년)

	총계	1호 이하	1호 초과~ 2호 이하	2호 초과~ 3호 이하	3호 초과
전국	11,233,906	8,199,329	2,258,603	510,359	265,615
서울특별시	1,884,423	1,371,218	366,876	85,699	60,630
부산광역시	796,271	588,500	152,946	34,756	20,069
대구광역시	557,967	414,833	108,250	23,939	10,945
인천광역시	642,745	483,232	121,077	25,271	12,865
광주광역시	333,853	249,778	63,304	13,847	6,924
대전광역시	325,228	239,952	63,947	14,319	7,010
울산광역시	274,789	202,183	55,891	11,606	5,109
세종특별자치시	64,544	44,028	15,028	3,658	1,830
경기도	2,642,084	1,952,100	517,508	112,372	60,104
강원도	353,035	255,028	72,625	16,886	8,496
충청북도	371,224	268,749	76,056	17,883	8,536
충청남도	492,564	343,681	109,546	26,640	12,697
전라북도	434,101	315,708	88,870	20,535	8,988
전라남도	441,640	315,524	95,521	22,011	8,584
경상북도	665,822	473,800	146,410	33,156	12,456
경상남도	816,442	589,115	173,360	38,843	15,124
제주특별자치도	137,174	91,900	31,388	8,638	5,248

자료 통계청

아예 집을 살 의지가 없는 경우도 있다.

1주택자는 다른 집으로 갈아탈 때도 훨씬 유리하다. 기존의 1주택을 매도하고 그 금액과 유사한 곳으로 옮기거나 아니면 줄일 수도 있다. 더 큰 금액의 집을 사기 위해 자금을 조달하더라도 추가 금액만 보태면 되므로 수월하다. 그에 반해 무주택자의 최대 맹점은 전세로 살 경우 주택가격 상승을 쫓아갈 수 없다는 것이다. 주택은 실물인 부동산이므로 가격상승 과정이 그대로 연동되어 혜택을 본다. 즉, 인플레이션에 대한 방어가 가능하다. 반면 전세보증금은 정기예금과 마찬가지로 자체적인 증식기능이 없다. 전세로 사는 것은 주거비용 측면에서 제일 저렴할 수는 있으나 그 자체가 한계로 작용할 수 있다.

1주택자의 혜택 중 가장 큰 부분은 절세가 가능하다는 것이다. 보유세인 종합부동산세(이하 종부세)와 양도소득세가 대표적이다. 종부세의 경우는 2주택자 이상일 때 공시가격 합계 6억 원 초과가 납부대상인 반면, 1주택자는 9억 원 초과일 때 납부대상이다. 또한 고령자, 장기보유자를 위한 공제혜택도 있다. 참고로 주택이 3채가 있다고 하더라도 2채를 주택임대사업(요건에 부합)으로 등록한 경우 1채의 주택에 대해서 1주택자와 동일한 계산이 적용된다.

양도소득세는 1주택자일 경우 종전에는 9억 원 초과냐 아니냐에 따라 단순하게 구별하면 되었지만 시간이 갈수록 제도가 강화되고 있다. 2020년 고가주택을 매도할 때는 1주택자도 2년 거주요건을 채워야 장기보유특별공제(보유기간 연 8%, 10년 최대 80%)를 적용해준다. 거주요건을 채우지 못하고 매도할 때는 9억 원 초과분에 대해서 일반장기보유특별공제(연 2%, 15년 최대 30%)로 계산하여 납부해야 한다. 2021년부터 1주택자의 고가주택 장기보유특별공제(연 8%)의 경우 거주기간(4%)과 보유기간(4%)을 나눠서 운영한다. 즉, 10년을 보유하며 거주까지 채워야 80% 공제를 다 받는다는 의미다. 2019년 12월 17일 이후 조정대상지역에서 취득한 경우 1주택자라도 1년 내 해당 주택에 전입(세입자가 있는 경우 2년)하고, 1년 내 기존 주택을 매도해야 비과세 혜택을 받을 수 있다. 또한 조정대상지역에서 2019년 12월 17일 이후 등록하는 임대주택도 거주요건 2년을 충족해야 1주택 비과세 혜택을 준다.

특히 유의할 것은 기존 주택의 개념을 권리로까지 확대해석한 것이다. 즉, 2021년부터 다주택자의 조정대상지역 내 양도소득세 중과를 위한 주택 수 계산 시에 분양권을 포함하여 계산한다. 분양권은 아직 주택을 소유한 것이 아닌 권리로 취급하던 종전의 개념을 바꾼 것이기 때문에 주의가 필요하다.

사실 1주택자에게 장기보유특별공제 세제감면 혜택을 주는 이유는 갈아타기 수월하게 하기 위해서다. 어차피 1주택자는 실수요자이므로 새롭게 주택을 매입하여 옮겨갈 때 양도세를 지나치게 부과할 경우 비슷한 가격대의 주택으로 대체하지 못하는 문제가 발생한다. 하지만 이런 폐해를 방지하기 위한 세제 혜택이나 요건이 까다롭게 바뀌고 있다. 장기보유특별공제는 부동산인 실물자산의 자연상승분을 공제해주는 개념으로 지나치게 강화할 경우 재산권 침해

: 1주택자 장기보유특별공제에 거주기간 요건 추가 시 양도세 변동 사례

거주기간		2년인 경우	5년인 경우	7년인 경우	10년인 경우
장기보유 특별공제	현행	4억 4,000만 원	4억 4,000만 원	4억 4,000만 원	4억 4,000만 원
	개정	2억 6,400만 원	3억 3,000만 원	3억 7,400만 원	4억 4,000만 원
증감		1억 7,600만 원	1억 1,000만 원	6,600만 원	-
양도소득세	현행	2,273만 원	2,273만 원	2,273만 원	2,273만 원
	개정	8,833만 원	6,325만 원	4,653만 원	2,273만 원
증감		+6,560 만 원	+4,052만 원	+2,380만 원	-

• 양도가액 20억 원, 양도차익 10억 원, 10년 이상 보유한 주택

자료: 국토부

소지가 있을 수 있다. 인플레이션 개념의 자산 가격 상승분은 누구에게나 동일하게 이미 적용된 것으로 해석하여, 특별히 투자차액으로 계산하지 않고 세금을 물리지 않는다는 것이 당초 입법취지다.

1주택자는 조정대상지역의 아파트 청약 시에도 하나의 혜택이 있다. 2주택 이상일 경우 아예 청약 자체를 할 수 없지만, 중대형(전용면적 85㎡ 초과) 평형에 대해서는 갈아타기 기회를 부여한다.

주택시장에서 1주택자로 사는 것은 시장 건전성 유지 차원에서 바람직하다. 다주택을 보유할 경우 상황에 따라 다르긴 하지만, 시장흐름에 저해요인이 될 수도 있다. 자가 주택 거주는 주택시장 안정에 기여한다. 흔히 1주택자는 보유한 주택이 1채이기 때문에 투자가 아니라고 얘기한다. 팔고 다른 집으로 갈 때도 내 집이 오르면 다

른 집도 올라 큰 기대가 없다는 의미다. 설사 그렇다고 하더라도 인플레이션의 방어를 통한 자산의 가치를 지켰다는 측면에서도 충분히 의미가 있다. 특히 집을 팔고 갈 때도 훨씬 수월하게 시장의 변화에 대응할 수 있다. 그 자체만으로도 최고의 투자가 되는 것이다. 무주택자와 차별화되는 큰 요인이다.

아파트 입주물량과
미분양주택 분석

주택시장의 수요와 공급

주택시장 분석 시 가장 기본이 되는 것은 수요와 공급을 살펴보는 일이다. 수요는 그 단위인 가구가 2040년까지 증가하기 때문에 지역별 편차는 있지만 완만하게 상향할 것이다. 수요가 일정할 때 공급추이만 분석하면 되는 비교적 쉬운 일이다. 사실 이 작업은 부동산 경제를 예측하기 위해서는 최우선적으로 해야 할 일이다. 공급량을 살펴보는 지표는 3가지 정도로 나눠볼 수 있다.

첫째는 주택 인허가 물량이다. 주택을 짓기 위해 허가를 맡은 물량으로 의미가 있다. 주택을 건설하려는 의도가 반영된 수치이기 때문이다. 그렇지만 인허가를 받았다고 해도 언제 착공할지는 유동적이다. 허가 후 1년 안에 착공을 해야 하지만, 상황에 따라서는 1년 더 연장을 할 수도 있고, 때에 따라서는 사업 자체가 취소되는 경우도 있다. 그래서 인허가 물량만으로 주택공급량을 예측하기란 개략적으로는 가능하지만 시기와 물량을 정확히 맞출 수는 없다.

둘째는 예측 가능성이 조금 높은 수치인 분양물량이다. 인허가를 받고 다음 단계에서 분양을 하는 물량인 만큼 좀 더 구체화된 숫자다. 분양물량 또한 시기를 정확하게 인식하기란 한계가 있다. 분양물량은 사업장의 현장조건에 따라 공사기간이 다를 수 있다. 택지조성이 끝나서 아파트를 바로 지을 수 있다는 전제를 해도 여건에 따라 격차가 있다. 공사 도중에 미분양이 다량 발생하여 사업진행이 늦어질 수도 있다. 단지의 아파트 규모에 따라 공사기간은 30~40개월까지 다양하기 때문에 준공시기가 저마다 다르다. 현실적으로 입주시점이 다를 수밖에 없다.

셋째는 입주물량이다. 공급량을 판단하기 가장 적합한 수치다. 언제 인허가가 났든 언제 분양을 했든 간에 준공시점이 언제인가를 보고 판단하면 되는 일이다. 월별, 연도별 수치 파악이 가능하기 때문에 물량분석을 정확하게 할 수 있는 자료로 활용하기에 좋다. 물론 입주시점 이후 입주가 완료되기까지는 3개월 이상 소요되는 경우도 있다. 이렇게 입주물량을 지역별, 시기별로 세분화하여 자료를 분석하면 보다 유용한 분석이 가능하다. 입주물량은 당장 입주하여 거주할 수 있는 실질적인 수치인 만큼, 시장에서 공급 흐름을 분석할 수 있는 선제적인 지표라고 할 수 있다.

또 하나의 공급 지표로 활용할 수 있는 후행지표가 있는데 바로 '미분양주택'이다. 해당 지역의 입주물량 추이를 알아보고 미분양주택 상황을 접목시켜 분석하면 지역의 공급동향을 좀 더 구체적으로 분석할 수 있다. 물론 준공 후 미분양주택이 생겨 중복되는 수치가 있을 수 있지만 대체적인 흐름을 분석하기에 별다른 지장은 없다. 미분양주택의 시계열 수치분석도 의미 있는 자료다.

입주물량 분석

종전에 언급했듯이 입주물량을 전국단위 수치로 분석하는 것은 큰 의미가 없다. 주택은 지역 간 대체성이 없어 시도와 시군구 단위로 세부적으로 분석할수록 유용하다. 물론 공사기간이 3년 전후이기 때문에 더 이상의 장기간 추이까지 예측하기엔 한계가 있지만, 1~2년 정도를 예상하기는 어렵지 않다.

서울의 아파트 입주물량을 살펴보면 2020년 4만 2,000호에서 2021년에는 2만 3,000호로 거의 절반 수준으로 감소할 것이다. 물량이 급격하게 감소함에 따라 전세가격 상승에 대한 우려와 함께 아파트 가격에도 영향을 미칠 수 있다. 서울의 미분양주택은 112호(2020년 2월 기준)도 되지 않아 공급의 공백기가 올 수 있다는 우려가 크다. 이렇게 서울의 전세가격과 주택가격이 오를 경우 경기도로 밀려가야 하지만 그조차도 쉽지 않다. 경기도의 입주물량은 2020년 12만 호에서 2021년에 8만 8,000호 수준으로 급감할 것이기 때문이다. 미분양주택 또한 2020년 2월 기준 3,634호에 불과하고 그마저도 서울지역의 대체성을 갖기는 어려운 안성시, 평택시 등에 있다. 경기도는 1,300만 명이라는 거대인구가 거주하는 지역으로 입주물량을

• 전국 아파트 입주물량 추이(2020년 3월 12일)

	2006	2007	2008	2009	2010	2011	2012	2013	2014	2015	2016	2017	2018	2019	2020	2021	2022
전국	338,997	317,855	325,358	289,436	301,337	219,882	184,070	201,362	271,334	274,347	300,599	396,113	458,198	400,681	348,362	237,561	181,260
수도권	154,505	145,204	160,363	159,265	170,668	123,328	109,526	84,439	102,449	105,503	124,920	179,478	227,910	201,672	181,306	128,543	91,098
비수도권	184,492	172,651	164,995	130,154	130,669	96,554	74,334	116,923	168,885	168,844	175,419	216,635	230,288	199,009	167,056	109,018	90,162

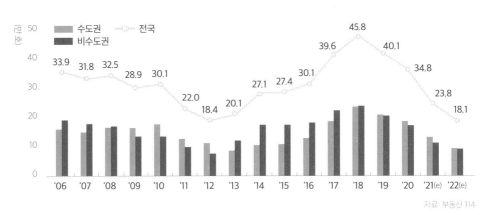

자료: 부동산 114

분석할 때는 시·군 단위로 세분화해야 한다. 지역이 워낙 넓어 도내에서도 생활권이 달라 대체성이 제한적이다. 인천의 경우 입주물량이 2020년 1만 9,000호에서 2021년 1만 6,000호로 줄지만, 2022년에는 검단신도시 등의 입주 영향으로 다소 안심할 수 있다. 그렇다고 서울의 공급부족 문제를 해결하기엔 여러모로 역부족이기 때문에 수도권에 수급불균형 문제가 불거질 가능성이 높다고 분석된다.(181쪽 수도권 아파트 입주물량 추이 참조)

5대 광역시 중 부산의 입주물량은 2020년 2만 6,000호 수준에서 2021년 1만 7,000호 정도로 줄어들면서 수급이 일정 부분 개선될 것이다. 미분양주택 또한 감소추세에 있기 때문에 시장 자체는 어둡지 않다. 대구의 입주물량은 2020년 1만 5,000호인데 2021년에도 유사하다. 대구의 미분양주택은 큰 부담이 없다. 따라서 대구는 현상유지 가능성이 높은 상태다. 광주는 2020년 1만 3,000호에서 2021년 4,800호로 무려 8천 호 이상 급감하는 모양새다. 미분양주택은 36호(2020년 2월 기준) 수준에 불과하다. 대략 2~3년 내 입주가 가능하기 때문에 분양시장의 활성화가 예상된다. 누적된 공급물량으로 가격추이는 다소 둔화된 상태지만 재상승 시기가 얼마 남지 않았음을 알 수 있다. 대전의 입주물량은 2020년 6만 300호로 2021년에도 거의 같은 수치가 예상된다. 2019년부터 계속 이어져온 상승추세가 유지되는 데 문제가 없어 보인다. 미분양주택 문제에도 부담이 없기 때문이다. 울산의 경우 2019년 1만 3,000호였던 물량이 2020년 3,000호로 2021년에는 661호로 급격히 감소한다. 미분양주택 또한 659호(2020년 2월 기준)에 불과하다. 향후 입주물량 부족으로 대세 상승을 예측해볼 수 있다. 이미 상당기간 전부터 필자가 상승을 예고한 지역으로 그대로 적중하고 있다.

기타 경남, 경북 전북, 충남, 충북, 세종 등 대부분의 지역에서 물량이 급감함에 따라 부동산 가격이 상승 반전할 수 있는 여건을 갖추었다. 미분양주택 문제가 지역별 상황에 따라 부담은 될 수 있으나 대세를 거스르기는 어려운 수준에 불과하다. 지방의 미분양주

⠶ 전국 시·군·구별 미분양주택 현황(2020년 2월)

시도	물량	시구군별 미분양 물량	비고
서울시	112	강동구 91 > 도봉구 10 > 송파구 7 > 성동구 3 > 광진구 1	부담 없음
부산시	2,061	부산진구 604 > 기장군 214 > 동구 208 > 사하구 203 > 사상구 191	소폭 감소, 전체 부담 없음
대구시	1,072	달성군 475 > 수성구 371 > 동구 127 > 중구 62	대폭 감소, 부담 없음
인천시	48/	미추홀구 223 > 중구 104> 계양구 71 > 서구 67	서구, 중구 급감, 부담 없음
광주시	36	북구 32 > 광산구 4	부담 없음
대전시	1,012	중구 481 > 서구 261 > 유성구 232 > 동구 38	중구 증가, 부담 없음
울산시	659	북구 274 > 울주군 233 > 동구 97 > 남구 42	대폭 감소, 부담 없음
경기도	3,634	안성시 874 > 평택시 732 > 의정부시 279 > 고양시 225 > 광주시 193	소폭 감소, 부담 없음
강원도	4,168	동해시 633 > 고성군 571 > 춘천시 527 > 강릉시 390 > 원주시 384	원주 급감, 고성군 급증, 점차 감소
충북	1,202	증평군 570 > 음성군 249 > 청주시 162 > 옥천군 86	음성군 증가, 부담 없음
충남	5,085	당진시 1,382 > 서산시 1,160 > 아산시 425 > 공주시 333 > 천안군 320	소폭 감소, 당진, 서산의 문제
전북	924	완주군 221 > 전주시 209 > 부안군 132 > 익산시 127 > 군산시 104	소폭 감소, 부담 없음
전남	1,455	영암군 669 > 목포시 492 > 무안군 102 > 광양시 71	소폭 감소, 부담 없음
경북	5,436	경주시 1,781 > 김천시 1,151 > 영천시 657 > 구미시 517 > 예천군 280	점진적 감소세
경남	11,099	창원시 5,120 > 거제시 1,498 > 통영시 1,418 > 김해시 838 > 양산시 792	점진적 감소세
제주도	1,014	서귀포시 672 > 제주시 342	점진적 감소세
세종시	0		없음

자료: 국토교통부

택도 몇몇 시·군을 제외하면 더 이상 큰 부담이 아니다. 지방의 반전은 이미 2019년부터 예고된 사항이다. 이미 그 시점에서 1~2년 안에 상승할 것이기 때문에 추가적인 정책 규제완화나 부양책은 필요 없다고 주장한 바 있다. 공급과잉이 해소되면서 자연스럽게 과거 10년 전의 부흥기인 2011~2013년의 상승세를 재연할 것으로 예상된다.

단독주택,
그 로망을 위하여

수렵시대의 동굴 집단생활에서 벗어나 농경 정착단계로 전환되며, 인간은 비로소 독립된 공간인 단독주택에서 가족단위로 거주하기 시작했다. 점차 산업사회로 발전하며 도시화되고 인구밀도가 높아져 단독주택을 지을 만한 토지가 부족해지자, 공간 활용 차원에서 공동주택이 등장하였다. 공동주택은 여러 가구가 한 건물에 거주하다 보니 거주자 간 관계의 충돌이 수시로 발생한다. 최근 사회적인 문제로 부각되고 있는 층간소음 문제가 대표적이다. 그럼에도 불구하고 공동주택인 아파트는 상품성을 갖추고, 거주 편의성을 극대화하며 주택의 대표유형으로 자리매김하고 있다. 대부분의 사람들은 공동주택의 단점을 감수하며 이에 적응하고 있다. 하지만 한편으로는 단독주택을 꿈꾸며 땅을 밟고 살아야 한다는 로망을 품고 산다. 근래 들어 단독주택도 변화의 소용돌이 속에 있다. 월세 시대에 발맞추어 단독주택이 수익형부동산으로 자리매김하고 있는 것이다. 기존의 주택 투자가 시세차익에만 기댄 투자였다면 요즘에는 매달

: 인천 검단신도시 토지이용계획도 단독주택 위치도

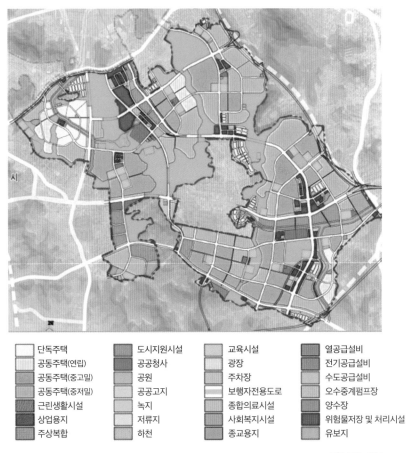

단독주택	도시지원시설	교육시설	열공급설비
공동주택(연립)	공공청사	광장	전기공급설비
공동주택(중고밀)	공원	주차장	수도공급설비
공동주택(중저밀)	공공고지	보행자전용도로	오수중계펌프장
근린생활시설	녹지	종합의료시설	양수장
상업용지	저류지	사회복지시설	위험물저장 및 처리시설
주상복합	하천	종교용지	유보지

자료: 국토교통부

정기적인 임대수익이 가능한 현금흐름을 창출하는 투자로 변신했다. 투자처로서의 단독주택의 특징을 일곱 가지로 나누어 살펴보자.

　첫째, 순수 단독주택은 도시형생활주택, 다세대주택 등으로 개발되며 주거지역에서 찾아보기 힘들 정도로 그 숫자가 줄었다. 그만큼 지가가 상승하며 관심대상이 되었다는 의미다. 아직까지 단독주택을 보유한 경우라면 개발을 고려해야 한다. 즉, 도시형생활주택형태의 원룸형 다가구주택을 신축한 후 소유자는 상층부(주인 세대)에 거주하고 아래층을 월세로 주는 방법이다. 본인의 주거가 해결된 상태에서 월세소득까지 얻을 수 있기 때문에 안정적인 노후생활이 가능해진다. 다른 개발 형태는 다세대주택으로 6~8가구를 지은 후 소유자가 그중 1호에 거주하고, 나머지는 분양하거나 일부 소유(주택임대사업자로 등록)하며 임대하는 형태다. 투자차익 위주의 전략이라면 검토할 수 있는 안이다. 또한 개발 시 자금조달의 어려움이 있거나 해당지역을 벗어나 아파트 거주를 희망할 때는 매도를 고려하는 것도 방법이다. 1주택자에 대한 양도소득세는 비과세 범위가 크므로 충분한 현금을 확보할 수 있다. 요즘 재개발지역 등에서 정비계획이 취소되어 단독주택이 원상태로 환원되는 경우가 있다. 해제지역의 단독주택 소유자는 최대 수혜자가 되어 여러 가지 방안을 선택할 수 있다.

둘째, 단독주택의 한 종류인 다가구주택을 보유한 경우를 살펴보자. 보통 1층 또는 3층에 본인이 거주하고 기타 다른 층은 전월세를 주는 경우다. 가장 보편화된 단독주택 보유 형태로 볼 수 있다. 과거에는 전세 위주로 세를 주는 형태로 현금수입이 없다는 단점이 있었다. 지금은 전세가격 상승에 따라 상승분을 월세로 전환하는 반전세 형태로 변경하면 월세수입을 얻을 수 있어 이상적이다. 자금 여력이 있을 경우 점진적으로 월세 비중을 늘리게 되면 더 높은 수익을 얻을 수 있다. 좀 더 적극적이라면 저리의 대출을 통해 임대보증금을 반환하고 월세로 전환하면 레버리지(지렛대) 효과로 수익률이 높아진다. 다가구주택 보유는 월세소득에 대한 소득세 부과에서도 자유로울 수 있다. 즉, 1주택자의 월세소득은 그 주택의 공시가격이 9억 원 이하일 경우 영원히 비과세되기 때문에 최대의 혜택을 누리게 된다.

셋째, 신도시 등 택지지구의 점포겸용택지(이주자택지)와 주거전용택지(협의양도인택지)에 대한 관심이 증가했다. 종전에 관심이 증폭되어 청약경쟁률이 수백 대 일까지 높아지는 기현상이 나타나기도 했다. 2008년 경제위기 이전까지는 거의 관심이 없었던 분야이고 존재가치에 대해서도 일부 투자자 외에는 알지 못했던 유형이다. 이렇게 인기를 얻게 된 배경은 단적으로 수익형부동산으로서의 가치를 인정받았고, 분양받을 경우 고가의 프리미엄이 형성되었기 때문이다. 하지만 이제는 좀 더 냉철해질 필요가 있다. 인기에 힘입어 LH 등 사업시행자가 토지매도가격을 높게 책정하고 있고 전매제한이 강화되고 있기 때문이다. 더 나아가 웃돈에 건축비 등 개발비용까지 고려하여 수익률을 철저히 분석해야 한다. 택지지구에서 단독택지용지를 배치하는 구역의 경우 일반적으로 상권이 활성화된 곳은 많지 않다. 대개는 외진 지역에 배치하는 경우가 많아 무조건적인 기대를

자료: 코원하우스

하는 것은 금물이다. 또한 사업시행자(지자체) 등이 건축조건을 제시하는데 이를테면 용적률, 층수, 가구 수에 제한이 있으므로 유의해야 한다.

넷째, 도시형생활주택을 살펴보자. 앞서 언급한 다가구주택과 중복되는 면이 있으나, 2009년부터 도시지역 내에서 1~2인 가구의 주거수요를 해결하고자 주차장 요건을 대폭 완화하여 원룸형, 다세대형, 연립주택형으로 공급하는 주택 형태다. 하지만 현실에서는 대부분 수익성 향상을 위해 원룸형 위주로 대거 건설되었다. 2009년부터 2012년까지 무려 전국에서 23만 호가 인허가될 정도로 공급량이 많았다. 오피스텔과 경쟁구도를 형성하며 나름대로의 입지는 확보한 상태다. 요즘 같은 전월세난에 1~2인가구 주택이 없다는 볼멘소리가 나오지 않는 것도 도시형생활주택이 기여한 부분이다. 문제는 공급과잉 우려와 더불어 장점이던 주차장 법이 다시 강화되면서 수익성 확보가 쉽지 않다는 것이다. 요즘은 이미 개발해놓은 물건이 대거 매물로 출회되고 있다. 현재 단독주택 보유자가 개발을 고려하는 것은 가능하지만 개발된 주택을 매입하는 형태는 여러모로 살펴보고 대처해야 한다.

다섯째, 단독주택을 소유할 경우 수익형부동산으로서 상가 등에 비해 감수해야 할 부담이 있다. 다름 아닌 관리문제다. 상가, 오피스텔 등은 관리사무소가 있어 세입자가 내는 관리비로 상당 부분 해결되지만 단독주택은 오로지 소유자의 몫이다. 수시로 요구하는 유지수선에 응해야 하고, 원룸일 경우 많은 세입자와의 계약이나 월세 추심 등의 업무가 부가된다. 또한 아파트 같은 편리한 공동주택 거주자가 다가구주택에 산다는 것은 주차장 문제, 재활용 및 쓰레기 처리, 보안, 냉난방, 화단관리 등 여러 불편을 감수해야 하므로 적응하기 어려울 수도 있다. 아울러 매매 시 제시되는 수익률은 100% 만실을 가정한 단순 수치이고, 세금을 공제하지 않은 상태이므로 항상 제비용 등을 고려한 판단을 해야 한다. 수익률에는 관리에 투여된 본인의 노력에 상응한 대가가 반영되지 않았다는 점도 꼭 염두에 두어야 한다. 단독주택에 투자할 경우 그동안의 인기에 힘입어 가격이 상당 부분 오른 상태이므로 전반적으로 꼼꼼히 살펴야 한다.

여섯째, 순수 단독주택을 계속 유지하는 고급 단독주택 시장이 있다. 종전에는 성북동, 평창동, 장충동 등이 주를 이루었지만 근래들어 한남동, 삼성동이 중심으로 자리 잡고 있다. 이곳의 주된 수요자는 자산가와 연예인 등 공동주택 생활이 부담되는 독자적인 거주취향을 가진 경우다. 상가건물의 땅값이 올랐듯이 단독주택도 많이 오른 상태다. 2020년 현재 한남동과 삼성동은 대지 3.3㎡(1평) 기준 6천만 원 수준에서 형성되고 있다. 도심에서 대지 660㎡(200평) 전후를 독자 소유하는 것은 그 나름의 가치가 있다. 다만 주변 건물의 고층화가 진행된 경우 오히려 조망·일조권 등의 악화로 프라이버시 문제가 확보되지 못하는 현상이 나타나기도 한다. 이럴 경우 단독주택에서의 삶도 자유롭다고 할 수 없다.

일곱째, 위 여섯째 문제를 해결하는 좋은 방법은 접근성이 양호한 지역의 '교외 단독주택'에 거주하는 방법이다. 강남, 용산 등 지역에서 40분 전후에 도착할 수 있어 서울과 다를 바 없다. 외곽지역에서 느끼는 쾌적한 생활여건과 한강(호수)을 조망하는 등의 고급 주거가치를 누릴 수 있는 이점도 있다. 예를 들면, 양평의 서종면 문호리, 수입리 일대는 이미 잘 알려진 지역이다. 서울~양양 간 고속도로 서종IC를 통해 접근성도 뛰어나다. 출퇴근에 무리가 없는 지역의 단독주택에서 거주하는 것도 풍요로운 삶을 위한 하나의 방법이다.

단독주택은 다가구, 도시형생활주택처럼 공동주택의 축소판으로 변신을 시도하고 있다. 이런 변화과정에서 노후에 유용한 수익형

부동산이 되기도 한다. 다만 순수 단독주택은 도심지에 있을 경우 너무 가격이 비싸 그림의 떡이 될 수 있다. 높은 가격에도 불구하고 과거처럼 저택의 느낌이 아니라 높은 고층 건물에 둘러싸여 있어 답답함을 주기도 한다. 이런 문제를 해결하기 위한 방법으로 출퇴근이 용이한 교외 단독주택도 충분히 고려할 만하다.

오피스텔의
투자가치와 미래가치는?

　　오피스텔은 '오피스와 호텔'의 합성어다. 건축법상으로는 업무시설에 해당한다. 말 그대로 사무공간이자 주거가 가능한 형태다. 근래에는 대부분 소형으로 건설되며 1인 가구의 주거용을 대신하는 경우가 많다. 또한 아파트를 대체하고자 좀 더 넓은 면적의 '아파텔'이 등장하기도 한다. 최근 다량의 오피스텔이 건설되며 수익형부동산의 주 투자처로 등극했다. 하지만 시간이 갈수록 오피스텔 공급량도 감소할 수 있다. 도심 아파트 부지가 제한적이듯 용지 자체가 점차 줄고 있기 때문이다.

　　오피스텔이 본격적으로 건설되기 시작한 것은 2008년 경제위기 이후라고 할 수 있다. 2009년 3월 전국 미분양주택이 16.6만 호에 이르자 지방에서 철수한 대형건설사들도 오피스텔 시장에 관심을 갖기 시작했다. 이명박 정부에서 도시형생활주택과 더불어 붐이 일어났다. 주로 1인 가구를 수용하는 준주택으로서의 역량이 강화되며, 소형주택 대체재로서 가치가 높아졌다. 경제위기 직후 아파트

시장의 침체기에 많은 투자자들이 새로운 투자처 발굴에 동참한 결과다. 저금리로 인한 유동성 흐름이 오피스텔 시장으로 연결된 것이다. 오피스텔 투자를 위한 기준을 알아보자.

첫째, 가격수준이다. 아파트의 가격과 분양가를 책정할 때 흔히 적용되는 면적 3.3㎡당(평당) 얼마라는 공식이 여기도 해당된다. 문제는 아파트에 익숙해진 결과 오피스텔 가격은 상대적으로 낮아 보이는 것이다. 반드시 전용률을 기준으로 계산해야 한다. 일반적으로 아파트 전용률이 80% 정도라면 오피스텔은 50%를 밑돈다. 부대시설의 가치도 살펴야 하지만, 최소한 이 비율만이라도 다시 계산을 해봐야 한다.

둘째, 주거전용으로 매입할 경우 오히려 주의해야 한다. 사무공간과 주거가 혼합된 공간인 만큼 소음과 주변 사용자의 잦은 출입으로 불편할 수 있다. 모두에게 개방된 시설인 만큼 보안에도 취약한 면이 있다.

셋째, 아파트에 비해 환금성이 떨어진다는 단점이 있다. 결국은 교통 등 입지 여건이 우수하고 배후 임대수요가 풍부한 지역에 국한된 투자가 이루어져야 한다.

넷째, 세금 부분을 살펴야 한다. 오피스텔은 대부분 용도지역이 준주거지역이나 상업지역에 건설된다. 주거지역에 비해 상대적으로 지가가 높기 때문에 그에 따라 재산세가 높게 부과된다. 취득세도 아파트는 크기와 금액에 따라 1.1~3.5%가 부과되는 반면

⫶ 오피스텔 평면도

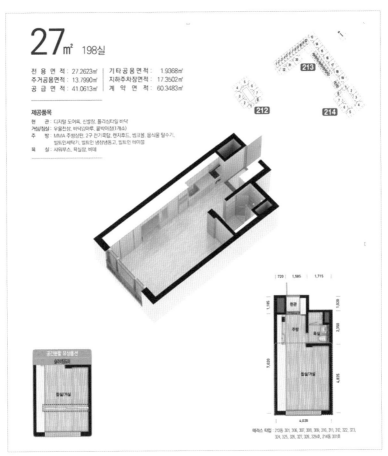

오피스텔은 획일적으로 4.6%를 내야 한다. 주거용으로 사용하더라도 마찬가지다. 이 부분은 향후 개선되어야 할 부분이다. 분양을 받아 취득하는 경우에는 건물에 해당하는 부가가치세를 내는 것도 고

⠿ 오피스텔 규모별 월세가격(2020년 1월)

지역	규모	평균월세보증금	평균월세가격	중위월세보증금	중위월세가격
전국	40㎡ 이하	7,487	488	7,204	481
전국	40㎡ 초과	29,594	1,000	18,505	882
수도권	40㎡ 이하	8,086	528	7,808	518
수도권	40㎡ 초과	30,503	1,054	19,116	939
지방	40㎡ 이하	5,008	324	4,708	324
지방	40㎡ 초과	25,695	767	15,883	641
서울	40㎡ 이하	9,859	584	10,000	575
서울	40㎡ 초과	46,652	1,298	21,515	1,138
도심권	40㎡ 이하	9,542	690	10,000	688
도심권	40㎡ 초과	19,333	1,554	20,000	1,375
동북권	40㎡ 이하	8,852	545	10,000	560
동북권	40㎡ 초과	17,273	838	10,000	800
서북권	40㎡ 이하	9,602	594	10,000	560
서북권	40㎡ 초과	34,159	1,345	25,000	1,300
서남권	40㎡ 이하	10,829	493	10,000	480
서남권	40㎡ 초과	45,839	1,086	25,000	1,000
동남권	40㎡ 이하	9,555	667	10,000	660
동남권	40㎡ 초과	72,727	1,631	20,000	1,295
부산	40㎡ 이하	5,291	320	5,000	320
부산	40㎡ 초과	33,504	879	20,000	725
대구	40㎡ 이하	4,938	385	5,000	400
대구	40㎡ 초과	8,591	531	10,000	475
인천	40㎡ 이하	4,583	356	5,000	355
인천	40㎡ 초과	12,885	613	10,000	550
광주	40㎡ 이하	3,603	264	2,700	255
광주	40㎡ 초과	17,550	522	10,000	425
대전	40㎡ 이하	5,295	350	5,000	350
대전	40㎡ 초과	14,500	673	8,000	530
울산	40㎡ 이하	3,980	301	4,000	310
울산	40㎡ 초과	11,221	508	10,000	525
세종	40㎡ 이하	3,125	348	3,000	335
세종	40㎡ 초과	6,100	535	5,000	500
경기	40㎡ 이하	6,138	482	5,000	470
경기	40㎡ 초과	19,568	956	20,000	870

자료: 한국감정원

려해야 한다. 부가가치세는 아파트의 경우 전용면적 85㎡를 초과할 때 납부하지만, 오피스텔은 면적 크기에 상관없이 납부 대상이다.

다섯째, 관리비다. 오피스텔의 관리비는 아파트에 비해 상대적으로 비싼 것이 일반적이다. 오피스텔의 전용률이 50% 이하라는 것은 전용공간에 비해 공용 부분이 더 넓다는 의미이고, 본인 사용분보다 공동의 부담이 커지는 구조다. 단독주택을 재건축한 도시형생활주택과의 경쟁에서도 상대적으로 높은 관리비 부담이 단점으로 작용한다.

여섯째, 주차 부분이다. 일반적으로 주택은 1가구 1차량이 원칙이지만, 오피스텔은 호실당 0.5대 기준으로 설계된다. 그런 만큼 주차조건이 열악하고 주차난에 시달릴 수도 있다. 도심에 있는 한 오피스텔의 인기가 높은 이유가 1호당 1대의 주차로 설계되었기 때문인 것도 같은 맥락이다. 물론 도시형생활주택의 경우도 주차 여건에서는 오피스텔과 마찬가지로 좋지 않다.

오피스텔의 투자환경은 어떨까? 지금은 삼중고 상태에 놓여 있다. 우선 고분양가 논란이다. 아파트와 마찬가지로 분양가가 지나치게 높다. 물론 지가상승에 따른 자연스러운 현상이긴 하다. 물량 측면에서는 공급과잉 상태에 처해 있다. 2009년부터 공급된 누적물량뿐만 아니라 신도시 등 택지지구에 다량의 오피스텔이 집중적으로 공급된 결과다. 도심지역에서도 오피스텔로 재건축된 사례가 많다. 분양가가 높아지고 물량이 많아지자 임대수익은 상대적으로 낮아지고 있다. 이런 수익률의 한계는 당연한 수순이다. 대략 단순 수익률 기준으로 3~4% 정도에 머문다. 세금과 제비용을 공제하면 2%대의 순이익에 불과하다.

그렇다면 오피스텔의 투자가치가 있을까? 고분양가, 공급과잉, 수익률의 한계를 극복하고 여전히 소액 수익형부동산 투자의 대명사로서의 입지를 유지할 수 있을 것인가? 현재까지 오피스텔은 주택시장에서 충분한 기여를 하고 있다. 앞으로도 도시형생활주택과 더불어 대표적인 1인 가구의 주거형태로 존재할 것이다. 소형 아파트가격이 지나치게 높아 갈아타기 쉽지 않은데다, 교통이 편리하고 주변 생활기반이 잘 갖춰진 곳에 입지한 경우가 많기 때문이다. 소액으로 오피스텔에 투자하겠다는 수요도 당분간 더 유지될 가능성이 높다. 저금리 기조의 장기화가 그 이유다. 오피스텔은 신도시, 기존 도시지역을 비롯하여 대부분의 지역에 공급된 물량이 많다. 하지만 여전히 "되는 곳은 된다"는 기대치가 있다. 도심지 등 수요가 풍부한 곳의 오피스텔 개발은 여전히 유효하고 아직 진행형이다.

오피스텔 미래가치는 어떨까? 오피스텔은 소액 수익형부동산을 대표하는 부동산이다. 오피스텔 역시 아파트, 상가건물 등 부동산의 상승 흐름에서 벗어나 있지 않다. 일정 부분 상승하기 때문에 투자차익을 확보하는 것이 가능하다. 시세 상승은 분양가격을 견인하는 데 자연스럽게 영향을 미쳤다. 미래에는 다시 임대수익 위주의 투자처로 회귀할 확률이 높다. 다만 오피스텔의 시세차익 수준은 아파트의 상승 폭을 따라가지는 못한다. 노후 시 재건축에 대한 기대치가 거의 없기 때문이다.

향후 주택시장은 1~2인 가구의 비율이 60%에 이르는 초유의 상황을 맞이해야 한다. 정부의 공공임대주택 확충이 제때 이루어지지 못할 경우 사회취약 계층인 젊은 층을 위한 거처는 제한적일 수밖에 없다. 특히 전용 40㎡ 이하의 소형아파트가 대거 출현하기 전까지는 소형 오피스텔을 대체할 공급처는 도시형생활주택 외에는 없다. 소형아파트의 경우도 가격이 저렴하지 않으므로 상대적으로 오피스텔의 입지는 충분히 확보될 것으로 예상된다. 물론 미래가치는 커뮤니티 및 주거 편의시설을 확충하고 주차공간을 확보하면서 차별성이 부각되는 시장으로 재편될 것으로 판단된다.

미래의 재원,
수익형부동산의 가치

수익형부동산 현황과 투자 목적

수익형부동산은 아파트 등 주택투자의 대안으로 각광받고 있다. 부동산 규제가 상대적으로 덜하다는 이유다. 그렇다고 갑자기 인기가 높아진 것은 아니다. 저금리 시대가 장기화되면서 꾸준히 관심을 받아 왔다. 수익형부동산은 부동산의 운용에 따라 정기적으로 일정한 현금흐름(수입)이 발생하는 부동산이다. 반드시 비주거용이어야 하는 것은 아니고 주거용도 가능하다. 월세를 받을 수 있다면 종류를 가리지 않는다.

수익형부동산 등의 부동산 투자를 왜 하는가? 첫째, 정기적인 임대료 등 소득이득에 대한 기대다. 수익형부동산 고유의 목적이다. 노후 은퇴세대는 급여 등 일상적인 수입이 줄어 매월 일정한 현금수입이 필요하기 때문에 월세가 그 대안이 된다. 둘째, 자본이득에 대한 기대다. 즉, 시세차익 실현이다. 매매를 통해 가격차익을 얻으려는 전형적인 투자 목적이다. 예금을 한다면 이자수입을 월세처럼 기대할 수 있지만, 투자원금 자체가 증식되는 일은 없다. 부동산 투자의 경우 임대료 등 월세수입과 동시에 투자차익을 둘 다 취할 수 있다. 물론 투자가 잘못될 경우에는 둘 다 얻지 못하는 결과가 나올 수는 있다. 부동산이라는 실물은 인플레이션이 발생할 때 방어할 수 있는 기능을 가지고 있다. 저금리 등으로 돈의 가치가 떨어지고 실물자산인 부동산의 가치는 상승하게 된다. 예금과 다른 큰 차이점이라고 할 수 있다. 자산가가 부동산 투자를 선호하는 이유다. 셋째, 자산의 한 형태로 포트폴리오 차원에서 위험을 분산하려는 목적이 있다. 자산을 다양하게 보유하여 위험을 줄이려는 의도다. 부동산, 현금예금, 주식, 채권 등 투자형태에 따라 보유자산을 배분하는 것이다. 넷째, 부동산을 절세의 수단으로 활용하려는 목적이다. 개인의 경우 소득세 손익통산제도를 활용하려는 취지도 있다. 법인은 회사건물 등 보유 부동산을 감가상각하여 절세효과를 얻을 수 있다. 노후로 인해 건물의 가치가 하락하면 세금이 자연스럽게 줄어든다. 다섯째, 부동산을 담보로 활용할 수 있다. 예를 들어, 가격이 10억 원인 아파트를 매입할 때, 대출 4억 원을 받았다면 자기 자금은 6억 원만 있으면 된다. 담보 역할을 하여 부족한 자금에도 불구하고 매입이 가능하다. 일종의 레버리지 효과다. 내 집을 마련하는 것이기에 소유했다는 만족도와 이용가치에 대한 만족도가 동시에 높아진다.

수익형부동산의 종류

수익형부동산은 정기적인 현금흐름이 발생하는 부동산이라는 차원에서 다양한 형태로 존재한다. 아파트, 단독주택, 상가(건물), 오피스빌딩, 오피스텔, 호텔 등 숙박용부동산, 물류창고 등 저장용 부동산, 공장 등 산업용부동산, 지식산업센터(아파트형 공장), 주차장, 병원, 리조트, 은퇴자 요양시설, 쇼핑센터, 과수원 등 농장, 놀이공원 등 여러 부동산이 포함된다. 주거용과 비주거용으로 나누어 살펴보자.

주거용에는 주택임대사업이 있다. 기업형임대사업과 일반형임대사업으로 나뉜다. 기업형임대사업자는 8년 이상을 임대할 목적으로 100호 이상 민간임대주택을 취득하였거나, 취득하려는 임대사업자(건설임대는 단독주택과 공동주택 300세대 이상, 매입임대는 단독주택과 공동주택 100세대 이상)다. 일반형임대사업자는 기업형임대사업자가 아닌 임대사업자로서 1호 이상의 민간임대주택을 취득하였거나 취득하려는 임대사업자다. 장기일반민간임대주택(8년 이상 임대 목적)사업자와 단기임대주택(4년 이상 임대 목적)사업자로 나누어볼 수 있다. 주거용은 대부분 단독(다가구)주택처럼 본인이 거주하며 일부 세를 주는 형태이고, 요즘 수요가 늘고 있는 소형아파트를 비롯하여 다세대 주택과 연립주택이 포함된다. 순수 단독주택이나 대형아파트도 있지만 많지는 않다.

: 중대형 상가 지역별 소득수익률

지역	2019년 1분기	2019년 2분기	2019년 3분기	2019년 4분기
전체	1.05	1.04	0.8	1.01
서울	0.92	0.91	0.67	0.87
도심	1.01	1.02	0.74	0.99
강남	0.87	0.85	0.65	0.83
영등포신촌	1	0.98	0.75	0.94
기타	0.9	0.9	0.64	0.85
부산	1.01	1.01	0.76	0.98
대구	1.01	0.99	0.71	0.95
인천	1.27	1.26	1.02	1.24
광주	1.33	1.32	0.99	1.24
대전	1.1	1.09	0.87	1.03
울산	0.93	0.91	0.64	0.89
세종	0.93	0.93	0.7	0.92
경기	1.2	1.19	0.96	1.16
강원	1.09	1.09	0.85	1.06
충북	1.4	1.4	1.16	1.37
충남	1.05	1.02	0.83	1.03
전북	1.15	1.13	0.92	1.08
전남	1.12	1.1	0.88	1.07
경북	0.99	0.99	0.74	0.98
경남	0.97	0.97	0.71	0.95
제주	0.82	0.83	0.63	0.86

자료: 한국감정원

비주거용에는 일반적인 형태의 상가(건물)가 있다. 상가는 상가 건물의 한 칸을 분양받는 구분상가가 많은 부분을 차지한다. 아파트 단지 내 상가도 비주거용에 해당된다. 분양이나 매매를 통해 쉽게 접근할 수 있지만, 신도시 등에서는 경기침체와 공급과잉으로 공실 리스크가 점차 커지고 있다. 통 건물 형태로 존재하는 경우도 많다. 상층부가 주택, 하층부가 근린상가 등으로 구성된 상가주택도 있고 전부 근린상가인 경우도 있다. 또한 시장점포, 쇼핑센터, 할인점, 전문점, 백화점 형태의 매장용 부동산도 있다. 이런 상가의 경우 경기 변화에 따라 임대수입이 민감하게 반응한다.

오피스빌딩은 주로 사무업무의 지원을 위해서 제공되는 부동산 유형이다. 일반적으로 기업체 사무실로 이용하므로 상대적으로 경기에 덜 민감하고 주로 오피스 수요가 많은 도심지역에 위치한 형태가 투자에 유리하다. 호텔 등 숙박용부동산은 투자용 부동산 중 가장 관리하기 힘든 유형이다. 수입의 안정성이 적고 관리자가 항상 대기해야 하는 등 인건비 부담이 크다. 특히 수입구조가 성수기에 일시적으로 연간 수입을 상쇄하는 경우가 많아 비수기와 편차가 크다. 도심 등 상시 관광객이 많은 입지일 경우 수익률이 높기도 하다. 다만 최근에는 도심에 비즈니스호텔이 대거 등장한 데다 많은 비중을 차지하던 중국 관광객(유커)이 감소하여 객실을 채우기가 쉽지 않다.

물류창고 등의 저장용부동산은 산업지역이나 공업단지 주변에 입지한다. 수도권은 용인 등 교통연계성이 뛰어난 곳을 중심으로 다수 형성되었다. 종전에는 물류창고가 많지 않아 블루오션이었지만,

점차 공급이 증가하는 추세다. 투자 수익성은 우수하나 임차인의 유치 관리에 어려움이 있다. 임대수입 외에도 토지의 가격상승으로 자본이득이 높아진 경우도 많다. 근래 들어 해외 투자자의 관심대상이 되고 있기도 하다. 소규모 공장 등 산업용부동산이 있다. 일반적으로 공장이라 하면 대형 규모를 연상하지만, 부지 면적기준 1,650㎡(약 500평) 이내의 소규모 공장은 자가 사용뿐만 아니라 임대용으로도 인기가 높다. 잘 알려져 있지는 않았지만 상가건물과 유사한 수익형부동산으로 봐도 무리가 없다. 요즘에는 도심 유휴 부지를 활용한 주차장 사업도 활발하게 진행되고 있다. 주차공간 부족으로 주차료가 상승하고 수요를 확보할 수 있어 유료 주차장이 늘고 있는 추세다. 농장도 체험형 프로그램 등을 통해 수익형부동산이 되고 있다. 도시민들의 체험 욕구를 채워주는 주말농장 등 다양한 수익사업 형태로 운영되고 있다.

미래의 재원인 수익형부동산

모든 부동산 투자는 종합적으로 검토 실행되어야 한다. 가장 많은 부동산 투자 형태인 주택과 상가를 중심으로 알아보기로 한다. 주택임대사업은 접근하기는 아주 쉬운 대상이지만 주택에 대한 규제가 많아 주의해야 한다. 특히 세금에 대한 주의가 필요하다. 소득세의 경우 고가주택(공시가격 9억 원 이하)이 아닌 1세대 1주택자의 월세소득은 비과세 대상이다. 가장 적합한 형태는 본인이 3층에 거주하고 1~2층은 원룸으로 임대하는 도시형생활주택이다. 원룸의 월세 소득이 500만 원, 연간 6,000만 원이라고 하더라도 이 경우 비과세다. 은퇴자들의 로망이기도 하다. 인기가 높아짐에 따라 원룸형 다가구주택의 가격이 점차 상승하고 있다. 아파트라 하더라도 소유한 집을 월세로 주고, 본인은 보다 저렴한 곳에 전세를 사는 형태도 존재한다. 2주택인 경우에는 전세일 때만 과세에서 제외한다. 3주택 이상인 경우 전세보증금 합계액이 3억 원을 초과하면 이자상당액을 감안하여 임대료로 환산(간주임대료)하여 과세한다. 주택임대소득이 연간 2,000만 원 이하일 경우 분리과세 대상이고, 2,000만 원을 초과할 때에는 종합소득 과세대상이다. 임대사업과 관련하여 민감한 세금은 종합부동산세와 양도소득세. 종합부동산세와 양도소득세 배제 대상이 되기 위해서는 임대주택(2018년 3월 이전 등록은 5년 임대, 4월 이후 등록은 8년 임대) 등록을 해야 한다. 주택임대사업은 여전히 유효한 투자수단이다. 하지만 세금혜택이 축소되고 복잡해짐에 따라 보유주택의 현황을 충분히 파악한 후 등록해야 한다.

상가투자는 구분상가 형태로 분양을 받는 경우가 일반적이다. 상가개발 부지의 가격상승으로 상가 분양가도 높게 형성되고 있다. 대개 일정 면적을 기준으로 받을 수 있는 임대료는 정해져 있으므로 분양가 대비 수익률을 철저히 산정해야 한다. 경기침체로 1층 상가의 월세도 상승보다는 현상유지 내지 하향 조정되는 일이 다반사다. 세입자가 영업을 통해 월세를 밀리지 않고 낼 수 있을지 분석이 필요하다. 상가분양 시 업종은 대부분 사전에 정해진다. 상가는 통상 1명의 임차인에 의존하므로 그 역량에 따라 임대료 수준이 달라지는 경우가 많다. 월세가 일정액으로 고착되면 더 이상 수익률 향상이 어려워 시세차익 기대도 어려운 만큼 주의가 필요하다. 신도시 등에 상가비율이 높아져 공급이 과잉되거나 주민의 입주지연 등으로 상권이 통상 2~3년 늦게 형성되기도 한다. 위례신도시처럼 입주 초기에 트램(노면전차) 등 교통 기반시설 미비로 공실이 커지고 상권이 침체하는 현상에 유의해야 한다.

상가건물은 자산가의 주요 투자 대상이다. 대략 10년 전부터 집중적인 관심이 모아졌다. 수도권의 경우 토지보상자금의 대거 유입으로 인기가 더욱 높아졌다. 현재는 알짜 물건이 많지 않다. 매입할 사람들은 이미 매입한 상태인 데다 남아 있는 매물은 가격이 높고 수익률은 낮기 때문이다. 매매가격은 매도 매수자 간 협상에 의해 상승했지만, 임대료는 10년 전이나 지금이나 별반 차이가 없다. 결국 가격이 2배 오른 상태에서 수익률은 반 토막이 되어 3% 전후에 머물고 있다. 지금부터는 수익률이 받쳐 주지 않으면 매매가격 상승은 쉽지 않아 보인다. 그럼에도 불구하고 수익률과 상관없이 상가건물의 땅값이 계속 올라가는 이상 현상이 나타나기도 한다. 상가건물 자체의 매물부족과 함께 아파트 가격이 급등했기 때문에 상대적으로 땅값을 기준으로 따지면 저렴하다는 분위기가 형성된 것이다. 수익률을 높이기 위해 무엇보다 중요한 것은 임차인을 재구성하거나 리모델링과 상가개발을 통해 투자성을 향상하는 것이다.

　물론 수익률이 낮다고 해서 당장 상가건물 가격이 하향 조정되는 것은 아니다. 몇 년 전에 매입한 경우 바로 되팔기도 쉽지 않을 뿐 아니라, 장기 보유자의 경우 취득가격 대비 수익률이 잘 나오지 않아도 급하지 않고, 매도 시 양도소득세가 많이 나와 매도 자체를 꺼리기도 한다. 매도 후 대체 취득하는 경우 세금만큼 가격이 낮은 건물을 사야 하기 때문에 오히려 자산가치가 줄어드는 상황에 직면한다. 이처럼 상가건물을 매입하는 것이 매력적인 것만은 아니지만 여러 단점에도 불구하고 여전히 대기수요가 많은 것도 가격이 하락하지 않는 이유다. 가격이 하향 조정되면 언제든 매입을 하려는 수요자가 있다는 것이다. 결론적으로 상가건물 매입 예정자는 끊임없이 부동산 시장을 지켜보며 수익률 개선이 가능한 물건을 찾아나서야 한다.

　코로나19 상황이 심해지면 가장 먼저 타격을 받는 분야는 실질적인 경제의 접점에 있는 자영업이다. 주택시장보다 더 민감한 이유는 경제위기가 닥치면 가장 먼저 줄이는 것이 일상적 소비이기 때문이다. 사회적 거리두기 등으로 음식점 등의 방문도 쉽지 않은 상황이다. 물론 직장인 밀집지역의 경우 점심시간 매출이 아예 없지는 않지만 재택근무 시행으로 이곳마저 매출감소가 불가피한 상황이다. 실질적인 타격은 저녁 시간이다. 사람들을 만나는 모임을 피하게 되면서 대부분의 상가 매출이 절반 이상 줄고 있다. 많게는 70%

가량 감소했다고 한다. 이렇게 상가건물 등의 세입자가 어려움에 처하자 일부 건물주 위주로 10~20%가량 임대료를 인하해주는 현상이 나타나고 있다. 세입자가 단기적으로 몇 개월은 버틴다고 하지만 길어질 경우 뾰족한 대책이 없다. 결국 자영업자 폐업으로 연결되고 최종적인 피해는 건물주의 몫이다. 이런 폐해를 최소화하기 위해서는 역시 임차인 구성에 세밀한 신경을 써야 한다. 한마디로 불황에 강한 세입자가 건물주 입장에서는 효자이기 때문이다.

수익형부동산을 취득하여 부동산임대업으로 대출을 받을 때는 임대업 이자상환비율RTI 제도가 시행되고 있어 유의해야 한다. 비주거용의 경우 연간 임대소득 대비 대출에 대한 연간 이자비용이 1.5배를 넘지 못하도록 하였다. 종전보다 대출 가능금액이 감소한 만큼 자금조달 측면에서 충분히 고려하고 계획을 짜야 한다. 전반적인 투자 여건을 점검하고 투자에 임해야 한다.

토지는 그 자체가 미래다!
토지 용도의 다양성

　　부동산의 가장 기본인 토지는 여전히 지속적인 인기를 얻고 있다. 물론 입지에 따라 가격은 천차만별이지만, 기초적인 부의 원천인 셈이다. 자산가의 대부분은 토지를 통해 부를 창출한 경우가 많다. 비도시지역뿐만 아니라 도심지의 상가건물 개발 등 도시지역의 가치도 토지에 따라 달라진다.

　　근래 들어 토지시장에 나타난 변화 중 가장 큰 흐름은 그동안 소외받았던 개발제한구역(그린벨트) 토지에 대한 관심 증가다. 개발제한구역이라는 말에서 알 수 있듯이 개발하기 어려운 땅이지만, 스포츠 관련 시설 등 토지 활용도가 높아지면서 용도의 다양성 측면에서 개념이 확장되었다. 또한 면적 30만㎡(9만 평) 이하의 경우 개발제한구역의 해제권한을 국토교통부장관에서 시·도지사로 이양했다는 점도 호재다. 일정 면적 이내는 광역 지자체장의 재량으로 개발제한구역을 해제할 수 있음에 따라, 기대감이 높은 지역 위주로 매매가 이루어졌다.

토지 관련 용어 중 자주 듣게 되는 것이 '비사업용 토지'다. 사업용 토지가 아니라는 의미로, 일반적으로 본래 사용목적을 벗어난 것으로 간주하여 규제대상이 된다. 기업체 등에서는 본래의 사업용으로 사용하지 않는 토지를 지칭한다. 개인이 보유한 농지에 적용될 때는 소득세법 제104조 3항에 "소유자가 농지 소재지에 거주하지 아니하거나 자기가 경작하지 아니하는 농지"로 되어 있다. 농지 소재지는 해당 시·군을 의미하므로 그 외 지역 거주자의 보유 농지는 비사업용 토지로 분류된다(예외사항 존재). 이렇게 대상자의 범위가 넓고 많아 추정하기조차 어렵다. 문제는 이들 대부분이 양도차익을 목적으로 토지를 산 투기자로 오해를 받는 일이 생기고 있다는 거다. 가장 큰 불이익은 양도소득세에 대한 중과다. 일반세율에 10%p를 더 물린다(적용세율 16~52%). 양도차익이 5억 원이 넘으면 절반이 넘는 세금을 부담해야 한다. 장기보유특별공제 혜택은 다행히 2017년부터 부활된 상태다.

보유한 토지를 비사업용에서 벗어나게 하는 방법은 개발 등을 통해서 사업용으로 전환하는 것이다. 물론 농지 등의 소재지로 거주지를 옮기는 일도 사업용으로 바꾸는 길이다. 그런데 토지는 건물을 짓는 등 적극적인 개발사업을 할 경우에는 '개발이익환수에 관한 법률'에 의거하여 개발부담금을 내야 한다. 개발부담금은 개발사업 시행으로 발생된 개발이익의 일정액을 환수하여 토지투기를 방지하고 국토균형발전 재원으로 활용하는 것이 목적이다. 부과기준은 개발

2019년 연간 전국 지가변동률 및 토지거래량

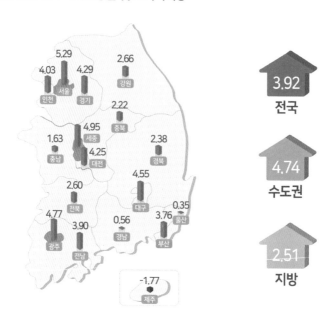

2019년 연도별 전국 지가변동률

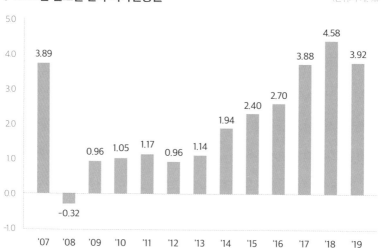

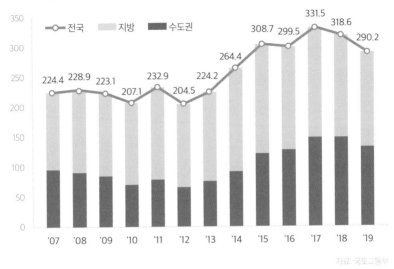

: 2019년 연도별 전국 토지거래량 (단위: 누계필지수, 만)

자료: 국토교통부

이익의 25%(개별입지) 또는 20%(계획입지) 수준이다. 개인이 개발부담금의 부과 대상이 되는 것은 대부분 개별입지사업의 경우다. 지목변경이 수반되는 개발사업(농지·산지전용허가, 개발행위허가) 등이 해당된다. 소규모 개발사업에 대해서는 면제를 하고 있다. 즉, 특별·광역시는 660m²(약 200평), 도시지역 990m²(약 300평), 도시지역 중 개발제한구역 1,650m²(약 500평), 비도시지역 1,650m² 이상이 부과 기준이다.

토지시장의 제도와 환경 변화에 대응하여 투자를 어떻게 하는 게 좋은지 전략이 필요하다. 우선 가장 먼저 해야 할 일은 본인이 보유한 토지에 대해 철저하게 분석하는 일이다. 현재 주변상황이 어떻게 변해가고 있는지 분위기를 먼저 파악해야 한다. 거주지와 먼 거리에 위치하여 1년에 한 번 가보기조차 힘든 상황에서는 변화에 대응하기가 쉽지 않다. 요즘 워낙 인터넷이 발달되어 있어 직접 현장을 가기 어려운 경우에는 해당지역을 검색해보고 정보를 보충해야 한다. 특히 지자체 홈페이지를 방문하여 지역 현안이 무엇인지 살펴봐야 한다. 위성지도, 거리뷰 등을 무료로 올려놓은 지자체나 정보업체도 많으므로 손쉽게 궁금증을 해결할 수 있다. 더 보유할 것인지 매도할 것인지를 결정할 때는 이런 정황을 참고해야 한다.

개발제한구역 토지 투자의 경우 수도권에서 개발기대감이 큰 시흥시, 남양주시, 고양시, 김포시 등 서울 주변 도시가 높은 관심을 끌고 있다. 서울 접근성이 좋고 그동안 상대적으로 개발에 소외되었던 지역들이다. 개발제한구역 토지는 활용도가 높아졌으므로 투자 관점에서 검토해도 무리가 없다. 다만 일거에 모든 토지가 해제되기 어렵고 활용도가 단박에 높아질 수는 없으므로 지나친 기대는 삼가야 한다. 또한 이런 사회적인 분위기를 이용하여 개발이 어려운 그야말로 '관상용 토지'인 하남시, 과천시 등의 일부 개발제한구역 임야를, 유력 일간지 신문광고를 통해 매도하려는 기획부동산 등도 있어 주의가 필요하다.

토지투자를 할 경우에는 개발을 전제로 매입해야 한다. 개발 시에는 개발부담금을 비롯한 제도에 대한 분석도 필요하다. 당연히 개발 후에는 비사업용토지에서 벗어날 수 있다. 과거처럼 맨땅을 사서 그대로 되파는 형태는 적합하지 않다. 토지투자는 최근 들어 많이 오른 주택투자보다 투자성이 높을 수는 있지만 전형적인 환금성 문제는 극복하기 어려운 난제다. 또한 보유 시에 현금흐름 창출이 쉽지 않기 때문에 시세차익만을 기대하는 접근은 주의해야 한다. 결국은 다양한 용도의 가능성을 점검하고 본인이 처한 상황을 철저히 분석한 후 제도변화에 따른 적절한 대응을 해야 한다.

코로나19는
부동산 시장에 어떤 영향을 미칠까?

　　2020년 4월 세계 경제는 뜻하지 않은 세기의 전염병으로 잔뜩 움츠러들고 있다. 2019년 말 중국의 우한지역에서 시작된 바이러스는 우리나라를 비롯하여 아시아, 유럽, 미국 등으로 확산되었다. 코로나19는 단순 전염병 차원을 넘어 경제활동 자체를 위축시키기 때문에 경제흐름이 차단되는 심각한 부작용이 발생할 수 있다. 경제활동을 책임지는 생산, 유통, 소비에 이르는 각 분야에 영향을 미쳐 경제를 마비시키고 있다. 경제침체가 가시화될 경우 부동산 시장에 미치는 영향은 어떨지 예상해보자.

　　이 사태가 부동산 시장에 미치는 영향은 다양하다. 당장 경기침체를 야기할 것이고, 가장 기본이 되는 수요와 공급, 금리, 시장 유동성, 대출, 세금, 전세가격, 부동산정책 등에 복합적인 영향을 미칠 것이다. 경제상황은 호황과 불황으로 나눌 수 있는데 불황인 침체기가 일상적인 수준, 즉 특단의 쇼크 상태가 아닐 경우라면 경제침체 하나만으로 시장에 미치는 영향은 제한적이다. 다만 그 파급력이 심각한 경제 위기 수준으로 격상되면 양상이 달라진다.

근래 우리나라에 경제위기급 침체는 두 번 있었다. 너무나 기억이 생생한 1997년 IMF 외환위기와 2008년 글로벌 금융위기가 그것이다. 우선 외환위기 시절 경제상황은 대외 지급수단인 달러가 부족해 발생한 일이다. 원달러 환율이 700~800원 수준에서 2배 정도로 폭등했다. 경제 각 분야에서 구조조정이 시작되었는데, 중요한 역할을 했던 정책이 금리인상이다. 금리를 올려 경쟁력 있는 주체는 살아나고, 그렇지 않으면 도태되는 방식이었다. 당시 부동산 시장에 미치는 영향이 컸다. 다만 속성이 다른 경매는 활황이었다. 공장의 낙찰가는 서울의 경우 최초 경매가의 30%대까지 하락하기도 했다. 1998~1999년 부동산은 극심한 침체기를 겪었다. 1998년에 등장한 DJ정부는 경제회복을 위해 동분서주한다. 당시 금모으기 운동은 지금도 생생하다. 그때 필자가 근무하던 곳이 남대문시장 인근 은행 지점이었는데 보석감정사와 함께 참여했던 기억이 난다. 1999년 정부는 부동산 시장 활성화를 위해 '분양권 전매제한 폐지'를 필두로 부양책을 마구 쏟아냈다. 서울에서 아파트를 매월 한날에 동시에 분양하는 등 활성화 정책에 힘입어 2000년 이후 시장은 회복세로 반전했다. 1기 신도시의 대표인 분당의 집값은 3년 만에 2배로 뛰기도 했다. 경제침체로 공급을 제때하지 못한 결과가 반영된 것이다.

2008년 글로벌 금융위기는 1997년 IMF 외환위기처럼 특정 분야에서 시작한 위기라기보다 미국발 서브프라임 모기지 사태로 촉발된 종합적인 금융위기의 성격이 강했다. 2008년 역시 부동산 시장은 급락하기 시작하면서 암운이 드리워졌다. 곧 금리인상이 필요한 위급 상황으로 전개되었다. 미국에선 단기간 내 3% 정도의 금리인상을 단행한 결과, 주택가격은 30~50%가량 하락하였다. 우리나라도 역시 급락을 면치 못했다. 2008년 등장한 이명박 정부는 주택양도세 한시감면 등 부동산 부양책으로 대응했다. 1년 후인 2010년에 V자로 반등하는 회복세를 보였다. 그 후 되살아난 부동산 시장이 2014년까지 안정세가 지속된 것은 주택공급이 확충된 결과였다. 이때 본격화된 2기 신도시 입주와 보금자리주택지구, 도시형생활주택, 주거용 오피스텔 등의 집중 공급이 이루어졌다. 이렇게 두 번의 큰 경제위기가 부동산 시장에 실질적인 영향을 미친 기간은 1~2년 정도에 불과했다.

지금 우리는 세 번째 경제위기를 맞이하고 있다. 이번엔 외환도 금융도 아닌 바이러스 때문이다. 문제는 종전의 경제위기와는 전혀 다른 예측하지 못한 블랙스완급이다. 지난 두 번의 경제위기는 각 업종에 따라 불황과 호황으로 나뉘었다. 호황업종에겐 기회도 되었다. 하지만 이번 코로나 사태는 전혀 다른 양상을 보인다. 경제활동 전체를 극도로 위축시키는 전방위적인 위험이 되고 있다. 물론 이번에도 오프라인 상권의 침체와 온라인 시장의 양상은 다르다. 부동산 시장도 당장 견본주택을 사이버로 대체하는 일이 벌어지고 있다. 매매물건 등의 현장답사도 꺼리고 있는 실정이다. 건설현장에선 공사를 진행하기도 쉽지 않다. 물론 이 와중에 코로나19로 극심한 홍역을 치르고 있는 대구의 한 아파트 청약경쟁률이 무려 140대 1을 넘었다는 소식에 이 사태의 심각성이 무색해지긴 했다.

코로나19 상황이 종료되지 않아 불똥이 어디로 튈지 모르지만 종전에 있었던 두 번의 위기상황과 비교할 때 극명한 차이는 금리인상 여부다. 이번에는 금리를 올리지 않고 오히려 내려야 하는 입장이다. 현재 부동산 시장의 가장 큰 영향요인으로 꼽을 수 있는 공급부족과 유동성은 여전히 건재한 상태다. 금리인하는 유동성을 더 풍부하게 만들 수 있다.

결론적으로 현 상황이 장기화되지 않고 2020년 상반기 안에 어느 정도 마무리된다면 부동산 시장에 미치는 영향은 제한적일 것으로 예상된다. 경제 전반의 활동 위축으로 침체는 불가피하다. 하지만 부동산의 경우 공급부족으로 인한 쏠림 현상과 금리인하로 부동산에 몰리는 자금 등의 유동성을 고려하면 여전히 상승흐름을 이어갈 것으로 전망된다.

문제는 1년 내내 이런 경제활동이 위축될 경우에는 경제성장률 자체가 절반으로 줄 수도 있다는 것이다. 시장 침체가 장기화되면 부동산 참여자도 매수를 하기보다는 대기수요로 전환될 수 있다. 저금리 상태지만 현금을 보유하는 것이 낫다는 판단을 하는 것이다. 단기적으로 서울 등의 주택가격이 급등한 상태이므로 부담도 큰 게 사실이다. 이럴 경우 가격조정은 불가피해 보인다. 특히 세계 경제의 침체가 장기화될 때는 문제가 커진다. 다만 전세시장의 양상은 다를 수 있다. 집은 사지 않을 수도 있지만 거주는 해야 하므로 전세에 안주하는 현상이 일어날 수 있다. 전세 물량의 공급부족이 가시화되는 수도권과 지방 일부를 중심으로 전세가격은 강세를 보일 수 있다. 소유자는 증가된 보유세를 전월세가격 인상으로 전가할 우려도 남아 있다.

현재 코로나19 사태는 전세계적으로 심각한 위협이 되고 있는 것은 분명하다. 하지만 우리의 경제 주체는 이미 두 번의 위기를 겪은 경험이 있다. 이번에는 부동산 자체의 문제라기보다는 외적인 원인이므로 해결된다면 부동산 가격도 회복될 것으로 예상된다. 당장 부동산을 매입하지는 않지만 가격이 하락하면 매입에 나선다는 계획 아래 현금을 보유하고 있는 사람들이 꽤 있다. 대부분의 매수자가 같은 생각을 하고 있다. 결과적으로 가격은 조정되더라도 반등하는 데는 오랜 시간이 걸리지 않을 것으로 전망한다.

Part 2

서울,
새로운 지평을 펼치다

서울시 높이관리기준과 도시의 미래

최근 서울의 재건축아파트 시장에서는 '35층 vs 50층' 어떤 층수로 개발할 것인지에 대한 논란이 뜨겁다. 도시계획을 주관하는 서울시와 정비사업의 주체인 조합 간에 마찰이 심화된 결과다. 어떤 것이 최상의 선택인지 논점은 무엇인지 각자의 입장에서 정리해보고, 우리가 사는 도시의 미래에 어떤 것이 바람직한지 살펴보고자 한다.

가장 첨예하게 대립하고 있는 재건축 단지는 잠실5단지, 압구정현대, 대치은마, 반포 일대 등이다. 공교롭게도 대표적인 강남의 부촌이다. 조합 입장에서는 초고층 아파트 건설을 통한 랜드마크 단지로서의 가치를 유지하고 싶어 한다. 50층으로 건축할 경우 2동을 지을 것을 1동만 지어도 되므로, 건폐율(대지면적에서 건축면적이 차지하는 비율)이 20% 수준에서 절반으로 줄어든다는 것이 이 주장의 핵심이다. 그 결과 녹지공간이 확대되어 쾌적한 환경을 조성할 수 있다. 또한 고층부의 분양가격을 높여서 사업성을 개선할 수 있다는 의도도 있다.

: 서울플랜

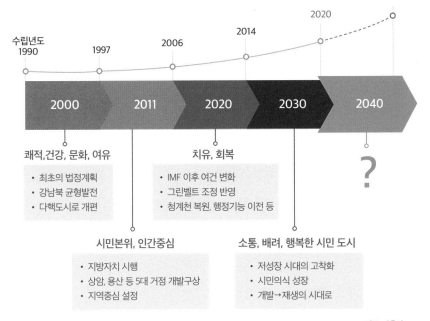

자료: 서울시

　　서울시에서는 '2030 서울플랜'을 통해 용도지역에 따라 도심, 부도심, 지역 중심, 지구 중심, 그 외 지역으로 구분해놓고, 해당 지역에 정해진 높이기준을 따르라고 한다. 위에 언급한 아파트는 한강변에 위치한 강남의 요지임에도 불구하고 '그 외 지역'에 해당되니, 3종 일반주거지역은 35층 이하, 2종 일반주거지역은 25층 이하로 건축해야 한다는 입장이다. 앞으로 진행될 '2040 서울플랜'에서 극적인 반전을 기대해본다.

　　서울은 1천만 명이 모여 사는 세계적으로도 큰 도시에 속한다.

이제는 토지이용계획 차원에서도 좀 더 면밀한 접근이 필요하다. 도시의 가용용지가 극히 제한적인 상태에서 체계적인 고밀도 개발은 시대적 요구다. 국가적인 차원에서 서울의 도시경쟁력을 확보하고 위상을 높인다는 관점에서 접근이 필요하다.

한강에서 바라보는 주변 건물은 어떨까? 안타깝게도 한강 주변은 올림픽대로와 강변북로 때문에 접근성이 극도로 제한되어 있어 이용가치가 현저히 떨어진다. 또한 한강에 접한 대부분의 지역에 아파트가 자리하고 있어 변화가 쉽지 않다. 이런 한강에도 재건축 주기가 도래함에 따라 절대 놓칠 수 없는 기회가 왔다. 지금은 향후 100년간 한강의 가치를 좌우할 중요한 변곡점이다. 한강 스스로의 기적을 만들어볼 때다. 한강을 둘러싼 근사한 아파트 띠를 새롭게 만들어야 한다. 고밀도 설계 및 디자인적 가치를 가미하여 관광 상품화를 이뤄내야 한다. 미래의 한강은 수상 호텔과 유람선이 떠 있는 모습이다. 반포에서 용산공원을 거쳐 남산에 이르는 케이블카를 설치한다면, 홍콩과 싱가포르, 상하이를 능가하는 관광 가치를 구현할 수 있다.

주택시장 측면에서 층수 논란은 재건축초과이익 환수제와 맞물려 있다. 크게 보면 수도권은 2023년경이면 2기 신도시 등의 사업이 마무리된다. 그 이후 3기 신도시가 들어서기 전까지 서울은 주택수급을 자체적으로 해결해야 한다. 즉, 공급의 주축이 되는 도시재생사업인 재건축·재개발에 대한 용적률과 층수를 포함한 획기적인 발상의 전환이 필요하다. 지금부터 준비하지 않으면 늦을 수도 있다.

결론적으로 서울의 도시계획을 세울 때 과거의 틀에 갇혀서는 안 된다. 도시의 미래가 어떻게 변해야 경쟁력이 높아지는지에 대해 한층 더 깊은 고민이 필요할 때다.

한강 그 W의 가치

'한강의 기적'은 우리나라의 눈부신 발전상을 일컫는 말이다. 경제·사회·문화 각 분야의 변화는 천지개벽 수준이다. 하지만 정작 그 안에 '한강' 자체는 빠져 있다. 이젠 한강 스스로 변신을 시도하고 증명해야 할 때다. 한마디로 붕어빵에 붕어는 없는 격이 되어서는 안 된다.

한강 유람선을 타고 잠실선착장에서 여의도까지 둘러보면 낡고 볼품없는 콘크리트 구조물인 아파트가 큰 장벽처럼 드리워져 있다. 차라리 밤이 되면 불빛으로라도 가릴 수 있지만, 낮에는 반복되는 지루함만 느껴진다. 지하철역에서 한강까지 접근하기도 어려워 한강이 점점 우리의 생활 속에서 멀어지는 느낌이다.

이제는 한강을 살려야 할 때가 왔다. 한강 스스로 발전의 상징이자 하나의 관광 브랜드가 되어야 한다. 그래야 우리나라 서울의 얼굴로 확실하게 자리매김할 수 있다. 시기적으로 다소 늦긴 했지만 아직 기회는 있다. 한강 주변의 개발이 본격화되고 있기 때문이다.

⦂ 서울시 내 한강 흐름

자료: 카카오맵

우리의 역량도 충분하므로 한강 스스로 변신의 주체가 되도록 실행
해야 한다.

전 세계의 대표적인 국가나 도시는 강이나 바다에 접해 있고,
관리가 잘된 강이나 바다는 도시의 경쟁력을 더욱 높인다. 런던의
템스강, 파리의 세느강, 상하이 황푸강, 독일의 상징인 라인강, 뉴욕
의 허드슨강 등은 그 도시의 가치를 빛나게 한다. 그들의 공통점은
강(바다) 스스로가 관광 상품화된다는 것이다. 한국을 찾는 관광객이
연간 1,750만 명(2019년 기준)을 넘어섰다. 이들에게 한강이 필수코스

가 되도록 해야 한다. 한강은 전 세계 어디에 내놓아도 전혀 뒤처지지 않는 오히려 경쟁력 있는 천혜의 자원이다. 5공화국 시절 한강변에 홍수방지를 위해 설치했던 인공적인 콘크리트 물막이와 수중보 등도 한몫했다고 본다. 자연을 훼손했다기보다는 오히려 사계절 안정적인 수량을 확보하고 일정한 수심을 유지하면서 강폭을 넓히는 장점이 되었다.

한강을 경제 활성화의 원동력으로 만들기 위해서는 한강변 스카이라인 정비와 접근성 개선이 시급하다. 재건축·재개발이 진행되고 있는 반포와 이촌동, 압구정, 한남동, 성수동 일대의 건축물 숫자를 줄여 초고층으로 만들어야 한다. 건축물 동간 거리를 넓게 하여 개방감을 갖추고 수변 공간 확보를 통해 쾌적한 공원을 조성해야 한다. 현재 한강변의 현실은 잠실이 대변하고 있다. 획일적인 30층 아파트는 거대한 병풍으로 하나의 장벽일 뿐이다. 정비사업이 민간 주도의 사업이지만, 한강과 어우러질 수 있는 개발을 통한 관광 자원화는 꼭 필요한 일이다.

접근성 개선의 큰 걸림돌은 서울의 주요 간선도로 역할을 하고 있는 올림픽대로와 강변북로다. 근래 들어 강변북로는 용산개발의 일환으로 지하화를 추진하다 국제업무지구의 개발 무산으로 중단되었다. 서울시에서 잠실종합운동장 일대의 영동MICE복합단지 개발과 관련하여 지하화(영동대교~잠실 리센츠아파트 구간 3km)를 진행하고 있다. 이런 일련의 시도는 한강의 관광 자원화 차원에서 바람직하다.

강변 양측의 두 도로를 넘어 한강에 진입하는 접근로에 대해 다양하게 검토해야 한다. 지하는 지하대로, 다리는 다리대로 외경 디자인을 살려 하나의 관광상품이 되면 금상첨화다. 도로의 불빛은 그 자체로도 멋있는 야경이 되는 매력이 있다. 한강 다리의 조명과 함께 예술적 가치만 더하면 충분하다. 이렇게 될 경우 지금 한강의 대교마다 설치되어 있는 전망대 카페도 명소로 탈바꿈할 수 있을 것이다.

용산을 중심으로 개발이 진행될 경우 한강이 자원화됨으로써 관광 경쟁력을 확보할 수 있다. 이에 대해 세 가지로 나누어 살펴보자. 첫째, 국제업무지구의 재추진이다. 서울에서 100층 이상 건물을 대표하는 것은 잠실 롯데월드타워다. 먼저 123층 555m로 우뚝 서 있다. 삼성동 현대차 GBC센터는 105층 569m로 들어설 예정이다. 용산 국제업무지구는 당초 111층으로 계획되었으며 최상층은 전망대로 설계되었다. 용산은 명실상부한 서울의 중심부이므로 어떤 식으로든 재추진된다면 한강과 연계된 자원으로서 관광객 유치와 관련하여 상징적 가치를 창출할 것이다.

둘째, 한강 자체를 개발하는 상징적인 브랜드가 필요한데. 다름 아닌 '노들섬 오페라하우스'의 재추진이다. 호주의 시드니가 오페라하우스 하나로 전 세계 관광객을 불러 모으고 있듯이 한강에 멋진 시설물이 들어선다면 시드니에 못지않은 가치를 가질 것이다. 유람선과 함께 이와 관련된 관광상품을 개발한다면 한강이 문화적 욕구를 채울 수 있는 핵심 명소로 자리 잡을 수 있다. 반드시 창조적 가치를 더해 한강의 품격을 높여야 한다.

셋째, 중앙박물관의 활성화다. 해외여행을 갈 때 필수코스는 그 나라의 대형 박물관이다. 하지만 우리나라를 찾는 해외 관광객이 중앙박물관을 찾는 것은 보기 힘들다. 5천 년 역사의 유구한 문화를 전 세계에 알리기 위해서라도 이 부문을 성장시켜야 한다. 용산공원을 역사문화공원으로 조성하려던 계획은 접었지만, 한강과 연결된 트라이앵글로서의 가치를 높이기 위해서 꼭 있어야 하는 것이 문화 상품이다.

한강은 더 이상 방치되어서는 곤란하다. 어떻게 개발하느냐에 따라 더 큰 이익을 우리에게 제공해줄 것이다. 자연환경을 보호하는 것도 좋지만 적절한 개발과 어우러질 경우 그 가치가 더욱 빛난다. 여의도의 한강공원은 조성 당시 훼손이라며 말이 많았으나, 완공 후에는 이용가치에 대한 만족도가 높다. 한강의 스카이라인을 체계적으로 정비하고 접근성을 개선할 필요가 있다. 용산 국제업무지구와 노들섬 오페라하우스 등도 제대로 된 계획과 함께 재추진해야 한다. 여기에 중앙박물관, 용산공원이 연계될 경우 경제적 가치는 더욱 향상될 것이다.

재건축, 재개발의
미래가치에 주목하라

서울을 중심으로 한 재건축 재개발 시장의 현황

최근 들어 강남재건축과 강북재개발 등 정비사업이 주택시장을 주도하고 있다. 재건축이 끌고 재개발이 밀던 상황에서 재건축 규제가 심해지자, 재개발이 앞서고 재건축이 따라가는 모양새다. 정비사업이 주택시장의 중심에 서게 된 이유는 사업이 본격화되고 있기 때문이다. 종전에는 입주까지 막연히 10년이 걸릴 것으로 예상했다면, 요즘은 사업진행 속도가 빨라지며 입주시기가 명확하게 제시되고 있다. 보유자는 향후 4~5년 후면 입주가 가능할 거라는 믿음에 따라 기다릴 수 있는 여유가 생겼다. 투자자 역시 투자기간을 가늠할 수 있게 되었다. 사업 속도가 한 단계씩 높아질수록 가격은 올라가게 마련이다. 미래에 대한 기대감이 높아지기 때문이다. 당연한 이치다.

정비사업의 진행절차는 주민의 10% 동의를 얻어야 하는 '안전진단'에서부터 시작된다. 통과 후 정비구역으로 지정되면 구성원의

⁞ 서울시 클린업시스템 사업장 검색

갈월동 남영동 도원동 동빙고동 동자동 문배동 보광동
산천동 서계동 서빙고동 신계동 신창동 용문동
용산동 1가 용산동 2가 용산동 3가 용산동 4가
용산동 5가 용산동 6가 원효로 1가 원효로 2가
원효로 3가 원효로 4가 이촌동 이태원동 주성동 청암동
청파동 1가 청파동 2가 청파동 3가 한강로 1가
한강로 2가 한강로 3가 한남동 효창동 후암동

자료: 서울시

50% 동의로 '조합설립추진위원회'를 결성할 수 있다. 본격적인 사업의 시작 단계인 '조합 설립'을 위해서는 전체 조합원의 3/4(75%) 이상, 동별(토지소유자)로는 1/2(50%) 이상이 찬성해야 한다. 조합 설립후 시공사를 선정할 수 있다. 조합이 설립되면 투기과열지구의 경우 재건축 조합원지위양도금지에 해당된다. 그 다음 단계는 일종의 건축허가라고 할 수 있는 '사업시행인가'를 득해야 한다. 사실상 마지막 절차는 '관리처분계획인가'다. 보유자산의 정산배분 절차라고 할수 있다. 감정평가를 통해 가격이 정해진 후 앞으로 받을 아파트 평형과의 정산을 통해 추가 분담금(또는 환급) 등을 산정하는 과정이다. 관리처분계획인가는 주택에서 입주권으로 전환되는 분기점이다. 그후 '이주'는 대략 6개월에 걸쳐 이루어지고 착공을 하게 된다. 이때

입주자모집공고를 통해 '일반분양'을 한다. 공사가 '준공'되면 조합은 사업종료에 따른 청산을 하고 해산한다.

재건축과 재개발은 같은 정비사업이지만 차이점이 많기 때문에 이 둘을 구별해야 한다. 개념적으로 재건축은 정비기반시설(도로, 상하수도, 공원, 주차장, 공동구 등)이 양호한 지역에서 행해지는 노후주택개선사업이다. 주로 낡은 아파트나 연립주택이 그 대상이다. 재개발은 정비기반시설이 열악한 지역의 노후주택개선사업이다. 주로 낡은 단독주택 지역 등에서 이루어진다. 그렇다고 아파트와 단독주택 위주로 구별해서는 안 된다. 단독주택 지역이라 하더라도 도로 등 기반시설이 양호하면 재건축 사업으로 진행된다. 재개발의 경우는 개발 과정에서 열악한 도로를 개선하는 등 기반시설을 갖추어야 하므로 일종의 공공성이 가미된 사업으로 분류된다. 따라서 재건축에 비해 상대적으로 규제가 덜하다. 반면 재건축은 초과이익환수제 대상이고, 조합원 지위양도금지가 설립 이후부터 적용된다.

재건축과 재개발 관련 제도를 알아보고, 미래가치가 높은 재건축 단지와 재개발 지역을 분석해보자. 향후 정비사업의 공급흐름과 분양동향의 투자전략도 살펴보자.

재건축, 재개발 제도 분석

첫째, 재건축 초과이익 환수제다. 전국의 모든 재건축 사업에 해당된다. 개발이익을 환수한다는 것(재건축부담금)으로 2018년부터 관리처분계획인가를 신청한 단지가 그 대상이다. 과세기간은 조합설립추진위원회 승인일로부터 준공인가일까지다. 이 기간이 10년이 넘을 경우 준공인가일로부터 10년 전까지 소급적용한다. 초과이익 산정은 준공일 감정가격(공시가격)에서 승인일 공시가격을 뺀 금액에서 개발비용과 정상주택가격 상승분을 공제하면 된다. 재건축부담금은 초과이익이 3,000만 원을 넘으면 부과대상이다. 3,000만 원을 초과하면 10%가 부과되고, 최대 1억 1,000만 원을 초과하면 50%를 내야 한다. 납부의무자는 준공인가일 시점의 조합원이다. 납부기한은 준공 후 4개월 내 부과하고 고지서를 받은 후 6개월 내 납부해야 한다. 납부한 재건축부담금은 향후 매도 시 양도소득세 계산에서 개발비용(필요경비)으로 공제받는다. 1주택자라도 예외는 없다.

둘째, 재건축 조합원지위양도 금지다. 투기과열지구 내 단지가 이에 해당된다. 조합이 설립되면 조합원 지위를 양도하지 못하는 것이다. 설사 아파트를 매입했더라도 조합원의 자격을 승계받지 못하면 입주권을 받을 수 없어 현금청산 대상이 된다. 사실상 매매금지와 다를 바 없다. 워낙 강력하여 지위양도를 할 수 있는 예외를 두었는데, 조합설립 후 3년 내에 사업시행인가 신청이 없을 때 3년 이상 소유자가 그 대상이다. 또한 사업시행인가 후 3년 내 착공하지 못한 경우 3년 이상 소유자도 양도할 수 있다. 2003년 말 이전 조합이 설립되고 그때부터 보유한 경우에도 양도할 수 있다. 추가된 예외조항으로 10년 이상 보유하고 5년 이상 거주한 1주택자는 양도 가능하다.

: 개정 전후 재건축 안전진단 절차

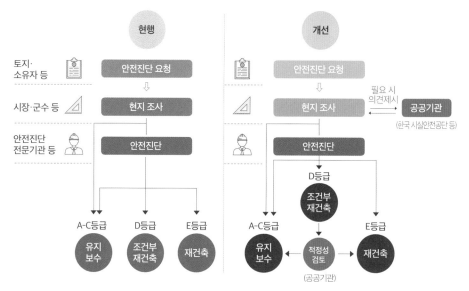

자료: 국토교통부

상속, 경매, 해외이주 등으로 인한 지위승계도 인정된다. 다만 전체를 증여한 경우는 승계되지 않아 주의해야 한다.

셋째, 재건축 안전진단 기준이다. 시작단계인 현지조사 시 공공기관이 참여하여 전문성과 객관성을 확보하는 등 사전검증을 강화했다. 2018년 3월에는 안전진단 종합판정의 항목별 가중치를 조정했다. 구조안전성의 배점을 당초 20%에서 50%로 상향한 것이 특징이다. 이 밖에도 주거환경 15%, 시설노후도 25%, 비용분석 10%로 구성된다. 안전진단 결과 30점 이하면 재건축이 가능하고, 31점에서 55점은 조건부 재건축 대상인데 치명적인 구조적 결함이 없어야 하며 시·군·구청장이 시기를 조정할 수 있다. 56점 이상은 유지보수로 재건축이 불가하다. 2018년 3월 기준 서울시에서 재건축 연한(30년)이 도래한 단지 중 안전진단이 진행되지 않은 가구는 총 10만 3,822호에 이른다. 2021년 내 노원구에서만 재건축 연한이 도래한 가구가 4만 7,314가구다. 사실상 재건축 연한을 40년으로 연장한 효과가 나타나고 있다.

　　재개발 조합원의 입주권도 전매가 제한된다. 투기과열지구에서 관리처분계획인가 후부터는 전매가 금지된다. 재건축의 경우 조합 설립 후 바로 전매가 금지되는 것에 비하면 대략 3년 정도 완화된 측면이 있다.

　　재개발 사업 시 임대주택의무비율이 강화된다. 이 대책은 발표된 지 1년이 넘은 2020년 8월경에 실시된다. 내용은 아래 표와 같다. 수도권의 임대주택 의무비율은 지자체의 추가 비율까지 더하면 최대 30%까지 높아진다. 사업주체인 조합 입장에서는 의무비율을 최

∷ 재개발 임대주택 의무비율 개편 내용

	현 행	개 편	비 고
서울	최저 10% ~ 최대 15%	**최저 10% ~ 최대 20%**	최대비율 5%p 상향
경기, 인천	최저 5% ~ 최대 15%	**최저 5% ~ 최대 20%**	최대비율 5%p 상향
지방	최저 5% ~ 최대 12%	**현행 유지**	
지자체 추가 비율	5%	**10%**	조례로 10%p 상향가능

대치로 적용하면 1,000가구 단지는 300가구의 임대아파트를 지어야 한다. 참고로 재건축 아파트도 임대아파트를 공급하는데 그 비율은 단지마다 다르지만 대략 10% 전후다.

임대아파트 비율이 이렇게 높아지면 재건축 아파트에 있는 초과이익환수제와 유사한 개념의 개발이익환수제라고 볼 수도 있다. 예를 들어, 잠실의 전용면적 59㎡ 일반분양가가 3.3㎡에 4,000만 원이라고 가정하면 총 분양가는 10억 원이다. 그런데 서울시(SH공사)의 임대아파트 매입가격은 분양가의 60% 수준으로 알려져 있다. 그렇게 되면 조합은 임대아파트 1가구를 약 4억 원 정도 할인하여 매각한 꼴이 된다.

서울시에서 임대아파트를 최대 30%까지 전부 요구하진 않을 것으로 기대하지만, 대략 현재 15% 수준에서 25%로 약 10%를 올린다고 하더라도 만만치 않다. 가령 1,000호를 기준으로 100가구가 증가하여 위 사례 적용 시 400억 원의 추가비용이 발생하는 셈이다. 이 금액은 결국 조합의 사업비용으로 계산되고, 조합원 각자의 추가분담금으로 작용한다.

조합은 사업비용 증가분을 만회하기 위해 일반분양가를 높여야겠지만, 분양가상한제 적용 등으로 쉽지 않을 것으로 예상된다. 결국은 재건축 초과이익환수제와 마찬가지로 사업추진의 상당한 걸림돌로 작용할 것으로 보인다.

상업지역, 준주거지역 등에서 시행되는 재개발 사업(옛 도시환경정비사업)에 대해서도 새롭게 적용할 방침이다. 주상복합아파트를 건설하는 사업도 임대아파트를 공급해야 한다는 의미다. 전에 없던 내용이 추가되는 만큼 사업주체는 혼란을 겪을 것으로 보인다.

서울시에서 2020년 들어 분양하고 있는 재건축 아파트는 초과이익환수제에서 제외된 단지가 대부분이다. 즉, 2017년 말까지 관리처분계획인가 신청을 한 단지다. 현재 그 이전 단계의 단지들은 사업추진이 지지부진한 상황이다. 시장추이를 지켜보며 사업을 서두르지 않는 모습이 역력하다. 재개발 시장에서도 시행일인 2020년 8월 이후 새로운 법 적용을 받게 될 구역은 어떤 식으로든 영향을 받을 수밖에 없다.

서울시 주택공급 물량의 상당 부분(대략 80%)은 정비사업인 재건축과 재개발 물량이 차지한다. 재건축에 이어 재개발마저도 장벽이 생기는 만큼 주택공급 지체로 이어질까 우려가 크다. 당장 서울시는 재건축·재개발 물량의 공급확대가 절실한 상황이다. 새 아파트가 원활하게 공급될 수 있도록 지혜를 모아야 할 때다. 미래의 주택시장 안정은 공급확대에 달려 있기 때문이다.

서울 최대 관심사,
재건축 아파트

재건축 단지는 서로 비교될 만한 유사한 가치를 지닌 두 개의 단지를 중심으로 살펴보자. 서로 경쟁관계인 맞수라고 보면 된다. 비교 대상이 되는 4개 지역 및 단지를 다음과 같이 선정했다.

첫째, 송파헬리오시티와 둔촌주공이다. 가락시영을 재건축한 헬리오시티는 9,510가구로 2018년 12월 준공되어 입주를 마친 상태다. 약 1만 가구에 이르러 둔촌주공이 입주하기 전까지는 국내 최대 규모다. 송파구에서 잠실 다음으로 재건축된 대표적인 랜드마크 아파트로 가격은 이미 3.3㎡(평)에 5,000만 원(2020년 3월 기준)을 넘어섰다. 교육, 교통, 주거환경 등 대단지로서의 위용을 갖췄다. 강동구의 둔촌주공은 재건축이 끝나면 1만 2,032가구라는 국내 최대 단지로 등장할 것이다. 주거의 3박자를 두루 갖춘 지역이다. 교육면에서 동북중고, 보성중고, 창덕여고 등을 안고 있어 양호하다. 교통은 도로와 철도로 나눌 수 있는데, 차를 이용할 경우 올림픽대로, 강변북로, 서하남IC를 통한 고속도로 접근성이 탁월하다. 향후 단지 옆을 지나게 될 서울(남구리)~세종 간 고속도로도 편리성을 더한다. 지하철은 5호선과 9호선이 단지 옆을 지나 활용도가 높다. 종로, 광화문 등 도심과 강남 접근성을 고려할 때 완성도가 높다. 주거환경으로 올림픽공원과 일자산공원이 있어 쾌적도를 더한다. 아산병원과 보훈병원, 쇼핑시설 접근성도 양호하다. 새 아파트로 변신한 후에는 헬리오시티와 유사한 가치를 가질 것으로 예상된다. 장기적으로는 올림픽선수촌 아파트가 재건축될 경우 두 단지를 합쳤을 때 합계 2만 가구 정도 규모로 미니 신도시급 가치를 지닌 강남아파트화될 것으로 예상된다.

둘째, 잠실주공5단지와 대치동 은마아파트다. 잠실주공5단지와 은마아파트는 세 가지 면에서 비슷하다. 우선 연식인 준공연도가 잠실5단지는 1978년, 은마는 1979년으로 1년 차이다. 평형구성도 둘 다 30평대로만 이루어져 있다. 잠실주공5단지는 3,930가구, 은마 아파트는 4,424가구로 단지 규모도 4천 세대급이다. 다만 용적률이 은마는 200% 수준인 반면, 잠실주공5단지는 140% 이하로 사업성에서 차이가 있다. 잠실주공5단지는 용적률이 320% 수준으로 향상될 것이다. 잠실역 인근의 상가, 오피스텔 등 상권 역량을 확보하는 잠실 랜드마크 아파트로서 가치가 있다. 은마아파트는 대치동 재건축의 상징으로 전국구 아파트다. 중소형 위주로 개발될 경우 대치동 학원가에서 새 아파트로서의 입지가 강화될 것으로 예상된다. 남쪽의 개포우성, 선경, 미도 아파트 등의 중대형 평형과 차별화되면서,

대치팰리스와 중소형 타운을 형성할 것으로 보인다.

셋째, 여의도, 올림픽선수촌, 아시아선수촌 아파트다. 여의도 일대는 총 8,230가구 규모로 통합 재건축이 추진될 경우 서울에서 맨해튼의 위상을 기대할 수 있다. 통합재건축으로 재추진함에 따라 추진 일정은 다소 불투명해졌다. 용도지역이 일반상업지역인 서울, 공작, 수정 아파트 등은 용적률이 높아지는 만큼 사업성 면에서도 기대치가 높다. 그중 서울아파트는 한강조망의 탁월한 입지를 확보한 만큼 투자자의 관심이 크다. 여의도는 2020년 현대백화점 개장을 계기로 쇼핑명소로서의 독립성도 갖췄다. 신안산선(2024년)과 GTX B노선(2028년 예정) 개통을 통해 광명, 시흥, 안산시와 부천, 인천 등에서의 접근성도 획기적으로 개선되는 만큼 서남부권 교통 허브로서의 역할도 기대된다. 관악 일대에서 신림선을 통한 여의도샛강역 진입도 의미는 있다. GTX를 통해 용산역과 서울역 등 철도네트워크로 연결되면서 접근성이 획기적으로 개선될 것이다. 여의도는 새 아파트가 들어선 이후에는 업무지역을 넘어 명실상부한 주거지로서 한강의 한 축을 담당할 것이다.

올림픽선수촌아파트는 2018년 12월 지하철 9호선 3단계 구간 개통으로 강남까지 15분 만에 도달할 수 있어 진정한 강남아파트가 되었다. 2019년 안전진단 통과가 무산되기는 했지만 잠재력은 충분하다. 단지 내 상가의 별도 재건축 추진 등으로 변신에 대한 기대가 큰 상태다. 올림픽공원은 쾌적한 주거환경을 제공하고 있다. 공원 면적은 한국체대 등을 합치면 약 1.6㎢(약 50만 평)에 이른다. 자연공원

● 서울시 용산, 압구정, 반포 일대

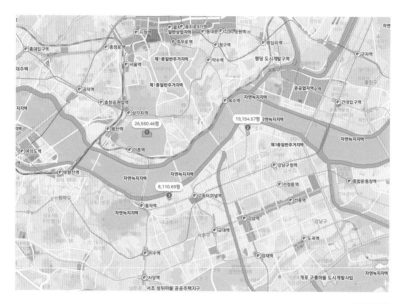

자료: 디스코

으로서의 가치와 더불어 공연 등 문화공간으로서의 역할이 큰 만큼 삶의 질 개선에 상당한 도움이 된다. 교육 여건이 우수한 것도 이 지역 내에서 주거 선호도가 높아지는 요인이다.

아시아선수촌은 송파 최고의 아파트로 아시아공원의 녹지와 탁월한 교통연계성을 보유하고 있다. 도로 연결성이 좋고 종합운동장역을 확보하고 있어 사방 접근성도 비교적 양호하다. 서울시의 MICE복합단지 개발 등으로 인근이 변신할 경우 그에 따른 수혜도 일정 부분 기대할 수 있다. 바로 옆에 잠실우성아파트 재건축과 더불어 하나의 블록이 형성될 수 있다. 탄천동로가 지하화되면 탄천 수변

공원의 활용도 기대된다. 이미 중대형으로 조성된 아파트인 만큼 재건축 시 잠실 일대에서 부촌의 입지를 공고히 할 것으로 예상된다.

넷째, 반포 일대와 대치동 개포우성, 선경, 미도 아파트다. 반포는 강남에서 재건축 속도가 제일 빨라 선제적으로 새 아파트 가격을 선도하고 있다. 우리나라 새 아파트 역사상 평당 1억 원을 제일 먼저 달성하였다. 대치동 일대 개포우성·선경·미도(이하 우선미)는 중대형 평형으로서 부촌의 역량을 확보하고 있다. 재건축 시 대치 도곡동 일대의 중심으로 떠오를 것이다. 특히 청실아파트를 재건축한 래미안대치팰리스 등이 중소형 위주라면 우선미는 중대형 부촌의 핵심이 된다. 태생적으로 양재천 남쪽의 개포로 가는 것을 선호하지 않고, 단지 내 초등학교와 학원가 접근도 수월하여 부자들의 교육 관점에선 명당자리이기 때문이다. 특히 양재천과 접해 있어 활용도가 높고 조망권에 대한 기대치도 충족시킬 수 있다.

향후 대략 10년 후 재건축이 된다면 우선미는 제2의 전성기를 맞이할 것이다. 특히 도곡동 타워팰리스에서 대규모 이전 수요까지 진입할 것으로 예상된다. 이미 타워팰리스 거주자의 상당수가 우선미를 보유하고 있어 자연스러운 회귀현상으로 볼 수 있다. 재건축은 장기적인 차원에서 진행되므로 미래가치를 고려한 접근이 필요하다. 1주택을 보유한 경우 10년 후를 어디서 맞이할 것인지가 핵심 쟁점이다. 미래에도 가치가 돋보이려면 공통적인 선호도와 더불어 발전성이 뛰어나야 한다.

재건축에서 펼쳐지는 아파트 분양은 최대의 관심사다. 분양가 제한으로 시세차익이 많아 분양프리미엄이 극대화되고 있다. 반포주공1단지, 신반포3차와 경남(원베일리), 신반포4지구(메이플자이)와 개포주공1단지, 둔촌주공아파트, 잠실미성크로바, 잠실진주, 청담삼익, 방배5구역 등 알짜 물건이 많다. 분양가가 9억 원을 초과할 경우 중도금대출이 어렵기 때문에 자금조달계획 등을 꼼꼼히 점검하여 청약에 임해야 한다. 자금 여력이 있고 청약 가점이 높은 무주택 실수요자에게는 최대의 호기가 왔다.

재건축 사업을 진행 단계별로 나누어 살펴보자. 우선, 사업의 1단계에서는 주로 저밀도(5층) 위주의 사업이 진행 중이다. 대부분 4~5년 이내 입주가 예상된다. 2단계에서는 중층 중대형 단지가 진행되고 있는데, 대부분 초기 단계로 대략 입주까지는 7~10년 정도 예상된다. 3단계는 재건축 안전진단을 받기 위해 대기 중인 단지로 입주까지 적어도 15년 전후의 시간이 필요하다. 각 단계별로 시차가 계속 벌어지고 있다. 결국 재건축 아파트 공급의 공백기가 발생한다. 이런 수급불균형이 가격상승을 불러올까 우려된다. 특히 수도권 2기 신도시 입주도 인천검단, 파주운정3지구, 양주 등을 마지막으로 2023년경 종료된다. 3기 신도시는 입주 예정 시기가 2027년 전후로 예상됨에 따라 공백기가 공교롭게도 겹칠 수 있다. 최단시간 내 주택공급에 대한 체계적 대응이 필요하다.

: 재건축 사업 절차도

사업준비단계	• 주민공람(14일 이상) • 지방의회 의견 청취 • 지방도시계획위원 심의	기본계획수립 — 특별시장·광역시장·시장
	• 공동주택재건축에 한함	안전진단 — 시장·군수·구청장
	• 주민공람(30일 이상) • 지방의회 의견 청취 • 지방도시계획위원 심의	정비계획수립 및 정비구역지정 — 시장·군수·구청장 ⇒ 시·도지사
사업시행단계	• 정비사업전문관리업자 선정	조합설립추진위원회 — 시장·군수·구청장
		조합설립인가 — 시장·군수·구청장
		← 시공자 선정
	• 주민공람(14일 이상) • 건축심의 등 관계기관 협의	사업시행인가 — 시장·군수·구청장
관리처분계획단계		분양신청
	• 주민공람(30일 이상)	관리처분계획수립
		관리처분계획인가 — 시장·군수·구청장
		← 이주 / 철거
완료단계		착공
		← 주택 공급
		준공 및 입주
		이전고시 / 청산

자료: 국토교통부

커다란 격차를 보여줄 재개발 지역

서울시 재개발은 도심에서 점차 외곽지역으로 확장되는 추세다. 향후 외곽지역의 대단지 새 아파트가 가시화될 경우 가치는 더욱 높아질 수 있다. 정비구역의 절반 이상이 해제되어 있다. 미래의 새 아파트 공급물량이 사라졌다는 의미로 공급이 부족하다는 신호다. 해제지역의 경우 도시재생 뉴딜사업을 통해 보전이나 소규모 재개발(100~200가구)로 진행된다. 최근 들어 조건을 갖춘 경우 가로주택정비사업을 통해 500가구까지 확대되는 양상이다. 결과적으로 단지의 규모가 작아 가격경쟁력을 기대하기는 쉽지 않다.

재건축처럼 현재 추진 중인 재정비촉진지구(뉴타운) 사업이 종료되면 추가적인 물량을 기대하긴 힘들다. 오히려 재건축보다 더 힘들어진다. 재건축은 늦어지더라도 언젠가는 할 수 있다는 기대가 있다. 하지만 재개발의 경우 해제되는 순간 사업을 되살리기란 하늘의 별따기처럼 어렵다. 노후도를 맞추기가 어려워지기 때문이다. 해제 시 단독주택, 상가건물 등의 소유자는 개별적인 재건축을 통해 새

건물로 변신을 시도한다. 오히려 넓은 대지를 소유한 단독주택 소유자에게는 해제 자체가 더 유리하게 작용할 수도 있다. 해제의 최대 피해자는 다세대 등의 작은 공동주택 소유자다. 해제되면 다세대 주택의 경우 그 1개동을 재건축하기란 너무 어려운 숙제가 된다.

재개발은 주로 도심지역 중심으로 진행해오다, 지금은 지역별 역세권 부도심 위주로 진행되고 있다. 낡은 주거지역에서 새 아파트의 가치와 선호도는 높을 수밖에 없다. 이미 아파트는 서울 대부분 지역에서 전용 84㎡(34평형)을 기준으로 10억 원을 넘어서고 있다. 이런 추세는 더욱 심화될 개연성이 높다. 개발부지의 유한성이 빚은 결과이고, 아파트 거주를 희망하는 수요가 넘치기 때문이다. 결국 재개발 정비구역 해제와 사업 지체가 낳은 안타까운 현실이다. 서울의 지역별 재개발 구역을 점검해보자.

첫째, 마포와 영등포 지역이다. 마포는 개발속도가 빨라 강북 재개발의 선두주자로 부상한 곳이다. 도심과 여의도 등 교통접근성이 우수하여 가치를 유지하고 있다. 가격흐름을 살펴보면, 전용 84㎡(34평형)을 기준으로, 2015년 초에 아파트 가역이 7억 원 초반대였다. 2017년에는 10억 원 수준으로 상승했다. 2019년에 이미 15억 원을 넘어 16억 원대를 호가했다. 2020년에 18억 원 수준으로 올라섰다. 이 추세만 놓고 보면 놀라울 정도다. 4년 만에 2배 이상 오르고, 2017년 기준으로도 이미 80% 이상을 오른 격이다. 마포의 아파트 가격이 오르면서 걱정되던 부분은 교육이었다. 이곳에 거주하는 젊은 부부는 학령기가 되면 어디로 이사를 가야 하나 고민하던 시절이 있었다. 이제 새 아파트 주변으로 학원가가 형성되면서 오히려 주변의 부러움을 사고 있다. 사실 재개발 구역에 대단지 아파트가 들어설 경우 교육은 별 걱정을 하지 않아도 된다. 교육 수준은 결국 새 아파트 거주자의 역량과 결부되므로 그들의 자녀가 다니는 학교는 일정 부분 소득 수준을 갖춘 유사한 계층이 다니게 되어 교육의 질이 좋아지기 때문이다. 결국 시간이 해결해준다. 향후 용산에서 거주하고자 하는 학부모로서 교육에 대해 걱정된다면 이곳을 타산지석으로 삼으면 된다.

영등포는 여의도의 배후 지역으로 개발 압력이 높다. 마포의 가격이 상승함에 따라 그와 연결된 영등포로 자연스럽게 기대감이 옮겨갈 수밖에 없다. 영등포역 일대와 신길뉴타운이 대표적이다. 특히 신길동의 변화는 놀라울 정도다. 향후 2024년 이후에는 신풍역에 지하철 신안산선이 지나감에 따라 여의도로의 접근성이 획기적으로 개선된다. 2016년 가을에 필자는 개발 호재가 마포에 이어 자연스럽게 영등포로 확대될 것임을 예고한 바 있다.

둘째, 왕십리와 청량리다. 왕십리는 뉴타운 시범지역으로 역세권의 교통 요충지로 자리매김했다. 특히 도심 뉴타운 지역에서 왕십리는 가장 먼저 새 아파트로 바뀜에 따라 시장을 선도하였다. 이곳은 분당선을 통한 강남지역 접근성이 뛰어나고 2호선과 5호선 외에도 경의중앙선 등이 지나면서 다양한 지역의 수요가 유입되고 있다.

서울 도심을 중심으로 서쪽에 마포가 있다면 동쪽에는 왕십리가 있어 이 두 지역이 대칭을 이루는 구조다. 마포 다음 지역이 서쪽으로 영등포라면, 왕십리 다음 지역은 동쪽으로 청량리(전농 답십리)와 연결된다.

청량리는 서울 동북부의 철도 중심지로 재개발지역의 한 축으로 성장하였다. 도심 접근성과 외곽 연계성이 좋다. GTX B, C노선의 환승역으로 서울역, 삼성역과 함께 트라이앵글을 형성하는 구조다. 청량리역 주변의 개발로 기대감이 높아졌다. 전농답십리 지역은 평지인 데다 강남 접근성이 양호하고, 5호선을 통한 도심 연결성도 좋아 충분히 주거지역의 역량을 발휘할 만한 곳이다.

셋째, 노량진과 흑석은 동작구의 양대 개발축이다. 중산층 주거지로 재개발이 활발히 진행되고 있다. 도심과 강남 양쪽으로 접근성이 우수한 입지다. 노량진 뉴타운은 8개 구역으로 개발되고 있다. 동작구청 남측에 입지하고 있어 여의도와 도심 접근성 등을 고려하면 충분히 기대감이 큰 곳이다. 7호선과 9호선 등을 통한 강남 진입도 수월하여 여러모로 마포 수준의 주거가치가 실현될 것으로 예상된다. 흑석은 중앙대병원을 중심으로 그 주변에 뉴타운 사업이 진행된 곳이다. 한강이 보이는 지역은 이미 집중적인 선호도를 보이고 있다. 9호선이 지나면서 강남과 여의도를 연결하는 중간 지점에 입지하여 주목받고 있다. 도로교통 측면에서는 진입도로 확장의 한계로 다소 불편이 따른다.

넷째, 한강변 재개발의 핵심은 한남과 성수다. 한남 뉴타운(재정비촉진지구)은 배산임수의 정남향 위치를 가진 만큼 서울 최고의 재개발지역으로 등극할 것이다. 전체가 1만 2,000여 세대로 재개발이 완성될 경우 서울 최고의 뉴타운 정비구역으로 부각될 것이다. 한남은 2~5구역으로 구성되어 있다. 당초 1구역은 용산구청 뒤편에서 이태원역까지가 범위였으나 상권지역에 대한 선호가 두드러져 해제되었다. 사업 속도는 3구역이 가장 앞서는 상태며 규모도 가장 크다. 고도제한으로 10층 내외의 높이로 건축되었기 때문에 건폐율이 40% 수준으로 높아질 수 있다. 한강에 바로 접하여 고층으로 개발될 수 있는 곳은 5구역이다. 오산중고등학교 북쪽지역의 4구역도 일반분양분이 많을 것으로 보여 사업성이 양호하다. 대단위 규모의 뉴타운이 형성될 경우 한남은 남산 중턱의 고급 단독주택지역과 한강변 쪽의 공동주택이 어우러진 고급주택가로 변신할 것이다.

구역별로 용산공원 접근성도 중요한 차별요인이다. 한남뉴타운의 획기적인 지하철 교통 개선책은 신분당선이다. 신분당선은 강남역에서 신사역 개통(2022년 예정) 후 동빙고역(한남 뉴타운)~중앙박물관~용산역 구간까지 연결된다. 향후 북쪽으로 시청광화문을 거쳐 고양 삼송역까지 연장된다. 신분당선을 통해 용산, 한남뉴타운과 강남지역을 10분대에 오갈 수 있는 완벽한 인프라를 갖춘 셈이다. 이 지역은 10년 후 미래가치가 극대화될 것으로 예상된다.

성수전략정비구역은 한강르네상스 프로젝트 사업을 계속 추진

해온 지역으로, 압구정 일대와 한강을 사이에 두고 있기 때문에 시너지 효과를 기대할 수 있다. 또한 한강변에서 유일하게 50층으로 조성될 수 있는 기회를 확보했다. 성수는 1~4구역으로 구성되어 있으며 성수의 랜드마크로 등장한 단지인 트리마제 동측에서부터 영동대교에 이르는 규모로 개발된다. 전체 8,200여 세대로 한강변 스카이라인이 완성될 경우 충분한 가치창출이 가능하다. 도로교통 면에서는 강변북로에 접해 있어 편리성이 뛰어나다. 다만 지하철은 2호선을 이용해야 하기 때문에 구역별로 접근성에는 편차가 있다.

다섯째, 도심과 용산공원 일대다. 도심의 경우 서울역 서부지역과 을지로 일대 업무지역, 세운상가 주변이 본격적으로 개발될 것이다. 용산공원 주변은 용산 일대의 개발이 완료되면 명실상부한 서울의 중심 글로벌시티로 부상할 것이다.

재개발은 재건축처럼 초과이익환수제 대상이 아니어서 사업상 유리한 측면이 있어 보이지만, 임대아파트 의무비율이 강화되는 등 극복해야 할 과제도 만만치 않다. 새 아파트로 변신한 후에는 개발해제 지역과의 격차는 더욱 커질 수밖에 없다. 사업이 진행 중인 노량진, 흑석, 영등포, 청량리 등에 관심이 모아지는 가운데 한남과 성수는 재개발의 알짜로 꼽힌다. 용산 개발이 진행되면 용산공원 주변 가치가 정점에 이를 것으로 예상된다.

용산공원의 비전,
머물러야 할 이유는?

용산공원은 미군이 이전하면서 2027년(2~3년 정도 늦어질 수 있다)까지 대한민국 최초의 국가공원으로 조성된다. 공원으로 조성되는 면적은 약 258만㎡(78만 평)이다. 여기에 전쟁기념관, 방위사업청부지, 중앙박물관, 용산가족공원을 흡수하여 90만 평 규모로 확장되었다. 지하철 6호선 삼각지역과 녹사평역 라인을 기점으로 북쪽의 메인포스트(전쟁기념관 배후)와 남쪽의 사우스포스트(국립중앙박물관 배후)를 연결하는 대규모 공원이 된다. 다만 드래곤힐 호텔과 출입방호부지를 그대로 두는 것으로 결정되어 남북쪽 공원의 연결지점인 허리가 약화되는 아쉬움이 있다. 현 국방부 동쪽에 있는 2개의 시설은 남북 공원의 중간지점에 입지하여 공원마저 둘로 나뉘는 것은 아닌지 우려된다. 앞으로 국방부와 더불어 다시 한 번 이전을 재검토해야 한다. 더이상 국가공원 안에 군시설 유지는 의미가 없다. 국방부의 대체부지는 정부청사가 대거 이전한 과천이 제격일 것이다.

용산공원은 송파구의 올림픽공원(한국체대 포함)보다 약 2배가량

: 용산공원 설계국제공모 1등 당선작

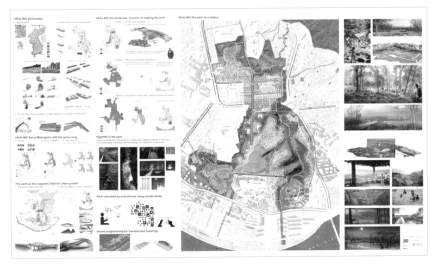

자료: 용산공원조성추진기획단

넓다. 뉴욕 센트럴파크의 면적인 103만 평에 근접한다. 런던 도심에서 제일 큰 공원인 하이드파크가 160만㎡(약 48만 평)로 올림픽공원과 유사하다. 이렇게 볼 때 용산공원은 우리나라 서울의 대표 공원으로 보아도 손색이 없다.

용산공원 부지를 환수한다는 의미는 결코 가볍지 않다. 외국 군대에 의해 장기간 활용되었던 고토를 회복한다는 엄숙함마저 느껴진다. 이곳은 1904년 러일전쟁 당시 일본군 조선주차군사령부에 의해 위수 지역으로 선포된 뒤 주둔이 이루어진 곳이다. 해방 후에는 미군이 이곳에 자연스럽게 정착했고 6.25 전쟁이 끝나고 우리나라가 미군에게 토지를 공여한 후 오늘날에 이르렀다. 공원 조성(2027년 완공 예정)은 그야말로 100년이 훌쩍 넘은 뒤에 이루어지는 일이다. 대한민국 서울 한가운데 위치한 노른자 땅을 되찾는다는 점에서 역사적 의미가 깊다.

국토교통부는 용산공원과 관련하여 그 역사성을 존중하고 현세대와 미래 세대가 공유할 수 있는 환경과 가치를 실현하고자 한다. 국민과 정부가 함께 참여하는 열린 공원을 만들어, 국가적 상징성을 갖는 대표 공원을 조성한다는 계획이다. 용산에 공원이 조성될 경우 전쟁기념관, 국립중앙박물관 등과 연계될 뿐만 아니라 주변의 복합시설조성지구가 주요 진입부 역할을 할 것이다. 더 나아가 이곳은 인근의 모든 역에서 직접 접근할 수 있도록 접근체계를 확보할 예정이다.

용산공원은 주변의 개발을 활성화하여 모두가 선호하는 부촌으로서의 역량을 강화해줄 것으로 전망된다. 특히 미국대사관이 이전하면 한남동 주변의 외국 대사관과 연계하여 주한 외국인들의 선호도 1위 지역이 될 것이다. 공원은 이들에게 녹색 프리미엄과 조망권의 가치를 제공한다. 그렇게 되면 이곳의 집중력이 극대화된다. 지금 재개발을 추진 중인 삼각지 주변과 한강로 일대와 한남뉴타운 등의 가치는 더욱 높아진다. 이런 역량이 모아지면 용산역 주변의 국제업무지구, 이태원과 더불어 글로벌 시티로서의 면모를 갖추게 될 것이다.

전 세계 대도시에는 그 도시를 대표하는 공원이 있고, 그 주변

부는 주택을 비롯한 다양한 상업 등 복합시설이 들어섬에 따라 고급 상권의 중심지로 탈바꿈하는 경우가 많다. 용산공원도 그런 차원에서 서울의 한 축을 담당하는 핵심지역이 될 것이다. 따라서 공원 개발은 경제 활성화 차원에서도 의미가 크다. 공원의 매력은 한강과도 차별화된다. 한강의 경우 4계절 모두 거의 같은 느낌이라면 공원의 경우는 매일 색깔이 달라진다. 봄이 되면 꽃이 피고, 여름이 되면 신록이 우거지며, 가을이 되면 단풍이 들고 겨울에는 눈이 내린다. 시시때때로 화려해지는 이보다 더 좋은 매력적인 조망은 없을 것이다. 특히 공원에 조성될 호수는 숲속에 안겨 있는 저수지로서 한강과는 다른 차원의 매력을 발산할 것이다. 특히 공원의 사용 가치는 비교할 수 없는 최고의 프리미엄이다.

용산역과 서울역은 이미 전국 철도네트워크의 메카로 전국에서 철도를 이용한 접근성이 가장 뛰어난 곳이다. 특히 이곳은 GTX A, B노선이 지나가고, 신분당선이 들어서면서 강남과 도심을 연결하는 중간지점으로 그 역량이 더욱 강화될 것이다.

용산공원을 중심으로 동쪽 유엔사 부지와 수송부 부지에는 고급 주상복합건물이 들어서고 한남뉴타운과 연결될 것이다. 공원의 서쪽은 주거와 업무지역 위주의 개발이 진행된다. 삼각지 재개발, 용산역 주변의 재개발이 한강로 65번지, 40번지 일대 그리고 대형 개발프로젝트인 국제업무지구로까지 이어진다. 용산역 인근에는 종합병원 시설까지 입지한다. 공원 남쪽은 재건축지역이다. 이촌동 일원의 한강맨션, 왕궁, 삼익, 반도 아파트 등과 더불어 서빙고 신동아

아파트가 완성될 경우 배산임수 남향의 고급 주거군락이 형성될 것이다.

용산공원 주변은 공원 자체의 변신에 맞춰 새로운 아파트와 업무지역이 등장하면서 국제업무지구라는 별칭처럼 단군 이래 최대 개발사업 지역으로 급부상할 것이다. 한마디로 천지개벽, 상전벽해 수준이다. 미래에 공원을 조망하고 거닐면서 여유를 누릴 수 있다는 것은 최고 주거명품이 될 만한 가치다.

서울 주택시장,
트라이앵글의 미래가치

한강변을 중심으로 서울의 한가운데 위치한 반포와 압구정 그리고 용산은 최고의 노른자 입지다. 한강변이 낳은 대표적인 부촌이다. 여기에 두 곳을 추가하면 성수와 여의도를 꼽아야 한다. 이 세 지역이 마주보고 이웃하며 삼각형 모양, 즉 트라이앵글을 형성하고 있다. 그 가치는 미래에도 변함이 없을 것으로 예상된다.

반포는 아파트 시장을 선도하고 있다. 재건축 속도가 제일 빨랐기 때문이다. 서울 전체에서도 반포는 유명세가 높다. 재건축은 삼성래미안퍼스티지(반포주공2단지)와 반포자이(반포주공3단지)가 먼저 변신하며 반포 아파트 시대를 열었다. 한강 이면시대가 개막된 것이었다. 근래에는 대림아크로리버파크(신반포1차), 대림아크로리버뷰 등의 한강변 아파트가 입주하였다. 개발순서로 보면 한강 이면시대에서 전면시대로 전환하며 화려하게 부상했다. 반포주공1단지, 래미안 원베일리(신반포3차. 경남 등), 메이플자이(신반포4지구) 등 일명 반포3총사가 완공되면 더 두드러지게 달라진 반포를 접할 수 있을 것이다. 반포

: 서울 주택시장 트라이앵글

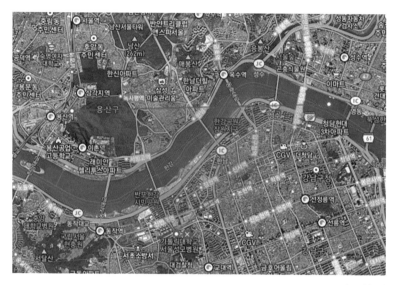

자료: 카카오맵

는 교육, 교통, 주거환경 등 3박자를 갖춘 강남의 중심이다. 교육 측면에서 공교육이 강세를 보이는 지역이다. 삼성래미안퍼스티지 단지의 경우 세화 학군이 강세를 보여 선호도가 높았다. 이곳이 향후 재건축 아파트가 대거 합류하는 지역임을 감안하면 그 위세가 여전히 유지될 것으로 예상된다.

향후 한강변에 남아 있는 재건축 기대주는 단연 신반포2차다. 반포대교 동측 한강변을 길게 점유하고 있어 새 아파트로 바뀔 경우 명실상부한 반포의 중심에 서게 된다. 한강 조망권 측면에서는 제일 뛰어난 단지가 될 듯하다. 특히 청담고등학교의 이전으로 학군에서도 강화된 역량을 보일 것이다. 더불어 편의시설이 뛰어난 신반포 4차도 기대주다. 신반포4차는 고속터미널역과 신세계백화점, 뉴코 아.킴스클럽으로 이루어지는 쇼핑 상권을 끼고 있어 반포 일대의 중심이다. 교육 측면에서 신반포2차와 마찬가지로 청담고에 대한 기대 치가 높다. 이들이 재건축되는 10년 후에는 반포 지역 대부분이 새 아파트로 변신한다. 모두 바뀐 상태에서 누구의 입지가 최고인가를 놓고 겨룬다면 가장 먼저 떠오를 입지는 신반포2차가 될 것이다.

그 다음은 압구정이다. 이곳은 재건축 시 명실상부한 전국구 아 파트로 부상할 것이다. 재건축을 통해 대형 위주로 개발될 경우 고 급 프리미엄의 가치를 유지할 것으로 전망된다. 한남대교 동쪽 미성 1·2차를 1구역으로 시작하여 신현대2구역, 구현대3구역, 현대8차와 한양3·4·6차는 4구역, 한양1·2차는 5구역, 한양5·7·8차는 6구역 으로 구성되어 있다. 압구정의 중심은 구현대3구역이다. 구역 내에 압구정 초·중·고등학교가 있어 선호도가 높은 지역이다. 다만 단지 수가 너무 많아 통합 추진 과정에서 걸림돌이 될 수 있다. 심지어 통 합이 힘들어 개별 재건축에 가까운 제자리 짓기 이야기도 나오는 실 정이다. 특히 서울시가 구역의 한가운데에 지역 명칭인 '압구정'이라 는 정자를 실제 계획하고 있어 이 또한 첨예한 관심사가 되고 있다. 정자가 건설되어 공원으로 조성될 경우 외부인 출입이 가능해짐에 따라 주민의 반발이 큰 상태다. 기부채납 형태로 이루어질 이 부분이 3구역 개발의 관건이다.

압구정에서 유일하게 한 단지로 구성된 곳은 신현대 2구역이다. 교육 면에서는 단지 옆에 신사중학교, 현대고등학교가 있다는 장점이 있지만 초등학교는 대로를 건너야 했다. 재건축 시 초등학교가 현대고등학교 뒤편 공원에 들어섬에 따라 교육 면에서 구현대와 다를 바 없는 장점을 누릴 수 있다. 특히 현대백화점 서측 공영주차장은 서울시 소유인데 이곳을 공원화하기로 하여 쾌적성은 배가된다. 또한 이 지역은 압구정 일대에서 1구역과 더불어 한강공원을 보유한 지역이다. 단일단지로 재건축이 추진되므로 사업 속도가 빠를 것으로 예상되며 좋은 여건을 두루 갖추고 있어 충분한 미래가치가 있다.

6구역은 재건축될 경우 청담동과 연계된 부촌의 역량을 확보할 수 있다. 즉, 청담동 고급빌라와 견줄 만한 중대형 아파트의 출현은 상당한 의미가 있다. 청담동 빌라 측면에서 이곳은 오히려 강력한 경쟁자로 부각될 것으로 보인다. 소규모인 빌라가 대단지 중대형 최고급 아파트를 상대하기란 부담스러울 수 있다. 더군다나 한강 조망권을 확보하지 못한 고급빌라는 상당 부분 한계를 맞을 수밖에 없다.

용산의 한강변에서 제일 빛날 재건축 대표 아파트는 한강맨션과 신동아 아파트다. 한강맨션은 강북 최고의 단지로 용산의 랜드마크 가치를 유지할 것으로 예상된다. 동부이촌동의 중심으로 5층 저밀도 아파트로서 충분한 사업성을 확보하고 있다. 특히 주변 생활편의시설이 뛰어난 만큼 선호도가 높다. 바로 옆 한강자이와 더불어 충분한 부촌의 역량을 발휘할 것이다. 이촌동에서 유일하게 50층으로 개발된 래미안 첼리투스는 50평 단일 평형임에도 불구하고 선구자로서의 입지를 공고히 하고 있다.

서빙고 신동아아파트는 '서울 최고의 조망권 아파트'로 명명된다. 배산임수 형태의 정남향 아파트로 한강에 약 1km가량 접해 있다. 특히 한강변을 타원형 형태로 확보하고 있어 한강을 거의 180도 파노라마 수준으로 조망할 수 있는 가치를 가졌다. 사람들이 선호하는 남향을 기준으로 한강을 바라볼 때 이만큼 뛰어난 아파트 단지는 찾기 어렵다. 또한 북쪽 지역은 용산공원 조망으로 디자인할 경우 앞에 가리는 것 없는 획기적인 조망 라인을 확보할 수 있다. 특히 중앙박물관 뒤편에 호수가 조성될 경우 한강 조망보다 월등히 뛰어난 가치를 가질 것으로 예상된다. 용산공원의 녹지축은 남산에서 공원으로 연결되고 공원에서는 신동아 아파트 라인을 통해 한강과 연결된다. 자동적으로 이 라인을 통해 공원에 진입하면 된다. 특히 아파트 상가가 별도의 부지에 있어 재건축 시 공동 재건축에 따른 부담을 덜 수도 있다.

이 단지의 또 다른 장점은 독자적인 지리적 커뮤니티 조성이 가능하다는 것이다. 한남더힐처럼 외부인의 출입이 제한된 공간이 탄생하는 것이다. 남쪽은 한강, 북쪽은 도로변과 공원, 서쪽은 도로와 녹지축 상가지역으로 구성되어 거주민만의 공간이 완벽하게 조성된다. 이 지역의 핵심이 되는 가치다. 용산지역에서 고민하는 학군은 전혀 걱정거리가 아니다. 교육 인프라는 지역이 부촌으로 재탄생되어 가치를 획득하면 자연스럽게 따라오는 요건이다. 오히려 교육 분야는 남부럽지 않게 강화될 것으로 예상된다.

반포와 압구정, 용산은 저마다 특색이 있다. 굳이 비교를 한다면 반포와 압구정이 현 상태에서 낡은 아파트가 새 아파트로 바뀌는 수준이라면, 용산은 개벽 수준이라고 할 수 있다.

서울 강남권 11개구, 주요 지역의 변화

　서울 25개구 중 강남권에는 11개구가 자리하고 있다. 동쪽 강동구 고덕동 일대부터 강서구 방화뉴타운까지 주요 지역을 살펴보기로 하자.

　첫째, 강동구 고덕지구다. 고덕은 개포와 더불어 대표적인 아파트지구다. 종전의 고덕시영, 고덕주공 1~7단지까지 재건축되며, 고덕 8~9단지를 제외하더라도 2만여 가구의 새 아파트로 변신하고 있다. 고덕은 유해시설이 없는 우수한 교육환경을 보유하고 있다. 주변이 공원으로 둘러싸인 친환경 청정 주거지역으로 거주성이 뛰어나다. 도로교통은 올림픽대로, 강변북로를 이용한 도심 연결이 가능하고 외곽순환도로, 중부고속도로, 서울~세종 간 고속도로 등을 이용할 수 있어 외곽 접근도 양호하다. 지하철은 기존 5호선 외에 9호선 4단계 구간이 연결될 예정이다. 특히 기대되는 것은 5호선 직결화 사업이다. 5호선 길동역과 둔촌역을 연결하는 사업이다. 완공 시 고덕 일대에서 5호선을 이용하여 올림픽공원역에서 곧바로 9호선

❖ 주택매매가격 종합지수

	금월 (2020.1)	전월 (2019.12)	전년말 (2019.12)	전년동월 (2019.1)	증감률(%)		
					전월비	전년말비	전년동월비
전국	100.6	100.2	100.2	100.0	0.35	0.35	0.58
서울	103.1	102.6	102.6	100.0	0.48	0.48	3.06
강북(14개구)	102.7	102.3	102.3	100.0	0.40	0.40	2.69
강북구	103.4	103.3	103.3	100.0	0.12	0.12	3.38
광진구	102.5	101.9	101.9	100.0	0.66	0.66	2.53
노원구	102.5	102.1	102.1	100.0	0.36	0.36	2.47
도봉구	101.0	100.9	100.9	100.0	0.16	0.16	1.04
동대문구	103.2	102.6	102.6	100.0	0.57	0.57	3.22
마포구	103.8	102.6	102.6	100.0	1.12	1.12	3.79
서대문구	104.0	103.7	103.7	100.0	0.33	0.33	3.99
성동구	102.3	102.1	102.1	100.0	0.25	0.25	2.35
성북구	102.5	102.2	102.2	100.0	0.36	0.36	2.54
용산구	102.7	102.2	102.2	100.0	0.49	0.49	2.65
은평구	102.1	101.7	101.7	100.0	0.39	0.39	2.07
종로구	104.1	104.0	104.0	100.0	0.12	0.12	4.12
중구	102.0	101.6	101.6	100.0	0.42	0.42	2.01
중랑구	102.4	102.2	102.2	100.0	0.18	0.18	2.39
강남(11개구)	103.4	102.2	102.2	100.0	0.56	0.56	3.41
강남구	104.4	103.6	103.6	100.0	0.85	0.85	4.45
강동구	101.3	101.2	101.2	100.0	0.13	0.13	1.31
강서구	101.9	101.2	101.2	100.0	0.73	0.73	1.91
관악구	101.8	101.5	101.5	100.0	0.29	0.29	1.79
구로구	102.9	102.2	102.2	100.0	0.70	0.70	2.90
금천구	103.6	103.1	103.1	100.0	0.53	0.53	3.63
동작구	102.0	101.6	101.5	100.0	0.54	0.54	2.01
서초구	106.2	104.8	104.8	100.0	0.35	0.35	5.17
송파구	104.3	104.0	104.0	100.0	0.37	0.37	4.34
양천구	104.2	103.2	103.2	100.0	0.95	0.95	4.17
영등포구	106.4	104.8	104.8	100.0	0.62	0.62	5.45

자료: KB부동산 리브온

환승이 가능하며 강남 지역을 20분대에 진입할 수 있다. 물론 9호선이 개통되면 9호선 역세권에서는 환승할 필요도 없긴 하다. 고덕은 배후에 고덕비즈밸리라는 배후수요를 갖게 된다. 2만여 명이 근무할 것으로 예상됨에 따라 산업과 어우러진 주거가치가 탄생한다. 궁극적으로 둔촌과 더불어 강동구 지역을 완성한다는 의미가 있다.

둘째, 잠실 일대다. 잠실5단지 옆의 장미아파트는 5단지보다 더 길게 한강변에 접한 대형 단지다. 재건축될 경우 한강 조망권 아파트로서의 가치가 크다. 잠실역 접근성도 좋아 교통과 편의시설 측면에서 양호하다. 인접한 잠실미성크로바와 잠실진주아파트는 재건축을 통해 새롭게 변신할 것이다. 이들 단지가 완성된다는 것은 잠실 올림픽로 남단의 모든 아파트가 새 아파트로 바뀐다는 의미다. 잠실의 시영(파크리오), 1~4단지(엘스, 리센츠, 트리지움, 레이크팰리스)는 기개발되어 이미 송파의 중심축 역할을 하고 있다. 다만 한강에서 볼 때 잠실 일대는 30층대의 획일화된 층수로 재건축되어 거대한 병풍처럼 도열된 상태로, 한강변 스카이라인 측면에서는 오점으로 남는다.

셋째, 개포 일대다. 개포지구는 개포시영, 개포 1~9단지로 구성된 지역이다. 개포시영과 1~4단지, 8단지가 재건축되었다. 5~7단지는 추진 단계이고, 9단지는 공무원임대아파트로 변신할 것이다. 개포 1, 2단지 남쪽에 있는 구룡마을까지 포함해서 이 지역을 분석해야 한다. 개포 일대는 5~7단지와 9단지를 제외하고도 2만 가구다. 고덕과 비슷한 규모로 그중 70%가 중소형이다. 중소형이 대세인 만큼 부자들의 2세와 중상층의 젊은층 주거지로 볼 수 있다. 물론 강남을 떠나기 싫어하는 부자의 쾌적한 주거지로도 손색이 없다. 단지들 간의 차별성은 지하철역 접근성이다. 중요한 차이점이다. 또한 임대 아파트와의 거리도 중요한 하나의 판가름 요소가 될 수 있다. 대치동 학원가로 접근하는 경로가 수월한가도 따져야 한다. 하지만 개포 일대는 양재천의 남쪽으로 북쪽 대치동의 우성, 선경, 미도, 은마 아파트보다 더 큰 매력을 갖기에는 태생적인 한계가 있다.

넷째, 방배동이다. 방배는 전통적으로 고급빌라촌의 대명사였으나, 근래 들어서는 재건축이 대세를 이루는 지역으로 탈바꿈되었다. 방배역 남쪽의 아파트 재건축이 주축을 이루는 가운데, 내방역 서쪽의 방배5구역 등 대규모 단독주택 재건축 사업이 진행되고 있다. 다만 이들은 지하철역과의 접근성에서 다소 한계를 지닌다. 방배는 반포의 배후 지역으로 대규모 재건축 사업이 이루어질 경우 도로교통 측면에선 다소 우려가 있다. 물론 강남 방면으로는 서리풀터널 개통으로 접근성이 개선되었지만, 도심 방향으로는 반포를 지나야 하는 단점이 있기 때문이다. 상대적으로 개발 측면에서 소외 지역인 방배동 재건축은 서초구 개발의 정점이라는 것에 의미가 있다. 미래에는 방배동 새 아파트도 서초구 브랜드로서 입지가 강화될 것으로 예상된다.

다섯째, 관악구의 지하철 2호선 봉천역, 신림역 남측 지역이다. 전형적인 다가구, 다세대 밀집지역이다. 개발속도는 상당히 느린 편

146

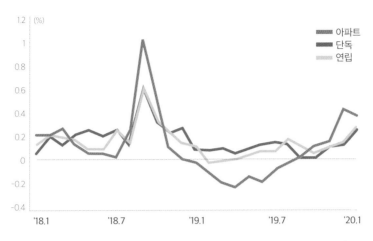

ⵙ주택유형별 매매가격 증감률 추이 (2020년 1월)

자료: KB부동산 리브온

이지만 새 아파트로의 변신과 더불어 기대치가 높은 곳이다. 2호선을 통한 강남지역 접근성이 우수하다. 여기에 경전철인 신림선이 여의도 샛강역에 다다를 경우 남북을 연결하는 교통축이 완성된다는 점에서 우위를 보인다. 난곡선, 서부선에 대한 기대도 있다. 지금은 낙후된 곳이기는 하지만, 개발만 된다면 서쪽 영등포 신길뉴타운의 변신처럼 충분한 기대감이 있다. 이곳은 서울 시내 안에 신사동이라는 동일한 동명이 강남구와 은평구 두 군데나 있음에도 불구하고, 그 이름으로 개명을 할 정도로 변화를 갈망하는 지역이다.

여섯째, 금천구 독산동, 시흥동 일대다. 인근 구로구와 더불어 낙후지역으로 꼽히던 곳이다. 변화의 바람이 불기 시작한 것은 육군

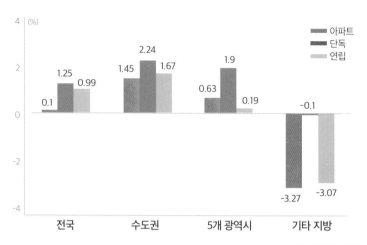

자료: KB부동산 리브온

도하부대가 이전한 부지에 금천롯데캐슬 타운이 들어서면서다. 단지 북쪽의 공군부대 부지도 개발 준비 중이다. 무엇보다 이 지역의 완성은 신안산선 개통에 있다. 2024년에 개통되면 여의도를 15분 만에 도착하는 입지로 변신한다. 구로디지털단지역에서 2호선, 신풍역에서 7호선으로 환승할 수도 있다. 신안산선은 남쪽의 석수역과 광명역에 이르기까지 개발 기대감이 커지게 한다. 신안산선은 당초 지하철 10호선으로 계획되던 노선으로 시흥, 안산까지 연결되어 있어 활용도가 높다. 이곳에는 이미 지하철 1호선 금천구청역 등이 있지만 서쪽에 치우쳐 있어 활용도가 떨어지는 측면이 있었다. 신안산선은 시흥대로를 관통하는 노선으로 일단 완성되면 주변 지역의 가치가 일취월장할 것으로 보인다.

일곱째, 목동, 신정동 일대다. 목동단지 일대는 서울시에서 상계동과 더불어 신시가지로 개발한 지역이다. 목동아파트는 1~14단지까지 있다. 그중 선호도가 높은 단지는 5단지와 지하철 편리성이 뛰어난 7단지다. 목동은 재건축 안전진단 시즌을 맞이하고 있다. 30년을 갓 넘었기 때문이다. 강화된 제도에도 불구하고 먼저 6·9단지가 조건부재건축으로 통과되었다. 나머지 단지의 기대치도 높아졌다. 목동이 교육의 메카로 자리매김한 이유는 섬처럼 독특한 문화를 구축할 수 있었기 때문이다. 학원이 밀집한 가운데 유해시설이 거의 없어 교육환경에 도움이 되었다. 주거층으로 전문직이 상당수 차지하고 있다. 초기 부유층 형태의 커뮤니티가 양호한 지역이다. 이곳의 경우 재건축과 더불어 일방통행로인 도로를 개선할 것인지도 검토해볼 필요가 있다. 거주자는 익숙해서 괜찮지만 외부에서 진입한 경우 난감할 정도로 도로 상황이 평범하지 않다. 지하철 5호선 외에 9호선이 연결된 점은 다행스러운 일이다. 다만 1단지 끝에 있다는 것이 아쉬운 부분이다. 경전철 목동선이 계획되어 있어 당산역까지 연결된다는 희망이 생긴다. 목동이 순차적으로 재건축될 경우 서울 서쪽의 대규모 신도시 타운으로서 가치가 더욱 높아질 것이다.

여덟째, 강서구 방화뉴타운이다. 강서구에는 마곡지구 이전에 서울시에서 개발한 발산지구가 있다. 마지막으로 지하철 5호선과 9호선을 아우르는 김포공항 인근의 방화뉴타운이 남아 있다. 이곳은 마곡지구의 연장선으로 봐도 손색이 없어 사업이 본격화될 경우 기대치가 높은 곳이다. 마곡에 대규모 R&D 산업단지가 입주함에 따라 배후수요로 볼 때 마곡지구를 넘어 이곳까지 충분한 확장성이 있다. 김포공항 인근의 편의시설이 뛰어나 거주성도 양호하다. 상대적으로 덜 알려진 곳인 만큼 향후 관심은 더 커질 수 있다. 부천소사에서 고양대곡을 연결하는 소사대곡선이 김포공항을 지남에 따라 남북 간 교통 체계도 개선될 것이다. 이 지역을 기점으로 인천 검단신도시와 계양지구, 부천 대장지구가 연결된다. 뿐만 아니라 김포도시철도의 출발점도 바로 이곳이다.

위에서 언급한 대부분의 지역은 당장은 아니더라도 향후 개발 정도에 따라 충분한 미래가치가 돋보일 곳이다. 미리 살펴보고 대응할 필요가 있다.

서울 강북권 14개구,
주요 지역의 변화

강북은 도심권을 보유한 지역임에도 불구하고 상대적으로 강남에 비해 개발 속도가 늦어졌다. 기존 시가지로 조성된 만큼 변화가 쉽지 않았다. 근래 들어 강남과의 격차를 줄이기 위한 균형발전 차원에서 개발이 집중되는 모양새다. 서울 강북권의 주요 지역을 살펴보자.

첫째, 수색증산뉴타운이다. 수색 일대는 서남쪽 상암DMC가 활성화됨에 따라 외곽지역 이미지를 벗어 버리고 서북지역의 관문 역할을 하며 탈바꿈되고 있다. 가재울뉴타운과 더불어 상암DMC 배후 주거지로 역량이 강화되고 있다. 특히 수색역세권 개발에 이어 롯데 쇼핑몰까지 편의시설이 대폭 확충되고 있다. 경의중앙선과 지하철 6호선이 어우러지며 도심 접근성이 획기적으로 개선되었다. 이곳은 배후에 고양 덕은지구와 항동지구뿐만 아니라 창릉신도시까지 개발될 예정이라 서울이라는 입지적 강점이 더욱 부각될 것이다.

둘째, 연신내 일대다. 이곳은 이미 은평구의 중심으로 자리매김

∶ 서울 강북지역 아파트 평당 시세 (2020년 1월)

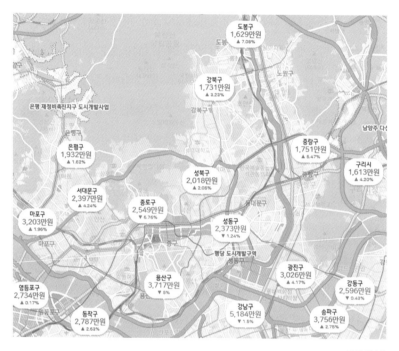

자료: 디스코

하고 있다. 역세권 상가의 집중력도 강화되고 있다. 지하철 3호선과 6호선 외에 GTX역이 자리하면 명실상부한 부도심지로서의 역량이 한층 높아질 것이다. 갈현동 일대뿐만 아니라 구파발 은평뉴타운도 연신내를 통해 연결이 가능해질 것이다. 물론 은평뉴타운은 신분당 선 역이 개설될 경우 굳이 연신내에서 환승할 필요 없이 직접 서울역, 용산과 강남으로 곧바로 연결된다. 주변의 유동인구가 집중되고 상권 이 형성되면 배후의 고양삼송, 지축 등도 3호선을 통해 이곳과 소통

할 것으로 예상된다. 연신내는 지역의 핵심 축으로 자리할 것이다.

셋째, 미아리·길음뉴타운 일대다. 이곳이 뉴타운으로 재개발되며 변신을 시도한 것은 2000년대 초반부터였다. 개발 초기에는 변화의 폭이 미미했으나, 시간이 갈수록 입지적 가치가 높아지고 있다. 지하철 4호선 외에 우이선 경전철까지 개통되며 도심접근성이 좋아졌다. 도심지역 출퇴근 수요자의 배후 주거지 역할을 충실히 실행하고 있다. 상대적으로 아파트값이 저렴한 상태지만 서서히 상승세를 타고 있다. 미아리 지역에 동북선 경전철까지 개통되면 왕십리지역과의 연결성도 좋아져 교통 측면에서 획기적으로 개선될 것이다.

넷째, 상계동 일대다. 목동과 마찬가지로 서울시에서 1980년대 말 조성한 신시가지다. 상계동은 목동과는 달리 소형아파트 위주로, 저소득층 주거수요를 흡수한 측면이 있다. 따라서 도심 급여생활자의 주거지 역할을 충실히 수행했다. 노원역 일대를 중심으로 4호선과 7호선이 지나가고 상권도 발달했다. 30년을 경과하며 본격적으로 재건축 주기를 맞이했다. 먼저 5층 저밀도 위주의 아파트가 관심을 받고 있다. 이 일대는 이미 200% 초반대의 용적률로 개발된 상태다. 향후 재건축이 시행될 때 준주거지역 400% 수준의 용적률 상향을 통해 주택공급 물량을 대폭 확충할 필요가 있다. 이만한 지역에 추가 물량 확보가 쉽지 않은 현실을 고려하면 이것만이 가장 쉬운 방법이다. 중계동 은행사거리 주변에 동북선 경전철이 개통되면 이쪽은 학원 중심지로서의 본래 강점과 더불어 지하철 소외지역이라는 불운을 일거에 털어낼 것으로 보인다.

인근 창동역에 GTX가 개통되고 창업센터, 아레나 공연장 등 복합시설이 입주하게 되면, 노원과 연계된 지역적 강점이 더욱 부각될 것으로 예상된다. 특히 중랑천 옆의 동부간선도로 지하화는 이 지역의 획기적인 호재로 작용할 것으로 예상된다. 비록 유료지만 상습정체구역에서 벗어나 수월한 교통 흐름의 혜택을 받을 경우 그 반전은 큰 경쟁력으로 작용할 것이다.

다섯째, 망우동과 신내동 일대다. 망우역에 GTX B노선이 청량리역에 이어 개통한다면 이곳이야말로 서울역까지 10분, 청량리역 환승 시 삼성역까지 2정거장 거리로 교통 시간이 단축된다. 배후인 신내동 일대의 집중력도 훨씬 강화될 것으로 예상된다. 신내동은 서울 동북쪽의 관문이다. 양원역 배후의 보금자리주택지구가 마무리되면 한층 밀집된 주거지로서의 역할을 충실히 해낼 것으로 보인다. 북부간선도로를 통해 서울~포천 간 고속도로, 외곽순환도로와 연결성도 뛰어난 곳이다. 낙후된 지역의 이미지를 벗고 개발 기대치가 높은 주거지로 탈바꿈할 것으로 기대된다. 이곳은 특히 구리, 남양주 일대 등 외곽으로의 진출입도 양호한 곳이다.

강북 균형발전은 꼭 이루어져야 한다. 강북이 먼저 형성되었다는 이유로 낙후된 이미지가 지속되어서는 안 된다. 새롭게 변신하고 발전하다 보면 다시 재탄생의 호기를 맞이할 수 있다. 그런 차원에서 강북은 더 없이 좋은 기회를 고대하고 있다.

서울 GTX,
삼총사의 개벽

GTX ABC노선이 개통되면 자연스럽게 교차하는 환승역이 생긴다. 3곳의 환승역이 생기는데 바로 서울역, 청량리역, 삼성역이다. 향후 트라이앵글을 형성하며 지역의 중심으로 자리 잡을 것으로 예상된다.

서울역은 GTX 1정거장인 용산역과 더불어 전국 철도 네트워크의 중심지다. 서울역과 용산역은 유기적으로 연결되어 있어 같이 설명하는 것이 효과적이다. 서울역에는 KTX 등 각종 철도노선과 1호선, 4호선, 공항철도 등이 있다. 서울역 자체의 관심사는 북부역세권 개발이다. 코레일이 소유한 3만㎡ 정도의 부지에 국제회의시설, 호텔, 오피스, 문화시설, 오피스텔을 건설하는 사업이다. 이 사업이 마무리되면 전국에서 모이기 쉬운 입지적 강점이 더욱 부각될 것이다. 특히 수도권에서도 GTX를 통해 쉽게 접근할 수 있는 만큼 전시 등 사업적인 측면에서 충분한 매력이 있는 곳으로 변신할 것이다. 어디든 갈 수 있고, 어디에서든 쉽게 올 수 있다는 장점이 있다. 인근의

⋮ 서울 GTX 트라이앵글(서울역, 청량리역, 삼성역)

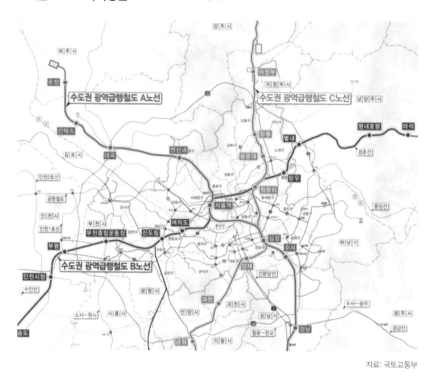

자료: 국토교통부

시청, 광화문 등 도심지역까지 아우를 수 있어 기대치는 더욱 커질 것이다. 특히 도심이면서도 최대 낙후지역으로 꼽히는 서편의 서계동, 청파동 등에 대한 개발 기대감도 큰 상태다. 현실적으로 쉬운 일은 아니지만 서울역과 용산역 구간의 철도 지하화 사업도 대기 중이다.

용산역도 KTX, 1호선, 4호선, 경의중앙선, 경춘선, 신분당선 등 뛰어난 연결성을 가지고 있다. 용산역은 배후의 국제업무지구와 용산전자상가, 용산공원과 그 주변의 개발사업까지 더할 경우 명실상부한 미래의 핵심지역이 될 것이다. 국제업무지구에 들어설 종합병원은 KTX와 GTX를 통해 전국구 네트워크 병원 입지로 자리매김할 것이다. 전국 어디서나 당일진료 후 복귀가 수월하기 때문이다. 국제업무지구는 몇 개로 분할 매각된 뒤 개발이 이뤄질 예정이다. 면적은 44만㎡(약 13.3만 평)로 축구장 60개 면적에 해당된다. 서울역도 용산구인 만큼 용산은 그야말로 천지개벽 수준으로 변화의 중심에 서게 된다.

GTX C노선의 청량리역, 광운대역, 창동역은 동북 지역의 중심이 되는 삼총사다. 창동역은 신경제 중심지 사업으로 박차를 가하고 있는데, 2만 석 규모의 국내 최대인 아레나 공연장 및 창업 문화산업 단지 조성을 앞두고 있다. 광운대 역세권은 HDC현대산업개발을 사업자로 2.6조 원 규모의 복합개발을 추진 중이다. 2026년 완공 예정인 동부간선도로 지하화 사업과 맞물릴 경우 시너지 효과가 더 커질 것으로 예상된다. 배후 재건축 예정 단지에 대한 기대감도 커진다.

청량리역은 C노선과 B노선의 환승역일 뿐만 아니라 기존의 경강선KTX, 경춘선, 1호선, 경의중앙선, 분당선으로까지 연장되었다. GTX가 개통될 경우 수서에서 출발하는 SRT를 청량리역까지 연결하면 동북 지역의 경부선, 호남선 출발지로 활용이 가능해진다. 다만 노선 부족으로 국토교통부에서 난색을 표하는 상황이라 실현가능성은 낮지만, 서울 동북지역의 균형발전을 위해 반드시 연결될 필요가 있다. 청량리역 주변의 재개발은 놀라울 정도다. 이미 전농동

∶ 삼성역 일대 제2의 코엑스 'MICE' 복합지구 변화

자료: 서울시

배후 지역과 서쪽지역도 주상복합이 들어서며 대거 변화했다. 이런 엄청난 변신은 무죄다. 70~80년대 중심축이었던 청량리역이 완벽하게 부활하고 있는 것이다.

삼성역은 수도권 GTX의 핵심지역으로 꼽힌다. 고양, 파주 등 수도권 서북지역과 분당, 동탄 등 동남지역을 아우른다. 동북축의 의정부, 청량리 일대와 서남축의 과천, 군포, 수원 일대까지 연결되어 수도권의 대각선 중심지로 부각될 것이다. 수도권에서 강남으로 접근할 때에는 먼저 삼성역에 닿아야 하는 만큼 자연스럽게 집중화 현상이 생겨난다. 수도권 어디에서든 20분여 만에 도착할 수 있다

는 것 자체가 큰 강점이다. 기존 시설인 코엑스에 더해 현대차 글로
벌비즈니스센터(2026년 완공), 잠실운동장 마이스MICE 복합단지까지 완
공되면, 유동인구와 역량이 집중되는 강남 최고의 상권으로 격상될
것이다. 특히 위례신사선을 통한 신도시 주민의 서울 환승거점 역할
도 할 것이다. 기존 2호선 이용자 외에 현대차 관련 상주인구와 수도
권 유동인구, MICE 복합지구 참여자까지 고려하면 활동공간이 좁
아 보인다. 또한 상권의 확장성을 고려할 때 일정 부분 한계가 있을
수 있다. 큰 틀에서는 선릉역까지 확장이 예상되고, 기존 상권의 맹
주인 강남역 상권과 공유할 것으로 예상된다.

수서역은 현재 분당선과 지하철 3호선, SRT 출발지로서 기대
감이 큰 지역이다. 첨단 유통업무단지와 복합환승센터 조성과 추진
이 돋보이는 곳이다. 다만 서울 진입 후 연계성을 고려할 때 삼성역
에서 환승이 이뤄져야 하므로, 상권은 일부 삼성역에 흡수될 것으로
전망된다.

서울 도시철도를 통해 본 외곽의 변신

서울시의 미래를 예측하기 위해서는 필수 기반시설인 도시철도 건설에 대해 분석해야 한다. 도시철도(경전철)는 기존 전철 및 지하철(중전철)과 달리 비교적 단거리를 운행한다. 지하철 등이 다니기 어려운 곳이나 노선 자체가 없는 틈새 지역을 채워주는 지선역할을 하는 철도다. 기본적으로 2~3량으로 운행된다. 승차 정원은 1량당 60~90명 정도다. 출퇴근 혼잡 시간에 승객이 몰릴 경우 안전상의 문제도 우려된다. 도시철도는 무인자동운전으로 운행되며 운영비는 중전철의 50% 수준이다. 건설비용은 1km에 1,000억 정도로 중전철의 70%가량이다. 서울시 도시철도의 시작은 우이경전철이다. 비교적 성공적으로 안착하고 있다.

서울시에서 최종 선정한 노선은 12개에 이른다. 이 노선들은 이미 착공을 했거나 2020년대에는 완공될 것으로 예상된다. 신림선, 동북선, 면목선, 서부선, 우이신설연장선, 난곡선, 목동선, 강북횡단선, 9호선 4단계 연장(중전철), 5호선 직결화(중전철), 위례신사선, 위례

: 서울시 10개년 도시철도망 구축계획 노선도(2019년 6월)

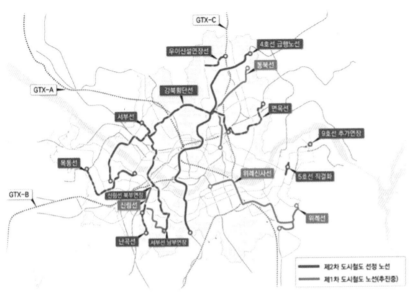

자료: 서울시

선이 그것이다. 위례선은 마천역~복정역, 우남역을 연결하는 노면 전차(트램)다. 9호선 4단계 연장과 5호선 직결화, 위례신사선은 따로 설명하고, 위례선은 트램으로 신도시 내 운행(2021년 착공 예정)이기 때문에 제외한다. 구체적인 노선과 역명은 변경이 가능하다. 지역 부동산 시장에 미치는 주요 노선의 영향에 대해 살펴보자.

첫째, 신림선이다. 노선은 여의도 한양아파트사거리~샛강역(9호선)~대방역(1호선)~성남고입구~보라매역(7호선)~보라매공원~보라매병원~당곡사거리~신림역(2호선)~문화교~동방1교~서울대정

: 신림선 노선도

자료: 서울시

문(서부선) 구간으로 12개역이다. 당초 샛강역 종점에서 동쪽 한양아파트사거리로 연장하여 서부선 여의도성모병원역과 환승통로를 통해 연결된다. 종점인 서울대정문에서도 서부선과 연결된다. 서울 지하철의 대부분이 동서로 흐른다는 특징을 감안하면 신림선은 남북으로 진행되기 때문에 환승이 매끄럽다. 수혜지인 미림여고 일대 신림뉴타운은 연립·다세대·다가구밀집지역으로 개발에 대한 열망이 큰 곳이다. 신림역에서 보라매역 사이도 전철 소외지역이다. 신림역을 중심으로 남쪽으로 진행되는 2호선의 환승가치는 진일보한 발전이다. 이 일대에서 여의도 접근이 수월해진다는 것이 최대 효과다. 신림선 지역은 상대적으로 주택가격이 저렴한 곳이지만 도시철도 개통으로 새로운 전기를 맞이할 것으로 예상된다. 특히 새 아파트로 바뀔 경우 기대감이 높은 곳이다. 다만 종점이 여의도역까지 연결되지 못하는 것은 다소 아쉬운 부분이다. 2022년 2월 개통 예정이다.

둘째, 동북선이다. 도시철도 중 활용도가 높은 노선이다. 노선은 왕십리역(2, 5, 분당선, 경의중앙선, 경춘선)~마장동우체국~제기역(1호선)~고려대역(6호선)~숭례초교~종암경찰서~미아사거리(4호선)~창문여고~북서울꿈의숲동문삼거리~월계2교~월계역(1호선)~하계역(7호선)~대진고교~은행사거리~노원자동차운전학원~상계역(4호선) 구간으로 16개역이다. 동북선은 서울 동북지역의 환승거점인 왕십리에서 출발한다는 데 큰 의미가 있다. 환승역이 많다는 것은 그만큼 노선의 기능이 극대화된다는 뜻이다. 특히 출발지인 왕십리는 도심과 여의도 등 김포공항방면, 분당선을 통해 강남과도 직결되는 편리성이 뛰어난 역이다. 제기동 경동시장을 경유하면서 종암동 일대와 북서울숲 장위뉴타운 등의 수혜지를 만들어낸다. 또한 중계동 은행사거리는 학원가의 메카임에도 지하철이 없는 것이 단점이었으나, 동북선이 들어서면 그 문제가 말끔히 해결될 것이다. 결국 역 인근의 주택가격이 상승할 것으로 기대된다. 2025년 완공 예정이다.

• 동북선 노선도

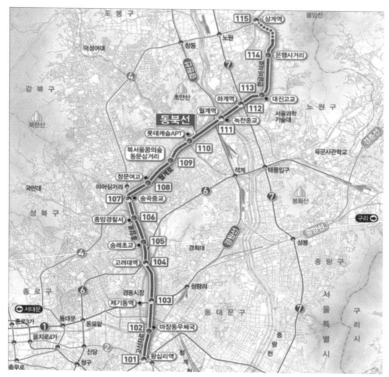

자료: 서울시

　셋째, 면목선이다. 노선은 청량리역(1호선, 경춘선, 분당선, GTX, KTX)~서울시립대~전농2동주민센터~장안2동주민센터~늘푸른공원~면목역(7호선)~겸재삼거리~우림시장오거리~신내지하차도사거리~중랑구청~능산~신내(6, 경춘선)~차량기지 구간으로 12개역이다. 청량리역은 GTX 환승역으로 철도 연결성이 뛰어난 곳이다. 여기를 시점으로 장안동, 면목동, 신내동 일대의 지하철 소외지역을

● 면목선 노선도

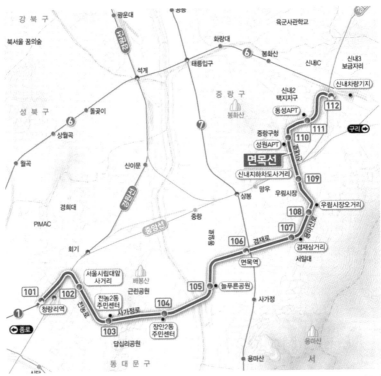

자료: 서울시

다닌다는 차원에서 면목선의 의미가 크다. 면목선은 청량리 동쪽 방향으로 남쪽의 5호선과 북쪽의 경의중앙선 중간지역으로 진행되며 종점 부근에서 6호선과 교차한다. 장안동 일대 철도 수혜지역을 동부간선도로 지역까지 넓힌 것은 환영할 일이다. 용마산 일대와 신내동 중랑구청 인근의 경우 면목역(7호선)에서 환승하면 강남 접근성이 획기적으로 개선되는 효과가 있다. 상대적으로 주택가격이 낮고 교

서부선 노선도

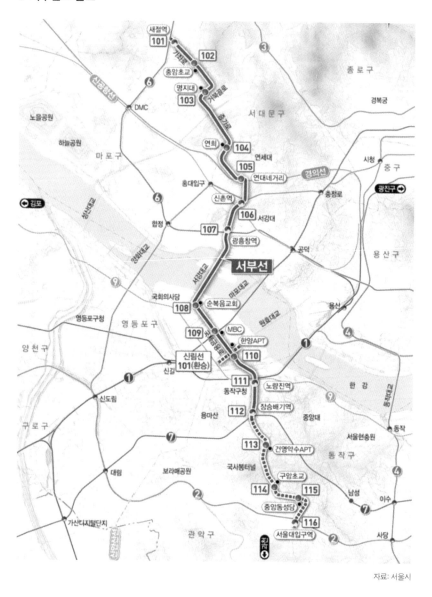

자료: 서울시

통이 불편한 지역의 노선이므로 조속한 착공을 기대한다.

넷째, 서부선이다. 노선은 새절역(6호선)～충암고～명지대(강북횡단선)～연희～연세대앞사거리～신촌역(2호선)～광흥창역(6호선)～서강대교남단～구MBC앞～여의도성모병원(신림선)～노량진역(1, 9호선)～장승배기역(7호선)～서울대입구역(2호선)～서울대정문 구간으로 14개 역이다. 남쪽 종점에서 서울대정문 신림선과 연결된다. 북쪽 새절역에서 고양창릉신도시 교통대책 차원에서 '고양선'으로 연장될 예정이다. 서부선은 명지대와 연희동 일대에서 2호선 신촌역으로 연결된다는 점에서 의미가 크다. 역시 철도 소외지역인 만큼 지역발전 개선효과가 기대된다. 서울대정문에서 신림선과 거의 평행선처럼 여의도에 닿고 순복음교회까지 직진한다는 측면에서 보면 신림선과 상호보완 작용이 뛰어나다. 남쪽 관악구와 동작구 일대와 북쪽 은평구, 서대문구, 마포구에서 여의도로 접근하는 노선인 만큼, 여의도 자체가 중심지로 격상되는 모양새다.

다섯째, 우이신설 연장선이다. 노선은 솔밭공원역(우이신설선)～방학4동(선덕고교)～방학1동(성원아파트)～방학역(1호선) 구간으로 3개역이다. 기존의 우이신설선이 방학역까지 연장되는 것으로 방학동 일대에서 우이신설선을 이용하여 성신여대입구역(4호선), 보문역(6호선), 신설동역(1호선, 2호선 지선)에서 환승할 수 있다. 방학역으로 연결되는 것도 의미가 있다.

여섯째, 난곡선이다. 노선은 보라매공원(신림선)～신대방역(2호

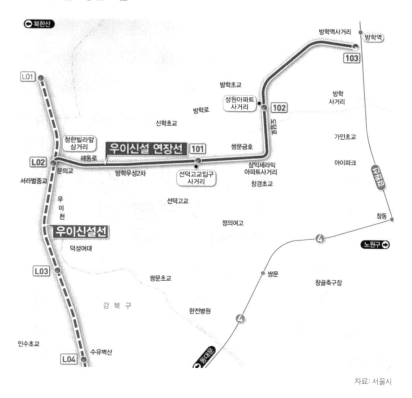

자료: 서울시

선)~난곡사거리~미성초교~난곡초교~난향초교 구간으로 5개역
이다. 관악구 일대는 도시철도의 최대 수혜지역이다. 중앙에는 신림
선, 동쪽에는 서부선, 서쪽에는 난곡선이 있기 때문이다. 난곡선은
여의도까지 진행하진 않지만 보라매공원에서 신림선으로 환승하면
연결된다. 난곡선 출발지역 일대는 무엇보다 2호선 신대방역으로 연
결된다는 그 자체가 1차적인 호재다.

일곱째, 목동선이다. 노선은 화곡로입구교차로~신월사거리~

: 난곡선 노선도

자료: 서울시

: 목동선 노선도

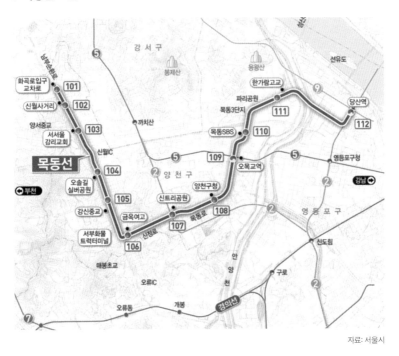

자료: 서울시

신월정수사업소~과학수사연구소~강월초교입구~서부화물터미널입구~신트리공원~양천구청~오목교역(5호선)~SBS~월촌중학교~당산역(2, 9호선) 구간으로 12개역이다. 이 노선의 양천구 신월동 일대 남부순환로 부분은 지상노선으로 공사가 진행될 것이다. 상대적으로 지하철 접근성이 떨어지는 곳으로 경전철 개통 수혜 기대감이 높다. 저소득층 주거지역인 만큼 조속한 공사가 진행되길 기대한다. 아쉬운 점은 환승역이 2곳밖에 없다는 것이다. 2호선 지선과 신트리공원 부근에서 교차하고 양천구청 옆을 지나지만 환승하려면 역

⠸ 강북횡단선 노선도

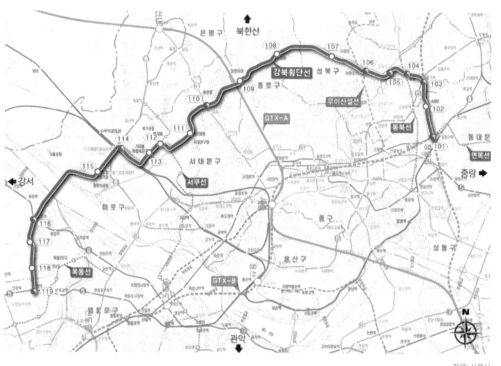

자료: 서울시

밖으로 나가야 한다. 그렇게 양천구청역에서 환승하더라도 신도림
(1, 2호선, GTX B노선)에서 다시 환승해야 하는 불편함이 있다. 단시간 내
에 신도림역에 도착하는 것은 큰 의미가 있으므로 개선이 필요해 보
인다. 물론 종점인 당산역에서도 2호선 환승이 가능하다.

　　여덟째, 강북횡단선이다. 2019년 서울시 10개년 도시철도망구
축계획에서 추가된 노선이다. 노선에는 청량리역(1호선, 경춘선, 분당선,
면목선, GTX, KTX)~홍릉~월곡역(6호선)~종암(동북선)~길음(4호선)~정

릉(우신신설선)~국민대~평창동~상명대(신분당선)~홍제(3호선)~서대문구청앞~명지대(서부선)~가재울뉴타운~디지털미디어시티(6호선, 경의중앙선, 공항철도)~월드컵경기장~등촌(9호선)~등촌2동주민센터~목동사거리인근~목동역(5호선) 구간이 포함되며 총 19개역이다. 동북쪽 청량리에서 서쪽 목동까지 강북 지역을 원형으로 횡단한다. 강남지역의 지하철 9호선과 대비되는 노선이다. 서울시에서 새롭게 추진하기로 발표한 사업이다. 구간별로는 활용도가 있어 보이지만, 노선의 이용적합도 측면에서는 다소 의문이 든다. 도심을 관통해도 충분히 연결이 가능한 지역이기 때문이다.

서울 도시철도는 기존 철도의 수혜를 받지 못하는 소외지역을 중심으로 설계된 노선이다. 그런 만큼 조속한 추진이 관건이다. 계획이 세워진 지도 이미 상당 기간이 지난 상태이므로 최대한 사업일정을 서둘러야 한다. 지역적으로 교통여건 개선에 따른 기대감은 클 것으로 예상된다.

서울 아파트 가격의 상승세는
계속 이어질까?

서울의 아파트 가격은 지난 7년간 가파르게 상승했다. 서울 아파트 가격이 바닥을 친 것은 2013년 상반기였다. 저점을 하반기에 탈출하고 2014년 하반기부터 상승하기 시작하여 2015년을 지나며 2018년 초, 2019년 초, 2020년 초에 다소 주춤하긴 했지만 거의 쉼없이 상승하는 모습을 보였다. 상승 흐름이 가팔라진 것은 2017년 현 정부 출범 이후다. 정부는 2017년 8.2 부동산 대책, 2018년 9.13 부동산 대책, 2019년 12.16 부동산 대책 등 매년 강력한 정책을 펼쳤으나, 대책 발표 후 일시적으로 둔화되는 모양새를 보이다 재상승하는 흐름을 이어갔다. 결국 부동산 가격상승을 잠재우지 못한 상황이다. 현 정부 출범 이후 서울 아파트 가격은 50% 넘게 올랐다. 물론 그 이상 오른 단지도 수두룩하다. 시장의 흐름을 예상해보고 대응방안을 살펴보자.

지난 10년간의 서울 주택가격 추이는 순탄치 않았다. 2008년 경제위기 이후 2009년부터 부양책에 힘입어 2010년경 V자 반등에 성공한다. 하지만 이 흐름은 오래가지 못했고 2기 신도시 등의 입주 물량 등으로 가격은 하향 안정세를 유지하였다. 2012~2013년은 지금은 기억에서도 가물가물하지만 하우스푸어 시절이었다. 주택가격은 오르지 않는데 대출금리는 높아 빚을 감당하기 어려운 상황이라 '집 가진 가난한 자'라는 의미가 강하게 부각되었다. 이때 대부분의 전문가는 추가 하락을 경고하며 집값 전망에 부정적이었다. 전반적인 경체침체 분위기가 종료되지 않았다는 분위기도 한몫했다.

하지만 필자는 2012년부터 2013년 상반기까지 주택가격 흐름이 좋지는 않지만, 그래프상의 추이는 1년째 횡보한다는 사실에 주목했다. 더 이상 떨어지지 않는 바닥이라는 신호다. 2013년 6~8월 구간에는 서서히 우상향하는 분위기가 연출되었다. 이 시점을 집값이 올라가는 신호로 보고 2013년 말부터 가격상승을 예고하며 주택 매입시기라고 언급하기 시작했다. 시장의 반응은 싸늘했다. 전문가 10명 중 8~9명은 여전히 하락을 외치고 있었기 때문이었다. 2014년 1월에 잠실주공5단지 34평은 8억 7,000만 원까지 떨어지고 9억원에 매입한 실수요자가 나오기도 했다. 그러나 2017년에는 숫자가 두 자리로 바뀌었다. 이때 압구정 신현대아파트 35평이 11억 원이었다. 2019년에는 28억 원 이상을 호가했다. 2014년 초 마곡지구의 34평 아파트는 4억 원 초반에 불과했다. 2020년 3월이 되자 12억 원을 호가한다. 2015년 초 마포의 한 아파트 입주 당시 34평은 7억 2,000만 원이었다. 2020년 3월 기준 호가는 18억 원이다.

2016년 가을 서울 주택시장은 다시 한 번 고비를 맞는다. 전국의 아파트 입주물량이 2017~2018년 급증하기 때문에 서울 아파트 가격도 하락할 것이라는 전망이 대세를 이루었다. 이때 필자는 역시 그것은 지방의 상황이고, 서울은 여전히 공급이 부족하므로 가격이 상승할 것이라고 전망했다. 2016년 가을에 강북의 재개발 구역이 유망한데, 마포와 왕십리의 흐름이 영등포와 청량리, 답십리 일대로 확산될 것이라고 신문 인터뷰를 통해 전망했다. 그 당시 청량리의 새 아파트 34평은 6억 원 수준이었다. 2020년 3월 짧은 시간 안에 2배가 되었다. 2017년 5월 대치동 개포우성1차 45평은 19억 4,000만 원이었다. 2020년 3월 35억 원을 호가한다. 2017년 8월 둔촌주공아파트 34평을 받을 수 있는 입주권은 8억 원이었다. 3년여 만에 2배가량 올랐다. 같은 시기에 도곡렉슬아파트 34평은 13억 원대였다. 2020년 3월 23억 원 수준이다. 2018~2019년 용산을 비롯한 서울의 여러 아파트의 상승세도 무서울 정도로 가파르게 올랐다. 이제는 안 오른 곳이 없을 정도여서 특정 단지와 지역을 언급하는 것이 무의미하게 되었다.

그렇다면 서울의 아파트 가격은 언제까지 오를 것인가? 향후 전망은? 필자는 "그만 올랐으면 좋겠다"고 답변하고 싶다. 물론 전망이 아니라 희망사항이다. 서울 아파트 중위가격의 구매력지수(PIR)는 9에서 13으로 뛰었다. 더 이상 정상적인 소득으로는 집을 사기 어려운 한계치에 도달했다. 부동산 전문가로서 시장의 흐름을 제대로 전망하고 예상대로 진행된다고 만족감에 젖을 수 있는 상황은 넘어섰다. 더 이상은 안 된다는 위기감이 앞선다. 2020년 경기도 시대가 펼쳐진다고 예고한 사항도 이미 그대로 진행 중이다. 사실 정확하게 표현하면 이렇게까지 많이 오르는 상승폭까지 맞추지는 못했다. 예를 들면, 청량리의 아파트 34평은 6억 원에서 8억 원 수준으로 오르면 적당했다. 호가인 12억 원은 감당하기 어려운 수준이다. 사실 강한 우려감마저 느껴진다.

왜 이렇게 아파트 가격이 상승했을까? 원인을 생각해보자. 그것을 알아야 대처가 가능하다. 첫째는 공급부족이고 둘째는 저금리에 따른 유동성 증가를 꼽을 수 있다. 2019년 하반기의 상승은 금리 인상을 통해 막을 수 있었지만, 오히려 금리하락으로 또 한 번의 상승을 맞이하고 말았다. 금리는 코로나 사태로 더 하락할 여지가 큰 상태다. 가장 큰 원인을 꼽으라면 공급부족이다. 공급에는 두 가지가 있다. 시장에는 거래가 가능한 일반매물이 있고, 새 아파트 입주물량이 있다. 서울의 주택시장이 안정되려면 연간 5만 호 가량의 새 아파트가 필요하다고 한다. 2019년은 4만 4,000호, 2020년은 4만 2,000호로 비교적 평균치에 근접한다. 하지만 지난 10년간을 보면 연평균 3만 4,000호 수준에 불과하다. 누적 부족분이 많다는 의미다. 문제는 2021년의 물량은 2만 3,000호 정도로 필요한 양의 절반가량밖에 되지 않는다는 것이다. 이런 물량부족은 바로 전세가격 상승으로 나타나고 더 나아가 주택가격의 상승과 연결될 수 있다.

일반매물 부족 또한 주택가격 상승의 주범이다. 다주택자 양도세 중과 등으로 시장에 매물이 나오지 못하고 한 단지에 2~3건의 물건이 가격상승을 견인한 결정적인 결과다. 일반매물로 나오기보다는 주택임대사업 등록, 증여로 매물잠김 현상이 두드러졌다. '보유세 강화 거래세 완화'라는 당초 조세정책의 취지처럼, 보유세가 증가하는 만큼 다주택자 양도세 중과를 폐지하여 매물을 늘려야 한다. 주택임대사업자의 매물도 과태료를 물지 않고 일반인에게 매도할 수 있도록 조정할 필요가 있다. 한시적으로라도 다주택자 등 투자자의 진입을 막기 위해 취득세를 3배 정도 중과해야 한다. 실수요자인 1주택자 중심의 거래로 개선해야 한다. 그리고 전국의 분양권 전매제한도 검토해야 한다.

지방시장도 공급과잉이 어느 정도 해소되고 상승 반전의 기틀을 마련한 만큼 완벽하게 대비해야 한다. 무엇보다 서울 주택공급의 핵심인 재건축 재개발 사업에 대한 규제를 완화하고 용적률을 높여 소형 중심으로 동시다발적인 공급체계를 갖추어야 한다. 사업을 진행하기 어렵게 하여 수요를 억제하는 방식을 쓰기에는 이미 너무 늦었다. 지난 수년간 써온 방법으로 효과는 거의 없다는 것이 판명되었다. 전방위적인 공급체계를 가동하여 수요자로 하여금 향후 공급이 충분하다는 인식을 주고 개념을 바꿀 필요가 있다. 그렇지 않으면 시장에 계속 끌려다녀야 한다. 어떤 정책도 공급 부족을 이기기는 어렵기 때문이다. 동시간대 경기도의 입주물량 부족과 맞물린다는 것이 준비를 서둘러야 하는 중요한 이유다. 결국 2기 신도시가 종료되는 시점이고 3기 신도시 입주는 아직도 멀리 남아 있어 별 뾰족한 방법이 없는 상태다. 재건축 재개발 정비사업과 동시에 일반매물을 늘리는 안정책만이 효과를 볼 수 있다. 그렇다고 경기침체가 장기화되는 상황에서 금리를 올릴 수는 없기 때문이다.

Part 3

수도권의 미래는
반전이다

수도권 아파트 입주물량을 통해 본 경기도 시대

2020년을 기준 시 불과 1~2년 후인 2021~2022년의 수도권 아파트 입주물량은 서울과 경기도에서 급감한다. 다만 인천은 검단 신도시 등에 힘입어 증가하는 추세다. 물론 인천의 물량으로 서울과 경기도를 지원하기는 역부족이고 지역적 상황을 고려하면 가능하지도 않다.

서울에서 시작된 아파트 가격상승이 수원, 용인, 성남(수용성) 등으로 확대되고, 다른 지역으로까지 풍선효과가 나타나고 있다. 이 현상을 단순히 서울에서 분 바람이 상대적으로 가격이 싼 경기도 지역으로 확산되는 것으로 해석하는 것을 넘어 좀 더 정밀하게 분석할 필요가 있다. 저변에는 이미 아파트 공급부족 현상이 일어나고 있고, 여기에 철도 등의 개발호재가 맞물린 결과이기 때문이다. 경기도의 부동산 시장은 풍선효과 이전에 이미 자체적인 상승역량을 보유하고 있었다. 2018~2019년 필자는 이미 이러한 상승현상이 일어날 것을 예고한 바 있다. 경기도 인구는 1,300만 명을 넘을 정도로

	2006	2007	2008	2009	2010	2011	2012	2013	2014	2015	2016	2017	2018	2019	2020	2021	2022
서울	49,357	38,628	57,055	31,737	36,133	36,805	20,137	23,690	37,673	22,131	25,039	30,614	37,402	43,173	42,209	22,977	12,732
경기도	91,308	76,056	87,648	111,141	115,931	64,066	63,083	50,006	54,037	70,984	90,263	129,430	167,752	141,497	120,453	89,537	54,643
인천	13,840	30,520	15,660	16,387	18,604	22,457	26,306	10,743	10,739	12,388	9,618	19,434	22,756	17,002	18,644	16,029	23,723

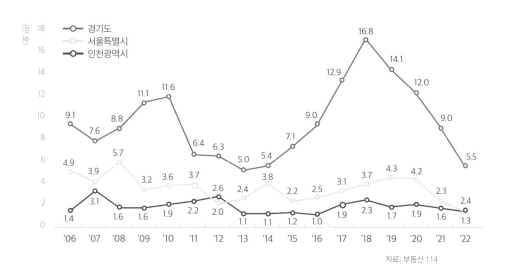

자료: 부동산 114

많고 위낙 지역 범위가 넓어 획일적인 분석은 의미가 없다. 시·군으로 세분화하여 살펴보는 것이 적합하다. 위는 경기도 아파트 입주물량을 조사한 자료다. 2020년을 기준으로 물량이 많은 시·군을 중심으로 분류했다. 우선 1만 호 이상, 5,000호 이상, 5,000호 미만으로 나누었다. 물론 시·군 간 인구와 가구 면에서 차이가 있어 수요가 다르기 때문에 이를 감안하고 분석해야 한다.

경기도 아파트 입주물량 추이(2020년 3월 12일)

	2006	2007	2008	2009	2010	2011	2012	2013	2014	2015	2016	2017	2018	2019	2020	2021	2022
경기도	91,308	76,056	87,648	111,141	115,931	64,066	63,083	50,006	54,037	70,984	90,263	129,430	167,752	141,497	120,453	89,537	54,643
김포시	1,117	902	5,828	1,543	9,688	7,934	12,137	7,224	7,403	919	3,924	11,535	14,789	540	16,888	2,806	
시흥시	731	59	2,327	3,417	516	708	419	769	1,221	3,481	4,175	12,289	12,338	14,626	13,217	1,903	1,301
화성시	4,135	21,218	26,136	8,153	2,639	649	1,271	231	4,083	20,819	13,297	23,262	32,909	22,071	12,187	6,948	6,200
안산시	3,904	1,205	74	2,306	2,001	51	471	482		742	1,569		6,810	4,589	10,175	1,450	
의정부시	5,326	2,929	3,080	1,328	97		1,786	1,755	203	1,003	2,999	6,335	5,422	2,897	7,756	2,993	3,060
평택시	5,340	1,783	1,010	2,336	2,999	3,667	4,251	2,201	1,770	4,476	6,537	7,737	9,145	16,708	7,054	5,918	2,638
파주시	5,757	1,388	917	7,795	12,027	8,003	4,247	823	5,091	1,108	176	4,418	6,613	300	5,826	3,252	2,748
고양시	6,338	7,987	4,532	5,809	10,071	3,382	4,416	9,725	4,165	5,580	4,538	1,935	6,033	13,624	5,820		4,750
하남시	1,946	2,079	4,024	777	453				3,229	7,538	15,505	6,245	9,204	3,684	5,196	9,351	1,690
양주시	3,242	2,418	492	3,752	4,663	521			3,246		1,862	4,428	3,700	1,566	5,157	2,091	4,617
성남시	2,668	1,976	3,221	16,337	4,482	4,400	3,641	1,895	1,722	4,513	6,485	4,904	552	3,071	5,132	7,241	7,897
남양주시	5,477	4,351	5,369	10,740	11,613	278	7,058	4,047	6,910	9,145		3,938	8,248	15,292	4,497	9,039	2,626
광명시	671	2,505	49	7,129	10,156	2,471			45	23		1,539	2,454	20	3,604	798	1,313
의왕시		1,605	176	5,029		1,535	2,422	1,170				28	578	5,742	3,564	1,006	
과천시		659	3,143										543		2,988	4,874	
부천시	6,285	4,246	4,677	995	1,474	4,223	1,667	28	1,655	786	4,608	5,714	1,760	736	2,219	1,187	1,218
안성시	1,899	1,658	1,900	1,190	2,967				116	2,860	1,722	5,045	1,419	1,861			
용인시	23,641	6,058	5,496	13,016	13,438	4,493	3,513	3,513	2,114	1,445	2,835	6,809	17,142	13,368	1,663	2,980	1,445
구리시	1,309	749	465	361	299	53			370	407	4,922	2,321	2,229	8	1,365	410	
오산시	1,067	3,992	648	4,021	8,351	3,336		2,455	83	108		4,534	4,528	5,299	686		404
수원시	2,962	1,723	8,914	5,273	3,635	14,380	11,522	10,025	5,930	7,368	3,704	11,182	8,113	7,011	598	10,177	7,321
광주시	712	562	339	80	1,920	1,601	198				2,681	5,143	5,538	2,373	587	1,478	2,020
연천군	676			481					112	91					564		

	2006	2007	2008	2009	2010	2011	2012	2013	2014	2015	2016	2017	2018	2019	2020	2021	2022
연천군	676			481					112	91					564		
여주시	1,214		410	1,107			52		899		69			388	526	551	
안양시	2,527	1,534	1,277	3,317	1,910	1,488	2,723	48	231	762	5,745	781	390	1,817	388	10,509	1,882
동두천시				1,825	544	500	18		770				492		376		
이천시	1,156	69	1,016	2,368	2,186	347	116	314	233	473	1,116	1,171	1,186	1,671	305	1,525	
포천시	212			360						28		959			254	829	
양평군	186	213	101	300	1,788	37	235	90			656	504	101	102			486
가평군	208	580	397	20	352	9	431		237				243	161		221	
군포시	602	1,608	1,339	336	5,302		489		2,315	53			1,647	2,414			1,027

자료: 부동산 114

2020년을 기준으로 1만 호가 넘는 곳은 김포시, 시흥시, 화성시, 안산시 4곳이다. 모두 신도시 및 택지지구 분양이 본격화된 지역이다. 문제는 당장 이 4곳마저도 다음해인 2021년에는 물량이 급감한다는 것이다. 참고로 2022년 물량은 확정적인 숫자는 아니다. 더 늘어날 수 있다는 뜻이다. 2020년 3월 기준이므로 2년 9개월이라는 시간이 남아 있어, 그 사이에 아파트를 빨리 짓는다면 증가할 수도 있다. 아파트 건설기간은 규모별로 보통 30개월, 36개월, 40개월 정도다. 아무튼 이 4곳도 2021년에 주택가격 안정을 장담할 수는 없다. 공급감소 영향은 통상 6개월 전에 선반영되므로 2020년 하반기 전후에 징조가 나타날 수 있다. 안산처럼 철도 등의 개발호재가 있으면 반영 속도가 더 빨라진다.

5천 호 이상 1만 호 미만 지역에서 의정부시, 평택시를 주목해야 한다. 다른 곳에 비해 상승폭이 작거나 오히려 하락하고 있던 곳이다. 특히 평택시는 향후 물량이 감소세임을 감안하면 반전을 예상해볼 수 있다. 의정부시는 GTX와 7호선 연장이 호재다. 하남시는 지하철 5호선 연장 개통으로 다시 한 번 관심을 받는다. 성남시 인구는 거의 100만 명이다. 판교와 분당을 포함한다. 물량이 적고 개발기대감으로 상승했다는 것을 알 수 있다. 역시 100만 명을 넘는 고양시에는 2021년 새 아파트 입주물량이 없다. 무슨 의미인가? 고양 덕은, 고양 장항, 고양 창릉 3기 신도시 입주가 이루어지는 2022년 이후에는 다시 물량이 증가하지만 그전까지는 가격상승 여력이 잠재되어 있다는 말이다.

5천 호 미만 지역은 격차가 크게 나타난다. 시·군별로 인구, 가구 등을 고려할 때 외곽 군 지역은 문제가 불거질 일이 거의 없지만, 반대의 경우는 가격상승 압박이 커질 수밖에 없다. 남양주시는 2019년 대비 2020년 물량이 급감한 후 2021년 개선되는 모습을 보인다. 역시 호재가 넘치는 곳으로 물량 안정화를 기대할 수 없다. 광명시도 마찬가지인데 물량 자체가 감소하고 있어 불안하다. 의왕시는 조정대상지역으로 지정된 곳인데, 역시 향후 물량이 제한적이다. 부천시는 GTX 호재가 있어 계속 주시하는 곳이다. 안성시는 2020

년 2월 기준으로 경기도 내에서 미분양주택 1위였지만 미분양주택이 이미 800호 내외로 감소하여 큰 부담이 없다. 물량 해소 속도가 빠르다.

용인시는 표를 보고 있으면 왜 가격이 올라가야 하는지에 대한 답이 명확하게 나온다. 100만 명이 넘는 도시에 입주물량은 극소량이다. 구리시와 오산시도 마찬가지다. 설명을 굳이 요하지 않는다. 구리는 지하철 8호선 호재가 계속 남아 있다. 수원시의 인구는 120만 명이 넘는다. 그럼에도 불구하고 2020년 입주물량이 600호도 되지 않는다. 신분당선 연장 호재가 반영된 상황이다. 2021년에는 입주물량이 1만 호를 상회한다. 다소 진정될 것으로 예상되지만, 누적 물량부족에 대한 여진은 남아 있을 수 있고 GTX 등의 호재도 여전히 건재하다. 안양시의 물량 흐름은 수원시와 아주 흡사하다. 동안구에 이어 만안구마저 조정대상지역으로 편입될 정도로 집중력이 커졌다. 주요 상승 원인은 바로 물량 부족이다. 석수역 신안산선 호재도 신선하다. 2021년 물량 확충을 계기로 안정을 기대한다. 군포시는 2020~2021년 2년간 입주물량이 없다. 금정역 GTX 개통 호재까지 고려해야 한다. 1기 산본 신도시의 재건축, 리모델링 움직임도 나타나고 있다.

이렇게 경기도의 전체 입주물량은 2020년 12만 호 > 2021년 9만 호 > 2022년 5만 5,000호로 급감하는 형태를 보인다. 물론 2022년까지 아직 약간의 시간 여유가 있어 물량이 늘어날 수도 있

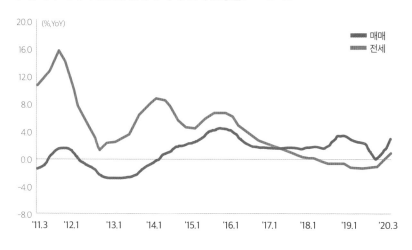

: 경기 주택가격 전년동월대비 매매/전세 변동률(2020년 3월)

자료: KB부동산 리브온

다. 하지만 현 추세를 보아 증가폭은 크지 않을 것으로 예상된다. 문제는 당장 2021년 시장부터가 힘겨워 보인다는 것이다. 큰 틀에서는 2기 신도시와 택지지구가 마무리 단계이기 때문에 일어나는 일이다. 부동산 정책에서 전략적인 대응이 요구된다.

주택시장은 가장 먼저 기본이 되는 수요와 공급물량을 중심으로 분석하고 대응해야 한다. 경기도의 주택가격은 이미 바닥을 확인하고 상승하는 모양새다. 다시 한 번 주택공급을 중장기적인 관점에서 체계적으로 추진하고 대비해야 주택가격 안정에 도움이 될 수 있다.

남양주와 시흥,
수도권 광역도시계획의 발전축

　　수도권은 수도인 서울시를 중심으로 경기도와 인천광역시를 포함한 지역이다. 서울을 기준으로 정치·경제·사회·문화 모든 면에서 집중되다 보니 그에 따른 폐해가 발생하였다. 역대 정부에서는 수도권의 수요를 지방으로 분산하려는 정책을 수시로 추진했다. 수도권의 현황을 살펴보고 향후 도시계획상 발전 방향에 대해 알아보자.

　　수도권에 대한 관리 규제는 1982년에 제정된 '수도권정비계획법'에서 시작된다. 이 법은 국토 계획을 종합적으로 규율하는 기본법인 '국토의 계획 및 이용에 관한 법률'보다도 상위법인 특별법의 지위를 가지고 있다. 헌법 바로 아래다. 인구와 산업을 적정하게 배치하기 위해 과밀억제권역, 성장관리권역, 자연보전권역으로 나누어 관리한다. 이 권역은 각종 행위제한의 기준이 된다. 인구집중유발시설 등에는 총량규제와 더불어 과밀부담금을 부과하고, 대규모 개발사업에 대한 규제를 통해 교통, 환경오염, 인구집중 등을 방지하고 배제한다. 직간접적으로 지방으로의 분산이 가능하도록 유도하는

남북교류 산업 벨트

디스플레이산업 클러스터
● 파주

업무 및 도시형 산업 벨트

국제금융·비지니스 클러스터

전원휴양 벨트

국제물류 첨단산업 벨트

송도 ●

시흥
안산

부품소재산업 클러스터

● 수원
반도체산업 클러스터

● 이천

해상물류 산업 벨트

●평택항

자료: 국토교통부

것이다. 부동산 측면에서의 규제가 이 권역을 기준으로 이뤄지는 것
은 당연하다. 평소 많이 듣게 되는 용어인 과밀억제권역이 이 법의
핵심 규제지역이다.

　최근에는 수도권에 대한 지역조정 민원이 끊이지 않고 있다. 인
구집중과 개발사업과는 거의 무관한 양평, 가평, 포천, 연천 등 동북

부 지역과 강화도 등 도서지역은 오히려 수도권에 포함되어 발전이 지체되고 있다. 수도권 규제로 인한 피해만 가중된다는 지적이다. 충분히 의미 있는 항변이다. 특히 한강을 중심으로 수변구역, 상수원보호구역, 개발제한구역 등 이중 삼중의 규제로 주택 하나 제대로 짓기 어려운 곳도 많다. 법 제정 이후 40년이 지난 만큼 수도권 전체를 한 단위로 할 것이 아니라, 시도별로 차별화된 선정이 필요하다.

　　수도권 규제를 피해 기업체가 입주하는 곳은 경기도 남쪽의 진천, 음성, 천안, 원주 등과 경계를 같이 하는 지역이다. 이런 기형적인 기업배치는 물류, 인력운영, 관리 등 또 다른 문제를 낳았다. 물론 지방에서는 수도권 집중화를 성토하며 지방지역 균형발전을 주장한다. 좁은 국토를 지나치게 세분화하고 차별화하는 것도 발전을 저해할 수 있다. 전국이 1일 생활권으로 완벽하게 변신한 만큼 지역 간 발전의 논쟁은 큰 의미가 없다. 세계를 상대로 했을 때 우리의 산업은 대한민국이라는 국가 하나에 속하기 때문이다. 정부는 수도권 집중을 분산하기 위해 공공기관을 대거 지방으로 이전하는 것을 목표로 하는 혁신도시를 각 시도별로 만들었다. 2003년부터 시작하여 2019년에 마무리되었으니 장장 16년간에 걸쳐 이전이 완료된 것이다. 행정도시인 세종자치특별시도 그 시기에 함께 탄생했다. 따라서 그에 따른 평가는 아직 이른 감이 있다.

　　수도권의 인구 과밀을 방지하기 위해 40년간이나 규제를 지속했음에도 불구하고 현실은 인구 2,600만 명 그대로다. 우리나라 인구 5,170만 명(2018년 통계청 기준)의 절반이 수도권에 모여 사는 셈이다. 인위적으로 인구를 분산하고 산업을 분산하는 것이 쉽지 않다는 것을 의미한다. 유럽, 일본 등 여러 나라가 지난 수십 년간 똑같이 경험한 결과다. 이제 그들은 다시 수도권에 비중을 두기 시작했다.

수도권 인구는 2018년 통계청 기준으로 서울 967만 4,000명, 인천 293만 6,000명, 경기 1,310만 3,000명으로 정확히 2,571만 3,000명이다. 인구 분산이 어렵다면 현실을 인정하고 이 지점에서 다시 시작해야 한다. 주택의 단위인 가구는 서울 398만 2,000가구로 전년 대비 3만 3,000가구가 증가하였고, 인천은 112만 2,000가구로 전년 대비 1만 7,000가구가 증가하였고, 경기는 493만 4,000가구로 16만 1,000가구가 증가하였다. 수도권 가구의 총합은 1,003만 8,000가구다. 인구를 가구로 나눈 가구원 수는 2.56명으로 전국 기준을 상회한다. 2018년 한 해 동안 수도권에서 21만 1,000가구가 증가했다. 결국 이 숫자만큼의 주택수요가 발생한 것이다.

1~2인 가구가 60%에 육박하는 상황이다. 구매력에 차이가 있는 사람들을 위한 원룸부터 초고가 주택까지 다양한 거주유형의 공급이 필요하다는 의미다. 수도권의 주택 수는 서울 289만 4,000호, 인천 99만 8,000호, 경기 416만 9,000호로 총 806만 1,000호다. 가구에 비해 주택 수가 197만 7,000호 부족하다. 그럼 어딘가에는 거주하고 있다는 것이다. 통계가 100% 모든 것을 밝혀주긴 어렵다. 다만 단독주택으로 분류된 다가구 원룸과 주거용 오피스텔에서 상당

수 수용한 것으로 추정된다. 그런 만큼 양질의 주택 수는 부족한 상황이며 대부분의 사람들은 아파트에 살고 싶어 한다.

따라서 아파트 공급을 늘려야 한다. 수도권도 마찬가지로 우리나라는 전 국토의 약 70%가 산악지역이다. 개발에 상당 부분 한계가 있다. 그렇다면 개발이 가능한 도시 가용용지의 용적률을 높이는 고밀도 개발이 필수다. 주택면적도 가구원 수 감소에 따라 소형화를 통해 집중 공급하는 방법밖에 없다. 수요는 늘어나는데 언제까지 분산을 주장하며 수요억제에만 치중할 것인가? 현실이 증명하고 있는 이 상황을 직시해야 한다. 수도권의 과밀화 방지가 꼭 옳은 답인지도 재검토해야 한다. 미래에는 수도권에 밀집된 집중력이 전 세계 시장경제를 상대하는 중요한 인력 자산이며 경쟁력이다. 이미 그것은 현재 진행형이다.

수도권의 발전 축은 신도시를 중심으로 살펴보면 지금은 서북축에서 동남축 라인이 대세다. 서북축에 일산(고양 창릉 등), 파주 운정, 김포 한강 등이 있다면, 동남축에는 판교, 분당, 광교, 화성 동탄이 형성되어 있다. 서북축과 동남축을 연결하면 대표적으로 일산에서 분당으로 이어지는 사선이다. 지금 진행되는 도시개발 과정은 남양주(별내·다산·왕숙 등)와 시흥(목감·장현·배곶 등)을 연결하는 동북축과 서남축에 집중되고 있다. 이렇게 되면 수도권에 X축이 탄생한다. 여기에 수도권 서쪽으로 부천의 중동·상동·옥길·대장 지구, 인천의 송도·청라·영종·검단·계양 지구 등이 있고, 동쪽으로는 위례와 하남의 미사·감일·교산 지구 등이 있는 것을 감안하고 그려보면 서울을 중심으로 방사선 형태의 모양이 완성되는 셈이다.

남양주는 인구 70만 명에서 100만 명을 바라보는 대도시로 변신하고 있다. 이렇게 되면 100만 명대 도시인 수원, 고양, 용인, 성남 등과 어깨를 나란히 한다. GTX가 개통되고 왕숙신도시 개발이 완성되면 충분히 가능한 일이다. 그동안 개발제한구역(그린벨트)의 과도한 규제 속에 발전의 속도가 더뎠다. 시흥시도 마찬가지였다. 십여 년 전 시 면적의 80% 중반을 차지했던 개발제한구역이 지금은 20%p 정도 감소했다. 모두 택지지구로 전환되어 도시화된 상황이다. 2024년 신안산선이 개통되면 서울과 20~30분대의 지역으로 자리매김할 것이다.

수도권은 나름대로 도시개발 과정에서 균형을 잡아가고 있다. 2020년부터 계획되는 '2040 수도권광역도시계획'을 통해 재변신을 시도한다. 대도시권 광역벨트를 유기적으로 연결하는 하나의 발전 방향이 실현될 것으로 예상된다. 우리 스스로 수도권의 미래를 고민하고 만들어가야 한다. 이것이 시대적 사명이다. 수도권 규제 완화는 국가 경쟁력 강화로 승화될 것이다.

대도시권 광역교통망 재편에 따른 수도권의 변화

정부가 2019년 10월 31일 발표한 '광역교통 2030'은 향후 10년 간 대도시권 광역교통의 정책 방향과 미래모습을 담은 기본구상이다. '광역거점 간 통행시간 30분대로 단축', '통행비용 최대 30% 절감', '환승시간 30% 감소'라는 3대 목표도 제시하였다. 이를 달성하기 위해 ①세계적 수준의 급행 광역교통망 구축, ②버스 환승 편의 증진 및 공공성 강화, ③광역교통 운영관리 제도 혁신, ④혼잡·공해 걱정 없는 미래교통 구현이라는 4대 중점 과제와 권역별 광역교통에 대한 구상을 담았다. 교통은 부동산을 선택하는 기준으로 가장 먼저 고려되어야 한다. 주택, 상가, 토지 모두 교통 접근성을 기준으로 가치가 달라진다. 미래의 투자성을 높이려면 반드시 짚어야 할 항목이다. 수도권을 중심으로 대한민국 부동산 미래의 변화를 예측해보자.

첫째, 수도권 주요 거점을 빠르게 연결하는 광역급행철도(GTX 등) 집중 추진이다. GTX는 당초 계획된 A, B, C노선 외에 D노선(서부권 신규)도 검토한다는 계획이다. 당초 구상하던 D노선은 남부광역

∶ GTX를 중심으로 광역교통 2030 철도 구상

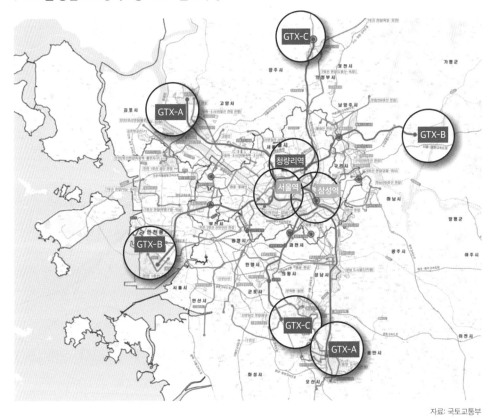

자료: 국토교통부

급행철도(부천종합운동장 당아래~신도림~사당~강남~삼성~잠실) 구간이었다. 부천종합운동장(GTX B노선)에서 인천 검단, 김포 방향으로 연장한다면 효율적일 것으로 판단된다. 기존 GTX 외에 급행철도로는 신안산선(2024년 준공예정)이 있다. 시흥시와 안산시의 가치를 한 차원 높게 만들 것이다. 이 밖에 4호선(과천선) 노선이 개량되고, '인덕원~동탄'

194

노선도 급행으로 건설할 예정이다. 급행철도는 시속 100~110km 수준으로 서울을 중심으로 수도권 어디든 20~30분에 도착할 수 있다. 현재 서울에서 수원까지 1시간에서 1시간 30분 이상 소요되는 현실을 감안할 때 획기적인 변화다. 그리고 정부의 발표대로 수도권 인구의 77%가 급행철도 수혜지역이 된다면 시공을 초월하는 교통혁명이 이루어질 것이다.

주택시장 측면에서 본다면 우선 비싼 서울 집값을 피해 수도권 일대로 분산되는 효과를 기대할 수 있다. 각 노선별 종점인 파주 운정, 화성 동탄, 인천 송도, 남양주 마석, 양주 덕정, 수원 등의 지역은 대부분 신도시로 조성된 만큼, 역 접근성이 양호한 지역 위주로 관심노가 높아질 것이다. 아울러 서울까지 10분대에 도착할 수 있는 중간지대의 관심도 훨씬 커질 수 있다. 이를테면 A노선은 고양 대곡, 연신내, 용인 구성, 성남 이매 등이다. B노선은 인천 부평, 부천종합운동장, 별내역 등이다. C노선은 의정부, 과천, 금정 등이다. 종점의 경우 물리적인 거리가 멀어 타 교통수단으로 대체가 어려울 수 있기 때문에, 시간도 짧고 호환성이 높은 지역이 더 부각될 수 있다.

둘째, 유기적인 철도 네트워크 구축을 위해 수인선(2020년 개통. 동서축), 대곡~소사선(2021년 개통 예정, 남북축) 등을 보강한다. 이미 공사 중인 노선으로 조만간 준공을 앞두고 있다. 서울의 철도 노선 대부분이 동서축으로 운행되고 있어, 상대적으로 취약한 남북축을 보완한다는 의미가 크다. 강남지역의 남북축 노선에는 3호선, 4호선, 분

⦙ 도로를 중심으로 한 수도권 광역교통구상

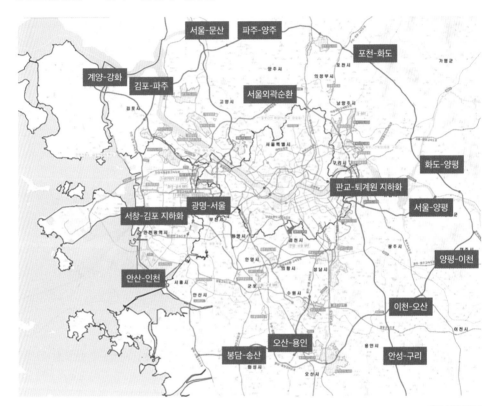

자료: 국토교통부

당선이 있다. 여기에 공사 중인 신분당선(강남역~신사역, 2022년 개통 예정)
이 용산까지 연결되면 금상첨화다. 향후 신분당선이 시청을 거쳐 고
양 삼송까지 연장되면 강남북의 연결축이 완성될 것이다. 수인선과
대곡~소사선은 외곽을 연결하는 순환선의 개념이 큰 반면, 신분당
선은 중심을 가르는 핵심노선으로서의 가치가 크기 때문이다.

셋째, 트램, 트램-트레인 등 신교통수단 적극 도입이다. 성남 트램 등 GTX 거점역의 연계 교통수단 및 위례신도시 트램 등을 활용할 계획이다. 트램-트레인의 경우 도심 내부는 트램으로 이동하고 외곽에서는 일반 지하철 노선과 연결된다는 의미다. 트램은 도심지역을 빠르게 이동할 수 있는 장점이 있지만, 기존 도로를 활용할 수밖에 없기 때문에 자동차 도로 차선이 줄어드는 문제는 극복하기 어려운 과제다. 트램으로 계획되었던 '대전 도시철도 2호선'도 지하철로 변경 요구를 받고 있다. 그럼에도 불구하고 교통 불편이 큰 위례신도시는 당장 5호선(마천역)과 8호선(복정역, 우남역(미정)), 분당선(복정역)을 연결하는 트램에 대한 기대치가 높은 상황이다.

넷째, 수도권 외곽순환고속도로망을 조기에 완성하여 도심 교통량을 분산한다. 제1순환도로의 상습정체구간인 '서창~김포', '판교~퇴계원'의 복층화를 검토한다. 즉, 지하도로를 건설한다는 계획이다. 2026년까지 제2외곽순환도로도 전 구간 개통을 목표로 계획이 추진되고 있다. 수도권 동서횡단축 등 주요 간선도로에 대심도 지하도로 신설을 검토하고 있는데, 대표적으로 올림픽대로와 강변북로를 꼽을 수 있다. GTX 외에 수도권의 교통 물류의 상당 부분을 담당하는 외곽순환도로의 개편은 반드시 필요하다. 제2외곽순환도로는 서울 중심과는 너무 멀어 순환도로 차원이라기보다는 구간별 이동 시 의미가 있다. 제1외곽순환도로와 지하 대심도 지하도가 건설되면 교통 개선효과가 클 것으로 기대된다.

철도와 도로 등 기반시설 개선과 관련된 정책이 부동산 시장에 미치는 영향은 그 무엇보다 크다. 물론 향후 10년간의 중장기 계획이지만, 지역별 노선을 검토하는 등 접근성 개선에 따른 변화를 예측하고 그에 따른 대응방안을 수립해야 한다.

수도권 GTX,
시공초월 특급호재에 올라타다

GTX는 Great Train eXpress의 약자다. 수도권 교통의 혁신을 이끌 광역급행철도다. 시속 평균 100km, 최고 200km로 달릴 수 있다. 일반 전철보다 2배 이상 빠른 속도다. 지하 40m 터널을 직선화하고 정차역을 최소화하여 쾌속을 확보한다. 이렇게 빠른 속도를 보장함으로써 얻을 수 있는 다양한 효과와 변화를 예상해보자.

첫째, 교통수단의 혁신에 따라 문화 자체가 바뀐다. 일반 대중이 이용하는 대표적인 수단은 철도, 버스, 택시 등이다. 대중교통은 전 세계적으로 우리나라보다 발달한 곳을 찾기 쉽지 않다. 국토 자체가 좁아 도로를 바둑판 모양처럼 촘촘히 건설할 수 있는데다, 철도를 통해 안전하고 빠르게 공간 이동을 할 수도 있다. 철도에는 고속철도와 일반철도가 있다. 종전의 고속철도(KTX와 SRT)가 원거리 지방지역을 연결하는 목적이 컸다면, 이젠 수도권의 핵심 교통수단으로 들어오는 셈이다. 수도권의 철도는 지하철(전철)로 촘촘히 잘 짜여 있다. 여기에 광역을 빠르게 연결하는 GTX 출현은 그야말로 혁

: GTX 노선도

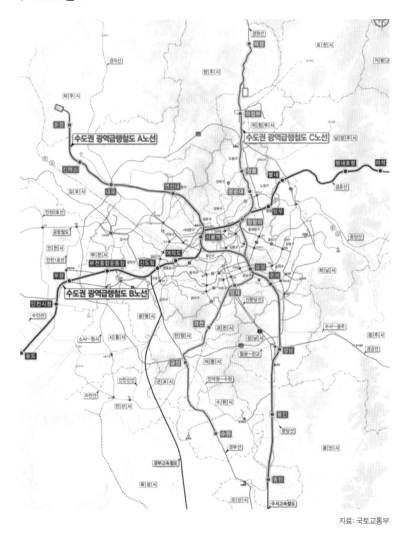

자료: 국토교통부

신이다. 지역 거점에 GTX가 생기면 그 역을 중심으로 기존 전철노
선이 지선 역할을 하게 된다. 가장 혜택이 큰 이용객은 GTX역을 도

보로 이용할 수 있는 수요자다. 2~3정거장 전철을 이용하여 환승할 수 있다면 그 역시 충분한 의미가 있다. 아울러 차량을 통해 GTX역 접근이 수월하도록 버스 노선을 조정하거나 대형 주차장 확보를 통한 환승센터 역할도 중요하다. 이렇게 교통문화 자체가 지역의 변화를 가져올 수 있다.

둘째, 주거시장의 판세가 달라질 것으로 예상된다. 서울의 주택 가격은 하늘 높은 줄 모르고 치솟고 있다. 수도권은 메트로시티다. 우리나라 인구의 절반인 2,600만 명이 이 좁은 곳에 몰려 산다. 높아진 인구밀도는 결국 주택가격 상승으로 연결될 수밖에 없다. 향후 GTX를 통해 수도권 어디든 10~30분 안에 도착할 수 있다면, 서울에 집중된 주거수요를 상당 부분 분산할 수 있을 것으로 기대된다. 거주지는 신도시 등으로 분산되어 있지만 기존 교통수단으로 서울인 직장까지 이동하는 것은 어려운 상태였다. 물리적인 출퇴근 시간을 극복하지 못한 상태에서 피로감이 누적되자 다시 서울로 회귀하는 경우도 많았다. GTX는 3개 노선 외에 1개를 더 추가할 경우 수도권 대부분 지역이 별표 모양으로 연결된다. 따라서 주택시장의 충분한 분산효과가 기대된다. 물론 현실적으로 시간은 극복될지언정 물리적인 거리는 극복되지 않는다. GTX가 없을 경우에 대체수단은 여전히 부족하기 때문에 서울은 주거지로 계속해서 인기를 유지할 수밖에 없다. 다만 최대한 분산을 통해 집중력은 충분히 완화될 수 있다.

셋째, 상권의 변화다. 상권은 유동인구가 모이는 환승역세권 중심으로 강화되는 모양새다. GTX 역을 중심으로 주변 상권이 활성화될 가능성이 높다. 지역의 중심이 되고 유동인구를 흡입할 수 있다. 하지만 지나친 기대는 금물이다. 역이 생긴다고 해도 기존 상권의 급격한 변동을 이끄는 데는 한계가 있다. 서울로 진입하기 위한 환승역으로 이용하지만, 역 주변에 머물지 않고 자칫 환승의 개념으로만 활용될 여지도 있다. 도착 즉시 곧바로 전철이나 버스를 통해 목적지로 이동하려는 비중이 클 수 있다. 기존 KTX 환승역세권 개념인 광명역과 SRT 출발역인 수서역이 비슷한 상황이다. 상권 변화로 우려되는 부분은 빨대 현상이다. GTX를 통해 빠르게 공간이동이 가능해질 경우 쇼핑, 문화생활 등을 위해 서울로 진입할 가능성이 있다. 서울로 가는 것이 해당지역의 취약한 부분을 채울 수 있기 때문이다. 교통의 발달로 인해 지역에 있는 상권을 이용하지 않고 서울 상권으로 사람들이 집중될 수 있다는 것이 우려되는 부분이다. 분산효과보다는 서울 집중력이 어느 정도는 불가피할 것으로 예상된다.

한 가지 해결해야 할 점이 있다면 요금체계와 배차간격이다. 모 연구기관에서 요금이 높아 이용도가 떨어질 것이란 보고서를 낸 적이 있다. 당연히 예상되는 이 같은 문제점을 극복하기 위해서는 이용요금의 합리적인 책정이 필수다. 서울에 접근하는 데 1시간이 걸렸다면, 이제 20분 안으로 단축하는 것이므로 시간을 돈을 주고 사는 개념이다. 요금 전체를 지불하는 것은 아니고 기존 교통수단과의 차액을 추가로 부담하는 것이다. 아직 정확히 정해지지 않은 상태로 크게 부담되지 않는 선에서 결정될 것으로 예상한다. 배차간격은 출퇴근 시간 5분 내외가 거론되고 있다. 혼잡한 시간대에 집중배치를 통해 조절한다면 일정 부분 수익성을 확보할 것으로 보인다. 예비타당성 조사에서 3개 노선 모두 통과된 상태다.

GTX 노선은 A, B, C 외에 D노선에 대한 검토가 시작되었다. 노선별 정차역 등 내용을 각 GTX 노선에 대해 간략하게 살펴보자. 가장 속도가 빠른 A노선은 파주 운정 ~ 일산킨텍스 ~ 대곡 ~ 연신내 ~ 서울역 ~ 삼성 ~ 수서 ~ 분당 이매 ~ 용인 구성 ~ 동탄신도시를 연결한다. 연신내와 서울역 구간은 지하철 신분당선과 공유할 예정이다. 수서 ~ 동탄신도시 구간은 운행 중인 SRT와 같이 사용한다. 2024년 개통 예정인데 다소 늦춰질 가능성이 높다. 수도권 서북부와 동남부 지역을 연결하는 노선으로 대표적인 1기 신도시인 분당과 일산을 연결한다는 의미도 있다. 그동안 상대적으로 소외되었던 파주, 일산의 가치가 상당 부분 개선될 것으로 기대된다.

B노선은 수도권 동서를 가로지르는 노선이다. 인천 송도 ~ 인천시청 ~ 부평 ~ 부천종합운동장 ~ 신도림 ~ 여의도 ~ 용산 ~ 서울역 ~ 청량리 ~ 망우 ~ 별내 ~ 왕숙신도시 ~ 평내 호평 ~ 마석까지 연결된다. 인천지역과 부천, 남양주 일대(4개역)가 최대 수혜지가 되는 셈이다. 개통은 2027년(미정) 예정이다.

C노선은 수도권의 동북지역과 서남권지역을 연결하는 노선으

자료: 카카오맵

로 A노선과 대각선 형태다. 상대적으로 혜택을 덜 입었던 지역을 흡수하고 있다. 양주 덕정 ~ 의정부 ~ 창동 ~ 광운대 ~ 청량리 ~ 삼성 ~ 양재 ~ 과천 ~ 군포 금정 ~ 수원역에 이르는 노선이다. 서울 접근성의 한계가 있던 양주, 의정부 일대의 가치가 향상될 것으로 기대되며 금정과 수원에서 환승하는 서남권 수요를 충분히 충족해줄 것이다. 2027년(미정) 정도 개통 예정이다.

D노선은 2019년 10월 대도시권광역교통위원회에서 '광역교통비전 2030'을 통해 발표되었다. 수도권 서부권에서 강남권을 거쳐 동부권으로 연결될 것으로 예상된다. 추정 노선은 경기도 김포, 인천 검단신도시에서 강남역, 삼성역, 잠실역, 하남 등이다. B노선 구간인 부천종합운동장에서 신도림역까지를 공유한다면 시간과 비용을 줄일 수 있을 것이다. 당초 서울시에서 추진하던 남부광역급행철도와 유사한 형태다. 종전에 이 노선을 사실상의 D노선으로 불렀다. 부천종합운동장(당아래) ~ 신림 ~ 사당 ~ 강남 ~ 삼성 ~ 잠실 구간이다. 인천 송도에서 출발할 경우 B노선을 통해 부천종합운동장에서 환승하면 강남에 쉽게 도착할 수 있다. 교통 사각지대로 대규모 신도시가 건설된 김포 한강, 인천 검단, 인천 계양, 부천 대장 등 2, 3기 신도시의 수혜가 예상된다. 동부권인 하남에는 지하철 5호선에 이어 3호선이 교산신도시로 연결되고, 9호선까지 연장 검토되고 있어 중복되는 측면은 있다.

수도권 GTX는 시공을 초월해서 변화를 몰고 올 특급호재다. 철도사업을 빠른 속도로 완결할 필요가 있다. 그동안의 철도 건설에는 계획단계부터 대략 20년 이상이라는 강산이 두 번이나 바뀌는 시간이 필요했다. GTX만큼은 예외가 필요하다. 그래야 궁극적으로 수도권 주택시장 안정 시기를 앞당길 수 있다.

GTX 노선별 지역별 점검과 유망지역 분석

　수도권 GTX가 개통되면 자연스럽게 2개 노선이 교차하는 환승역이 생긴다. 노선의 최대 수혜지역은 삼성역, 서울역, 청량리역이다. 큰 틀에서는 3개역 트라이앵글이 형성되며 서울 수도권의 중심으로 자리 잡을 것이다. 트라이앵글은 앞서 살펴봤으므로 노선별 시(종)점과 서울 진입이 10분대에 가능한 역세권을 중심으로 살펴보자.

　GTX A노선은 수도권 서북쪽 파주 운정에서 시작된다. 2기 신도시로 주변 주거지까지 폭넓게 아우를 수 있는 곳이다. 역 위치가 신도시 서남쪽에 위치하여 어떻게 빨리 접근할 수 있을지가 관건이다. 도로는 제2자유로 등을 통해 진입이 수월한 상태지만 물리적인 거리로는 한계가 있는 곳이다. 이제 GTX를 이용하면 삼성역까지 20분대에 닿을 수 있어 출퇴근 시간을 1시간 이상 줄일 수 있다. 따라서 주택시장의 기대치가 높아진다. 운정역 경의중앙선을 이용할 수 있지만 소요시간이 만만치 않아 강남 진입은 특히 부담스러웠다.

　일산 킨텍스역 역시 1기 신도시인 일산의 희망으로 떠올랐다.

: GTX A노선

자료: 국토교통부

다만 도시계획이 남북을 중심으로 짜여 있어 동쪽과 서쪽 간 접근은 버스 등으로 해결해야 하는 불편함이 있었다. 같은 1기 신도시인 분당과 비교할 때 일산은 상대적 박탈감이 큰 지역으로 GTX를 기회로 반전에 성공할지 주목된다.

대곡역은 개발 기대감이 큰 곳이다. 수도권 신도시 조성 차원에서 보면 이곳보다 도로와 철도 기반이 완벽하게 형성된 지역을 찾기 힘들다. 서북의 판교라고 일컬을 정도로 연결성이 좋아 판교처럼 테크노밸리와 주거지역으로 개발되면 시너지 효과가 클 곳이다. 3기

신도시도 여기를 피해서 고양 창릉에 지정된 만큼, 이 지역은 산업 기반 배후거점으로서의 개발이 유력하다. 인구 100만 명을 넘는 고양시지만 자족도시로서의 한계가 있었던 만큼 이곳이 부각될 것이다. 이곳은 지하철 3호선과 경의중앙선, 대곡~소사선, GTX까지 맞물린 철도의 중심지다. 일산 거주자들은 킨텍스역보다는 전철을 이용할 경우 대곡역에서 환승하는 것이 자연스럽고 빠를 수 있다. 소사행 철도를 이용하면 김포공항도 10분 안에 접근이 가능하다. 도로만 보아도 자유로, 외곽순환도로, 서울~문산 간 고속도로 등이 있어 이곳의 교통은 두말할 나위 없이 편리한 수준이다.

성남(이매)역은 판교역과 분당선 이매역의 중간 지점에 있다. 즉, 분당~수서 간 도로 지하 SRT 노선을 GTX와 공유한다. 이곳은 판교와 분당의 수요를 감당하고 있다. 판교~여주 간 전철을 통해 광주, 이천, 여주에서도 환승 이용할 수 있다. 물론 판교역에서는 기존 신분당선을 통해 강남역 진입이 수월한 만큼 필요성이 커 보이진 않는다. 판교 일대 테크노밸리에서 삼성역 등 강남 진입을 위해 활용할 수 있고 분당선 라인 남쪽 수요자가 이용할 수 있다.

용인(구성)역은 죽전, 기흥, 처인구 일대 수요자가 모일 수 있는 곳이다. 용인 원도심에서 경전철을 이용하여 기흥에서 분당선으로 환승하고, 한번을 더 갈아타야 하지만 충분한 이용 가치가 있다. 수원 동쪽의 영통 등 분당선 지역에서는 용인(구성)역에서 환승하면 서울 진입이 획기적으로 수월해진다.

：GTX A노선 성남, 용인, 동탄역 일대

자료: 카카오맵

화성 동탄역은 GTX A노선의 시(終)점으로 수혜의 폭이 큰 지역이다. 2기 신도시인 동탄은 1, 2차를 합칠 경우 15만 8천 가구에 이르는 규모로 지금까지 개발된 신도시 중 규모가 가장 크다. GTX를 이용하면 삼성역까지 4정거장으로 20분 정도면 도착할 수 있다. 동탄은 당초 개발 취지가 강남을 대체한다는 목표였지만, 물리적인 거리의 한계를 극복하지 못한 곳이다. GTX가 개통된다면 동탄에 희망이 생기는 셈이다. 역시 도시가 큰 만큼 역까지의 접근성에 따라 주택시장의 판세가 달라질 것이다.

GTX B노선 서쪽 시(終)점은 인천 송도다. 송도는 경제자유구역으로 산업과 주거, 교육 등 3박자를 갖춘 곳이다. 국제도시로서의 면모도 갖추고 있으나 서울 접근성의 한계로 각광받지 못했다. 1시간 반가량 소요되는 시간을 극복하기란 쉽지 않았다. 개통 시 여의도는 4정거장, 서울역은 6정거장이면 도착한다. 서울역 환승 시 1정거장만 가면 삼성역이다. D노선의 상황에 따라 다르긴 하지만 이만하면 강남 접근성도 나쁘지 않다. 서울과의 교류가 원활해짐에 따라 특단의 발전 계기가 될 것이다.

부천종합운동장은 지하철 7호선과 대곡 ~ 소사선이 지나고, 향후 D노선이 지날 것으로 예상되는 부천의 철도 중심지다. 특히 수도권 1기 신도시인 중동과 상동 일대의 수혜가 기대된다. 이곳은 이미 7호선을 이용하여 강남까지 바로 진입이 가능하다. GTX까지 개통되면 거의 날개를 다는 수준이다. 여의도까지 2정거장으로 10분 정

: 2기 신도시 및 3기 신도시 택지 위치도

자료: 국토교통부

도에 도착할 수 있어 의미는 남다르다. 주택가격이 상대적으로 저평가되어 있는 지역으로 서울 접근성이 획기적으로 개선됨에 따라 기대감이 높다.

남양주 일대는 GTX 노선 중 한 도시에 역이 4개(별내, 왕숙, 평내호평, 마석)나 있는 특별한 곳이다. 대곡이 '서북의 판교'라면 별내는 '동북의 판교'다. 이곳은 경춘선이 다니고 있다. 2023년경 지하철 8호선 별내선이 연결되고, 4호선도 진접선이 개통되면 연결될 수 있다. 별내는 청량리역에서 C노선으로 환승할 경우 삼성역까지 3정거장에 불과하다. 8호선을 통해 강남 진입이 확보되는 만큼 남양주 중심지로서의 역할도 증대된다. 외곽순환도로 등이 있어 도로 여건도 양호하다. 별내 다음 역으로 신설이 확정된 곳은 왕숙이다. 3기 신도시 중 1, 2 지구 합쳐 6.6만 가구로 규모가 가장 크다. 왕숙의 경우 도로 사정에서는 진출입 시 다소 한계가 있을 수 있으나 철도만큼은 확실하게 해결된 셈이다.

GTX C노선의 북쪽 시(終)점은 덕정이다. 그 배후는 2기 신도시의 마지막 남은 3곳 중 하나인 양주 신도시다. 1호선이 동두천까지 연결되기 때문에 그 일대에서의 접근성도 개선된다. 수도권의 최북단으로 그동안 거의 한지로 분류되던 이곳에 드디어 햇볕이 드는 모양새다. 주택분양 시장에서도 새로운 전기를 맞이했다. 의정부와 더불어 충분한 발전성이 기대되는 상황이다. 의정부는 1호선과 7호선 연장선인 포천선을 이용할 수 있지만 여전히 심리적인 거리감이 멀

⁝ GTX C노선 덕정, 의정부, 창동, 광운대 및 B노선 남양주 일대

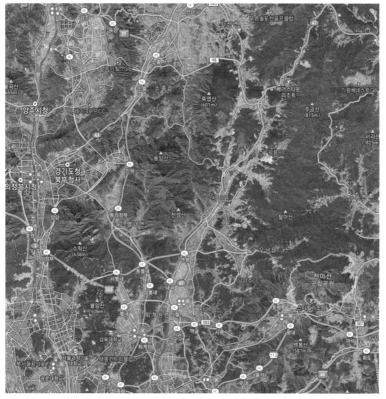

자료: 카카오맵

었다. 의정부~창동~광운대~청량리~삼성역으로 이어지면 강남까지 불과 4정거장 만에 도착이 가능하다. 20분 안에 도착한다는 의미다. 바야흐로 새로운 세상이 열리는 분위기다. 이렇게 GTX가 이뤄낼 수도권의 대변화는 가히 폭발적이다.

다음은 군포 금정이다. 금정은 이미 4호선과 1호선이 지난다.

4호선이 시흥과 안산 일대까지 연결되어 이 지역에 대한 기대감이 높아지고 있다. 더군다나 신안산선이 개통될 경우 시속 100km 속도로 여의도 접근이 가능하기 때문에 금상첨화다. 배후에는 1기 신도시인 산본이 있다. 안산의 주택시장에도 충분한 영향력이 있을 것이다.

GTX C노선에서 수원역은 남쪽의 시(종)점이다. 금정부터는 지상철로 연결될 예정이다. 수원에서 삼성역까지는 22분가량 소요된다. 수원역의 동쪽은 팔달구, 서쪽은 권선구인데 역 접근성에 따라 희비가 교차될 것으로 보인다. 수원역에서 북쪽으로 1정거장(1호선)인 화서역에서 신분당선은 동서로 교차된다(호매실~화서~광교). 종전에는 수원역에서 강남으로 진입하는 게 쉽지 않았다. 기존 전철을 이용할 경우 몇 번의 환승이 필요했다. 환승 없이 20분대에 도착한다는 것은 엄청난 반전이며 발전이다. 더 나아가 신분당선 호매실역까지 연장되면 수원 서남부지역의 편리성이 더욱 개선될 것이다. 화서역에서 신분당선으로 환승 시 서울 강남과 도심 접근이 수월해진다. 기존 분당선의 경우 상당한 거리를 우회해야 하지만 신분당선의 경우 노선이 거의 직선으로 이루어져 빠르기 때문이다.

GTX역은 하나하나가 소중하다. 그 역을 중심으로 전철을 지선으로 활용할 경우 각 지역과의 연계성이 보다 극대화되기 때문이다. 수도권 전체가 하나의 메트로시티로 탈바꿈되면 주택시장 안정에도 기여할 것이다. 미래에 펼쳐질 큰 꿈이 하루빨리 실현되길 기대한다.

철도 개통에 따른
지역별 미래가치

　　기반시설인 철도는 교통수단으로서 많은 편익을 제공해준다. 산업물류 운송과 대중교통으로 일익을 담당하고, 해당지역의 접근성을 개선하여 부동산 가치를 높인다. 그런 만큼 철도노선을 분석하고 미래가치를 예측하여 대응한다면, 부동산 투자의 큰 맥을 잡을 수 있다. 물론 계획된 철도의 개통까지는 장기간이 소요되므로 투자시점을 적절히 살피는 것도 중요하다. 수도권에 개통될 예정인 철도를 노선별로 분류하여, 개통 시기와 효과를 순서대로 살펴보자.

　　첫째, 북쪽 종점인 대화역에서 파주 운정신도시까지 양방향으로 연장하는 지하철 3호선이다. 광역교통비전 2030에 포함되었다. GTX A노선이 일산 킨텍스에서 파주 운정신도시까지 연장되고, 경의중앙선도 운정, 문산역까지 운행 중이므로 그 사이 지역을 운행할 것으로 보인다. 다만 GTX 운행이 본격화되면 그 필요성이 커 보이지는 않는다.

　　3호선 남쪽 종점은 오금이다. 여기서 3기 신도시 개발 교통대

❖ 수도권 순환 철도망

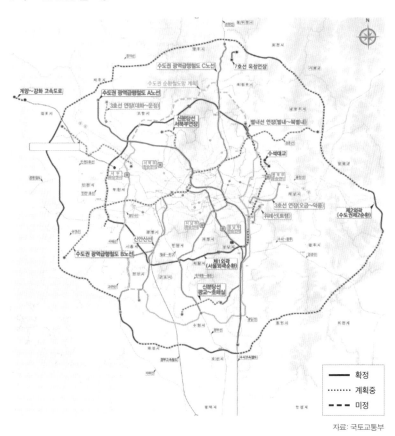

자료: 국토교통부

책의 일환으로 하남까지 연결된다. 오금 ~ 감일지구 ~ 교산1 ~ 교산
2 ~ 하남시청(5호선)과 연결될 예정이다. 먼저 1차 수혜지역은 감일
지구다. 3호선을 따라가면 강남 진입이 수월해진다. 물론 남쪽 수서,
대치 라인을 따라 돌아가야 하는 문제는 있다.

둘째, 지하철 4호선을 북동쪽으로 연장하는 진접선이다. 당고

개 ~ 북별내(8호선) ~ 풍양 ~ 오남지구 ~ 진접 구간이다. 2021년 5월 개통 예정이다. 전철 소외지역에서 도심으로 연결됨에 따라 남양주 동북지역의 가치를 한껏 높여 놓는 노선이다. 북별내역에서 8호선과 환승할 수 있다. 8호선을 이용하면 천호역(5호선), 잠실(2호선), 석촌(9호선)에서 환승 시 강남 접근이 수월해진다. GTX B노선의 역이 4개나 있는 남양주이지만 대부분 동서로 철도가 운행되는 상황이다 보니 남북 연결노선의 효용가치가 높다.

셋째, 지하철 5호선 하남 연장선이다. 상일동 ~ 강일동 ~ 미사역 ~ 풍산역 ~ 덕풍역 ~ 하남시청(3호선) ~ 검단산에 이른다. 풍산역까지는 2020년 6월, 검단산까지 2020년 12월에 개통된다. 하남시는 수원사업인 대형 유통 편의시설인 스타필드가 들어선 데 이어, 지하철 개통으로 주거환경과 접근성이 획기적으로 개선되었다. 친환경 주거가치가 더욱 높아질 것으로 예상된다. 5호선 직결화 사업(길동~둔촌역)이 완공되면 강남으로의 직행이 훨씬 수월해진다. 올림픽공원역에서 9호선으로 환승이 가능하기 때문이다.

5호선 서쪽으로 김포한강선이 역시 광역교통비전 2030에 의해 계획되고 있다. 종점인 방화 ~ 김포 고촌 ~ 인천 검단신도시 ~ 김포장기 ~ 김포 한강신도시 구간이다. 이 노선을 바라보면 고민이 생긴다. 김포도시철도와 거의 중복 노선이기 때문이다. 김포 한강신도시 교통대책으로 중전철인 5호선과 9호선 연장을 검토하다 경전철로 최종결정이 났다. 경전철은 현재 운행 중에 있다. 진작 서둘러 5호선을 진행했더라면 1조 원이 넘는 경전철 공사비를 절감할 수 있었을 거라는 안타까움이 크다. 철도 계획은 중장기적인 기반시설을 개선하는 중요한 국가사업인 만큼 결정과 실행에 보다 신중할 필요가 있다. 이 노선의 추가 수혜자는 인천 검단신도시다. 인천 검단신도시는 2기 신도시로 파주 운정, 양주신도시와 더불어 대미를 장식할 것이다. 2023년경 입주시점 전후로 수도권 아파트 입주물량이 급감하므로 주택공급 차원에서 중요한 역할을 할 것으로 기대된다. 인천지하철 1호선과 5호선이 연장되면 서울 접근성이 획기적으로 개선될 것이다. 김포한강선을 이용해서 김포공항에 도착하면 9호선, 공항철도, 대곡~소사선을 만날 수 있어 연계성이 뛰어나다.

넷째, 지하철 6호선을 연장하는 구리선이다. 봉화산역 ~ 신내역(경춘선) ~ 구리도매시장사거리(8호선) ~ 도농역(경의중앙선)을 연결한다. 비록 짧은 거리를 연결하지만 환승역을 3개나 갖고 있는 나름 의미 있는 노선이다. 물론 경의중앙선은 구리역에서 8호선을 만나고 경춘선도 별내역에서 역시 8호선을 만나 환승에는 큰 어려움이 없지만, 도심 진입의 다양성을 확보한다는 차원에서 긍정적이다.

다섯째, 지하철 7호선을 북쪽으로 연장하는 도봉산포천선이다. 도봉산(1. 7호선) ~ 장암 ~ 탑석(의정부 경전철) ~ 고읍 ~ 옥정 ~ 소흘 ~ 대진대 ~ 포천까지 달린다. 상대적으로 집값이 저렴한 수도권 동북지역에 개발 호재를 가져올 것이 분명하다. 2024년에 도봉산에서 옥정 구간의 개통이 이루어질 예정이다. 경기 북부에 있어 늘 개발 소외지역으로 분류되었던 곳이다. 1호선이 동두천까지 운행하긴 하지만 포천지역 측면에서 보면 획기적인 사업이다. 이 일대는 덕정에서 출발하는 GTX C노선과 더불어 접근성 개선의 특별한 계기가 될 것으로 기대된다. 물론 GTX를 이용하기 위해서는 도봉산이나 노원에서 환승하여 창동역까지 가야 한다는 다소 불편한 점은 있다.

2021년에 7호선이 서쪽으로 부평구청 ~ 백마장사거리 ~ 석남(인천지하철 2호선) 구간이 완공되면 이어서 청라신도시까지 연결된다. 2027년 완공 예정이다. 이렇게 되면 석남 ~ 독골사거리 ~ 루원시티 ~ 중봉교 ~ 시티타워 ~ 국제업무단지 ~ 청라국제도시역(공항철도)과 만난다. 이 노선은 재개발된 루원시티와 청라신도시에 서광이 비추는 획기적 사건이다. 청라에는 비록 공항철도가 있지만 도시 북쪽이라 이용도에는 한계가 있었다. 개통 시에는 청라에서 가만히 앉아서 강남까지 온다는 얘기가 나올 정도로 획기적인 변화가 가능하다. 그동안 흘린 청라의 눈물이 닦일지 지켜봐야 한다. 수요가 많은 요긴한 노선이지만 공사가 너무 늦은 감이 있다.

여섯째, 지하철 8호선 북쪽 연장선은 암사 ~ 응봉(선사) ~ 교문(장자2사거리) ~ 구리(경의중앙선) ~ 도매시장사거리(6호선) ~ 다산신도시 진건지구 ~ 별내(경춘선. GTX) ~ 북별내(4호선)로 연장된다. 2023년 9월 개통 예정이다. 서울과 접해 있으면서도 철도 연결이 불편했던 구리와 별내 등 남양주 일대가 잠실, 강남과 직접 연결되는 입지로 격상될 것이다. 특히 구리는 경의중앙선을 통해 도심과 연결되지만,

강남을 가기 위해서는 상봉, 왕십리 등을 돌아가야 하는 불편이 있었다. 이젠 잠실(2호선)·석촌(9호선)을 통해 곧바로 강남 진입이 가능하므로 생활 편리 측면에서 차원이 달라질 것이다.

일곱째, 8호선은 남쪽으로 종점인 모란역(분당선) ~ 성남시청 ~ 봇들마을 1, 3단지 ~ 판교역(신분당선, 성남~여주 간)까지 연장된다. 판교에서는 향후 월곶까지 월판선이 예정되어 있어 활용도가 높다. 무엇보다 8호선이 판교까지 닿는다는 것은 성남구시가지에서 판교 테크노밸리까지의 접근성이 좋아지는 것을 의미한다.

여덟째, 지하철 9호선은 3단계인 보훈병원까지 개통된 상태로 4단계는 보훈병원 ~ 길동생태공원 ~ 한영고 ~ 고덕 ~ 강일지구까지 연결될 예정이다. 향후 하남 미사까지 추가된다. 이 노선의 완공 예정 시기는 2027년으로 너무 늦다. 예비타당성조사에서 시간을 너무 낭비했다. 고덕지구에 새 아파트가 2만 가구 정도 입주하고 고덕 비즈밸리 개발, 하남 미사지구 등을 고려하면 충분히 사업성은 있어 보인다. 하남에 5호선이 개통되지만 9호선까지 연결되면 금상첨화다. 고덕 일대는 이 노선을 통해 강남에 곧바로 진입할 수 있는 만큼 황금노선 확보에 대한 기대치가 높다.

아홉째, 대곡소사선은 대곡(3호선, 경의중앙선, GTX) ~ 능곡(경의중앙선) ~ 김포공항(5호선, 9호선, 공항철도, 김포도시철도) ~ 원종 ~ 부천종합운동장(7호선, GTX) ~ 소사(1호선, 소사원시선) 구간이다. 2021년 7월 개통 예정이다. 부천과 김포공항 등의 강서지역과 대곡 등의 고양시 서북

:: 신분당선 노선도(2019년 6월)

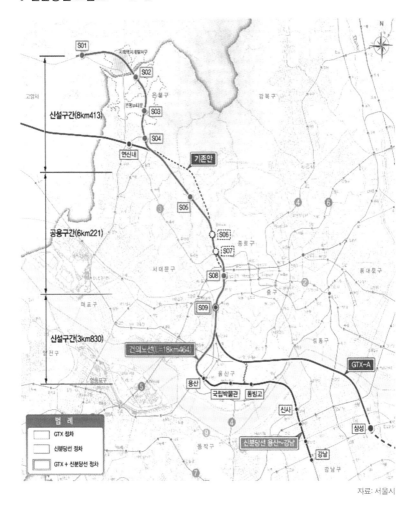

자료: 서울시

지역을 연결하는 순환선 개념으로 의미가 있다.

열째, 신분당선은 공사 중인 강남역에서 신사역까지는 2022년,
용산역까지는 미군 이전 후 추진 예정이다. 강남역(2호선) ~ 신논현(9

호선) ~ 논현역(7호선) ~ 신사(3호선) ~ 동빙고(한남뉴타운) ~ 국립중앙박물관(용산공원) ~ 용산역(1호선, 4호선, 경의중앙선, 경춘선, KTX 등)을 연결한다. 현재 광교, 용인, 분당, 판교, 양재 일대를 경유하므로 이 지역 이용자의 강남과 도심 접근성이 획기적으로 개선된다. 반대로 용산에서 강남으로 진입할 경우에도 10~20분대에 바둑판 모양으로 어디든 도달할 수 있어 환승노선으로서 가치가 뛰어나다. 북쪽으로는 시청, 광화문을 거쳐 고양 삼송까지 연결된다. 연신내 등지에서 삼각지까지 GTX A노선과 공유하는 만큼 공사는 빨라질 것으로 예상된다. 남쪽으로는 광교신도시에서 화서를 거쳐 호매실지구까지 연결된다. 이후 화성 봉담까지의 연결도 구상 중이다. 이 노선은 용산, 강북 도심과 강남 지역을 거의 직선으로 연결하는 간선철도 역할을 할 것으로 보인다. 남북을 연결하는 3호선이 있으나, S자 노선을 그리고 있어 실효성이 떨어진다. 이 노선은 어디서든 서울 도심을 직선으로 진입하게 하는 핵심 철도로 활용도가 높은 노선이다.

열한째, 신안산선은 2024년 개통 예정이다. 이 노선은 지하철 10호선으로 계획되던 노선으로 착공까지 너무 많은 시간이 소요되었다. 거의 20년가량 어려움이 있던 노선이다. 수도권 서남지역의 서울 접근성을 획기적으로 개선할 것으로 기대되는 노선이다. 여의도(5호선, 9호선, GTX) ~ 영등포(1호선) ~ 도심사거리 ~ 신풍(7호선) ~ 대림삼거리 ~ 구로디지털단지(2호선) ~ 독산 ~ 시흥사거리 ~ 석수(1호선) ~ 광명역(1, KTX)에서 2개 노선으로 분기한다. 우선 광명역 ~ 장

: 신안산선 노선도

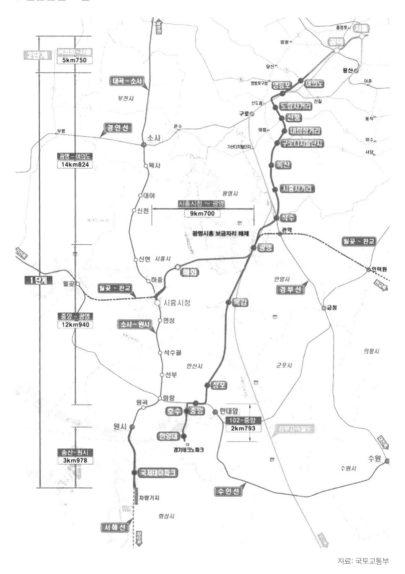

자료: 국토교통부

래 ~ 매화 ~ 시흥시청 ~ 소사원시선 합류 ~ 국제테마파크 ~ 송산 차량기지를 공유한다. 또한 광명역 ~ 목감역 ~ 성포 ~ 안산중앙(4호선) ~ 호수 ~ 한양대까지 연결된다. 서울에서 상대적으로 낙후된 금천구 일대와 광명역, 시흥시, 안산 일대의 여의도 접근성이 훨씬 빨라질 것으로 기대된다.

위례신사선(경전철)은 위례신도시 4.5만 가구와 송파 남쪽지역의 강남접근성에 대한 갈증을 해결할 것이다. 위례신도시 ~ 동남권 유통단지 ~ 가락시장(3, 8호선) ~ 송파헬리오시티 ~ 학여울역(3호선) ~ 삼성역(2호선, GTX) ~ 봉은사(9호선) ~ 청담역(7호선) ~ 학동사거리 ~ 을지병원 ~ 신사역(3호선)으로 연결된다. 개통은 2027년으로 예정되어 있다. 위례신도시가 입주를 시작한 지 꽤 되었지만 아직 착공도 못하고 있다. 2027년이면 청라신도시에 7호선이 개통되는 시기와 같다. 주민들은 이미 거주하고 있는데 그들의 교통편은 몇 년 뒤에야 해결되는 것이다. 이러한 시기의 불일치는 거주민의 불편함만 가중시킨다. 신도시 착공과 동시에 철도 공사를 시작하는 것이 당연하다.

아무튼 위례신사선 개통은 신도시 주민의 동선을 바꿔놓을 정도로 파격적인 것이다. 복정역에서 분당선, 8호선을 이용하기보다는 이 노선을 이용하면 곧바로 삼성역에 도착할 수 있기 때문이다. 봉은사역에서 9호선, 청담역 7호선, 학동사거리에서 다시 분당선, 신사역에서 3호선과 신분당선을 만나니 이보다 더 좋을 수 없다. 강남을 완벽하게 20분대에 접근할 수 있다. 위례신도시가 잠실역권에서

: 위례신사선

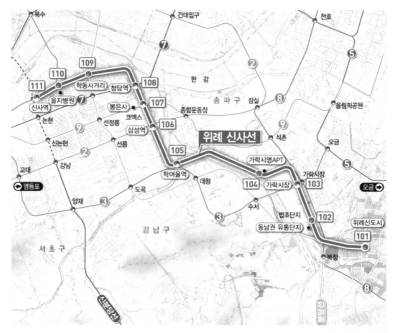

자료: 국토교통부

움직이는 것을 넘어 바로 강남권과 연결되는 획기적인 변화다.

　우리가 살아가는 데 꼭 필요한 기반시설인 철도는 편리성을 제공할 뿐만 아니라, 개통지역의 부동산 가치를 높이는 역할도 한다. 그렇게 탄생한 용어가 역세권이다. 사실 그 가치와 중요성은 이미 검증된 상태다. 부촌이라고 하더라도 꼭 필요한 것이 철도다. 수도권 철도 소외지역에서 기존 철도의 연장구간 공사가 동시다발적으로 활발하게 진행되고 있는 것은 바람직하다. 조속한 완공을 통해 다양한 측면에서 수혜자가 늘어나길 기대한다.

서울 인근 도시의 미래가치에 집중하라

서울과 접해 있는 인근 도시들은 결국 한 몸이나 마찬가지다. 거주민의 절반 정도, 최소한 1/3가량은 직장이나 연관 업무로 드나든다. 거대한 유기적인 공동체다. 부동산 시장에서도 마찬가지다. 주택가격이 비싸 서울살이가 수월치 않거나 전세로 거주한다 해도 출퇴근이 가능한 이곳으로 옮긴다. 이곳들은 시간이 갈수록 GTX와 철도를 통해 서울 도심과의 연결성이 강화될 것이다. 해당 지역의 현황을 분석하고 미래의 움직임에 대비해야 한다. 서울의 서북쪽 지역부터 시계 반대 방향으로 살펴보기로 하자.

첫째, 고양시 초입 지역이다. 고양시의 중심은 일산이지만 이 지역이 오히려 서울에서 더 가깝다. 덕은지구는 경계에 맞닿아 있는 곳으로 상암DMC 생활권이다. 2020년 신규 분양에 대거 나서는 매력적인 지역이다. 경의중앙선을 중심으로 고양 향동지구와 마주보고 있다. 경의중앙선 신설역이 들어설 예정이라 기대감이 높다. 도로교통의 경우 자유로에 접해 있어 편리하다. 향동지구도 산자락에

⁝ 서울 인근 도시 현황

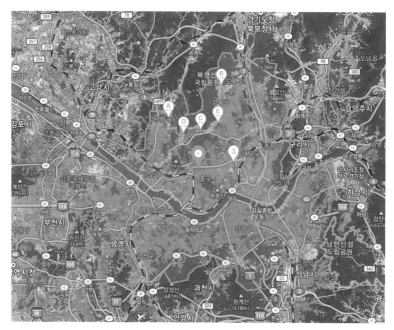

자료: 카카오맵

둘러싸여 쾌적한 곳이다. 서북쪽 3기 고양 창릉신도시보다도 상암동
과 가까운 곳으로 역시 서울 접근성이 좋다. 행신지구는 이제는 구
축이 되어버렸지만, 주택가격이 저렴하면서도 두 군데에 전철역이
있어 출퇴근에 전혀 무리가 없는 지역이다. 공덕역에서 환승하면 여
의도와 광화문에 30분대로 진입할 수 있다. 사회초년생 등 부담이
덜한 가격의 주택을 찾고 있는 사람들이라면 1차적으로 검토할 만한
가치가 있는 지역이다.

　둘째, 김포 고촌 일대다. 서울에 접해 있으면서도 전철이 없어

불편했던 곳이다. 이젠 김포공항에서 연결되는 김포도시철도(경전철) 개통으로 접근성이 획기적으로 개선되었다. 차량을 이용할 경우 바로 올림픽대로를 이용할 수 있어 수월하다. 편의시설 면에서도 김포공항 일대 쇼핑몰 등을 이용할 수 있어 유용하다. 배후에 걸포지구, 풍무지구, 김포 한강신도시 등과 연계되어 있어 서울의 이주 수요를 톡톡히 감당해내는 역할을 하고 있다.

셋째, 부천 일대다. 부천은 지하철 1호선과 7호선이 지나는 지역임에도 불구하고 선호도가 높지 않았다. 하지만 GTX B노선이 개통되면 새로운 면모를 갖출 것으로 예상된다. 부천영상문화단지의 본격적인 개발과 더불어 기존의 산업단지 이미지를 탈피하는 변화의 바람이 불 것으로 예상된다. 수도권 1기 신도시인 중동은 재건축과 리모델링 바람이 불며 기대치가 높아질 것이다. 이미 주변 재개발 지역 등의 새 아파트는 관심을 끌며 가격상승 중이다.

넷째, 광명이다. 지하철 7호선이 지나는 곳으로 서울 지역번호인 02를 사용한다. 그만큼 동쪽에 구리가 있다면 서쪽에는 광명이 있다. 그만큼 서울이나 다름없다. 구로 디지털밸리의 배후 주거지로도 각광받고 있다. KTX 광명역이 열리며 일대 교통의 중심지로 떠오른 것이 발전의 계기가 되었다. 광명역세권의 경우 신안산선이 통과하고 월곶~판교선도 연결된다. 여기에 주변 고속도로 연계성도 뛰어나다. 근래에는 이케아, 중앙대학교 병원, 롯데쇼핑몰, 코스트코 등이 들어서며 유통 상권의 중심지로 자리매김했다. 역세권 배후 아파트에는 KTX를 이용하여 세종시나 지방 혁신도시에 출퇴근하는 공공기관 직원 등이 유입되기도 하였다. 광명 역세권 지역은 '서남의 판교'라고 불러도 손색이 없는 곳이다. 광명의 도심에는 정비사업이 한창 진행되고 있다. 하안동, 철산동 일대 주공아파트 등의 재건축과 광명뉴타운으로 불리는 재개발사업이 활발하게 추진되며 도시 분위기가 달라지고 있다. 또한 이 지역의 서쪽은 시흥시를 사이에 두고 광명시흥 보금자리주택지구를 준비하던 곳이었다. 11만 가구가 넘는 물량이 계획되었던 곳이다. 사업은 취소되었지만 수도권의 주택 부족이 심각해질 경우 언제든 재추진이 가능한 지역이라고 할 수 있다.

다섯째, 과천이다. 정부청사가 들어서면서 도시 분위기가 조용하고 친환경적인 행정도시 면모를 갖춘 곳으로 준강남이라 불린다. 지하철 4호선과 외곽순환도로 등이 지나면서 교통여건은 양호한 지역이다. 과천의 핵심사업은 택지지구 개발과 재건축이다. 택지지구로는 서초 우면지구 남쪽의 과천 주암지구와 과천지식정보타운이 대표적이다. 여기에 3기 신도시 과천지구에 7,000가구가 개발된다. 지식정보타운에는 4호선역까지 신설되며 기대감을 높이고 있다. 택지지구가 완성되면 과천은 규모 등 여러 측면에서 도시다운 면모를 갖추게 된다. 도심지역에서 진행되는 재건축은 2단계로 진행된다. 주공 1단지 등 1단계는 거의 마무리 중이고, 주공 8단지 등 2단계 사업장은 재건축 속도가 더딘 편이다. 과천에서 가장 큰 변화라고 하면 역시 과천역∼양재역∼삼성역으로 연결되는 GTX C노선이

: GTX C노선

자료: 국토교통부

다. 삼성역에 10분 만에 도착할 수 있다는 것이 최대 장점으로 작용할 것이다. 3호선과 신분당선을 만나는 양재역에 5분 만에 도착이 가능하다. 신분당선을 타면 강남역(2호선), 신논현역(9호선), 논현역(7호선), 신사역(3호선. 위례신사선)과 용산, 시청광화문 등 도심까지 연결된다. 지금도 4호선을 통해 도심 접근은 일정 부분 가능했다. GTX C노선이 들어서면서 어렵기만 했던 강남 접근성이 높아졌다는 것은 매우 중요한 가치다. 향후 새 아파트 위주의 도시로서 젊은 층의 유입뿐만 아니라 청정주거지역이라는 차원에서 강남의 부유층 유입도 충분할 것으로 예상된다.

여섯째, 성남시 수정구, 중원구 일대다. 지하철 8호선이 역 C자 형태로 지나는 지역이다. 수정구가 북쪽에, 중원구가 남쪽에 접하고 있다. 수정구의 태평동, 수진동, 신흥동 일대의 특징은 과거 철거민이 대거 이주했던 소규모 단독다가구, 다세대 주택 형태의 밀집지역이라는 거다. 대로는 도로구획이 바둑판처럼 정비되어 있으나, 구역 안쪽으로 들어서면 차 한 대가 지나기 어려울 정도의 골목길이 많다. 정비사업이 꼭 필요한 지역임을 실감할 수 있다. 2018년 12월 성남시와 LH공사 간 순환정비방식의 재개발사업 협약이 체결되어 순차적으로 추신되고 있다. 순환정비방식은 이주 수요를 해결하기 위해 단계별로 순서를 정해 진행하는 방식이다. 일전에 이미 판교신도시에 이주민을 수용하기 위한 임대주택을 마련하기도 했었다. 향후 8호선은 판교까지도 연결된다. 서울로 가는 8호선을 이용하여 석촌역에서 9호선 환승 시 여의도에 40분대에 도착할 수 있다. 8호선은 복정역에서 분당선으로, 가락시장역에서 3호선으로 갈아탈 수 있다. 잠실역에서 2호선으로 환승하면 강남뿐만 아니라 시청 등 도심까지 손쉽게 접근할 수 있다. 새 아파트로 변모하는 순간 위례신도시 못지않은 지역으로 격상할 것으로 예상되는 곳이다.

일곱째, 하남시다. 서울의 송파구, 강동구와 접해 있어 접근성이 뛰어난 지역이다. 하남의 지하철 개통은 실질적인 격상을 의미한다. 서하남IC 남쪽의 하남 감일 지구는 올림픽선수촌아파트와 동쪽으로 멀지 않은 곳에 위치해서 3호선이 개통되면 서울이나 마찬가지다. 청정 주거지역으로 캐슬렉스 골프장 조망권 아파트도 있다. 서울을 크게 벗어나지 않으면서 쾌적한 환경을 원할 경우의 입지로는 최적이다. 가급적 외곽순환도로변의 변전소와 고압선 철탑이 지나는 지점은 피하는 것이 좋다. 3기 교산신도시는 3호선을 통해 하남시청(5호선)까지 연결되기 때문에 양방향 모두 이용할 수 있지만, 돌아간다는 느낌은 지울 수 없다. 하남 미사지구는 3.8만 호 규모의 보금자리 주택지구다. 보금자리주택 규모로는 제일 크다. 오히려 교산신도시보다 물량이 많다. 하남을 한자로 쓰면 '강 하(河)에 남녘 남(南)'이므로 이를 한글로 바꾸면 '강남'이 된다. 예로부터 한강변을 끼고 기름진 퇴적물이 쌓여 있어 농사짓기 좋은 땅이다. '해 뜨는 터'로 알려져 있는 하남은 강동구와 더불어 양호한 주거벨트를 형성하고 있다. 하남은 스타필드, 이케아 등의 유통시설과 지하철 9호선이 연결된다는 기대감으로 전망이 밝다. 또한 GTX D노선 유치를 위해 노력 중이다.

여덟째, 구리시다. 지하철 8호선이 개통하는 날에는 서울의 26번째 구로 격상되는 느낌이 들 정도로 감회가 남다를 것이다. 도로는 외곽순환도로와 북부간선도로가 지나고 있다. 서울(남구리)~세종 간 고속도로(제2경부고속도로)의 출발점이 남구리다. 여기서 포천까지 연결되는 고속도로다 보니, 결국에는 포천~세종 간 고속도로가 된다.

향후 미래에는 남양주가 100만 명 도시로 탈바꿈할 경우 도로는 대부분 구리 지역을 경유해야 하므로 불편함이 따른다. 수석대교 신설을 통해 올림픽대로로 분산되는 정도가 얼마나 될지 지켜봐야 한다. 주택가격은 이러한 기대감으로 상당히 상승했다. 충분히 예상할 수 있었던 부분이지만 좀 더 강화될 여지가 크다. 구리시 한강 건너편이 바로 서울시 고덕동 일대다.

아홉째, 의정부시다. 과거 군사도시 이미지가 아직 남아 있을 정도로 주거지로서는 거리감이 있던 곳이다. 하지만 GTX C노선이 개통되면 청량리역까지 3정거장, 삼성역까지 4정거장, 청량리에서 환승하면 서울역까지도 고작 4정거장에 불과하다. 대략 20분 만에 도심과 강남을 왔다갔다할 수 있다. 그동안의 설움을 일거에 만회하는 계기가 될 것이다. 의정부경전철을 이용하면 의정부 전역까지 연결성이 좋아진다. 적자로 어려움을 겪고 있는 경전철 운영에도 다소 도움이 될 것으로 보인다. 의정부 주택시장이 서울의 이주 수요를 일정 부분 흡수할 수 있을 것이다. 물리적인 거리를 볼 때 한계는 있지만 구매력이 떨어지는 수요자라면 검토가 가능하다.

서울 인근 도시들은 서울 이주 수요에 민감하게 반응할 뿐만 아니라 자체적인 내재 가치 또한 뛰어나다. 이들 지역은 결국 서울의 가치 상승과 동고동락한다고 볼 수 있다. 따라서 이들 지역이 광역생활권으로 변화하면서 향후 10년 후의 미래가치는 대단히 커질 것으로 전망된다. 이곳의 변신 또한 주목할 만하다.

송도와 검단…
인천의 변신은 어디까지?

　　인천은 인구 300만 명으로 우리나라에서 세 번째로 큰 도시다. 영역은 육지뿐만 아니라 강화도, 영종도, 덕적도, 영흥도, 백령도 등 큰 섬까지 포함한다. 수도권의 한 축으로 자리하고 있지만 상대적으로 발전 속도는 빠르지 않았다. 경제자유구역임에도 불구하고 중앙 정부의 지원과 관심은 크지 않다. 경제자유구역은 모두 지자체 관할

: 인천 주택가격 전년동월대비 매매/전세 변동률(2020년 3월)

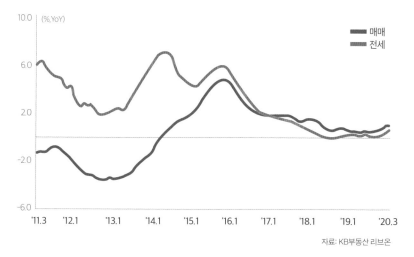

자료: KB부동산 리브온

⠿ 인천시 현황

자료: 카카오맵

로 재정지원과 사업추진 면에서 그렇지 않은 곳과 차이가 있다. 서울과의 거리도 점차 가까워지고 있다. 그 중심에는 GTX B노선, 7호선, 5호선이 있다. 전반적인 인천의 비전에 대해 살펴보자.

인천시 정비사업은 속도가 느리다. 서울과 마찬가지로 시간이 필요한 상황이다. 부동산 측면에서 빠른 변화를 기대하기 어려운 것이 도심 개발이다. 그런 상황에도 일부 지역의 재개발 움직임은 느껴지고 있다. 재건축 사업도 점진적으로 속도를 내고 있는 중이다.

큰 변화의 발전 축은 송도, 청라, 영종과 검단신도시다. 이어서

3기 신도시인 인천 계양이 개발될 예정이다. 송도는 GTX 수혜지(인천시청, 부평) 중 인천의 대표적인 아이콘으로 떠올랐다. 송도에서 영종도로 연결되는 인천대교는 육지와 섬을 연결하는 연륙교다. 수려한 곡선만큼이나 발전의 상징물이긴 하지만 다소 비싼 요금체계로 활용도가 높지는 않다. 향후 영종도에서 신도를 거쳐 강화도 동막해수욕장까지 해상대교가 완성되면, 다리 그 자체만으로도 관광자원으로서의 가치는 충분할 것이다. 송도는 2009년 아파트 분양가가 3.3㎡ 1,500만 원, 청라는 1,200~1,300만 원, 영종도는 1,000만 원 정도에서 시작하였다. 이 가격은 10년이 지나서야 겨우 본전 이상을 회복하고 상승 중에 있다. 송도의 상업지역 중심상권에는 아직 쇼핑몰이 들어서지 않고 있다. 주력인 롯데몰이 자리 잡지 못하는 가운데, 신세계와 이랜드몰 건설도 아직 진행 중이다. 현대프리미엄아울렛 정도가 앞서 개장했을 뿐이다. 유통대전이 치열할 것으로 예상되었지만 상당 기간 뒤로 미뤄야 할 처지다.

아직도 도시 형성은 진행 중이다. 그나마 교육여건이 잘 갖춰진 것은 다행스러운 일이다. 뉴욕주립대 등 글로벌캠퍼스와 채드윅 송도국제학교 등이 있어 국제도시로서의 면모를 유지하고 있다. 산업기반은 IT와 BT업계가 체계를 갖추고 있다. 산업체가 늘며 송도의 상주인구가 증가하고 있다. 다소 걱정스러운 부분은 빨대 현상이다. GTX가 개통되면 용산에서 20분대에 오갈 수 있어, 오히려 서울에서 거주하며 출퇴근하는 것도 가능하다. 하지만 지나치게 불안하게 생각할 일은 아니다. 이미 송도는 인천시민이 거주하고 싶은 핵심지역으로 자리매김하고 있다. 좀 더 시간이 지나면 교육, 산업이 안정 단계에 진입하고, 주거지의 가치도 확실해져 확고부동한 역량을 확보할 것으로 예상된다.

청라는 입주 초기에 침체를 거듭하여 '청라의 눈물'이라는 말까지 나왔던 지역이다. 지금은 상당 부분 회복한 상태로 그동안의 우려가 불식되고 있다. 지하철 7호선이 연장되는 2027년경에는 그야말로 화색이 돌 것으로 보인다. 강남과 직결되는 되다 GTX와의 연결성도 좋아지고, 청라국제도시역을 통해 공항철도 이용도 수월해지기 때문이다. 청라의 상징물이라고 할 수 있는 높이 448m 시티타워가 준공될 경우 지역의 가치는 더 달라질 것이다. 다만 베드타운이라는 오명에서 벗어나야 한다. 청라 북쪽에 있는 산업단지 관리가 필요하다. 환경적인 관점에서도 문제가 없어야 도시의 가치가 높아진다.

영종도는 우리나라 최대 국제공항이 있는 관문이다. 공항인프라는 최고지만, 주택시장은 2009년에 아파트 분양가를 겨우 회복한 모양새다. 미분양주택도 점차 소진되고 있어 다행인 상황이다. 발전이 더딘 이유 중 하나는 서울과 연결되는 대교가 유료체계로 운영되고 있기 때문이다. 인천대교와 인천공항고속도로 영종대교는 비싼 통행료를 치러야 한다. 2025년경 경인고속도로의 연장선상인 청라에서 영종도로 연결되는 제3연륙교가 완성되면 상황은 달라진다. 완벽하게 섬에서 육지로 바뀐다. 여기에 리조트, 카지노, 컨벤션 등의 시설이 들어서게 되면 상주인구가 2만 명이 증가할 것이라고 한다. 그중 10%의 근무자가 주변에서 아파트를 찾게 되면 주택시장이 회복될 것으로 기대된다.

영종도는 서울에서 가장 편하게 1시간 안에 바다를 볼 수 있는 곳이다. 을왕리, 무의도 등 주변 관광지도 갖추고 있어 놀러와서 머물고 싶은 곳으로의 변신이 가능하다. 특히 신도를 거쳐 강화도에 이르는 해상대교가 개통되는 미래에는 강화도에서 역사관광을 하고, 영종도에서 휴식을 취하는 시너지 효과를 기대할 수 있다. 물론 송도가 매력적인 도시로서 뒷받침해주는 그림도 가능하다. 영종도 하늘도시는 택지지구로서 좀 더 짜임새를 갖출 것으로 예상된다. 다만 공항철도인 영종역과 운서역과의 교통 연결체계를 더욱 강화하는 노력은 필요하다.

카지노 산업은 전국에서 영종도가 최대 규모다. 인천국제공항이라는 최고의 공항허브도 존재한다. 카지노는 현 제도상 외국인만 출입이 허용된다. 내국인 출입이 가능한 곳은 강원도 정선이 유일하다. 국제적인 카지노 사업자들이 지속적으로 요구하고 있는 내국인 출입 허용은 당분간 쉽지 않아 보인다. 국민정서상의 문제를 극복하기 어렵기 때문이다. 그럼에도 불구하고 라스베이거스, 마카오, 싱가포르처럼 국제적인 카지노 도시로 성장할 수 있는 가능성을 전혀 배제할 수는 없다.

검단신도시는 2기 신도시의 마지막 주자로 사업 초기 미분양의 진원지에서 일거에 급반전되었다. 도로, 철도 등을 이용하면 서울 접근성이 비교적 양호한 편이다. 수도권 신도시 등 공공택지가 소진되어 더 이상 아파트 공급이 많지 않은 가운데, 분양가가 3.3㎡당 1,200만 원 수준에 불과하기 때문이다. 전용 85㎡ 기준으로 4억 원 수준이다. 서울 인근에서 이보다 저렴한 분양가는 원가 개념상 기대하기 힘들다. 인천지하철 1호선이 연장되고 5호선인 김포한강선이 추진되면서 더욱 매력적인 입지로 변화하고 있다. 조정대상지역에 해당되지 않은 상태라 주택임대사업자 등록을 통한 종합부동산세 및 다주택자 양도세 중과에서 벗어날 수 있다. 입지 면에서는 김포 한강신도시보다 서울과 가깝다. 여러모로 장점이 많은 곳이다.

3기 신도시인 인천 계양은 검단신도시(7만 5,000 호)와 멀지 않은 곳이다. 사실 신도시라 불리기에는 물량이 1만 7,000호에 불과하여 상대적으로 규모가 너무 작다. 김포공항까지 BRT(Bus Rapid Transit, 간선 급행버스체계, 도심과 외곽을 잇는 주요한 간선도로에 버스전용차로를 설치하여 급행버스를 운행하게 하는 대중교통시스템)를 이용할 수 있다. 지하철과의 거리가 다소 멀다는 단점은 있다.

인천은 서울, 경기도와 더불어 수도권의 한 축이다. 철도 개통 호재에 따라 향후 발전성을 충분히 기대할 수 있다. 물론 자체적인 역량과 가치도 갖추고 있다. 미래에는 충분히 제 몫을 다하는 도시가 될 것으로 전망한다.

판교와 분당···
수도권 신도시의 가치는?

    수도권 신도시 중 비중이 큼에도 불구하고 앞서 언급이 거의 안 된 곳을 중심으로 향후 미래가치에 대해 살펴보기로 하자. 우선 2기 신도시 대표격인 판교와 1기 신도시 대표격인 분당에 대해 먼저 알아보자. 2기 신도시 중 가장 쾌적한 도시로 개발된 광교, 1기 신도시 중 조용한 변신을 시도 중인 평촌과 수도권 2기 신도시 중 최남단에 위치한 평택 고덕국제화도시 등의 현황과 미래를 얘기해보자.

    첫째, 판교는 도로교통이 뛰어나 동서남북 어디서든 접근성이 좋은 지역이다. 여기에 주거와 산업이 적절히 조화를 이룬 신도시의 전형적인 모델이다. 판교는 입지가 탁월하여 역대 정부에서부터 개발에 대한 기대감이 높았다. 결국 노무현 정부에 와서야 본격적인 개발이 시작되었다. 2006년, 2009년 대규모 분양이 이루어지며 2.9만 가구가 순차적으로 입주하였다. 대부분의 신도시가 주거지(베드타운) 위주로 형성된 데 반해, 판교는 테크노밸리라는 산업벨트를 도시 안으로 끌어들였다는 점에서 도시개발의 모범사례가 될 만하다. 베

자료: LH공사

드타운을 벗어나 생산거점이 마련된 것은 의미가 크다. 대부분의 신도시는 판교를 흉내만 내는 정도에 불과하다. 판교는 신분당선을 통해 강남 진입이 10분대에 가능하고, 여주, 원주까지 연결되는 경강선이 있다. 서쪽으로 월곶~판교선이 예정되어 있어 판교역에서 +자 형태로 교차한다.

GTX 성남역은 판교역과 분당선 이매역 사이 분당~수서 간 도로에 만들어진다. 그 지하로 SRT 노선이 진행되고 GTX와 공유하고 있기 때문이다. 판교역에서는 대략 800m 거리다. 판교는 동판교와 서판교로 나뉘는데 도시 가운데로 경부고속도로가 지나면서 자연스럽게 분리되었다. 판교는 북쪽 지역의 테크노밸리가 확장되는 등 도시 자체가 짜임새 있게 균형을 잡아가고 있다. 교육적인 측면에서도 자리를 잡고 판교역의 상권도 안정 국면에 접어들었다. 주택시장 측면에서도 탄탄한 수요를 기반으로 현 수준 이상을 유지할 것으로 판단된다.

둘째, 분당이다. 1기 신도시의 대명사다. 분당은 판교의 남쪽에 자리 잡은 경쟁력 있는 도시다. 전 세계에서 도시개발에 대한 벤치마킹을 할 정도다. 9.8만 호로 10만 가구의 도시다. 1990년대 개발 당시 강남 등에서도 대거 이주하여 부촌을 형성한 것이 특징이다. 교육적인 측면에서도 서현동과 수내동이 강세를 보이고 있다. 2000년대 초 연속 3년간 거의 100% 주택가격이 상승하여 '천당 밑에 분당'이라는 별명을 얻기도 하였다. 판교가 들어서며 새 아파트 수요에 밀려 주춤하는 모양새를 보였다. 가격이 하락하자 남쪽의 용인 등의 거주자가 그동안 숙원이던 분당 입성에 대거 성공하기도 하였다. 판교의 주택가격이 오르면서 상대적으로 저평가된 분당의 상승은 이미 충분히 예상 가능한 부분이었다. 향후 분당은 입주 30년을 맞이하게 된다. 그동안 일산과 함께 1기 신도시를 이끌어왔다. 일산은 분당과 출발을 같이 했으나, 시간이 갈수록 격차가 커져 분당이 부러움의 대상이 되기도 했다. 이제 1기 신도시 모두 리모델링(15년), 재건축(30년) 주기가 돌아왔다. 재정비는 단지별로 처한 상황에 따라 유리한 방향으로 진행하겠지만, 재건축을 통해 새 아파트로 변신한다면 판교를 부러워할 일이 아니다. 분당은 중대형 위주로 형성되어 리모델링 시 세대구분형(부분임대) 주택으로도 활용이 가능하다. 기존 공동주택을 세대구분형으로 설치하여 임대를 할 수 있는 개념으로 경제적인 이점이 많을 것으로 기대된다. 분당의 미래는 매력적인 변화의 틀 속에 놓여 있다.

셋째, 광교신도시다. 분당에 녹지가 많아 보이는 것은 동쪽 광주시 경계선이 산으로 둘러싸여 있기 때문이다. 반면 광교는 원천 저수지와 신대저수지를 보유한 데다 녹지율이 신도시 중 최대인 친환경 도시다. 경기도시공사가 개발 주체로 주민의견을 반영한 도시계획이 이뤄지기도 했다. 규모는 3.1만 호로 판교와 비슷하다. 수원시가 대다수를 차지하지만 일부 용인시도 편입되어 있다. 경기도청이 논란 끝에 당초 계획대로 입주했다. 광교신도시의 비전은 역시 신분당선을 제외하곤 거론할 수 없다. 강남에 30분대에 접근 가능하다는 장점이 있다. 판교와 마찬가지로 산업시설인 광교테크노밸리가 입지하여 배후도시로서 안정성이 있다. 수원시가 야심차게 만든 도시로 향후 지속 가능성에 무게를 둘 수 있다. 수원시는 동쪽의 광교에서 개발의 절정을 이룬 다음 권선구 등 서부지역 개발에 나선 상황이다.

넷째, 평촌이다. 평촌은 안양시 동안구다. 만안구에 비해 신도시 형태로 잘 조성된 곳이다. 1기 신도시로 해당 지역의 대표가 되는 셈이다. 조성 가구는 4.2만 호로 같은 1기인 중동, 산본과 유사한 규모다. 평촌은 학원가가 잘 형성되어 있는 등 지역 기반을 잘 갖춘 상태다. 인근의 군포, 의왕까지 아우르며 안양의 중심지 역할을 하고 있다. 인덕원 인근 공업지대였던 곳이 지식산업센터로 바뀌고 안양에는 관양지구가 의왕에는 청계지구·백운지구·포일지구 등의 택지지구가 개발되면서 평촌은 상대적으로 노후 이미지를 얻고 있는 중이다. 물리적인 시간의 흐름을 이겨낼 수 없기 때문이다. 역시 리모델링과 재건축 등의 변신을 시도할 필요가 있다. 이곳의 경우 4호선을 이용하여 과천에서 GTX C노선을 이용하면 삼성역까지 쉽게 접근할 수 있다. 주변 외곽순환도로 등이 발달되어 도로 연계성은 뛰어나다. 화성 동탄에서 인덕원까지 전철이 연결될 예정이라 지역 간의 연결성이 높아지면서 기대감을 안고 있다. 월곶~판교선도 인덕원을 지나간다. 과천 지식정보타운의 연장선상에서 평촌과 인근 지역의 가치는 정비사업과 함께 변화의 기로에 서 있다. 안양 석수역 주변은 1호선과 신안산선이 지나감에 따라 주택가격도 상승세다. 남쪽 지역에서 1호선을 타고 가다 석수역에서 환승하면 여의도 접근이 수월해진다.

다섯째, 평택 고덕국제도시다. 평택 주택시장은 대규모 개발로 인한 공급이 이루어져 어느 정도 숨고르기를 한 상황이다. 평택은 작은 택지지구가 많다. 용이, 소사벌, 동삭, 지제, 세교, 브레인시

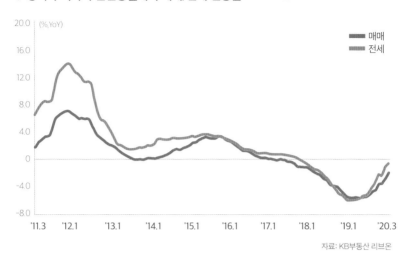

● 평택 주택가격 전년동월대비 매매/전세 변동률(2020년 3월)

자료: KB부동산 리브온

티에 이르기까지 개발구역이 여럿 포진해 있다. 이로 인해 상당 기간 침체기에 머물러 있었다. 2019년에 경기도에서 제일 많은 미분양주택을 자랑하던 이곳의 문제가 상당히 해소된 상태다. 올해 상반기 이후부터는 반전이 나타날 것으로 예상된다. 고덕신도시는 5.7만 호의 물량으로 김포 한강신도시보다 4천 호가량 적다. 1차 분양 후 2020년부터 다시 본격화될 예정이다. 가장 큰 장점은 판교와 마찬가지로 산업체가 입주한 것이다. 바로 삼성전자가 평택에 입주해 있다. 배후 주거지로서 역할을 할 뿐만 아니라, 고덕이 평택에서 제일 크고 체계적으로 개발된 대표 도시인만큼 역량이 강화될 것으로 예상된다.

평택은 미군기지 이전으로 주택시장에 대한 기대감이 컸으나,

부대 내부에 거주시설을 대거 갖추면서 영외 주택수요가 많이 늘지는 않았다. 물론 군무원, 관련 업체 종사자 등의 유입에 따른 기대감은 여전히 크다. 평택 지제역은 SRT 노선인데 수원발 KTX도 정차할 예정이다. 평택은 서쪽으로 안중 역세권 및 포승지구가 개발된 데 이어 화양지구도 개발 진행 중이다. 서북쪽의 청북지구에 이어 동북쪽 오산시 남쪽에 위치한 진위면 일대에 개발 기대감이 커지고 있다. 지금 평택은 다양한 개발지역과 호재로 재기의 발판을 마련하고 있다.

수도권 1, 2기 신도시는 저마다의 역할을 충실히 수행하고 있다. 1기는 노후되어 새로운 길을 모색하기 시작했다. 2기는 전성시대를 맞이하여 입지가 강화되고 있다. 향후 개발된 3기는 상대적으로 물량도 작고 입지도 뛰어난 편이 아니라는 지적을 받고 있어 어떤 기여를 할지 앞으로의 행보가 주목된다.

교외 한강조망 단독주택
어디가 좋을까?

　　단독주택은 순수단독, 다가구, 도시형생활주택(원룸), 다세대, 상가건물주택 등으로 변화를 거듭했다. 주택가에서 아직 단독주택 형태를 유지하고 있는 순수단독은 명맥을 찾기 힘들 정도로 그 숫자가 부쩍 줄었다. 남아 있는 그늘도 변화의 기로에 서 있다. 여전히 명맥을 유지하는 '고급 단독주택'과 그 대안으로 떠오른 '교외 단독주택'에 대해 살펴보자.

　　고급 단독주택은 성북동, 평창동, 한남동, 삼성동 등에 여전히 존재하고 있다. 어쩌면 부자들의 전유물처럼 되어 버렸다. 도시지역의 토지가격이 상승하면서 대지면적에 따라 다르지만 가격은 대략 50~60억, 조금 높으면 100억 원을 넘기도 한다. 이런 고가주택은 비싸기도 하고 대부분 집이 낡아 대대적인 수리나 재건축을 요하는 경우가 많다. 간혹 신축을 하는 집들이 나타나기도 한다. 멋진 설계로 새롭게 현대식 스타일로 집을 지을 경우 명실상부한 고급주택으로 탈바꿈되기도 한다. 다만 여기서도 해결되기 어려운 부분은 조망권이다.

언제부터인가 저층 단독주택에서도 앞이 탁 트인 조망권을 선호하는 기류가 형성되었다. 모순일거라 생각되는 이 욕구를 충족시키는 단독주택 지역이 있다. 평지가 아닌 언덕에 위치하면 가능한 일이 된다. 대표적인 지역으로 한남동을 들 수 있다. 한남동 중에서 이태원 북쪽에 위치한 대기업 회장들이 모여 사는 바로 그곳이다. 한남동은 앞집과 뒷집이 소송을 벌인 경우도 있을 만큼 조망권에 대한 관심이 많다. 고급 단독주택의 특징이다. 이곳의 집들은 한강까지 보이거나 한강은 아니더라도 시야가 상당하게 확보되어 있어 답답한 느낌이 들지 않는다.

언제까지나 유지될 것으로 기대하던 이들의 조망권은 앞으로 훼손될 여지가 있다. 다름 아닌 한남뉴타운의 개발 때문이다. 비록 높은 층수는 아니지만 한남뉴타운 3구역에 고도제한 90m로 10층 내외의 건물이 들어설 예정이다. 2구역도 유사한 높이로 형성될 것으로 예상된다. 한강변에 가장 가깝게 접해 있는 5구역은 35층 높이가 예상된다. 이렇게 한남뉴타운이 2020년대 후반에 조성되면 주변 상황에 변화가 올 수밖에 없다. 거리가 멀어 직접적으로 답답한 느낌이 크지 않을 수 있지만 한강 조망은 상당 부분 가려질 것이다. 개포주공아파트 단지가 재건축되면서 도곡동 타워팰리스에서 구룡산과 대모산 자락이 잘 안 보이는 것과 마찬가지 현상이다. 아파트 군락이 당장의 시야를 불편하게 할 것은 분명하다. 최고의 고급주택으로

서의 가치를 유지해왔지만, 영원한 것은 없다는 탄식을 하게 한다. 같은 한남동이지만 한강 조망권을 영구적으로 확보할 수 있는 단독주택과 고급빌라 지역이 있다. 바로 유엔빌리지다. 빌라인 다세대주택 형태가 많지만, 간혹 대저택 같은 단독주택도 있다. 대지에 따라 다르지만 고급 주택으로서의 역량을 갖추려면 면적은 660㎡(200평) 전후여야 한다. 100억 원을 훌쩍 넘는 규모다. 이곳은 기업체 CEO뿐만 아니라 연예인들의 단골 관심지역이다. 한강변을 기준으로 언덕의 정점 부분에 건물을 지을 경우 영원한 조망권 확보도 가능해 보인다. 물론 주위에 이미 다른 집들이 있는 상태에서 새롭게 지을 경우 1층에서는 조망권 훼손이 우려되긴 하지만 2층 이상에서는 확실한 조망권을 확보할 수 있다. 향후 이태원 북쪽의 한남동에서 조망권 보장이 어려울 경우 유엔빌리지의 가치는 더 높아질 것이다. 이렇게 한강을 선호하는 이유는 배산임수에 대한 전형적인 로망 때문이다. 한남동이 주거지역으로 선호되는 이유도 남산과 한강의 조화가 가능하기 때문이다.

한강 조망권을 확보하며 출퇴근이 가능한 단독주택 지역으로는 양평군 양서면 대심리와 서종면 문호리 일대를 들 수 있다. 대심리는 양평 두물머리에서 남한강 방면으로 6번 국도를 따라가면 약 10km 지점에 위치한다. 바로 경의중앙선 국수역 남쪽 한강변에 위치한다. 한강을 정남향으로 볼 수 있는 안정적인 단독주택 지역이다. 하남 미사지구를 통과하여 팔당대교를 건너가야 하는 등 도로

사정에 따라 다소 불편함은 있을 수 있으나 살기 좋은 지역이다. 상당 기간 서울의 부자들이 모여서 집을 짓고 살기 시작했다. 한때 양평 고급주택의 대명사로 불리던 지역이다. 2022년 이후에는 우회로이긴 하지만, 양평IC에서 서울~양양 간 고속도로 화도IC에 이르는 고속도로가 '수도권 제2순환고속도로'로 연장 개통된다.

문호리는 대심리보다 물리적으로 더 가깝다. 서울~양양 간 고속도로 서종IC에 내려 좌회전을 하면 보이는 북한강변에 길게 자리한 지역이다. 잠실역에서 20분 남짓이면 닿을 수 있는 거리다. 이곳에서 바라보는 한강은 서향이긴 하지만, 산자락 능선에 각을 잡아

:서종면 문호리 현황

잘 지으면 남서향이 가능하다. 부동산 향으로는 최고다. 멀리 두물머리 전경까지 보인다. 겨울에는 햇볕이 많이 들어 따뜻한 난방 효과를 볼 수 있고, 여름에는 해가 짧게 들어 시원함을 누릴 수 있다. 주말에는 강가에 리버마켓이 열린다. 북한강 그 자체를 즐길 수 있도록 수상스키 등 수상레포츠를 체험할 수 있는 선착장도 있다. 카페가 줄지어 있고 안쪽에는 유명한 빵가게 등 맛집이 많다. 최근 '마구인서종'이라는 명소가 탄생했다. 10만 평에 이르는 소나무와 자작나무 숲에는 카페, 리조트, 공연장과 도시인들의 쉼터가 될 산책길을 갖추고 있어 사람들을 불러모으기에 충분하다.

　그동안 막연히 전원주택으로 불리던 '교외 단독주택'은 이젠 차

⁘ 마구인서종 전경

별화되어야 한다. 교외의 한강변 단독주택은 서울 한남동에서 해결되지 않았던 조망권을 보장할 수 있다. 다소 거리가 있지만 서울 어디든 1시간 내에 도달할 수 있다. 한강 조망권을 확보하면서 출퇴근을 하는 데도 무리가 없다는 이점 때문에 원주민보다도 자산가, 연예인 등 서울 이주민이 많은 비중을 차지하고 있다.

수도권 2기 신도시와
3기 신도시 비교

    수도권 2기와 3기 신도시 물량에 대한 비교는 1장에서 이미 다루었다. 여기서는 신도시별 상황을 알아보기로 한다. 한 번 더 강조하고 싶은 것은 일반적으로 3기 신도시 물량이 공급되면 수도권 공급 문제는 다 해결될 것으로 바라보는 시각이 있는데 상황은 그것만으로 해결되지 않는다는 것이다. 그런 시각은 정확한 물량을 계산하지 않고, 막연히 2기와 유사할 것으로 오인한 결과다. 수도권 2기 신도시의 경우 서울과 거리가 먼 평택 고덕, 충남 아산, 대전 도안 등을 제외하고서도 판교신도시 등의 물량이 55만 호 정도였다. 3기 신도시는 고양 창릉 등 5곳을 모두 합쳐도 17만 3,000가구다. 2기 신도시 물량의 1/3 수준에도 못 미친다. 3기 신도시가 공급되면 공급 과잉이 된다는 보도를 보면서 그저 안타까울 뿐이다. 서울, 인천, 경기도 등 수도권 인구는 무려 2,600만 명으로 우리나라 인구의 절반이 모여 산다. 수요를 감안하면 이 정도의 물량으로는 턱없이 부족하다. 오히려 지금 당장 택지 확보에 대한 추가 검토가 필요하다. 예를 들면, 이명박 정부 시절 보금자리주택지구로 지정되었던 광명 시흥(약 11만 호)은 즉시 활용할 수 있는 지역이다.

2기 신도시에서 가장 인기가 좋았던 대표적인 도시는 성남 판교(2만 9,300호)다. 위례신도시(4만 4,800호), 광교신도시(3만 1,100호), 화성 동탄1(4만 1,500호), 화성 동탄2(11만 6,500호), 김포 한강(6만 1,300호)은 입주가 거의 마무리된 상태다. 파주 운정(8만 8,200호), 양주(6만 3,400호), 인천 검단(7만 4,700호), 고덕국제화(5만 7,200호) 등은 사업이 진행 중이다. 아산(3만 3,300호), 대전 도안(2만 4,500호)도 거의 마무리되었다.

사업이 진행 중인 4곳에 대해 간략히 살펴보자. 파주 운정신도시와 양주신도시는 GTX 노선 개통에 힘입어 사업 초기와는 달리 비교적 순조롭게 진행 중이다. 미분양주택이 거의 없을 뿐만 아니라 청약경쟁률도 높아지고 있다. GTX가 개통되면 두 군데 모두 서울까지 도착시간이 20분대에 불과하기 때문에 접근성이 획기적으로 개선될 것이다. 신도시로서 물량이 많이 남아 있지 않은 데 따른 희소가치도 점차 부각 중이다. 파주 운정에는 기존의 경의중앙선과 더불어 GTX A노선, 지하철 3호선 연장까지 계획되고 있어 더욱 관심이 높아지고 있다. 양주는 그동안 경기 북부지역이라는 한계로 관심이 거의 없던 곳이다. 기존 지하철 1호선에 GTX C노선, 지하철 7호선까지 연장될 경우 종전과는 다른 양상을 보일 지역이다. 덕정역에서 GTX를 이용하면 삼성역까지 5정거장에 불과하다. 운정과 거의 동일한 수준으로 철도 기반시설이 개선될 것이다.

인천 검단신도시는 지난 1년간 반전이 펼쳐진 곳이다. 2019년 5~7월 미분양 주택은 무려 3천 호에 이르렀다. 필자는 이때 부동산 전문가들이 거의 관심을 갖지 않았던 검단신도시에 주목하라는 메시지를 시장에 던졌다. 검단은 물리적으로도 서울 접근성이 양호하고, 인천지하철 1호선, 김포한강선(5호선)이 예정되어 있어 충분히 가치가 높았기 때문이다. 남아 있는 2기 신도시 중 서울에서 제일 가까운 곳이다. 미분양이 많아 중도금이자 후불제와 무이자, 심지어 확장비용까지 무료인 경우도 있었다. 계약금은 통상 10%인데도 5%만 받는 단지도 있었다. 이런 여러 사유를 들어 관심을 기울이라고 언급한 결과 2020년 3월 기준 검단신도시의 미분양은 거의 사라졌다. 앞으로도 분양물량에 대해 무주택 실수요자 위주로 관심을 가질 만하다.

평택 고덕신도시는 서울과는 물리적인 거리가 멀어 서울에 기반을 둔 실수요자가 접근 하기에는 한계가 있다. 결국 인근 지역을 기반으로 하는 수요자는 꼭 관심을 가져야 하는 곳이다. 향후 평택은 고덕신도시를 중심으로 재편될 것이기 때문이다. 평택에는 소규모 택지지구가 많이 개발되어 있다. 가장 최근에는 브레인시티까지 활발하게 택지공급이 이루어지고 있다. 그 결과 평택은 한때 경기도에서 미분양이 가장 많은 지역이었지만 2020년 2월 현재 양상이 달라졌다. 미분양이 안성에 이어 경기도에서 두 번째로 많기는 하지만, 평택과 안성 모두 800호 전후로 내려왔다. 반전이 멀지 않았음을 예고하는 신호다. 평택 주택시장의 추이는 이미 반전을 통해 상승세로 전환한 울산광역시와 유사하다. 한마디로 나이키곡선 형태다. 주택가격동향조사 자료를 봤을 때 2020년 3월 현재 아직 '마이너스'이지만 머지않아 '플러스'로 진입할 것으로 예상된다.

3기 신도시는 고양 창릉(3만 8,000호), 부천 대장(2만 호), 남양주 왕숙(6만 6,000호), 하남 교산(3만 2,000호), 인천 계양(1만 7,000호) 등 총 17만 3,000호다. 부천 대장과 인천 계양은 신도시급으로 보기에는 너무 물량이 적다. 두 곳 모두 지하철이 멀어 BRT 등을 활용한 교통시설을 확충할 계획이다. 부천 대장 일대는 필자가 신도시 예정지역으로 예상한 곳이다. 김포공항 서쪽 일대로 꽤 많은 농경지를 보유한 미개발지역이다. 좀 더 큰 규모로 개발했더라도 무리가 없어 보이는 곳이다.

3기 신도시인 고양 창릉신도시를 두고 일산신도시 주민의 원성이 커지고 있다. 서울에 접해 있는 곳이고, 지하철 6호선 새절역에 도착하는 서울도시철도 서부선을 연장하여 고양선이라는 이름으로 연결한다. 서북쪽으로 행신과 화정에 접하고 북쪽으로 원흥, 삼송일대와 연결될 예정이다. 일산신도시 입장에서 보면 원망의 대상이 되는 것도 일정 부분 이해는 된다. 일산은 1기 신도시로서 분당과 출발선이 같았지만, 현재 집값이 분당의 절반에도 못 미치는 상태다. 그럼에도 불구하고 고양시는 전국에서 살기 좋은 도시로 늘 선두권에 있는 곳이므로 아파트 가격을 제외하면 삶의 만족도는 높다. 창릉신도시를 통해 판교처럼 자족도시로서의 역량을 갖춘 테크노밸리를 지향하므로 배후지역으로서의 역량도 강화될 것이다. 또한 일산 킨텍스역과 대곡역에 연결되는 GTX A노선을 통해 서울 접근성이 획기적으로 개선되는 만큼 고양 창릉신도시에 대한 지나친 반대는 바람직하지 않다. 오히려 일산은 재건축 리모델링 사업을 통해 변신을 시도하게 되면 신도시의 맏형으로서 가치가 더욱 돋보일 것으로 예상된다.

남양주 왕숙신도시는 3기 신도시 중 물량이 가장 많은 6만 6,000호를 갖추었다. 2기 신도시 중 양주신도시(6만 3,400호)보다 약간 크다. 1, 2지구로 나뉘긴 하지만 남양주 개발의 완성이라고 할 수 있다. 1지구에는 GTX B노선 정차역이 신설되고, 2지구에는 경의중앙선역이 생긴다. 남양주 인구 100만 명 시대를 이끌 주역이다. 물론 이미 중심지로 확고하게 자리 잡은 '동북의 판교'라 할 수 있는 서쪽의 별내신도시에는 이르지 못하겠지만, 남쪽의 다산신도시와 더불어 남양주 개발의 백미로 꼽을 수 있다. 1지구는 BRT를 통해 신도시 북쪽의 풍양역(지하철 4호선)과 남쪽의 다산역(지하철 8호선)과도 연결된다. 3기 신도시 중 가장 큰 도시인 만큼 서울의 대체 주거지로서의 역할도 일정 부분 수행할 것으로 예상된다. 다만 도로교통 측면에서는 강변북로를 지나거나 신설되는 수석대교를 통해 올림픽로 방향으로 나가야 하는 터라 상당 부분 정체가 우려된다.

하남 교산신도시는 3만 2,000호 수준으로 하남 미사지구 3만

8,000호보다 약간 작은 규모다. 하남 감일지구 동북쪽에 위치하여 다소 외진 곳이다. 남쪽에는 남한산성이 있고 북쪽으로는 하남의 기존 시가지인 시청 방향과 연결된다. 오금역에서 지하철 3호선이 연장되는 것이 특징이다. 3호선의 단점은 서울 강남으로 직진하기보다는 돌아가는 노선이라 직결성이 다소 떨어진다는 점이다. 입지에서 더 뛰어난 하남 감북지구(보금자리주택지구에서 해제)에 신도시가 들어설 것으로 예상했지만 전격적으로 이곳으로 결정되었다. 주변이 산으로 둘러싸인 전원도시에 가까운 곳이다. 도로를 통해 접근하기는 그리 불편하진 않아 충분히 입주수요를 확보할 것으로 예상된다.

3기 신도시로는 고양 창릉, 남양주 왕숙, 하남 교산 등 3곳 정도가 신도시로서의 모양새를 갖추었다. 3곳의 물량은 13만 6,000호다. 역시 물량이 부족해 보인다. 향후 관건은 입주 시기를 최대한 앞당겨야 한다는 것이다. 대략 2027년 전후로 예상되지만 서두를 필요가 있다. 2기 신도시 물량이 그보다 빨리 소진될 것이기 때문에 공백기를 최소화해야 한다.

Part 4

지방,
그 화려한 비상의 날개

지역 균형발전을 위한
혁신도시의 변신

    참여정부에서 2003년 6월 '수도권 과밀과 지방 침체'라는 양극화 문제를 해결하기 위해 국가균형발전이라는 방침 아래 공공기관 지방 이전을 발표하였다. 2004년 4월 '국가균형발전특별법'에 중앙행정기관과 공공기관 지방이전의 법적 근거가 마련되고, 그때 결정된 이전 지역이 '세종특별자치시'와 '혁신도시'다.

    국가균형발전특별법상의 공공기관(중앙행정기관 포함)은 전국에 409개이며, 그중 85%인 345개가 수도권에 소재하고 있다. 통폐합 과정 등을 통해 이전 대상 공공기관 153개(혁신도시 115개, 개별이전 19개, 세종시 19개)를 선정하여 이전을 확정하였다. 2019년 2월 현재 152개 기관이 이전하여 99.3%가 완료되었다.

    혁신도시는 10개가 지정되었는데, 이전기관을 최대한 유사한 영역의 업무를 수행하는 기능을 중심으로 분류하여 효과를 극대화하였다. 부산(13곳), 대구(11곳), 광주전남(16곳), 울산(9곳), 강원(12곳), 충북(11곳), 전북(12곳), 경북(12곳), 경남(11곳), 제주(6곳) 등이 있다. 공공기관 지방이전을 계기로 성장거점지역에 조성되는 미래형 도시다. 지역발전을 선도하는 혁신거점도시, 지역별 테마를 가진 개성 있는 특성화도시, 누구나 살고 싶은 친환경 녹색도시, 학습과 창의적 교류가 활발한 교육 문화도시를 표방한다.

혁신도시는 국가의 틀을 바꾸는 혁명적 사건이다. 공공기관을 지방으로 대거 이전하면서까지 내건 목표는 지방경제 활성화다. 공공기관을 이전함으로써 관련 기업체와 교육기관 등이 함께 어우러져 균형발전을 이루는 것이 목표다. 표면적으로는 기관 이전을 완료하였으나, 아직 효과는 본격적으로 나타나지 않고 있다. 산업과 교육 등에서 수도권의 응집력이 너무 강하다 보니 관련 산업 등의 이전이 많지 않기 때문이다. 아직 평가를 종료하긴 이른 상태이므로 계속 지켜봐야 한다.

부산혁신도시는 해양수산, 금융산업, 영화진흥 등의 기관이 주로 이전하였다. 한국해양과학기술원, 한국자산관리공사, 한국주택금융공사, 주택도시보증공사, 영화진흥위원회, 한국남부발전㈜ 등이 대표적이다. 동삼지구는 영도구에 있으며 해양수산 클러스터를 표방한다. 부산에서 유일하게 다른 혁신도시와 비슷하게 신도시 형태로 조성되었다. 문현지구는 금융기관 중심으로 구성된 클러스터다. 샌텀지구는 영화와 영상 관련, 대연지구는 공동주택 주거지 형태로 형성되었다. 부산은 다른 혁신도시와 달리 기존 도심지역에 그대로 녹아드는 형태로 조성되었다. 새로운 도시를 형성하는 것에 대

: 부산혁신도시

부산혁신도시는 새로운 미래를 아끔어갑니다.
Busan Innovation City

해양수산 종삼혁신지구 | 금융산업 문현혁신지구 | 공동주거지 대연혁신지구 | 영화·영상 센텀혁신지구

자료: 국토교통부

해 모험이 필요 없는 안정적인 형태를 택한 것이다. 새 도시건설보다 도심에 안착하는 형태가 효과적일 수 있다는 판단이다.

대구혁신도시에는 산업진흥, 교육·학술진흥, 가스산업 관련기관 등이 이전하였다. 한국산업기술평가관리원, 신용보증기금, 한국사학진흥재단, 한국가스공사, 한국감정원 등이 대표적이다. 동구 신서동 일대에 입지하여 동쪽 끝자락이긴 하나 기존 시가지와 산업 연관성을 갖기에는 충분한 곳이다. 이렇게 대도시에 안착한 경우 일정 부분 지역경제 활성화에 기여한 것으로 판단된다. 전국 혁신도시 중 업무용지 입주율이 가장 높아 모범적인 사례로 꼽히고 있다.

광주전남혁신도시는 나주시 금천면과 산포면 일대에 조성되

: 울산혁신지구 전경 사진

었는데, 전력산업, 정보통신, 농업기반, 기타 관련기관으로 구성되어 있다. 한국전력공사, 한국인터넷진흥원, 한국농어촌공사, 한국콘텐츠진흥원 등이 대표적이다. 지역의 혁신성장을 견인하는 지속발전 가능한 인간중심의 고품격 도시를 표방한다. 광주와는 거리가 있고 나주시 동쪽에 신도시 형태로 조성되었다. 기존 시가지와 유기적인 관계를 맺는 데 한계가 있어 독자적으로 구축해야 하는 전형적인 혁신도시 형태다. 이렇게 될 경우 지방도시의 구도심 상권은 한계를 맞이하고 신도시 상권으로 쏠림현상이 나타날 수 있다. 시너지를 내기보다는 분리되는 경우가 많아 중소도시 개발사례에서도 문제가 되어 온 전형적인 형태다.

울산혁신도시는 중구 우정동 일원에 조성되었다. 에너지산업,

근로복지, 산업안전 관련기관이 이전하였다. 한국석유공사, 한국에너지공단, 한국산업인력공단, 근로복지공단 등이 대표적이다. 대구와 유사하게 기존 시가지 울산중구청 북쪽 산자락에 동서로 길게 개발되었다. 자연스럽게 그 지역과 어우러지는 형태다. 친환경 첨단에너지 메카로 지역산업과의 연계성이 우수한 사례로 볼 수 있다. 지역경제 활성화라는 본연의 목적에 부합하는 사례로 보인다. 대구에 이어 두 번째로 업무용지 입주율이 높다.

강원혁신도시는 원주시 반곡동 일원이다. 관광, 생명건강, 자원개발 관련기관이 이전하였다. 한국관광공사, 국민건강보험공단, 건강보험심사평가원, 대한적십자사, 대한석탄공사, 도로교통공단 등이 대표적이다. 강원도의 청정환경 등의 이미지에 맞는 클러스터 조성으로 새로운 성장동력 창출에 기여할 것으로 판단된다. 반곡동은 원주의 기존 시가지와 연결되어 도시의 확장성 측면에서 유리하며 하나의 문화를 이끄는 역할을 할 것으로 예상되어 고무적이다. 다만 수도권과 가깝다 보니 이전 직원의 이주 정착률에서 오히려 한계를 보인다.

충북혁신도시는 진천군 덕산읍, 음성군 맹동면 일원에 조성되었다. 정보통신, 인력개발, 과학기술 관련기관 등이 이전하였다. 정보통신정책연구원, 한국교육개발원, 국가공무원인재개발원, 한국가스공사, 한국소비자원 등이 대표적이다. 광주전남혁신도시보다도 기존 시가지와 거리가 먼 곳에 형성된 전형적인 새 도시다. 지역발전 거점화, 정주환경, 지역인재 양성 등의 스마트시티를 표방한다.

전북혁신도시는 완주군 이서면 일원에 위치한다. 국토개발, 농업지원, 기타기관 등이 이전하였다. 농촌진흥청, 국립축산과학원, 한국전기안전공사, 한국국토정보공사, 국민연금공단 등이 대표적이다. 이곳은 지역 균형발전의 기반을 구축하고 농촌·농업연구의 관광 자원화와 전북 체험관광 브랜드화를 목표로 한다. 전주시와의 연결성 강화로 하나의 발전축을 형성하고 있다. 전주시는 인구 65만 명 규모로 예향의 도시로 불린다. 전통문화에 대한 가치를 보전하며 관광 기반을 갖춘 도시다. 한옥마을 등은 이미 내국인 관광객뿐만 아니라 외국인 관광객 유치가 활발하게 진행 중이다. 2020년 1월 정부는 전주를 '지역관광거점도시'로 선정하였다. 혁신도시와 어우러진 상승효과를 기대해볼 수 있다.

경북혁신도시는 김천시 율곡동 일대다. 도로교통, 농업지원, 기타기관이 이전하였다. 한국도로공사, 국립수의과학검역원, 농림축산검역본부, 한국전력기술㈜, 대한법률구조공단 등이 대표적이다. 첨단과학기술과 교통의 허브 도시로 육성하는 것을 목표로 한다. 나주혁신도시와 유사한 형태로 기존 시가지와 일정 거리를 두고 조성되었다.

경남혁신도시는 진주시 충무공동 일원에 조성되었다. 주택건설기능, 산업지원기능, 기타 관련 기관이 이전하였다. LH공사, 한국시설안전공단, 중소기업진흥공단, 한국남동발전㈜ 등이 대표적이다.

: 제주 서귀포 혁신도시 조감도

자료: 국토교통부

진주혁신도시는 원주혁신도시와 유사한 형태로 시 동쪽 부분과 연결되어 도시 확장 측면에서 의미가 있다.

제주혁신도시는 서귀포시 서호동 일원에 조성되었다. 국제교류, 교육연수, 기술연수, 공공업무 기관 등이 이전하였다. 한국국제교류재단, 국토교통인재개발원, 국립기상과학원, 공무원연금공단 등이 대표적이다. 국제자유도시를 선도하는 국제교류, 교육연수도시 육성을 목표로 한다. 서귀포는 신시가지 일대에 형성되며 기존 도시와 융화되는 시너지 효과를 내고 있다.

세종특별자치시는 인구 50만 명을 목표로 한 계획도시다. 정부중앙부처 등 행정기관과 국토연구원 등 공공기관 이전이 완료되며 안정단계에 진입했다. 대전, 청주, 천안 등 주변지역에서의 진입 등으로 주거지역 형성은 마무리 단계다. 다만 상권은 아직 상권화 정도가 미진하다. 교육, 산업 등 복합도시로의 면모를 갖추기 위해서는 시간이 필요해 보인다.

지방경제 활성화라는 대명분 아래 진행된 혁신도시의 실험은 아직 진행 중이다. 해당 지역의 중심지, 선도자로서의 역할은 아직 미완성이다. 공공기관 이전은 완료되었으나, 직원의 약 30%가량은 가족들을 동반하지 않고 혼자 사는 단신부임자다 보니 주말에는 공동화 현상이 나타나기도 한다. 상권 활성화는 당분간 어려워 보인다. 향후 미래가 어두운 것만은 아니다. 첫술에 배부를 수는 없으므로 점진적인 개선이 기대된다. 지역 산업과의 연계 활성화는 꼭 필요한 부분이다. 공공기관은 점차 관련 기업체의 허브 역할을 할 것으로 예상된다. 앞으로 공공기관 근무 직원의 세대교체가 점진적으로 이루어지며 지역에 안착할 수 있는 여건이 조성될 것으로 보인다. 지역경제가 안정된 이후라면 굳이 젊은 층이 서울까지 오갈 이유가 크지 않기 때문이다. 성공의 판가름은 혁신도시 업무용지에 관련 산업의 입주율이 얼마나 확충되는냐에 달려 있다. 이렇게 구심점을 찾고 집중력이 생기다 보면 하나의 생태계가 형성될 것이다. 장차 혁신도시는 당초의 목적대로 미래의 지역경제 활성화에 한발 다가서는 중심축이 될 것으로 전망된다.

동해의 보배,
속초, 양양, 강릉

동해는 애국가 첫 소절 첫 단어로 시작하듯 신성하면서도 가보고 싶은 동경의 대상이다. 바다를 찾는 수요를 잘 끌어들인 결과 여름휴가를 가고 싶은 곳으로 늘 꼽히곤 한다. 동해는 서울과 아주 가까워지고 있다. 철도와 고속도로 덕분에 그만큼 부동산 관점에서의 가치도 높아지고 있다. 동해의 대표적인 도시인 속초, 양양, 강릉을 중심으로 살펴보기로 하자.

속초하면 가장 먼저 떠오르는 것은 관광의 보고라는 것이다. 산과 바다를 동시에 누릴 수 있는 아주 절묘한 곳이다. 우선 우리나라의 대표적 산이라고 할 수 있는 설악산이 있는 곳이다. 설악산이 주는 상징성과 그에 따른 혜택은 속초를 풍요롭게 한다. 그리고 아름다운 바다인 동해를 끼고 있다. 속초해변은 한여름 최고의 관광지다. 동해안은 제주도를 훨씬 뛰어넘을 정도로 관광객 유입이 많다. 속초해변은 동해안이지만 수심이 얕은 곳이 많아 남녀노소 선호도가 높은 곳이다. 산과 바다, 두 가지만으로도 속초는 사계절 관광지로서의 명성을 유지하는 데 충분하다.

　속초에 가면 꼭 필수적으로 들르는 곳이 있다. 다름 아닌 속초 관광수산시장이다. 이미 관광객의 마음을 사로잡은 지 오래됐다. 해안가를 따라가면 남쪽의 대포항까지 바다의 맛집이 즐비하다. 속초가 관광지로서 역할을 다 할 수 있는 시설이 워터피아와 온천이다. 온천은 바다와 다르면서도 아주 잘 어울리는 휴양처다. 속초는 금강산 관광의 전초기지다. 동해고속도로의 최북단으로 한반도 등줄기에 위치하여 남북을 연결하고 멀리 러시아까지 연결되는 곳으로 위치면에서 손색이 없다. 향후 유라시아 대륙과의 교류에 있어 그 역할을 충분히 할 것으로 기대한다. 국제여객선터미널과 국제크루즈터미널이 있어 글로벌 관광도시로서의 역량도 갖추었다.

　속초가 접근성이 획기적으로 개선되는 계기가 된 것은 서울~양양 간 고속도로가 개통되면서다. 동홍천에서 44번 국도를 이용하여 미시령 터널을 통과하는 도로도 나름 의미는 있으나, 시간을 단축한다는 측면에선 고속도로를 당해낼 수 없다. 서울에서 2시간 만에 도착할 수 있다는 것은 부동산 관점에서 의미가 남다르다. 새 아파트 가격이 상당히 상승하며 수도권 투자자의 관심을 끌었다. 서울 사람의 집중력이 높아지며 '서울시 속초구'라는 별칭을 얻기도 하였다. 휴양지로 세컨드 주택 수요가 몰리고 있다. 하지만 접근성이 좋아진다는 뜻은 굳이 거처를 마련할 필요 없이 당일치기로 왔다갔다 하는 것이 가능하다는 의미도 되기에 양면성이 있다.

⁞ 동서고속화철도 노선도

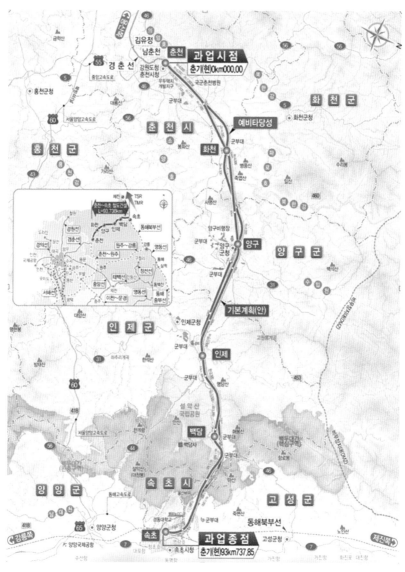

자료: 강원도

270

속초와 서울과의 거리를 단축할 수 있는 핵심인프라는 일명 '동서고속화철도'다. 역시 계획만 20년이 넘은 낡아버린 이름이다. 드디어 가시적인 예산확보 단계까지 이르렀으니 환영할 일이다. 이 노선은 용산~춘천까지 운행 중인 경춘선 ITX(준고속철도)를 연장하는 사업이다. 춘천~화천~양구~인제(원통)~백담(용대리)~속초(노학동)에 이르는 코스다. 역명을 보면서 시간이 오래 걸릴 수밖에 없었겠구나 하는 생각이 든다. 일단 2025년 개통 목표다. 춘천부터는 통행량이 많지 않아 단선으로 운행한다는 계획이다. 이 철도가 용산에서는 시내 구간을 통과하느라 시간이 걸리겠지만, 청량리부터는 나름 속도를 낼 수 있다. 특히 청량리는 GTX B, C노선의 환승역으로 동서고속화철도 이용에 큰 편리성을 제공할 것으로 예상된다.

한국감정원 자료를 분석한 부동산인포에 따르면 2019년 서울 거주자가 지방아파트를 매입한 순서는 강원도 2,372건 > 충남 1,986건 > 부산 1,646건 > 경북 1,291건 > 경남 1,219건 순이다. 강원도에서는 원주시 630건 > 속초시 459건 > 춘천시 355건 > 강릉시 313건 > 평창군 114건 순이다. 거리가 가까운 원주가 제일 많긴 하지만, 속초와 강릉의 비중이 높은 이유는 교통 접근이 개선되고 동해 바다에 대한 사람들의 열망이 반영된 결과다. 이런 선호도는 향후에도 지속될 것으로 예상된다.

양양은 앞서 언급한 고속도로 개통 덕에 바로 눈앞에 있는 것과 다름없는 동해에서 가장 주목받는 지역이다. 이미 양양국제공항이 있어 하늘 길이 열린 곳이다. 양양의 바다는 아주 멋있는 해안선을 가지고 있다. 하조대 남쪽 동산항 일대는 파도가 높아 서핑족의 메카가 된 지 오래다. 이곳은 바닷가 배후의 용도지역이 일반상업지역과 준주거지역으로 계획되어 있어 이미 준비를 마친 곳이다. 양양군에서 유일하게 해안에 접한 상업지역이다. 해안선의 형태가 복잡한 리아스식 해안은 아니지만 돌출되어 있는 형태라 전경이 아름답다.

양양도 속초와 마찬가지로 바다와 함께 설악산에 접해 있다. 정확하게 얘기하면 설악산 대청봉은 양양군 관할이다. 남설악 일대가 대부분 양양이다. 속초와 경계를 같이 하며 양분된다. 그러다 보니 대청봉에 오르는 최단 거리는 양양 오색 코스다. 설악산을 운행하는 케이블카 사업이 추진되었다. 대청봉 서쪽 중청을 지나 끝청과 연결되는 노선이다. 하지만 2019년 9월 환경부의 '환경영향평가 부동의'로 좌절된 상태다. 양양을 넘어 강원도민의 숙원사업이 허무하게 물거품이 되었다. 설치 기준은 지역마다 다를 수 있다. 하지만 오색온천 같은 경우는 지역경제가 최악임을 생각할 때 개발을 막는 것만이 최선은 아니다. 다양한 형태로 환경보전의 방법을 고민할 필요는 있다. 전국적으로 바닷가에 있는 지자체마다 케이블카 설치 열풍이 불고 있다. 다시 10년 후 동해 설악산의 미래가치를 위해 되새겨 볼 일이다.

강릉은 문화의 고도다. 강릉은 강원도의 첫 글자다. 강원도를 대표하는 도시답게 볼거리가 많다. 가장 먼저 떠오른 것은 오죽헌과 경포대다. 근래 들어서는 명소로 떠오른 곳은 해돋이로 유명한 정동진과 커피거리다. 정동진은 수많은 사연을 담고 있는 여전히 살아 숨 쉬는 명소다. 강릉 커피는 신라의 차 문화가 커피로 연결되었다고 주장할 정도로 정통성을 부여받고 있다. 테라로사를 비롯하여 새롭게 형성된 안목해변의 커피거리는 유명하다.

강릉은 여러 말이 필요 없는 동해안의 관문이다. 영동고속도로가 강릉에 닿고 제2영동고속도로까지 개통되면서 강릉에 우선적으로 많은 사람들이 오고 있다. 철도를 타고 강릉에 가려면 고행을 감수해야 했다. 한참을 돌아서 가는 노선이었다. 그 나름대로 운치는 있었다. 하지만 역시 빨리 가는 KTX가 최고다. 2018년 평창 동계올림픽을 계기로 개통하며 주목을 받았다. 2020년 1월 기준 개통 25개월 만에 이용객 1천만 명을 돌파했다. 경부선과 마찬가지로 승차율 60% 수준이다. 가히 놀라운 실적이다. 2022년에는 부산에서 강릉까지 동해선(전철화)이 개통된다. 그렇게 되면 남쪽으로는 부산과 서쪽으로는 서울, 우리나라 1, 2대 도시와의 강릉 접근성이 획기적으로 개선될 것이다. 머물고 싶은 체류형 관광도시를 꿈꾸게 된다. 속초가 조금 덜 익은 상태라면 강릉은 이미 농익은 모양새다. 2020년 1월 정부는 강릉을 '동해안권 지역관광거점도시'로 선정하였다.

동해안 부동산 시장은 정중동이다. 동계 올림픽을 전후하여 관심이 높았으나 2019년 들어 주춤한 모양새를 보였다. 2020년을 기점으로 시장은 점진적으로 회복될 것으로 예상된다. 아파트 입주물량이 점진적으로 감소하고 있다. 미분양주택은 경기도에 육박할 정도로 많은 수준이다. 미분양주택이 제일 많았던 원주는 대폭 감소하였다. 속초, 양양, 강릉 일대는 수도권에서 꾸준히 관심을 갖고 있는 지역이고, 가치 수요도 있어 집중력이 유지되고 있다. 향후 도로, 철도 등 기반시설 개선에 따른 호재가 충분히 반영될 경우 토지시장을 비롯해서 회복세가 두드러질 것으로 예상된다.

부산,
그 화려한 2등의 변신

    부산은 2018년 통계청 기준 인구는 339.5만 명으로 서울에 이어 두 번째로 큰 도시다. 북쪽의 서울과 남쪽의 부산은 항상 대비되는 곳이다. "부산은 동북아 교역의 요충지로서 해양과 항공이 어우러진 동북아 복합물류중심지며, 부산의 미래는 동북아 해양수도로 나아가는 데 달려 있다", "관문공항 건설 후에는 대규모 비즈니스센터와 첨단 연구개발 단지를 갖춘 첨단 에어시티를 조성하고, 항공부품과 재제조산업, 관광 마이스산업을 육성할 수 있는 새로운 기회도 열릴 것이다"라고 대통령이 언급한 사항과 통한다. 이런 정부의 정책에 힘입어 아세안의 허브도시로 거듭나겠다는 것이 부산시의 전략이다. 결국 복합물류 중심지로 첨단 에어시티를 조성하고, 관광 마이스산업 등의 허브도시를 지향한다는 비전이다.

    부산의 도시계획은 대부분의 도시와 마찬가지로 외연확장 측면에서 개발이 진행되었다. 동북쪽 기장군의 정관신도시에 이어 최근에는 일광신도시까지 조성되며 도시가 정비되었다. 도심에 1시간 안에 접근할 수 있는 철도 체계도 갖추었다. 서쪽으로는 산업도시가 형성되었다. 경제자유구역 차원에서 녹산공단과 명지신도시로 대표되는 기업과 주거가 어우러진 이상적인 형태의 도시로 개발되었다. 근래에는 에코델타시티와 부산신항만 배후국제산업물류도시 산업단지가 조성되었다. 도시 자체가 새로운 면모를 갖추는 와중에 더욱 돋보이는 것은 현재 진행되고 있는 정비사업이다. 혁신도시 또한 도시의 완성도를 높이는 데 일조했다.

부산의 339만 5,000명 인구는 해운대구 39만 6,000명 > 부산진구 35만 8,000명 > 사하구 32만 7,000명 > 북구 29만 2,000명 > 남구 28만 3,000명 > 동래구 25만 8,000명 > 금정구 24만 8,000명 > 사상구 22만 7,000명 > 연제구 20만 명 > 수영구 17만 명 > 기장군 16만 명 > 강서구 12만 1,000명 > 영도구 12만 명 > 서구 10만 7,000명 > 동구 8만 5,000명 > 중구 4만 3,000명 순으로 구성되어 있다. 서울에서 송파구의 인구가 제일 많듯이 부산에서도 아파트 개발이 잘 진행된 해운대구의 인구가 제일 많다. 공동주택의 수용능력이 월등하다 보니 나타나는 자연스러운 현상이다. 부산 진구도 정비사업이 한창 진행 중이다. 원도심이라고 할 수 있는 중구와 서구, 동구 등은 서울의 중구와 마찬가지로 인구집중 차원에서는 역시 변화에 한계가 있다. 가구 수는 137만 8,000가구다. 가구원 수는 2.47명으로 우리나라 평균 수준이다. 주택의 단위인 가구는 2018년에 2017년 대비 1만 가구가 증가하였다. 지방 광역시 등 대도시의 특징은 주

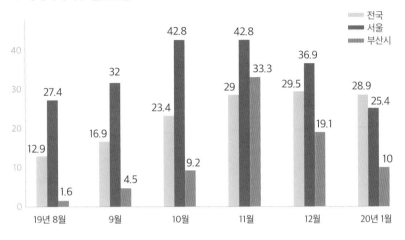

∶ 매매거래지수 월간현황(2020년 1월)

	전국	서울	부산시
19년 8월	12.9	27.4	1.6
9월	16.9	32	4.5
10월	23.4	42.8	9.2
11월	29	42.8	33.3
12월	29.5	36.9	19.1
20년 1월	28.9	25.4	10

변 지역으로부터의 유입으로 가구 수가 증가하는 현상이 나타난다는 것이다. 수요가 늘어남에 따라 주택 공급이 늘어야 하는 이유다. 부산의 주택 수는 122만 1,000호로 인구 335만 명인 경남의 122만 7,000호와 대동소이한 상태다. 부산과 경남은 이웃하고 있으며 인구와 가구 등에서 규모가 비슷하다.

주택유형을 살펴보면 아파트가 79만 8,000호로 65.4%를 차지한다. 서울의 58%보다 많은 편이다. 단독주택은 20만 9,000호로 17.1%, 연립·다세대 주택은 20만 호로 16.4%, 비주거용건물 1만 4,000호로 1.1%를 차지한다. 서울의 경우 연립·다세대가 30%에 육박하고 단독주택이 11% 수준인 것과는 상반된 모습이다. 해석을 해보면 서울과 달리 아직은 단독주택이 공동주택 형태로 크게 변화

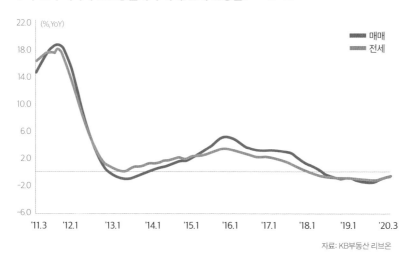

: 부산 주택가격 전년동월대비 매매/전세 변동률(2020년 3월)

자료: KB부동산 리브온

되지 않았다는 차원에서 개발 여지가 높다고 할 수 있다. 서울의 경우 아파트 비율이 전국 평균 61.4%에도 미치지 못하므로 아파트 위주의 큰 변화를 목전에 두었다고 볼 수 있다면, 서울에 비해 단독주택 비율이 많은 부산은 단독주택이 어떻게 변신하는가에 따라 모습이 달라질 것이다. 부산의 주택 중 20년 이상 노후주택은 64만 8,000호로 54.3%에 이른다. 서울의 45% 수준을 뛰어넘는 수치다. 결국 재건축·재개발 등 정비사업이 향후 부산의 핵심사업임을 말해 준다.

　　부산의 정비사업은 활발하게 진행 중이다. 2020 부산광역시 도시 및 주거환경정비기본계획 기준(2019년 10월)에 따르면, 주택재건축 사업은 총 89개 구역으로 21개(2만 9,313호)가 완료되었다. 추진 중

: 부산 북항 토지이용구상안

상업업무지구
부산역
국제여객터미널
IT · 영상지구
복합도심지구
해양문화지구
크루즈부두
마리나
연안여객터미널
해양센터

자료: 부산시

인 구역은 31개(2만 3,812호)이며, 아직 구성단계(추진위원회 전후)인 구역
은 37개(1만 9,624호)다. 완료된 구역보다 훨씬 많은 곳이 진행 중이다.
향후 재건축 사업은 부산의 핵심 주택사업이 될 것이다. 정비사업의
다른 한 축인 재개발 사업은 총 139개 구역으로 완료된 곳은 42개다.
90개 구역이 추진 중이고, 아직 구역이 미지정된 곳은 7개 정도에 불
과하다. 이런 상황을 놓고 보면 부산은 신도시 개발의 마무리와 함
께 기존 시가지 정비사업을 본격화하고 있음을 알 수 있다. 몇 년 후
진행 중인 사업이 마무리되는 시점에 부산은 서울보다도 앞서가는
새 도시로 탈바꿈되어 있을 것이다. 도시개발 측면에서 부산은 2등
이 아닌 선도하는 입장이다. 해운대의 스카이라인을 보면 이미 답이

: 부산 북항 오페라하우스 조감도

나온다. 초고층 건물(50층 이상)이 즐비한 모습은 서울의 한강변을 압도한다. 부산 앞이 바다인 데 비해 서울의 한강은 그야말로 강이라서 차이가 나는 것인가? 도시계획에서 부산과 서울의 방향성, 즉 지향점이 달라 나타나는 현상이다. 좁은 국토를 효율적으로 개발하여 밀도 있게 활용하는 것은 공원 등의 공간을 알차게 공유할 수 있어 쾌적함을 배가시킨다. 물론 그 자체가 관광 상품이 되기도 한다.

　　부산의 수변구역 중 화려한 변신을 시도하고 있는 곳은 해운대구와 수영구다. 해운대의 경우 해수욕장을 기준으로 동쪽인 중동과 서쪽의 우동이 중심지다. 좌동은 중동의 북쪽에 위치하여 바다를 접한 지역은 아니다. 중동에는 엘시티가 있고 우동에는 마린시티와 샌텀시티가 있다. 해운대와 마주하는 서쪽 수영구의 변화 중 가장 관심을 끄는 것은 삼익비치타운 재건축사업이다. 바다를 메워 일부 간척사업을 통해 조성된 단지로 부산의 명물 광안대교를 동남향으로 조망할 수 있는 노른자 입지다. 수영구는 아니지만 해운대 동백유원지와 남구 이기대공원을 연결하는 국내 최장 4.2km 해상케이블카가 건설될 예정이다. 싱가포르 센토사섬과 홍콩 해상케이블카처럼 글로벌 관광도시로서의 면모를 갖추는 데 큰 역할을 할 것이다.

부산역 남쪽 배후 바닷가의 북항 재개발 사업은 부산항의 면모를 새롭게 바꿀 것으로 예상된다. 특히 2022년 5월 준공 예정인 오페라하우스는 놀라운 명품으로 탄생될 것이다. 고인이 된 롯데 신격호 명예회장이 여기에 1천억 원을 기부한 것으로 유명하다. 이 사업이 마무리되면 시드니 오페라하우스와 비견되는 문화도시로서의 품위를 갖출 것으로 기대된다. 문화와 관광 두 마리 토끼를 잡는 길이다. 2020년 1월 정부는 부산을 '국제관광도시'로 선정하였다.

부산의 미래를 연상할 때마다 제1도시인 수도 서울이 초라해지는 느낌을 감출 수 없다. 한강변 스카이라인은 35층 높이 제한으로 볼품이 없어지고, 노들섬 오페라하우스에 대한 계획은 무산된 지 오래다. 과거 한강에 케이블카를 놓자고 제안한 적이 있다. 잠실에서 성수로, 성수에서 압구정을 거쳐 반포로, 반포에서 용산공원으로 연결되고 남산이 종점인 노선 말이다. 장장 18km의 거리를 케이블카를 만들어보자. 이것이 어렵다면 반포 세빛섬과 용산공원과 남산만이라도 연결되는 코스는 가능하다는 판단이다.

부산의 미래는 초록불이다. 도심은 도심대로 정비사업을 통해 새롭게 변화의 주역으로 자리 잡을 것이다. 바닷가 지역은 명품 관광도시로서의 면모를 갖춰가고 있다. 물류 등의 산업과 MICE 복합 시설까지 어우러지는 동북아 해양수도의 미래를 기대해본다.

남쪽 다도해,
여수, 남해, 통영, 거제

우리나라 남해안은 해양 관광자원의 보고다. 전형적인 리아스식 해변을 만들어내고 있고 오밀조밀 섬들이 모여 있는 보석이다. 다도해해상국립공원으로 지정되어 있는 이 지역은 미래의 바다 관광과 휴양을 책임질 기둥이다. 막이 오른 해안 리조트 조성과 수도권과 연결된 KTX의 개통은 유입 관광객의 증가로 이어질 것이다. 전 세계 어디에 내놓아도 천혜의 관광자원으로 손색이 없다. 여기에 역사와 문화가 함께 어우러져 한 차원 높은 가치를 갖는다. 여수를 비롯하여 여수와 다리로 연결된 고흥과 남해, 통영, 거제까지 살펴보기로 하자.

여수는 산업도시이며 남해안 관광의 중심지다. 여러 수식어가 붙지만 가장 매력적인 것은 경제가 살아 있는 몇 안 되는 지방도시라는 것이다. 기반산업은 물론 국가산업단지 내 입지한 GS칼텍스, LG화학, 롯데케미칼, 한화케미칼, 금호석유화학 등 기업체에서 10만여 명의 직간접 고용이 이루어지며 활력을 불어넣고 있다. 여수

발전의 계기가 된 것은 2012년에 있었던 여수 엑스포였다. 이 시기에 KTX가 개통하고 다양한 숙박시설이 확충되어 관광도시로서의 면모를 갖추었다. 근래에는 여수 대경도에 미래에셋이 1조 3,000억 원대를 투자하여 사계절 해양 관광단지를 조성하고 있다. 바닷가에서 즐기는 골프코스도 마련되어 있다. 2024년 완공 예정이다. 여수는 살아 있는 경제력을 바탕으로 부동산 시장에서도 인근 순천과 더불어 강세를 유지하였다. 지난 3~4년간 지방경제가 침체를 거듭할 때 이곳만은 예외였다. 경제와 부동산의 상관관계를 극명하게 보여준 사례다. 산업체가 떠나며 공동화 현상이 발생했던 군산시와 대조적인 모습이었다.

여수는 30만 명의 인구 중 1/3이 안정적인 대기업에 근무한다는 것 자체가 행복한 도시다. 북쪽의 순천, 광양과 더불어 여수의 경제력이 좋아진 것은 수산업의 기반 덕분에 가능했다. 이 지역에서 돈 자랑을 하지 말라는 우스갯소리도 있다. 특히 광양까지 연결되면서 광양만권 국가산업단지가 형성된 것도 큰 도움이 되었다. 제철소가 들어서고 연관 기업체가 지역에서 활동하면서 지역경제가 활성화되었다. 사실상 여수와 순천, 광양은 광양만을 두고 움직이는 단일 경제체제라고 할 수 있다. 광양에서 묘도까지 이순신대교를 통해 연결되고 다시 묘도대교를 이용하여 여수 국가산업단지에 도착할 수 있다. 최근에는 광양만 국가산업단지에서 묘도를 거쳐 여수 국가산업단지까지 전력케이블 연결을 위한 해저터널 공사가 한창 진행

⋮ 여수, 남해, 통영, 거제 일대 다도해

자료: 카카오맵

중이다. 여수의 경우 산업과 관광이 어우러진 경제도시로서 향후 미래가치도 밝다. 부동산 측면에서도 두말할 나위 없는 시장조건을 갖추고 있다. 지역경제가 살아 있어 그에 따라 안정적인 생활여건이 조성되고 주민들의 삶에 활력을 불어넣고 있다. 이를 기반으로 부동산 시장도 활성화되고 있는 상황이다.

남해안의 오밀조밀한 해안선은 아름답지만 단점이 있다. 섬과 섬, 반도와 반도가 바로 연결되지 않아 한참을 돌아가야 하기 때문에 불편하다. 이런 불편을 해소하기 위해 다리를 놓고 터널 공사를 해야 한다. 지금 남해안은 이런 공사가 한창 진행 중이다. 고흥에서 동쪽에 위치한 여수는 고흥과의 이동거리가 85km였지만 다리가 생기고 나서 30km로 단축되었다. 여수에서 남해로, 통영으로, 거제로 연결되는 흐름이다. 공사가 마무리되면 차량으로 해안 일주가 가능하기 때문에 고흥 나로우주센터에서 시작된 관광흐름이 여수를 거쳐 그대로 거제까지 이어지는 셈이다. 이런 도로 개선은 관광자원으로서의 가치를 더욱 빛나게 한다. 어디든 쉽게 갈 수 있고 머물 수 있다는 연결고리는 충분한 매력으로 작용한다.

남해는 여수와 바로 마주하고 있지만 역시 빙 돌아가야 한다. 여수에서 광양을 거쳐 남해를 들르지 않고 곧바로 직진해버리는 경우가 많다. 물론 남해에도 독일마을 등 멋스러운 곳이 많다. 현재 여수시 신덕동 섭도와 남해군 서면 직장리를 연결하는 해저터널 사업이 추진되고 있다. 이 길이 완성되면 고흥에서 여수, 남해, 삼천포, 고성, 통영, 거제까지 남해안의 관광 실크로드가 열리는 셈이다. 해저터널공사는 교량 공사비의 1/3가량이 소요된다고 한다. 당초 1조 원의 예산 소요로 무산되었는데, 터널공사 시 지상구간까지 5천억 원 정도면 가능하다고 한다. 물론 그 금액도 적지는 않다. 터널공사 분야에서 우리나라 업체가 전 세계 상위권의 실력인 만큼 많은 사람들이 개통을 손꼽아 기다리고 있다. 남해 자체도 섬이지만 남해대교 (1973년 개통)와 노량대교가 연결되면서 본래 가치를 회복했다. 남해군은 최남단 미조항에서 조도와 호도를 왕복하는 해상케이블카 6km노선을 기획 중이다. 관광벨트의 완성인 셈이다.

통영은 한국의 나폴리로 불리는 문화의 고장이다. '토지'의 작가

박경리 생가와 기념관이 있다. 통영은 관광명소로 남해안을 이끌던 곳이다. 케이블카도 가장 먼저 만들었던 한려해상공원의 핵심지역이다. 우리에게 익숙한 한산도제승당 이충무공 유적지도 있다. 최근 들어 통영은 인근 여수와 목포에 밀린다. 먼저 앞서갔으나 후발주자에 밀리는 형국이다. 물론 앞으로의 기대감은 높다. 김천에서 합천 ~진주~고성~통영~거제로 연결되는 노선인 남부내륙고속철도가 있기 때문이다. 서울에서 통영까지 2시간 20분 정도면 도착 가능하다. 그렇다면 서울에서 거제까지 2시간 30분이 걸린다. 2028년 개통 예정이다. KTX가 개통되면 남해안 관광객 유입이 획기적으로 개선될 것으로 예상된다. 기존 여수에 이어 통영을 중심으로 철도가 개통되면 남해안을 차량이 아니라 철도로 접근할 수 있고, 이 일대를 렌터카로 일주하는 형태도 충분히 가능해 보인다.

거제는 조선업이라는 중공업 단지를 품고 있는 메카로 한때 경제력이 살아 있는 도시였으나, 경기침체 여파가 부동산 시장에도 작용하고 있다. 지난 몇 년간은 거의 최저점에 놓여 있었다. 근래 들어 서서히 반등의 기미가 보이기 시작했다. 거제가 종점인 KTX는 지역경제에 상당한 활력소가 될 것으로 전망된다. 거제는 부산과 연결되는 상권이므로 경기침체가 어느 정도 극복되면 다시 경쟁력을 얻을 것으로 예상된다.

남해안 다도해의 가치는 사계절 관광벨트로 안착하는 분위기다. 부산권과 호남권의 수요뿐만 아니라 수도권 수요를 끌어들일 충분한 흡입요인을 갖춰 가고 있다. 도로, 철도 기반시설이 개선되면서 체류형 휴양 관광지로서의 가치가 더 높게 평가될 것이다. 부동산 관점에서도 다도해의 미래는 밝다. 대한민국 관광산업의 한 축이 형성되는 느낌이다.

목포, 신안, 진도, 해남, 완도의
미래가치

다도해의 서쪽은 고흥 다음으로 보성군, 장흥군, 강진군, 해남군, 완도군 진도군, 신안군으로 연결된다. 진도와 신안 사이에 목포가 있다. 서남권 섬들의 조화는 고흥~거제라인에 못지않을 정도로 아름답다. 이 지역이 개발된다는 것은 큰 의미가 있다. 부산 등 동남쪽에 비해 상대적으로 저평가된 이 지역은 재도약 차원에서 다도해의 가치를 완성하는 키가 된다. 지역 간 균형발전의 토대를 마련한다는 점에서 획기적이다.

목포는 항구다. 두말할 필요가 없는 서남해안의 대표 지역이다. 인구는 2019년 기준 24만 명이다. 유달산이 유명하고 영산강 하구는 농경지와 주택지, 공장용지로 활용도가 높다. 전라남도의 도청도 행정구역상은 무안군이지만 목포에 있는 것과 마찬가지다. 북쪽지역인 무안에는 공항이 있다. 활용 측면에서 다소 문제가 있긴 하지만 국제공항이다. 공항이 있는 만큼 이곳의 하늘길은 열려 있다는 말이다. 목포는 용산역에서 KTX로 2시간 반가량 걸린다. SRT로는

⦂ 목포해상케이블카 전경

수서역에서 2시간 남짓이면 도착한다. 목포는 이제 오랜 시간 돌고 돌아 도착하는 곳이 아닌 2시간여 만에 갈 수 있는 가까운 곳이 되었다. 고속도로를 통한 접근에 있어서도 서남단 꼭지점에 입지한 상황이라 편리하다. 목포는 아직 현대와 근대가 공존하는 세상이다. 근대역사문화공원을 조성할 정도로 일제 강점기 시절의 건물이 아직 많이 남아 있는 상태다. 정비사업 등으로 아파트로 바뀌고 있지만 변화의 흐름은 생각보다 빠르지 않다. 2020년 1월 정부는 목포를 '지역관광거점도시'로 선정하였다. 근대역사문화, 음식문화 콘텐츠, 섬 등 지역 간 협력체계를 구축했다는 것이 선정 이유다.

최근 목포를 빛내고 있는 시설물이 있는데 해상 케이블카다. 그러고 보니 남해안은 서로 케이블카를 통한 관광 경쟁시대에 진입했

목포, 신안, 진도, 해남, 완도, 고흥 일대 다도해

자료: 카카오맵

다. 통영, 부산 송도, 여수 등이 먼저 해상 케이블카를 설치했는데 목포는 2020년 초를 기준으로 국내 최장 해상 케이블카라는 강점을 내세우고 있다. 이 케이블카는 북항과 유달산에 고하도를 잇는 운행거리 3.23km로 유달산의 즐비한 기암괴석을 조망할 수 있고 목포근대역사문화공원인 원도심을 한눈에 볼 수 있다. 해상 구간이 820m인데, 명품 낙조, 목포대교, 고하도, 선창가, 여객선터미널 등을 바라다볼 수 있는 최고 높이 155m다. 무엇보다 목포대교 다도해의 야경이 장관이다. 부산 해운대의 케이블카가 완성되기 전까지는 최고 길이다. 목포는 아직 정비사업 측면에서는 정돈되지 않은 곳이다. 보통

지방의 소도시가 그런 것처럼 도심 정비사업보다는 외곽 택지지구 개발이 손쉬운 일이기 때문이다. 목포근대역사문화공원이 체계적으로 개발되고 체류형 관광이 가능하도록 기반시설을 갖춘다면 서남 축을 중심으로 입지가 더욱 강화될 것으로 예상된다. 이와 함께 시민들의 문화의식도 한 차원 승화될 것으로 예상된다.

목포 서쪽으로 흑산도와 홍도를 뱃길로 가는 다도해 관광코스가 개설되어 있다. 흑산도에 소공항을 만든다는 계획이 있지만 사업성을 두고 여전히 논란이 뜨겁다. 비행기를 타고 울릉도와 흑산도에 가는 것이 가능하다는 것은 관광 측면에서 엄청난 메리트를 지닌다. 공항이 없는 섬이라면 파도 때문에 배가 뜨지 않으면 꼼짝없이 섬에 갇히는 상황이 된다. 공항이 없는 것과 있는 것은 그만큼 큰 차이가 있다. 공항을 만들 수만 있다면 얼른 착공해야 한다. 대통령 공약이지만 여기서도 환경문제가 대두되고 있다. 2024년까지 완공 예정이다.

신안은 목포와 압해대교로 연결되며 거의 한 몸이나 마찬가지다. 압해도를 기점으로 북쪽으로 김대중대교를 통해 다시 육지와 연결되기 때문에 돌아갈 필요없이 곧바로 무안에 도착할 수 있다. 신안 증도에는 천연 갯벌 염전이 있고 소금 박물관이 있는데 한번은 가볼 만한 곳이다. 압해도에서 서쪽으로 암태도까지 천사대교라는 비교적 긴 다리로 연결되어 있으며 이 다리에서 2번 국도가 보인다. 도로는 섬이 있으면 끊기지만 다리를 통해 다른 섬과 연결되기도 한다. 이렇게 연결된 경우에도 그 국도 번호를 그대로 쓴다. 이처럼 다도해의 장점은 섬과 섬 사이가 멀지 않아 다리나 해저터널을 잘만 연결하면 육지와 다름없이 국토를 이용할 수 있다는 거다. 그 섬들은 그대로 관광자원이 되어 가치는 더욱 높아진다.

진도는 진돗개 정도로 알려져 있지만 사실 우리나라에서 3번째로 큰 섬이다. 제주도, 거제도에 이어 3위다. 그 다음은 강화도, 남해도, 안면도, 완도, 울릉도, 돌산도(여수), 거금도(고흥군) 순이다. 진도대교 하나로 연결되어 있지만 남서쪽으로 하조도, 상조도 등 많은 섬을 거느리고 있다. 세월호 사건으로 알려진 맹골도, 팽목항(진도항)도 진도군에 속해 있다. 진도의 단점은 나 홀로 섬은 크지만 다른 섬들과는 다리를 놓을 정도로 가깝지 않다는 것이다. 진돗개 관련 테마파크가 있다. 결국 자체적인 개발이 추진되어야 할 필요가 있다.

해남하면 떠오르는 것은 땅끝마을이다. 그야말로 한반도 육지의 끝자락이다. 최남단 육지인데 다리로 연결된 섬까지 포함하면 완도가 조금 더 남단에 위치한 것으로 보인다. 아무튼 땅끝이라는 상징성은 해남을 꼭 가보고 싶은 곳, 매력적인 곳으로 만들었다. 무엇이든 지역의 가치는 홍보에 따라 달라진다. 두륜산(대둔산) 도립공원과 산악 케이블카는 해남의 자랑이다.

완도는 해남에서 다리로 연결되어 있고 강진에서 고금도까지 고금대교가 있어 여러 섬들을 순환할 수 있다. 완도는 넓게 포진한 여러 섬으로 이루어져 있어 다도해 해상국립공원의 한 축을 담당하는 중요한 역할을 한다. 완도 자체가 장보고의 청해진으로 유명한 문화유적지인 데다 보길도까지 있어 머물고 싶은 곳으로 자리매김 했다. 윤선도의 유배지로 알려져 있는 보길도는 이미 관광지로서 확고하게 자리 잡았다.

다도해는 저마다의 특색이 있고 체계적으로 개발할 경우 휴양 체류형 관광지로 손색이 없다. 여름뿐만 아니라 사계절 언제 찾아도 즐겁고 행복한 관광벨트가 다도해다. 이런 천혜의 자원을 활용하기 위해서 고속도로가 연결되고, KTX 고속철도가 달리며, 섬과 섬 사이에 다리가 연결되고, 해저터널이 뚫리고 있다. 목포에 도착하여 신안을 돌아 진도에서 해남으로 완도로, 강진과 장흥, 보성을 거쳐 고흥군에 도착하면 바로 여수다. 여수에서 남해만 연결하면 남해에서 사천, 고성, 통영, 거제로 거대한 관광체인이 형성된다. 제각각 특색 있는 개발 아이템을 찾으면 남해안 다도해는 곧 미래의 보석으로 자리할 것이다.

제주도 부동산 시장의 현재와 미래

    제주도는 제주시와 서귀포시로 구성되어 있다. 고구마를 옆으로 뉘어 놓은 형상인데 동서로 반을 나누면 행정구역이 분할된다. 인구는 2019년 기준으로 66만 명 정도다. 국내 최남단 섬으로 관광이 최대 산업이다. 친환경 청정지역의 이국적인 풍취로 내외국인을 끌어모았다. 부동산 시장은 2013년부터 상승을 시작하여 2016~17년에 정점을 기록한 후 하락하였다. 2020년 1월까지 시장은 하향 안정세를 보이고 있다. 제주도의 전반적인 상황을 살펴보기로 하자.

    부동산 시장이 본격적인 상승세를 보인 것은 중국인의 부동산 투자열기가 불면서부터다. 헬스케어타운, 신화역사공원, 제주드림타워 등의 사업에서 투자가 늘어났다. 중국인 관광객을 유치하기 위해 분양형 호텔 열풍도 불었다. 무엇보다 집중력을 발휘한 것은 서귀포 제2공항 건설 발표다. 제2공항은 표선면 일대에 들어서는 시설임에도 불구하고 제주도 전역에 미치는 영향력이 매우 컸다. 육지와의 교통수단이 배와 비행기밖에 없는 상황에서 추가 공항시설은 큰

: 제주도 전체 모습

개발호재라는 인식이 작용한 결과였다.

제주도의 토지시장은 지역별 개발순서에 따라 토지가격이 달라지는 경향을 보였다. 제주 시내가 가장 먼저 오르고, 서귀포 중문 등 신시가지가 개발되면서 이곳에 대한 관심도 점차 높아졌다. 대정읍 일대에 영어교육도시와 테마파크가 형성되면서 서쪽 지역의 땅값이 먼저 오르기 시작했다. 제주시 서쪽인 애월읍은 접근성이 좋아짐에 따라 가격이 상승하였다. 토지가격은 서쪽이 비싸고 상대적으로 동쪽은 저렴한 것이 일반적인 흐름이었지만 오름세가 전 지역으로 확대되었다.

표선면 일대는 땅값도 싸고 개발이 더딘 지역이었지만 공항 건설 발표 이후, 바람이 무섭게 불기 시작했다. 공항주변의 목장용지의 가격은 발표 당시 3.3㎡(평)당 5~6만 원에 불과했지만 발표 이후 몇 배가 올랐다. 해안가 땅값도 3.3㎡(평)당 50만 원 수준에서 수백만 원으로 뛰었다. 실수요 여부와 상관없이 상당수 투자자 위주로 거래가 이루어진 결과였다. 서울을 비롯한 전국에서 투자열풍이 불었다. 평소 3.3㎡(평)당 40만 원 수준에 불과했던 밭과 귤 농장은 2백만 원 전후로 올랐다. 제주 토지시장의 특징은 외지인 소유가 많다는 것이다. 1970년대부터 일명 묻지마 투자열기가 불어 외지인의 토지 소유가 급격하게 늘어났다. 대규모 농장처럼 큰 단위로 기업체에서 소유한 경우도 많다. 2000년대 초중반부터 서서히 투자자가 모이기 시작했으나 그렇게 집중력이 높지는 않았다. 그런 상황에서 공항 개항 소식이 반전을 가져왔다. 공항 관련 소식은 관광 및 시장 활성화에는 일정 부분 도움이 된다. 그렇지만 주변 토지만 놓고 보면 반드시 호재는 아니다. 이미 공항이 있는 상태에서 확장되는 개념이므로 실질적인 개통 효과는 크지 않다. 특히, 소음과 여러 개발제한 요인으로 공항 주변의 발전이 더 어려워질 수도 있다. 정작 기대만큼 주변 상권이 활성화된다고 보기도 어렵다. 제주도는 워낙 지역 자체가 좁고 도로 체계가 발달하여 현재에도 공항 접근이 수월한 편이다. 표선면 일대에 공항이 생긴다 해도 관광하다 시간 맞춰 공항에 오는 사람들이 대부분이다. 그들이 굳이 표선면에 머물러야 할 이유는 크지 않다. 결국 토지가격 상승은 공항의 효과를 과대 해석한 결과로 풀이된다.

또한 제주도는 빈 땅이 너무 많아 개발할 곳이 천지다. 물론 한라산 중산간 일대 이상은 개발이 제한되어 있다. 한라산을 제외하면 산이 거의 없고 오름을 빼면 제주도는 거의 평지에 가깝다. 토지 지목 중 상당수는 임야다. 임야는 육지에서는 모두 '산'으로 생각하는 것이 일반적이지만, 제주에서만큼은 지목 자체 글자인 '野(들 야)'의 의미에 충실하다. 즉, 황무지, 자갈밭 등이 대부분인 것이다. 田(밭 전)과 구별도 되지 않을 정도다. 물론 제주 땅을 개발하는 과정에서의 어려움은 있다. 다름 아닌 묘지 때문이다. 묘지는 육지에서는 일반적으로 산에 있는 게 정상이지만, 제주도에서는 대부분 '전'에 있다. 묘지가 '전'의 가장자리에 있는 것도 아니고 중앙에 있는 경우도 많다. 따라서 토지를 매입할 때는 이 부분에 대한 처리를 명확히 할 필요가 있지만 현실적으로 쉽지는 않다.

제주도 토지시장은 정점에서 30%가량은 하락한 상태다. 투자 수요가 이미 썰물처럼 빠져 나갔다. 과거 묻지마 투자열풍의 결과다. 2019년 기준 전국에서 유일하게 토지가격이 하락했다. 제주도에 불어닥친 개발 열풍의 결과, 호텔 등 숙박시설이 대거 들어선 상태며 주택으로 개발된 이후에는 더 이상의 수요가 많지 않다. 공항은 역시 환경영향평가와의 힘겨루기를 시작했다. 어떻게 결론이 나든 개항까지는 상당한 시간이 소요될 예정이다. 공항이 하나 더 있으면 좋지만 당장 없다 해도 큰 불편은 없다. 지하철이 없는 지역에 처음 개통이 되면 주택가격은 통상 30% 이상 오른다. 확실히 상승효과가 있다. 하

∷ 서귀포 앞바다 전경

자료: 카카오맵

∷ 제주 주택가격 전년동월 대비 매매/전세 변동률(2020년 3월)

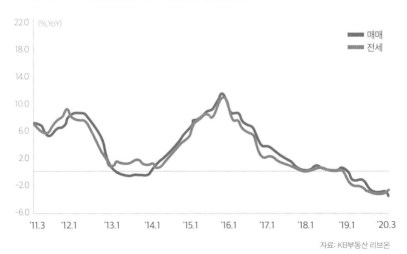

자료: KB부동산 리브온

자료: 작가 현상봉

지만 이미 있는 곳에 추가로 1개 노선이 추가될 경우 그 효과는 크지 않다. 그런 이치와 마찬가지다. 제주도가 너무 과잉반응을 한 것으로 보인다. 땅값은 상당 부분은 조정될 여지가 많다. 원주민은 결코 높은 가격을 주고 토지를 매입할 의사가 없다. 어차피 육지 사람들에 의해 만들어진 가격이기에 원주민들의 인정을 받기는 쉽지 않다. 종전에는 관습적으로 원주민끼리 거래하는 가격이 따로 형성되기도 했다.

제주도 주택시장은 하향 안정세다. 제주도는 육지처럼 주택유형에서 아파트가 차지하는 비율이 높지 않다. 지역의 특성상 단독주택이 많고 연립·다세대주택도 꽤 된다. 2018년 통계청 자료를 보면 아파트 비율은 전국 평균이 61.4%인데, 제주도는 31.8%로 절반 정도에 불과하다. 단독주택이 39.8%로 가장 높고 연립·다세대도 26.1% 정도다. 아파트 가격도 서울사람을 비롯해서 외지인이 올려놓은 경우가 대부분이다. 서울에서 아파트가 가장 좋은 주택유형이니 제주도에 들어온 서울사람들이 아파트를 선호해서 생긴 결과다. 노형동의 한 아파트는 고점대비 10%가량 조정된 상태다. 당분간 이런 추이가 이어질 것으로 예상된다.

제주도 부동산의 미래는 중국 투자자 등의 퇴조로 혼조세가 예상된다. 분양형 호텔, 신화역사공원, 제주 드림타워 등 대규모 개발사업이 거의 종료되었다. 추가 추진 사업은 눈에 잘 띄지 않는다. 역시 관건은 제2공항 건설이지만, 이미 상당 부분 가격에 반영되어 있어 추가 상승 여력은 제한적이다. 상승 바람이 분다면 오히려 매도 타이밍으로 활용할 필요가 있다.

제주도 토지시장 자체는 시간이 필요해 보인다. 개발 시에는 사업수지분석을 철저하게 진행하고 신중하게 대처하는 자세가 필요하다. 주택시장은 공급물량이 해소되어 가는 과정에 있기 때문에 미래가 꼭 어둡지만은 않다. 2020년을 기준으로 1~2년이면 어느 정도 회복될 것으로 예상된다. 부동산 시장 자체의 열기가 가라앉았다는 의미지 제주도 부동산 전체 시장의 비전이 좋지 않다는 뜻은 아니다. 이런 과도한 열기와 거품이 제거되고 정상 수준으로 되돌아오면 건전한 발전의 토대가 마련될 것이다.

서해의 중심,
새만금

　　새만금은 대역사다. 새만금 개발의 시작은 1989년 노태우 정부 시절 '새만금종합개발사업 기본계획' 발표로 시작되었다. 그 후 역대 정부에서도 개발 의지는 가지고 있었으나 현실적인 사업 속도는 거북이 걸음이었다. 1991년 착공했지만 '해수 방조제' 하나를 완공해 놓고(2010년 4월) 30년이 흐른 것이다. 1990년대 초 함께 개발을 시작한 중국 상하이 신도시는 초고층빌딩이 즐비한 국제도시로 천지개벽을 했다. 다행스러운 것은 최근 이곳에 변화의 바람이 일기 시작했다는 거다. 새만금의 미래 비전에 대해 살펴보기로 하자.

　　'새만금'은 곡창지대인 만경평야와 김제평야가 합쳐져 새로운 땅이 생긴다는 뜻이다. 만경에서 '만萬'을 가져오고 김제에서 '금金'을 가져오고 '새' 자를 앞에 붙인 이름이다. 군산과 부안을 연결하는 세계 최장 길이의 방조제(33.9km)를 만들어, 바다를 메우는 간척지(291㎢)와 호소(118㎢)를 조성하고, 고군산도(3.3㎢)와 신항만(4.4㎢)을 개발하는 사업이다. 간척지의 크기는 여의도 면적(2.9㎢, 윤중로 안쪽 지역)

100배에 이른다. 익숙한 단위인 평으로 환산하면 여의도가 약 88만 평, 새만금은 8,800만 평이다. 가늠이 안 되는 넓은 면적이다. 그렇다고 국토가 넓어졌다기보다는 해저도 이미 면적에 포함되어 있으니 활용 가능한 토지가 추가 확보된다는 의미다. 간척사업을 위해선 인근 지역에서 토석을 실어 와야 한다. 그 결과는 쉽게 말해 주변 산들이 거의 없어진다고 보면 된다. 산은 평지로 다시 부활하니 1석 2조인 셈이다.

국가행정기관인 '새만금개발청(2013년 9월 설립)'에서 밝힌 새만금의 비전과 추진목표를 보자. 비전은 새로운 "문명을 여는 도시! 글로벌 자유무역의 중심지!"다. 추진목표 첫째는 초국적 경제협력 특구 조성이다. 한중일 등이 협력하는 국가 간 경제공동체 형성을 목표로 한다. 둘째, 글로벌 정주·교류 거점도시다. 세계적 정주 여건을 갖춘 명품도시로 다문화를 포용하는 문화융합도시다. 셋째, 활력 있는 녹색 수변도시다. 인간과 자연이 어우러진 친환경도시, 지속 가능한 첨단농업, 녹색도시를 표방한다. 넷째, 수요자 맞춤형 계획도시다. 투자자와 기업의 수요를 유연하게 반영하는 도시다. 다섯째, 탈규제와 인센티브 특화도시다. 맞춤형 시범도시로 만든다는 생각이다. 원래 비전은 크고 장대하여 다소 추상적인 경향이 있다.

새만금이 구체적으로 어떤 경쟁력을 갖추고 있고, 본격적으로 궤도에 오르면 어떤 위상을 확보할 수 있을까? 우선 새만금의 경쟁력을 알아보자. 첫째, 국가적 경쟁력이다. 호소(내륙에 있는 호수와 늪)를 포함하여 409㎢라는 서울시 면적의 2/3에 해당되는 광대한 면적을 신규 조성하는 만큼 발전 잠재력이 크다. 정부가 직접 추진하는 국가적 핵심 사업으로 새만금을 한국 신재생 에너지의 중심지로 만든다는 것이다.

둘째, 지정학적 경쟁력이다. 환황해권 서해안 축의 중앙부에 위치하여 서해안 발전 견인에 유리한 입지다. 서울에서 호남선 KTX를 이용할 경우 1시간 만에 갈 수 있다. 익산까지 40분, 익산에서 새만금까지 20분이 소요된다. 실제로는 익산까지 1시간이 걸린다. 한국 전역이 2시간대에 도착 가능하다는 말이다.

셋째, 인프라 경쟁력이다. 중국 크루즈 전용 항구로 최적의 환경이다. 제주(11~12m), 인천(10m), 광양(10m), 부산(11.5m)의 수심이 깊지 않은 데 비해 새만금신항은 17~40m로 깊어 25만 톤(15m 이상)의 접안도 가능하다. 옌타이항(470km). 칭다오항, 따리엔항, 옌청항, 상하이항(670km) 등 중국의 주요 항구와도 최적의 거리에 위치해 있다. 뱃길도 중요하지만 무엇보다 시급하게 경쟁력을 확보할 수 있는 방법은 하늘길을 여는 것이다. 현재 군산공항을 확장하고 국제노선 취항을 추진 중이다. 국제공항이 없는데 동북아 경제중심을 아무리 주장한들 공허한 외침에 불과하다. 무안공항까지 차로 1시간 거리지만 멀게 느껴진다. 새만금 국제공항은 2019년 1월 예비타당성조사를 면제받았다. 사업 속도를 낼 수 있는 여건이 조성된 것이다.

넷째, 제도적 경쟁력이다. 한중 경협단지 추진과 관련된 중국

: 새만금 공간구조계획

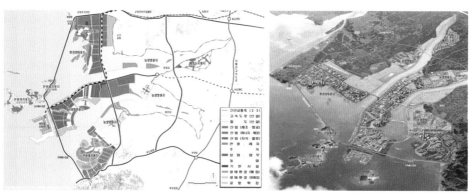

자료: 새만금 개발청

특구다. 양국 정부가 담보하는 개발사업 및 투자유치가 가능하다. 새만금특별법에 따라 투자자를 위한 맞춤형 제도가 가능하고 조세특례제한법으로 새만금 전 지역에 조세감면제도를 확대 시행할 것이다. 종합보세구역으로 예비 지정되어 원재료에 대한 수출입 관세가 감면됨에 따라 타 지역 생산제품에 비해 가격경쟁력 우위를 확보했다. 경쟁력만 살펴보면 뭔가 이미 다 이루어진 것처럼 꿈에 부풀어 보인다. 조속히 이와 같은 경쟁력을 갖추길 희망한다.

새만금의 공간구조계획, 즉 토지이용구상은 주거 4.5%, 산업 11.8%, 상업·업무 1.5%, 관광 6.2%, 농업 33.7%, 기반시설 15.5%, 환경·생태용지 20.3%, 기타 6.6%로 계획되어 있다. 서울시의 2/3에 해당하는 면적이다 보니, 넓고 커서 활용 면에서 밀도가 높지 못하고 느슨한 느낌마저 든다. 광활한 토지를 배경으로 본격적인 사업의 닻을 올린 것이 재생에너지 사업이다. 새로운 성장 동력을 확보한다는 취지다. 2018~2022년(새만금개발청 주도. 농림축산식품부는 2030년까지)까지 태양광과 풍력·연로전지 사업을 추진한다. 새만금 총 면적의 9.4%인 38.29㎢에 해당된다. 공항에 인접하거나 수면상태로 개발수요가 낮은 6개 지구다. 총사업비 6.6조 원을 투입하는 사업이다. 중국에서 온 사업자도 관심을 갖는 핫한 사업인 만큼 철저한 관리가 필요하다. 전기는 새만금 개발을 위한 필수시설이고 기반시설인 만큼 효율성을 높여야 한다.

새만금이 원대한 비전과 목표를 달성하기 위해선 갈 길이 멀다. 2018년 말 기준으로 개발 계획면적 291㎢의 38.1%인 110.8㎢만 개발 중이며, 매립완료 면적은 12.1%인 35.1㎢에 불과하다. 미개발지가 62.9%인 180.2㎢에 이른다. 세대(30년)를 뛰어넘는 시간이 흘렀음에도 불구하고 아직 매립 중이다. 기초공사가 가장 시급한 현안이다. 개발부지가 조성되어야 그 다음 개발이 이루어지기 때문이다. 새만금은 새 역사를 창조하는 원대한 사업이다. 다시 비전을 만들고 추진하는 원년이라는 각오로 미래도시를 건설해야 한다. 입지 등을 고려하면 서해의 중심지로서의 역량이 충분하다. 국제공항은 무엇보다 중요하다. 여기에 도로, 철도 등의 인프라를 조속히 갖추면 국제적인 경쟁력이 확보될 것으로 예상된다. 특히 지방 발전의 중추적인 역할을 할 혁신도시로 조성하면 된다.

새만금개발청은 2023년까지 기반시설 1단계 공사를 마무리한다고 밝혔다. 아울러 기업의 투자유치를 위해 활발하게 움직이고 있다. 재생에너지뿐만 아니라 전기자동차, 데이터산업 및 자율주행, 드론, 위그선 등 첨단산업 분야로까지 범위를 확대하여 투자유치를 환영하고 있다. 수변도시도 2024년까지 조성할 예정이다. 면적 6.6㎢(20만 평) 규모에 사물인터넷IOT과 인공지능AI를 결합한 도시로, 인구 2만 명이 거주하는 공동주택 8,500가구 규모다.

새만금에 두바이의 초고층 '부르즈 할리파'와 '쥬메이라 비치'처럼 멋진 해변 관광지가 조성되고, 상하이 황푸강 유람선에서 '동방명주'를 바라보는 듯한 외경을 상상해본다. 미래는 꿈꾸고 염원하는 자에게 기회가 있는 만큼, 당초 목표와 비전의 초심을 잃지 않고 지속적으로 추진해야 한다. 반드시 후대에는 명품 국제도시로 탄생할 것이다. 글자 그대로 새만금이 열려야 한다.

대구, 대전, 광주, 울산, 광역시의 미래

우리나라에는 광역시가 6개가 있다. 특별시 다음 규모로 '도(道)'와 같은 행정단위인 광역지방자치단체다. 1964년부터 직할시라는 명칭을 쓰다 1995년부터 부산, 대구, 인천, 광주, 대전 등 5개를 광역시로 바꿨다. 1997년 울산이 광역시로 격상되어 수도권 1개, 지방 5개의 규모를 갖추었다. 인구 100만 명을 넘는 것을 기준으로 하지만 그렇다고 모두 광역시가 되는 것은 아니다. 지역의 행정적인 상황을 고려하여 선정한다. 창원시의 인구도 100만 명이 넘고, 경기도에서 그 기준을 적용하면 수원시, 고양시, 용인시도 광역시여야 한다. 아무튼 울산 이후 새로 선정된 광역시는 없다. 인구 50만을 넘는 시는 자치구를 둘 수 있다. 광역시는 주변 시군의 중심지 역할을 한다. 대도시이기 때문에 지역경제, 사회, 문화 등에서 중추적인 역할을 하게 한다. 부동산 시장에서도 마찬가지다. 광역시 부동산의 움직임을 분석하면 지역의 흐름을 대부분 이해할 수 있다. 수도권에 속해 있는 인천과 부산은 앞에서 다루었으므로 그 외의 광역시를 살

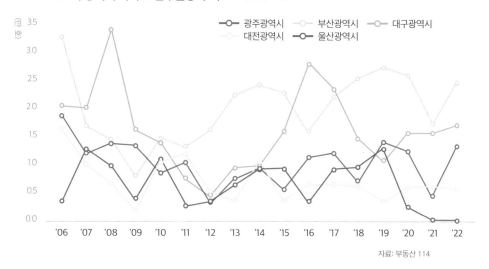

: 5대 광역시 아파트 입주물량 추이(2020년 3월 12일)

광주광역시　　부산광역시　　대구광역시
대전광역시　　울산광역시

'06 '07 '08 '09 '10 '11 '12 '13 '14 '15 '16 '17 '18 '19 '20 '21 '22

자료: 부동산 114

펴보자.

첫째, 대구광역시다. 2018년 기준(통계청)으로 인구는 244만
4,000명이다. 경북은 267만 3,000명이다. 인구가 조금씩 감소하고
있다. 가구는 96만 8,000으로 평균 가구원 수는 2.52명이다. 주택
수는 79만 3,000호다. 그중 아파트는 56만 8,000호로 71.6%이고,
단독주택은 15만 2,000호로 19.2%의 비중이다, 연립주택과 다세대
주택은 6만 3,000호로 비중은 7.9%다. 비거주용 건물 내 주택은 1
만 1,000호로 1.4% 수준이다. 20년 이상된 주택은 40만 9,000호로
51.6%에 이른다. 대구는 인구로 따지면 서울, 부산, 인천에 이어 네
번째 규모다. 대구 경북이라는 TK의 중심체 중 하나로 확고한 역량

: 대구 주택가격 전년동월대비 매매/전세 변동률(2020년 3월)

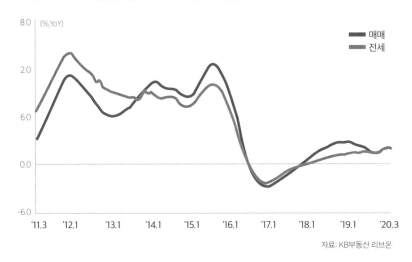

자료: KB부동산 리브온

을 갖춘 곳이다. 아파트의 비중은 전국 평균 61.4%, 서울 58%보다 훨씬 높은 편이다. 광역시 중에서는 광주, 대전, 울산 다음이다. 아파트 비중은 다른 광역시들과 비교했을 때 중간 정도지만 특이한 것은 그들과 비교했을 때 단독주택 비중은 제일 높다는 거다. 달리 보면 공동주택으로 변화하지 않았으니 재개발의 여지가 높다는 뜻이고, 달성군 등 외곽지역이 택지지구 등으로 개발되지 않았다는 의미도 된다. 대구 부동산 시장은 분석하기 가장 쉬운 지역이다. 아파트 입주물량 추이를 따라가면 거의 시장의 가격선이 보이기 때문이다. 2009년부터 오르기 시작하여 2015년까지 산 정상의 능선을 횡보하는 듯한 상승세를 보였다. 2016~2017년 입주물량 확충으로 조정

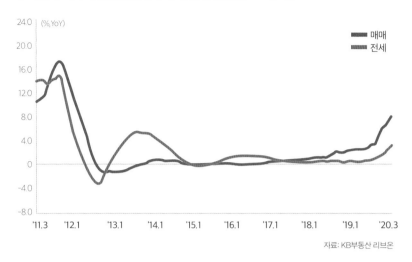

자료: KB부동산 리브온

양상을 보이다 2018년 다시 회복세로 돌아섰다. 2020년에 들어서는 물량이 평균 수준 이상을 유지하면서 소폭 상승 형태를 보이고 있다. 향후에도 이 추세는 당분간 유지될 것으로 예상된다. 산업이 활성화됨에 따라 구매력이 수요로 이어질 것으로 판단된다. 대구의 중심인 수성구의 강세가 여전한 가운데, 달성군의 미분양(2020년 2월 기준) 상황은 다소 부담으로 작용한다.

둘째, 대전광역시다. 인구는 151만 1,000명이다. 충남은 218만 1,000명이다. 가구는 60만 8,000으로 평균 가구원 수는 2.48명이다. 그중 아파트는 35만 6,000호로 73%이고, 단독주택은 8만 1,000호로 16.6%의 비중을 차지한다. 연립주택과 다세대주택은 4만 5,000

● 광주 주택가격 전년동월대비 매매/전세 변동률(2020년 3월)

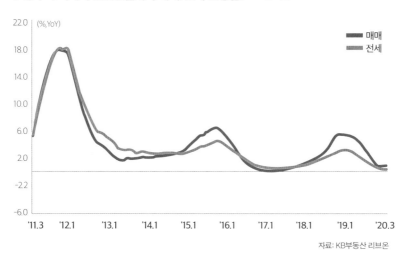

자료: KB부동산 리브온

호이고 비중은 9.2%다. 비거주용 건물내 주택은 0.5만 호로 1.1%
수준이다. 20년 이상 된 주택은 26만 4,000호로 54.3%에 이른다.
아파트는 광역시 중 광주에 이어 두 번째로 높다. 중요한 특징은 20
년 이상 노후주택이 6개 광역시 중 가장 많다는 거다. 노후주택이 많
다는 뜻은 아파트 등으로 정비사업(재건축, 재개발)이 활발하게 진행될
가능성을 예고하는 것이다. 누가 먼저 사업을 선점하느냐에 따라 시
장을 주도하는 지역이 탄생할 수 있다. 서구와 유성구에 신도시 등
택지지구 개발이 집중됨에 따라 이들이 부동산 시장을 선도하고 있
다. 대전 부동산 시장은 2011~2013년 고점을 기록한 후 잠잠하다
2017~2018년을 기점으로 상승하기 시작하여 2019년에는 전국 상
위권을 맴돌았다. 아파트 입주물량이 6천 호 정도로 안정적인 수급

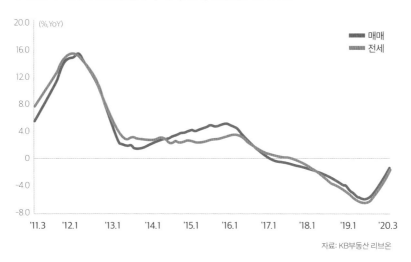

자료: KB부동산 리브온

상태를 보임에 따라 당분간 상승 추세가 지속될 것으로 예상된다. 대전도시철도 2호선은 노면전차(트램)로 추진되고 있다. 하지만 기존 도로의 일부를 사용해야 한다는 단점이 있어 교통흐름 개선 기대감이 제한적이다. 따라서 지하철로 전환하는 작업을 추진하고 있지만 쉽지 않은 상황이다.

　　셋째, 광주광역시다. 이곳의 인구는 149만 명이고 전남의 인구는 179만 명이다. 광주광역시의 가구 수는 58만 6,000가구로 평균 가구원 수는 2.54명이다. 주택 수는 51만 5,000호다. 그중 아파트는 40만 6,000호로 78.9%이고, 단독주택은 8만 5,000호로 16.6%의 비중이다. 연립주택과 다세대주택은 1만 8,000호이고 비중은 3.4%이다. 비거주용 건물 내 주택은 6,000호로 1.1% 수준이다. 20년 이상된 주택은 26만 4,000호로 51.3%에 이른다. 아파트의 비중이 세종시 83.7%에 이어 전국에서 두 번째로 높다. 세종시야 대부분 신도시로 형성된 곳이므로 그렇다고 할 수 있지만 광주광역시는 특이한 경우다. 이렇게 광주광역시에 아파트 비중이 높은 이유는 광산구와 북구 첨단지구, 서구 상무지구, 광산구 수완지구 등 대규모 택지지구가 조성되었기 때문이다. 2009~2013년에 이곳 역시 지방 호황기를 누렸다. 2015~2016년에 재상승한 후 2017년 휴식기를 거쳐 2018년부터 2019년까지 상승 흐름을 유지했다. 2020년 들어 입주물량 증가로 다소 주춤한 모양새를 보이고 있다. 하지만 미분양 주택이 미미(2020년 2월 기준 36호)한 수준이고 향후 입주물량이 감소 추세로 돌아설 것으로 예상된다. 아울러 미래 시장의 척도인 분양 시장은 상당한 집중력을 보이고 있다. 향후 1~2년 후 재상승 흐름을 이어갈 것으로 전망된다. 재개발사업이 활발하게 진행되고 도시철도 2호선 사업도 이어짐에 따라 시장에서의 관심도가 증가할 것으로 보인다.

넷째, 울산광역시다. 인구는 115만 명이다. 가구는 44만 가구로 평균 가구원 수는 2.61명이다. 주택 수는 38만 호다. 그중 아파트는 27만 3,000호로 72%의 비중이고, 단독주택은 6만 7,000호로 17.6%의 비중이다. 연립주택과 다세대주택은 3만 3,000호이고 비중은 8.7%이다. 비거주용 건물 내 주택은 6,000호로 1.7% 수준이다. 20년 이상 된 주택은 18만 6,000호로 48.9%에 이른다. 아파트 비중은 광역시의 평균 수준이다. 단독주택 비중은 대구에 이어 두 번째로 높다. 울산은 2013년 이후 장기간 하락세를 면하지 못한 침체된 부동산 시장의 대표적인 지역이었다. 조선업과 자동차로 대표되는 산업이 불경기로 인해 힘을 못 쓴 결과다. 광역시 중 남부럽지 않은 경제력을 과시하던 울산으로서는 상당히 억울한 시기였다. 이 시기에 입주물량의 부담도 컸다. 2019년 하반기 시장에 변화의 조짐이 나타났다. 길었던 하락세를 마감하고 상승으로 반전하는 데 성공했다. 경제가 일정 부분 회복되고 있는데 입주물량이 공급과잉에서 급감으로 뒤바뀌었기 때문이다. 2020~2022년 구간은 울산 부동산 시장의 걸림돌인 입주물량이 급감하는 시기다. 반전에 성공한 형태로 향후 나이키 곡선을 그리며 상승추세가 이어질 것으로 전망된다.

광역시는 지역에 따라 다른 모양새를 보인다. 큰 틀에서는 대구와 대전, 광주가 잘 나가는 속칭 '대대광' 시절에 울산이 추가된 양상으로 정리된다. 결론적으로 부산, 인천까지 포함한 6대 광역시의 부동산 시장은 향후 '맑음'으로 정리할 수 있다.

지방 대·중소도시를 돌아보다

지방 부동산 시장을 살펴보면 2009년 대세 상승을 시작한 후 2011~2013년에는 정점에 있었다. 그 이후 침체를 거듭했다. 드디어 2019년을 저점으로 바닥 다지기를 끝낸 후 다시 한 번 재도약하는 초입 단계에 있다. 지역마다 편차가 있으나 흐름은 아파트 입주 물량 추이와 유사하다. 그리고 미분양 아파트를 분석하면 해당 시·군·구의 움직임을 알 수 있다. 그리고 큰 틀에서는 부동산 시장의 수요라고 할 수 있는 인구 정도와 구체적으로는 가구의 변화 추이도 살펴야 한다. 지방 도시들의 공통적인 문제는 인구감소다. 이미 눈앞에 닥친 현실이다. 젊은 사람은 교육, 일자리 등을 찾아 대도시로 떠나고, 귀농·귀촌인을 찾아 그들을 유치해야 하는 상황이다. 지방 경제 활성화를 위해 각종 축제를 만들어 홍보에 나서고 있다. 행사의 옥석을 제대로 자리 잡게 만들어야 하고 각종 특화산업을 유치하여 젊은 층 수요자를 끌어들이는 전략을 추진해야 한다. 지방 대·중소도시를 중심으로 향후 미래가치에 대한 기대와 미분양 주택 등 부

: 지방 도시 위치도

자료: 카카오맵

동산 시장의 흐름을 살펴보자. 지방의 경우 대도시는 인구 50만 이상 100만 미만이다. 인구 50만 명 미만은 중소도시다.

첫째, 춘천시다. 강원도 도청소재지로 2019년 기준 인구는 28

만 명이다. 필자가 춘천을 방문할 때마다 느끼는 인상은 참 멋있는 호반의 도시라는 것이다. 소양강댐과 시내를 휘감아 돌아가는 춘천 호반 의암호의 풍치는 대단한 가치를 지닌다. 춘천MBC에서 바라보는 조망을 비롯하여 의암호 내 인공섬인 중도에 2022년에 들어서는 춘천레고랜드테마파크는 춘천의 가치를 한 차원 높일 것으로 예상된다. 용산역에서 출발하는 ITX 청춘 열차는 1시간 안에 도착한다. 서울~양양 간 고속도로를 통해서도 쉽게 접근이 가능하고 제2경춘 국도 또한 추가될 예정이다. 이만한 접근성을 갖춘 명품도시를 찾기 힘들다. 미래에는 전원도시로의 가치가 더욱 부각될 것이다. 미분양 주택은 2019년 8월 1,157가구로 정점을 찍고, 2020년 2월에는 527가구로 점진적 감소추세다. 다소의 시간은 필요하겠으나 큰 무리는 없어 보인다.

둘째, 천안이다. 천안은 대도시다. 인구는 65만 명이다. 지방도시 중 보기 드물게 인구가 증가하고 있는 지역이다. 충남의 대표 도시답게 활성화된 곳이다. 경부고속도로가 지나는 평택 바로 밑 서울과 대전의 중간쯤에 위치한다. 고속도로가 사방으로 분기하는 교통의 요충지라고 할 수 있다. 천안아산역은 수도권을 벗어난 KTX의 첫 기착지다. 수도권 규제의 반사이익도 충분히 누리고 있어 물류 산업시설이 많다. 대학교가 많아 젊은 층 인구가 북적이고 경제가 살아 있는 곳이다. 천안의 경우 동남권 개발을 거의 마무리하고 북쪽의 서북구 지역에 비중이 실리는 모양새다. 여전히 개발 진행 중이다. 미분양주택은 2019년 8월 1,538가구를 정점으로 대폭 감소 추세다. 2020년 2월에 320가구에 불과하여 거의 부담이 없는 수준이다. 충남 부동산 시장에서 문제는 당진과 서산인데, 이곳의 미분양주택이 1,382가구와 1,160가구에 이른다. 서산은 조금씩 감소하고 있으나 시간이 필요해 보인다. 당진도 마찬가지다. 충남의 경우는 전체적으로 아파트 입주물량 부담에서 벗어났다. 향후 천안을 중심으로 상승추세가 예상된다.

셋째, 태안군이다. 이곳의 인구는 6만 3,000명 수준이다. 태안을 살펴보는 이유는 이 지역에 충남의 해안지역을 대표하는 태안해안국립공원이 있기 때문이다. 안면도로 대표되는 이곳은 여름철 관광객이 많이 모이는 곳이다. 안면도에서 남쪽에 있는 보령시 대천 방향으로 갈 때 다시 북쪽의 서산으로 올라와서 내려가야 하는 큰 불편이 있었다. 이런 안면도의 숙원사업이 마무리 단계에 있다. 우선 안면도에서 원산도 구간의 원산안면대교가 개통되었다. 2021년 말에는 원산도~대천항 구간의 6.9km 해저터널이 굴착을 완료하고 개통을 기다린다. 1시간 반을 돌아가야 할 거리를 10분 만에 갈 수 있다. 이 터널 개통으로 양방향 소통이 가능해진다. 내려갈 때 안면도에서 대천으로 접근이 쉽고 올라갈 때는 대천에서 안면도를 거쳐 가도 되니, 해안 관광뿐만 아니라 부동산 시장에서 볼 때도 이보다 더 좋은 호재는 없다. 태안군 자체의 미분양주택은 2020년 2월 현재 156가구로 큰 부담은 없는 상태다.

넷째, 청주시다. 충북 도청소재지로 인구는 84만 명 수준으로 대도시다. 2014년 청원군과 통합하여 67만 명 정도에서 급증했다. 수도권의 부천시 인구 83만 명과 유사한 규모다. 청주는 충북의 도청소재지다. 과거에는 청정한 교육도시가 대표 브랜드였지만, 현재는 산업도시의 이미지가 추가된 모양새다. SK하이닉스, LG생활건강, LG이노텍, 롯데푸드, LS산전 등 다수의 대기업 산업단지가 조성되어 있다. 청주시 도시개발은 입주를 앞둔 동남지구처럼 택지지구 개발을 통한 외연 확장에 주력했다. 오송생명과학단지가 입주해 있고, KTX가 분기하는 오송역도 청주시 관할이다. 이곳에서 세종시와 연결된다. 청주는 두말할 필요 없이 잘 짜여진 알찬 도시다. 미분양 주택은 2019년 1월 2,012가구였으나 점진적으로 감소하여 2020년 2월에는 162가구만 남았다. 지역 부동산 시장의 흐름에 무리가 없어졌다. 서서히 침체된 상태에서 반전을 준비하는 시장으로 판단된다.

다섯째, 충주시다. 충주와 청주의 앞 글자를 따 충청도가 되었다. 인구는 21만 명 수준인데 2010년 대비 소폭 증가하였다. 충주에는 기업도시가 있어 서충주신도시를 형성하고 있다. 중부내륙고속도로와 평택~제천 간 고속도로가 지나며 교통이 개선된 곳이다. 충주댐은 남한강의 주력 담수시설로 충주호는 제천시 청풍면 일대까지 아우르는 거대한 호반이다. 소양강댐의 북한강과 더불어 충주댐의 남한강이 양평 양수리(두물머리)에서 만나는 형상으로 수도권의 젓줄이다. 신라시대 중앙탑이 있는 중원군을 흡수한 통합시지만 다소 정체된 감은 있다. 향후 지역 자체의 브랜드를 만들면 충분히 내륙 관광도시로 성장 가능성이 충분하다. 2019년 1월 기준으로 미분양주택이 293가구가 있었으나 2020년 2월 기준으로 모두 사라지고 없다.

여섯째, 안동시다. 인구는 2015년 17만 명을 정점으로 1만 명가량이 감소한 16만 명이다. 안동은 2020년 정부에 의해 선정된 지역 거점관광도시다. 오래된 도시로서 안동하회마을 등 관광지가 많다. 안동댐으로 조성된 안동호는 낙동강의 보고다. 인근 한옥마을에서 머문 적이 있는데 그 풍경은 이루 말할 수 없을 정도로 아름다웠다. 충주와 마찬가지로 관광도시로의 역량이 탁월하다. 경북도청은 안동과 예천군에 걸쳐 있다. 예천 옆으로 문경시, 남쪽으로는 상주시까지 거의 하나의 권역으로 봐도 무리가 없다. 이 지역을 아우르는 관광 상품은 충분한 기대감이 들게 한다. 안동시의 미분양주택은 2019년 1월 499가구에서 2020년 2월 182가구로 감소한 상태다. 주택시장 측면에서 부담을 거의 덜어낸 상태다.

일곱째, 포항시와 경주시다. 포항의 인구는 2019년 기준 50만 7,000명으로 2015년 52만 명 수준에서 감소추세에 있다. 포항 영일만에는 포스코 철강공단이 있다. 구룡포 호미곶은 해맞이로 유명한 곳이다. 군부대로 해병 황룡부대가 있다. 공단 주변은 환경적으로 좋지는 않지만 기업체가 있어 포항경제가 살아 움직이는 상황이다. 공단이 있어 상권 자체는 어느 정도 유지되는 지역이다. 미분양주택은 2019년 1월 1,434가구에서 꾸준히 감소하여 2020년 2월 258가구로 대폭 줄었다. 2017년 발생했던 지진 사태를 거의 극복해가는 과정이다. 부동산 시장은 그동안의 침체에서 상당 부분 벗어나는 모양새다.

경주시의 인구는 25만 5,000명이다. 2010년 26만 7,000명 수준에서 매년 감소하고 있다. 여느 지방의 중소도시처럼 전형적인 우하향 인구 감소추세다. 경주는 설명이 필요 없는 신라의 고도였던 만큼 관광도시로 확고하게 자리매김했다. 부동산 시장은 인근 포항과는 달리 2016년 발생한 지진의 여파가 아직 가시지 않은 모습이다. 2019년 1월 미분양주택은 2,004가구였는데, 2020년 2월 1,781가구로 점진적으로 감소하고는 있다.

여덟째, 군산시다. 인구는 27만 명 수준이다. 군산의 경제는 현대중공업과 GM의 철수 등으로 산업 생태계가 붕괴된 안타까운 상황이다. 근래 들어 전기차 산업 유치 등 부활에 나서는 상황이다. 군산의 경우 새만금 고군산군도가 관할 지역이다. 그런 만큼 새만금 개발 진행에 따라 활성화될 여지가 크다. 또한 군산공항을 국제공항으로 격상하는 것의 의미는 크다. 당장은 어려움이 있으나 중장기적인 관점에서 비전은 양호하다. 부동산 시장에서도 전북 시·군에서 미분양주택이 제일 많던 곳이었지만 이젠 5위로 내려와 안착했다. 2019년 1월 529가구에서 2020년 2월 104가구로 급감하는 형태를 보였다.

일곱째, 익산시다. 인구는 28만 7,000명으로 2010년 31만 명 수준에서 감소하고 있다. 다른 지자체처럼 인구감소에 대한 고민과 대책을 만들고 있는 곳이다. 익산은 산업단지와 원광대학교가 균형을 맞춘 도시다. 무엇보다 기대감이 큰 것은 KTX를 통해 용산에서 1시간 만에 도착할 수 있다는 것이다. 전북은 비교적 부동산 시장이 안정적으로 유지되고 있는 지역이다. 미분양주택이 2020년 2월 127가구로 무리가 없는 곳이다.

아홉째, 순천시다. 인구는 28만 명 수준이다. 2010년 27만 3,000명에서 소폭이나마 상승한 곳으로 지방도시 중 선방을 하는 상태다. 순천하면 교육도시가 연상되지만 전국적인 유명세를 탄 것은 순천만 정원도시를 조성한 덕분이다. 순천만 정원도시는 대한민국 1호 국가 정원이자 연안 습지로 잘 가꿔진 상태다. 서두에서 언급했던 지역 브랜드 가치를 창출한 모범 사례다. 전국에서 누구나 한번은 가보고 싶은 관광상품을 만들어낸 것이다. 물론 여수, 광양과 더불어 순천만, 광양만 경제가 살아 있기 때문에 최적의 조건을 갖추었다. KTX가 다니는 교통호재도 무시할 수 없다. 부동산 시장도 여수와 더불어 양호한 편이다. 미분양주택은 2020년 2월 기준 7가구에 불과하다.

열째, 영암군이다. 인구는 5만 4,000명으로 2010년 6만 명에서 감소추세다. 영암하면 떠오르는 것은 월출산과 F1 코리아 그랑프리가 열리는 자동차 경주장이다. 영암군에 주목한 이유는 전남에서 미분양주택이 제일 많은 곳이기 때문이다. 문제는 미분양주택이 거의 줄지 않는다는 데 있다. 2019년 1월 579가구, 6월 681가구, 2020년 2월 669가구로 미세하게 감소 중이기는 하다. 대불산단과 조선업체 등이 있지만, 지역경제가 살아나지 못하고 있기 때문이다. 당분간 쉽지는 않은 상황이다. 2014년 F1 코리아 그랑프리도 중단되었다. 영암군 삼호읍은 목포시 바로 남쪽에 위치한다. 사실상의 생활권은 목포시다. 필자는 2018년 여름휴가를 이곳에서 보냈다. 영암, 목포, 무안, 신안, 해남, 진도 등을 두루두루 돌아본 결과는 경기침체 분위기가 짙다는 것이었다. 물론 이 지역만의 문제는 아니다. 경제는 지금이 제일 안 좋을 때이므로 오히려 희망은 있다. 조선업이 서서히 기지개를 켜고 있는 상황이다. 이곳이 가진 여러 가지 장점과 함께 목포와 연계된 지역관광거점 지역으로 활성화되길 기대한다.

마지막으로 창원시다. 창원은 인구가 104만 명으로 광역시급이다. 대도시 범주를 넘는 도시지만 여기서 다룬다. 마산과 진해와 더불어 마창진이 합쳐진 결과다. 경남도청이 있는 곳으로 동쪽으로 김해시, 부산시와 접해 있다. 창원은 바다에 접한 진해구와 마산합포구의 배후에 있는 산업 계획도시다. 마산자유무역지역과 창원국가산업단지가 어우러진 전형적인 경제도시다. KTX 경전선이 지난다. 창원 부동산 시장은 점차 개선되고 있다. 창원이 중심인 경남은 아파트 입주물량 부담을 완전히 벗어나는 모양새다. 2016년 2만 2,000가구에서 2017년 4만 1,000가구, 2018년 3만 6,000가구, 2019년 4

만 3,000가구로 3년간은 공급과잉이었다. 2020년 2만 3,000호로 평상 시 수준으로 복귀했다. 2021년에는 8,000가구 규모로 급감한다. 이런 정황을 고려하면 회복의 초입 단계라고 분석된다. 미분양주택 상황을 보면 창원만 2019년 1월 6,736가구에서 2020년 2월 5,120가구로 감소하고 있다. 이 물량에는 4,298가구 규모의 월영부영아파트 미분양 분이 포함되어 있는데, 회사에서 준공 후 분양 형태로 해소 중이다. 순조롭게 진행되면 창원의 미분양주택은 대폭 감소한다. 창원시장이 다시 주목받을 수 있는 계기가 되는 것은 물론이다. 창원을 비롯한 경남에서는 여전히 미분양주택의 부담은 있다. 2020년 2월 기준으로 미분양주택 현황은 거제시 1,498가구 > 통영시 1,418가구 > 김해시 838가구 > 양산시 792가구 > 사천시 508가구 > 진주시 445가구 > 밀양시 421가구 순이다. 창원을 제외한 중소도시의 회복이 쉽지 않아 보이지만 전반적으로 큰 흐름은 회복세로 전환할 것으로 예상된다.

지방 중소도시는 지역마다 특색이 있다. 모든 지자체가 하는 획일적인 기획에서 벗어나 각 지역의 장점을 살려나가면 충분한 경쟁력이 있다. 문화관광 부문의 활성화도 중요하다. 우리나라 인구의 절반인 2,600만 명 수도권 거주자와 광역시 등의 시민을 유치하면 된다. 많은 사람들이 지방 여행보다는 해외로 나가는 것을 선호하기 때문이다. 사람들을 끌어모으기 위한 시·군별 문화체험관광 프로그램 개발과 정부 차원의 홍보가 절실하게 필요하다. 대부분 몰라서 못 가는 경우가 많다. 홍보가 활성화될 경우 서울, 수도권에만 머물다 되돌아가던 해외 관광객을 지방으로도 끌어들일 수 있다. 부동산 측면에서도 전국이 고속도로, KTX, 일반도로로 연결되어 이젠 완벽한 일일생활권이 된 만큼 지방 중소도시에도 관심을 가질 필요가 있다. 일반도로가 우리나라처럼 잘 되어 있는 나라는 전 세계에서 드물다. 고속도로나 마찬가지인 국도가 전국에 쭉쭉 뻗어 있는 상황이다. 이미 기반시설이 다 되어 있으니 알차게 내용만 찾아 채우면 된다.

KTX, SRT를 통해 본
발전축

　　전국을 일일 생활권으로 바꿔놓은 것은 고속도로 개통의 힘이 컸다. 경인고속도로, 경부고속도로에서 시작된 도로는 전국을 바둑판 모양처럼 연결하였다. 산업 물류의 동맥뿐만 아니라 관광, 도시 발전에도 큰 도움이 되었다. 뒤이어 등장한 고속철도의 개통은 공간이동을 혁명적으로 바꾸었다. 고속도로만 있을 때 서울에서 부산은 1박 2일 코스였다. KTX가 등장하며 그야말로 하루 만에 출장을 다녀올 수 있는 당일치기 지역으로 변했다. KTX는 Korea Train eXpress의 약자다. KTX는 시속 330km로 달릴 수 있도록 설계되고 최고 시속 305km로 운행된다. KTX는 1편성 동력차 2량, 동력객차 2량, 객차 16량, 총 20량으로 운행되며 총 좌석은 935석이다. KTX 산천은 동력차 2량, 객차 8량, 총 10량으로 총 좌석은 363석이다. 2020년 3월부터 서울과 강릉을 잇는 경강선 고속철도의 종점이 동해역까지 연장되었다. 이제 서울에서 2시간 30~40분이면 도착하는 동해안 시대가 활짝 열렸다. KTX의 등장은 지방시대가 열린 것을 의미하지만 그와 동시에 지방에서 서울에 접근하기도 수월해졌다는 말이다. 따라서 문화시설, 편의시설, 병원 등 여러 방면에서 오히려 서울로 집중하는 빨대효과도 생겼다. 이렇게 KTX는 부동산 시장의 흐름도 바꿔놓았다. 각 노선별로 살펴보기로 하자.

첫째, 경부선이다. 2004년 4월 1일 우리나라 처음으로 개통된 고속철도다. 운행 구간을 보면 고양시 행신에서 일부 출발하기도 하지만 주로 서울역에서 시작된다. 행신역~서울역~영등포~광명~천안아산~오송~대전(광명~수원~대전)~김천(구미)~동대구~밀양~구포~부산(동대구~신경주~(포항종점)~울산~부산)에 이르는 노선이다. 경부선의 가장 큰 수혜지는 중간역인 대전과 대구, 그리고 종점인 부산이다. 돌아가는 경주, 포항과 울산 또한 빼놓을 수 없다. 대전은 고속버스로 1시간 40분이 걸리는데, KTX를 통해 1시간 만에 도착하는 부담 없는 지역으로 변신했다. 부산은 2시간 30분 정도면 도착이 가능하니 서울에서 출발해 부산에서 업무를 보고 하루 만에 다시 돌아가도 될 정도가 되었다. 이렇게 철도가 만들어내는 시장은 지역 간 투자자의 이동을 수월하게 했다. 서울 사람의 부산 아파트 매입이 쉬워지고, 반대로 지방 사람의 서울에 대한 지리적인 거부감도 사라졌다. 대전에서 강의를 하다보면 서울 부동산에 대해 잘 아는 사람들이 너무도 많고 관심도 높다. 서울은 거의 모든 사람들의 투자처인 셈이다. 이렇게 KTX는 부동산 시장의 투자지도를 넓혔다. 정말 편리하긴 하지만 그만큼 여유를 찾기 힘들 정도로 빨리 움직여

✦ 철도 노선도

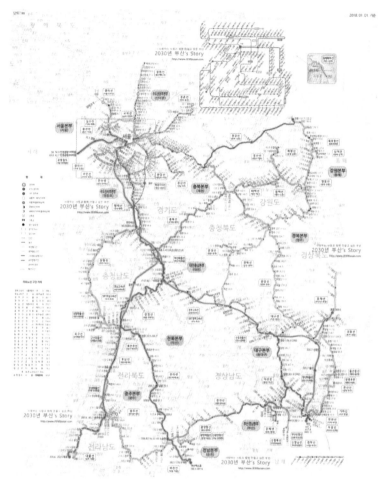

야 하는 세상이 되었다.

둘째, 호남선이다. 역시 행신을 출발지로 한다. 용산~광명~천안아산~오송~서대전~계룡~논산~익산(오송~공주~논산~익산)~정읍~광주송정~나주~목포 구간이다. 경부선과 호남선의 큰 차이는 출발지가 서울역이냐 용산역이냐의 문제다. 놀라운 사실은 서울에서 익산까지 1시간 만에 갈 수 있다는 것이다. 익산이면 전라북도다. 서울에서 전라북도까지 그렇게 짧은 시간 안에 도착하는 세상이 된 것이다. 1시간 정도는 대부분 직장인의 출퇴근 소요시간이라 볼 수 있다. 광주가 가까워지고 목포가 코앞에 있다. 종전에 언급한 서남해안 시대가 훌쩍 다가왔음을 실감하게 된다.

셋째, 경전선이다. 노선은 행신~서울~광명~천안아산~오송~대전~김천(구미)~동대구~밀양(여기까지는 경부선과 일치한다)~진영~창원중앙~창원~마산~진주 구간이다. 창원과 진주 등 경남지역을 위한 노선이다. 경부선에서 변형된 노선이다. 마산도 이젠 창원시의 일부이므로 창원의 가치가 돋보인다. 노선이 약간 돌아간다는 느낌을 지울 수는 없다. 진주에는 혁신도시가 있다. KTX로 가도 3시간, 버스를 타도 3시간이다. 필자가 KTX를 타려다가 버스를 타고 내려갔다. 서울역에 가는 것보다 버스터미널이 더 가까웠기 때문이다. 고속도로가 너무 잘 되어 있어 지름길로 가면 같은 시간에 도착하니 그 또한 놀랍다. 향후 창원 부동산 시장의 반전이 시작될 것이다.

넷째, 전라선이다. 노선은 행신~용산~광명~천안아산~오송~서대전~계룡~논산~익산(오송~공주~익산)~전주~남원~곡성~구례구~순천~여천~여수엑스포 구간이다. 익산에서 분기되어 여수에 이르는 호남선의 변형 노선이다. 전주는 철도와는 거리가 먼

지역처럼 보였으나, 이젠 고속철도의 수혜지가 되었다는 점에서 주목할 만하다. 최대의 개통효과를 누리는 곳은 순천과 여수다. 노선이 거의 직선 형태다. 용산에서 종점까지 2시간 54분 소요된다. 3시간 안에 여수에 도착할 수 있다는 것은 획기적이다. 여수는 앞서 언급했듯이 남해안 다도해의 중심지로 우뚝 설 것으로 예상된다. 여수에서 서울 접근성이 수월해져 부동산 시장의 호환도 가능한 세상이 되었다. 여수 부자의 용산, 강남아파트 매입이 자연스러워진 것이다.

다섯째, 강릉선이다. 서울역~청량리~상봉~양평~만종~횡성~둔내~평창~진부(오대산)~강릉역이다. 서두에서 동해역까지 종점이 연장된다고 언급한 바 있다. 강원도를 가는 방법은 대부분 자동차였다. 고속도로가 이미 선점한 지역처럼 보였지만 강릉선이 생기면서 상황은 달라졌다. 경부선 다음으로 이용도가 높다. 원주가 일단 가깝게 느껴진다. 하지만 원주는 사실 차량을 이용하는 것이 훨씬 편하다. 실질적인 최대 수혜자는 동해안이다. 강릉, 양양, 동해 등 동해안 부동산 시장이 손 안에 들어온 느낌이다. 여름 휴가철 선호도 1위인 지역이 먼 거리가 아닌 그냥 손쉽게 접근할 수 있는 곳으로 바뀐 것이다.

여섯째, 준비 중인 남부내륙고속철도다. 2022년 착공하여 2028년 개통 예정이다. 서울역에서 김천(구미) 구간은 김천~합천~진주~고성~통영~거제 구간이다. 통영을 다룰 때 언급한 노선이다. 한국개발연구원KDI이 2017년 작성한 기초용역 보고서에 성주, 고령,

의령 역사가 포함되어 있다. 노선과 역사 위치를 두고 지자체 간 논란이 뜨겁다. 아무튼 최대 수혜자는 통영과 거제다. 진주는 KTX 경전선 종점으로 3시간이 소요되는데, 이 노선을 이용하면 2시간 만에 도착할 수 있다. 경남 서부지역이 혜택을 크게 보는 노선이다.

SRT는 강남 수서발 고속철도로 ㈜SR이 운영한다. Super Rapid Train의 약자다. 2016년 12월 개통하였다. 경부선 80회, 호남선 40회를 운행한다. 1편성은 10량으로 총 좌석수는 410석이다. 수서에서 부산까지 2시간 7분 만에 가고, 목포까지는 2시간 6분이 소요된다. KTX보다 20분 이상을 앞당기는 수준이다. 수서라는 지리적 위치가 서울역, 용산역보다 남쪽에 입지한 결과다. 출발지가 북쪽으로 삼성역, 청량리역, 의정부역까지 이동할 수 있을지가 의문이다. 국토교통부에서 수서역 출발을 고수하는 상황이기 때문이다. 기존에 서울역이 KTX 출발지, 용산역은 도심, 행신역은 서북쪽임을 고려하면 삼성역은 강남 도심을 비롯해 청량리역, 의정부역 등 동북지역의 수요를 위해 꼭 필요해 보인다. 물론 삼성역에서 수도권 GTX A노선을 통해 수서역 접근이 수월해지는 측면이 있기는 하다.

고속철도는 부동산 시장의 판세를 바꿔놓았다. 1~3시간이면 전국 어느 곳이든 갈 수 있을 정도로 접근성이 좋아졌기 때문이다. KTX는 인천발 노선을 만들어 수인선을 통해 경부선에 합류하는 직결사업을 추진 중이다. 또한 수원발 KTX 직결화를 통해 SRT에 연결하는 등 노선의 편리성과 수혜지역 확장을 위해 노력하고 있다.

획기적인 노선으로 호남선 종점인 목포에서 해남을 거쳐~보길도~ 추자도~제주도에 이르는 해저고속철도 건설사업도 구상하고 있다. 서울에서 제주를 2시간 26분 만에 도착할 수 있다. 해저고속철도가 실현된다면 제주에 제2공항이 필요 없을 수도 있다. 제주도는 기후 가 고르지 못해 비행기 운행에 제약이 있다는 상황을 고려하면 충분 한 가치가 있는 노선이다. 이 경우 제주도 부동산의 판세도 급변할 것이다. 부동산 시장은 도로와 철도 등 교통 여건에 따라 변한다. 그 에 맞는 능동적인 대응이 필요하다.

지방시대, 아파트 입주물량과
미분양주택을 중심으로

지방 주택시장은 아파트 입주물량과 미분양주택을 중심으로 분석하면 가격 추이에 대한 이해가 쉽다. 수요가 일정하다고 가정할 때 공급의 변화를 살펴보면 방향성을 상당 부분 예측할 수 있다. 아파트 입주물량은 공급의 선행지표이고, 미분양주택은 후행지표로 두 가지를 조합하면 추이를 파악하기 용이하다. 여기서는 지방에 비중을 두고 아파트 입주물량과 미분양주택에 대해 살펴본다.

강원도는 2018~2019년을 정점으로 2020년부터 감소 추세다. 그동안의 물량부담에서 상당히 벗어나는 모습이다. 저점에서 바닥다지기를 한 후 점진적으로 전환할 것으로 예상된다. 미분양주택 문제의 경우 원주시가 가장 부담이 컸지만 감소 속도가 빠르다. 미분양주택이 가장 많았던 원주가 자리를 찾아감에 따라 가격흐름은 점차 개선될 것으로 예상된다.

경남은 강원, 제주와 더불어 2020년 2월 기준으로 시장상황이 좋지 않은 지역 중 하나다. 하지만 개선의 여지가 엿보이고 있다. 입

334

: 전국 아파트 입주물량 추이(2020년 3월 12일)

	2006	2007	2008	2009	2010	2011	2012	2013	2014	2015	2016	2017	2018	2019	2020	2021	2022
전국	338,997	317,855	325,358	289,463	301,337	219,882	184,070	201,362	271,334	274,347	300,599	396,113	458,198	400,681	348,362	237,561	181,260
서울	49,357	38,628	57,055	31,737	36,133	36,805	20,137	23,690	37,673	22,131	25,039	30,614	37,402	43,173	42,209	22,977	12,732
경기	91,308	76,056	87,648	111,141	115,931	64,066	63,083	50,006	54,037	70,984	90,263	129,430	167,752	141,497	120,453	89,537	54,643
인천	13,840	30,520	15,660	16,387	18,604	22,457	26,306	10,743	10,739	12,388	9,618	19,434	22,756	17,002	18,644	16,029	23,723
부산	31,481	16,780	14,331	8,183	14,445	13,196	15,732	21,660	23,580	22,196	15,510	21,222	24,570	26,439	25,157	17,082	23,749
대구	19,935	19,647	32,625	15,744	13,563	7,490	4,587	9,340	9,589	15,428	27,422	22,881	14,510	10,580	15,404	15,141	16,625
광주	18,180	11,944	13,586	13,388	8,552	10,274	3,652	7,418	9,519	5,752	10,846	11,821	7,027	13,529	12,229	4,845	12,965
대전	15,918	10,190	6,908	2,297	10,624	11,853	5,484	3,924	10,705	4,072	6,721	6,617	6,547	3,911	6,263	6,233	6,098
울산	3,800	12,678	9,645	3,916	11,067	2,892	3,875	6,605	9,142	9,538	3,479	9,192	9,554	12,627	3.01	661	421
강원	15,239	9,908	10,018	9,134	4,940	2,477	4,351	3,720	9,565	6,355	8,742	5,598	17,882	18,075	11,320	9,754	5,633
경남	17,081	21,279	23,407	19,650	13,614	7,967	6,998	20,332	25,386	22,102	22,048	41,225	35,594	41,848	22,833	7,965	3,357
경북	6,094	15,037	12,845	14,182	15,957	10,172	3,940	6,898	8,464	16,380	16,519	24,616	24,332	18,476	10,060	8,773	
전남	6,823	8,422	8,773	5,364	5,407	5,080	4,841	11,445	15,165	12,271	12,120	9,229	12,083	7,707	11,808	10,778	3,810
전북	10,101	12,078	9,271	10,026	5,684	6,391	7,846	6,111	10,664	11,092	7,823	7,095	12,208	12,729	14,137	6,091	3,001
충남	22,364	17,815	9,807	21,169	13,733	9,921	6,011	5,659	9,991	12,446	22,559	25,902	26,195	8,281	12,999	7,266	9,550
충북	14,116	15,975	9,841	6,934	11,838	4,039	1,289	6,200	9,765	10,904	10,389	12,418	24,046	11,817	14,726	6,269	2,995
제주	2,558	321	1,024	167	1,245	2,560	1,450	4,173	2,435	2,926	3,588	3,340	1,638	1,579	1,510	492	
세종	802	514	2,914			2,242	4,278	3,438	14,987	17,382	7,653	15,479	14,002	11,411	5,600	7,668	1,958

주물량이 컸던 2017~2019년을 지나면서 2020년~2021년 구간에서는 급감하는 형태를 보인다. 역시 물량 부담에서 벗어나는 시점이 도래한다. 미분양주택은 창원시가 전국 시·군 중 가장 많으나 서서히 감소하고 있다. 물론 창원뿐만 아니라 거제시, 통영시 등에 미분

양주택이 아직 1,000호(2020년 2월 기준, 이하 같음) 이상 남아 있어 해소하는 데 어느 정도 시간이 필요하다. 전반적으로 그리 오래 걸리지는 않을 것으로 판단된다.

경북도 경남과 흡사한 형태의 공급물량 추이를 보인다. 2017~2019년 입주물량 과잉현상에서 벗어나 현재 급감하는 형태다. 미분양에 대한 부담감을 떨쳐버린 분위기다. 경주시, 김천시만 미분양주택이 1,000호를 넘은 상태로 현재 점진적인 감소 추이를 보이고 있다. 역시 바닥에서의 움직임이 큰 시장이다.

전남의 부동산 시장은 입주물량이나 미분양주택 측면에서 크게 무리가 없다. 다만 미분양주택 1,455호 중 영암군에 669호가 몰려 있어 이곳의 부담은 있다.

전북은 2018~2020년까지 입주물량이 증가하고, 2021~2022년에는 감소하여 흐름상 무리가 없다. 미분양주택은 도 전체에 924호에 불과하여 가벼운 상태다. 그동안 부담이 컸던 군산시의 미분양주택이 급감한 결과다.

충남은 2016~2018년 입주물량 압박에서 벗어나 평정을 찾았다. 충남의 대표도시인 천안시 부동산 시장의 흐름은 맑음이 예상된다. 다만 미분양주택에 대한 부담이 큰 당진과 서산은 회복하기까지 여전히 시간이 필요해 보인다. 도내에서도 격차가 커서 차별화가 진행되고 있다.

충북은 2020년 대비 2021~2022년 구간에서 입주물량이 절반

이하로 감소한다. 미분양주택 또한 대폭 소진되었다. 청주시 자체는 전혀 부담이 없다. 소도시인 증평군의 미분양주택은 570호로 분위기가 예사롭지 않다. 도 전체로는 이미 저점을 탈출한 상태로 판단된다.

　　제주도는 2020년을 기준으로 2021년 이후 입주물량 부담은 거의 없다. 다만 미분양주택이 1,014호로 적지는 않다. 제주도는 물량이 점진적으로 해소되고 있어 향후 부담은 커보이지 않는다. 세종시는 2017~2019년 3년간 입주물량 공급이 집중되었으나, 2020년에는 2019년 대비 절반으로 감소했다. 세종시는 투기지역, 투기과열지구, 조정대상지역 3관왕임에도 불구하고 가격수준을 유지하는 모양

∶ 전국 미분양 주택 추이(2020년 2월)

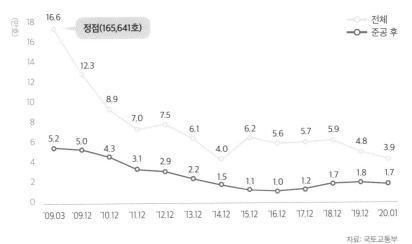

자료: 국토교통부

∶ 전국 미분양주택 현황(2020년 3월)

	2013.12.	2014.12	2015.12	2016.12	2017.12	2018.12	2019.12	2020.01	2020.02	전월대비	
										증감	증감율
계	61,091	40,379	61,512	56,413	57,330	58,838	47,797	43,268	39,456	△3,812	△8.8
수도권	33,192	19,814	30,637	16,689	10,387	6,319	6,202	4,901	4,233	△668	△13.6
서울	3,157	1,356	494	274	45	27	151	131	112	△19	△14.5
인천	5,275	3,735	4,206	3,053	1,549	1,324	966	1,035	487	△548	△52.9
경기	24,760	14,723	25,937	13,362	8,793	4,968	5,085	3,735	3,634	△101	△2.7
지방	27,899	20,565	30,875	39,724	46,943	52,519	41,595	38,367	35,223	△3,144	△8.2
부산	4,259	2,060	1,290	1,171	1,920	4,153	2,115	2,266	2,061	△205	△9.0
대구	1,234	1,013	2,396	915	126	362	1,790	1,414	1,072	△342	△24.2
광주	323	247	735	554	707	58	148	59	36	△23	△39.0
대전	1,146	444	1,243	644	759	1,183	724	941	1,012	71	7.5
울산	3,310	258	437	481	855	997	1,269	1,142	659	△483	△42.3
강원	3,055	3,054	1,876	3,314	2,816	5,736	5,945	4,964	4,168	△796	△16.0
충북	599	931	3,655	3,989	4,980	4,560	1,672	1,166	1,202	36	3.1
충남	3,566	2,838	9,065	11,283	11,283	7,763	5,569	5,470	5,085	△385	△7.0
세종	54	433	16	-	-	-	-	-	-		
전북	1,470	1,197	1,227	1,881	1,881	1,607	1,043	1,009	924	△85	△8.4
전남	1,981	2,981	1,608	627	627	1,663	1,857	1,654	1,455	△199	△12.0
경북	1,405	2,023	3,802	7,630	7,630	8,995	6,122	5,639	5,436	△203	△3.6
경남	4,909	2,962	3,411	12,088	12,088	14,147	12,269	11,586	11,099	△487	△4.2
제주	588	123	114	271	1,271	1,295	1,072	1,057	1,014	△43	△4.1

자료: 국토교통부

새다.

미분양주택 문제는 더 이상 주택시장에서 부담이 아니다. 수도권과 지방 모두 일부 지역을 제외하곤 이미 미분양주택 부담에서 벗어났다. 전국적으로 총량 면에서도 2020년 2월 기준 3만 9,000호로 지난 10년간 최저점인 2014년 12월 4만 호보다 낮아졌다. 이제 더 이상 미분양주택을 중심으로 부동산 시장의 침체 정도를 파악해서는 안 된다.

부동산 시장을 분석할 때 입주물량과 미분양주택이 영향요인의 전부라고 할 수는 없다. 다만 필자의 경험으로 볼 때 80% 정도의 비중을 둬도 무리가 없다. 지난 10년간 지방의 가격추이가 공급곡선과 유사한 것이 그 근거다. 여기에 기타 여러 영향요인을 가감하여 시장의 흐름을 판단하면 된다. 결국 지방 부동산의 가격선은 10년 전 상승 초기 시점과 흡사한 분위기인 것으로 고려하면, 향후 상당 부분 개선될 것으로 예상된다. 지방 시대가 다시 시작되는 것이다.

대단원의 막을 내리며

《대한민국 부동산! 10년 후 미래가치에 주목하라》2019년 매경 서울머니쇼에서 강의한 내용을 중심으로 집필한 책이다. 그동안 칼럼을 많이 써온 터라 글쓰기에 큰 어려움이 없을 거라 여기고 뛰어들었다. 역시 말로 하는 것이 차라리 쉽다는 생각을 여러 번 했다. 한꺼번에 많은 양을 정리하여 구성하려니 지구력에 다소 한계가 있었다. 책을 쓰는 일이 쉽지 않다는 것을 또다시 느끼는 순간이었다. 그래도 이렇게 결과물이 나오게 되어 다행이다. 부동산은 알고 보면 정말 재미있는 경제활동이다. 이렇게 신나는 부동산 이야기를 종합적으로 한 권의 책으로 정리하고 싶었다. 석 달 정도를 인내하며 주말을 반납한 결과라고 생각하니 책을 마치며 뿌듯함이 앞선다.

1부에서는 대한민국 부동산의 대표라고 할 수 있는 아파트를 중심으로 다루었다. 아파트는 주택의 대명사로 항상 인기가 좋다. 주택유형 중 아파트에 거주하고 싶은 사람의 비율은 90%에 육박한다. 이렇게 살고 싶고 갖고 싶은 아파트가 부족해서 나타나는 현상이 부동산 문제다. 아파트는 투자성과 상품성, 환금성을 두루 갖춘 우리 시대의 총아다. 우린 아파트 공화국에 살고 있다. 그런데 아파트를 왜 많이 짓지 못하는 것일까? 가장 원초적인 질문이자 의문이다. 주택가격을 안정시키는 가장 손쉬운 해결책은 공급(일반매물+신규물량)을 늘리면 된다. 그런데 수요를 억제하는 정책 위주다 보니 의문이 들 수밖에 없다. 우리나라 특히 수도권은 좁은 면적과 높은 인구밀도를 특징으로 한다. 주거문제는 공동주택인 아파트를 통해 해결하는 것이 당연하고 필요불가결하다. 아파트 가격을 안정시키는 것도 같은 맥락이다. 아무튼 아파트를 사지 못해 고통받는 수많은 실수요자와 청년층의 한숨만 늘고 있다. 출산장려책은 아주 단순하다. 주택시장 안정과 탁아시설만 잘 갖추면 된다. 따라서 아파트 공급은 계속되어야 한다.

2부에서는 서울 이야기를 하였다. 이곳에 산 지도 30년이 넘었다. 한 세대나 되는 기간만큼 살아왔지만 생각보다 바뀐 것은 많지 않다. 10년, 20년 후에 초고층 건물이 들어서고 고속철도가 달리고, 재건축·재개발을 통해 새 아파트가 들어설 미래를 예측했다. 하지만 현실은 우리의 바람에 비해 너무 느리기만 하다. 산업기술 측면에서 인공지능(AI) 시대를 마주하고 있지만 부동산의 변화는 아직 아날로그 수준에 머물러 있다. 도시의 미래를 꿈꾸지 않고 변화를 시도하지 않으면 이루어지는 것은 없다. 서울도 이제 미래를 향해 나가야 할 때다. 정비사업을 통해 변신하고 달라져야 한다. 천혜의 자원인

한강을 품고 있어 늘 한강의 기적을 외쳤지만 정작 거기에 한강은 없었다. 지금이라도 한강의 미래상을 그려보자. 서울의 미래는 용산을 빼놓고 이야기할 수 없다. 서울 한가운데에 110여 년간 타임캡슐처럼 멈춰 있었기 때문이다. 이제 개봉할 때가 되었다. 용산공원과 국제업무지구는 우리 세대의 행복이다. 잘 가꾸어 대대손손 후세에 물려줘야 한다. 서울의 변신은 무죄다.

3부는 수도권에 대한 내용이다. 우선 수도권에 대한 개념을 재정립할 필요가 있다. 자연환경보전권역은 개발에 대한 한계 때문에 제외해야 한다. 단순히 서울, 인천, 경기도라는 지역적 한계를 벗어날 필요가 있다. 지금 우리는 시시각각으로 달라지는 변화무쌍한 글로벌 경쟁자를 대상으로 힘겨루기를 하고 있다. 수도권 GTX는 교통혁명이다. '시공초월 특급호재'라는 별칭이 아깝지 않을 정도로 커다란 변화를 만들 것으로 기대된다. 철도가 바꿔 놓을 미래의 변화는 혁신적이다. 서울 인근 도시들의 비전은 남다르다. 저마다 특색이 있어 빛을 발할 것으로 예상된다. 3기 신도시는 좀 더 서두를 필요가 있다. 물론 재건축·재개발과 병행해야 공급부족을 해결할 수 있다. 교외 단독주택은 충분한 하나의 대안이 된다. 결국 서울에 더하여 인천, 경기도 시대가 더 크게 열리기 시작했다.

4장에서는 지방 시대를 선언하며 지방 부동산 시장의 창창한 앞날을 예견했다. 지난 10년을 뒤로 하고 다가올 미래의 10년이 더욱 기대된다. 정부가 야심차게 시작한 균형발전의 표상인 혁신도시는 꼭 성공하길 고대한다. 2019년 종료 선언 이후 안착과 발전의 소식을 듣고자 한다. 동해, 남해, 서해 어디 하나 소중하지 않은 곳이 없다. 광역시, 대중소도시 모두 밝은 미래를 얘기하고 싶다. 특히 새만금은 새 역사를 창조해야 한다. 장장 30년 이상을 계속 이제나저제나 기다려 왔다. 이젠 우리 앞에 진정한 모습을 보여줄 때가 왔다. 지방 주택시장은 다시 한 번 비상의 날개를 펼 것으로 예상된다. 10년 만에 다시 호기를 맞이하고 있는 중이다.

어느 날 갑자기 찾아온 코로나19라는 전염병으로 온 세상이 시끄럽다. 부동산도 영향을 받을 수밖에 없다. 상반기 내 일정 부분 마무리되면 소폭 조정에 그칠 것으로 예상된다. 그동안 오른 가격을 감안하면 건전한 조정일 수 있다. 다만 연말까지 영향력이 커질 경우 경제시스템 붕괴의 우려가 있다. 이때는 극심한 경기침체 상황으로 내몰려 부동산도 종전의 위기처럼 30~50% 정도의 대폭락 시대를 맞이할 수도 있다. 사태의 추이를 지켜보며 대응해야 한다. 한 가지 위안은 위기가 지난 뒤 회복은 빠를 수 있다는 점이다. 크고 작은 위기가 있더라도 대한민국 부동산 10년 후 미래가치는 찬란하게 빛날 수밖에 없다. 그렇게 우리 스스로 만들어가야 한다. 대한민국 부동산의 무한의 변신은 이미 예견되어 있다.

2020. 4. 17.

박 합 수

대한민국 부동산
10년 후 미래가치에 주목하라

초판 1쇄 2020년 5월 15일
초판 4쇄 2020년 6월 2일

지은이 박합수
펴낸이 서정희
펴낸곳 매경출판㈜
책임편집 정혜재
마케팅 신영병 김형진 이진희 김보은
디자인 김보현

매경출판㈜
등록 2003년 4월 24일(No. 2-3759)
주소 (04557) 서울시 중구 충무로 2(필동1가) 매일경제 별관 2층 매경출판㈜
홈페이지 www.mkbook.co.kr
전화 02)2000-2641(기획편집) 02)2000-2636(마케팅) 02)2000-2606(구입 문의)
팩스 02)2000-2609 **이메일** publish@mk.co.kr
인쇄 · 제본 ㈜M-print 031)8071-0961
ISBN 979-11-6484-119-6(03320)

이 도서의 국립중앙도서관 출판예정도서목록(CIP)은 서지정보유통지원시스템 홈페이지(http://seoji.nl.go.kr)와
국가자료공동목록시스템(http://www.nl.go.kr/kolisnet)에서 이용하실 수 있습니다.
(CIP제어번호: CIP2020015843)

890만 번 주사위 던지기

890만 번 주사위 던지기

초판 1쇄 발행 • 2006년 9월 25일
초판 3쇄 발행 • 2012년 11월 15일

글쓴이 • 이시백
펴낸이 • 황규관
편집장 • 김영숙
편집 • 노윤영 윤선미
총무 • 김은경

펴낸곳 • 도서출판 삶창
출판등록 • 2010년 11월 30일 제2010-000168호

주소 • (150-901) 서울시 영등포구 영등포동2가 94-141 동아빌딩 402호
전화 • (02)848-3097
팩스 • (02)848-3094
홈페이지 • www.samchang.or.kr

ⓒ 이시백, 2006
ISBN 89-90492-36-X   03810

이시백 자유단편 소설집

800만번
주사위 던지기

삶이 보이는 창

슬프고 억울한 삶들에 대한 슬픈 재담

홍세화(한겨레신문 시민편집인)

어릴 적 친구들과 나누는 옛이야기는 언제나 정겹다. 이미 재탕 삼탕을 거쳐 웬만큼은 다 알아버린 것들이지만 매번 처음인 듯 수선떨며 다가선다. 이런저런 일화를 꺼내며 지나간 일상 속에 깃든 애환에 애틋함을 주고받는다. 과거가 주는 너그러움을 즐기는 것일까, 그 고즈넉한 시간을 아쉬워하며 이야기를 더하자는 누군가의 조바심에 우리 모두 짐짓 동의한다. 우리 손을 떠난 우리 삶을 들여다보며 용서하고 이해한다. 정겨움을 가능하게 하는 것은 아마도 시간의 흐름 때문일 것이다. 그것은 이야기 속에 담긴 슬픔이나 분노가 더 이상 우리를 어쩌지 못하는 과거가 되었다는 안도감을 의미한다. 우리가 어쩌지 못한 슬프고 억울한 사연들에 대한 앙갚음을 시간이 대신하고 있는 것이다. 그 때문일 것이다. 이시백은 우리들에게 우리를 고자질하려고 작정하고 나섰다. 오늘의 우리들에게 지난날의 우리를 고자질한다. 화사한 물질로 치장한 현재를 살아가는 우리들의 맨몸 시절의 과

5

거를 들춰낸다. 아직 과거는 끝나지 않았다고 말하려는 거다. 개구리가 되었다고 올챙이 적 놀던 우물이 대서양이 된 줄 착각하지 말라는 거다.

혹은 자지러지는 웃음으로, 혹은 너그러운 해석으로 비정했던 그때 그 사실로부터 벗어나 있음을 확인하려 한다. 그러나 우리는 이내 알아차린다. 모진 과거의 기억이 마무리되지 않았음을. 이시백이 풀어낸 이야기가 아주 먼 과거로부터 현재에 가까워질 때 우리는 어쩔 수 없이 확인한다. 우리를 아프게 했던 과거의 것들은 교정된 게 아니라 다만 시간에 의해 퇴색한 것뿐이라는 점을. 그리고 그 과거 속 현실은 지금도 계속되고 있다는 것을. 과거로부터 멀리 왔을 뿐, 가해와 피해 그리고 방관의 이쪽저쪽에서 흘끔대는 과거 속 우리의 모습 역시 그대로 남았다는 것을.

추억과 정서를 나눴던 각별했던 옛이야기의 뒤끝이 허허롭고 씁쓸하다. 독백하듯 흘러간 세월의 길이를 탓해보기도 하지만, 그러나 우리는 알고 있다. 아이들처럼 희희낙락하다가도 맥없는 한숨을 짓게 하는 것이 반백이 된 머리 때문만은 아니라는 것을.

인간사가 남긴 상처가 세월의 흐름 속에 스스로 아문다는 믿음은 대개 역사를 바로잡을 힘이 없는, 아직 살아남은 자들의 자기위안이다. 시간이 아무리 흘러도 그것은 깊은 바다로 흘러들어가지 못하고 중금속처럼 우리 몸속에 남아 있다. 이시백은 그것을 헤집어 사람들을 불편하게 한다. 사람들을 불편하게 하면서 이시백 또한 스스로 불편할 것이다. 인간이라면 잊어서는 안 되지 않느냐고, 인간이라면 잊을 수 없는 게 아니냐고 묻고 싶어서일 것이다. 거기에 이시백 특유의 슬픈 재담이 깃든다.

이시백의 재담이 돌연 밉살스러워지기도 하지만 그를 미워할 수 없다. 정밀한 그의 기억은 그 자신을 먼저 괴롭혔을 터이기 때문이다. 그 자신 속임 당하고 밟히고 채이며 피해자로 사는 데 이골이 난 삶들에 대한 기억을 안고 살아야 했던 까닭에. 그러나 그 까닭에 대해 그는 말하지 않는다. 다만 우리가 어디서 무엇을 하며 어떻게 살았는가를 조근조근 일러댈 뿐이다. 그의 이야기에 실없이 웃고 탄식하고 한숨지으면서 기어이 존엄성을 위협받는 인간의 삶이 얼마나 비루해질 수 있는지를 알게 된다.

그렇지만 우리가 소외되고 고단한 삶을 산 피해자로만 있었던 게 아니었다. 우리를 위협하는 것에 함께 저항하고 서로를 보듬기보다 서로에게 상처를 주고 있었다. 이시백의 재담이 끝날 때쯤 가라앉은 마음 한쪽에선 우리가 손쓰지 못했던 슬프고 억울한 삶들에 대한 부채의식으로 편치 않고, 그 반사처럼 사람 냄새나는 삶에 대한 그리움이 스민다. 이시백이 선택한 불편함은 그 그리움의 필연적 결과물이 아닐까.

차 례

담장 높은 골방의 密談과,
번쩍거리는 단추와 푸른 수염들에게 바친다

— 엄숙한 것들의 무덤 앞에서

序詩

70년대 저녁의 풍경

석 달 동안 끊었던 담배에 불을 붙인다. 어제 읽다 둔 시집이 타오른다. 황홀한 매연이 노래한다. 쉰 목소리로 다가오는 70년대의 저녁. 빛나던 당구알과 긴 머리를 흔들던 소녀들이 지나간다. 검은 역청이 흐르는 판자들과 거기 구멍 뚫린 채 드나들던 은밀한 바람의 이야기들, 거기, 어느 삼류극장의 포스터가 붙어 있던 전신주와 휴가 나온 군인들을 기다리던 여인숙의 노르스름한 전등불이 타오른다.

타오른다. 알지 못하는 전화번호와 회신을 갈구하는 이름들과, 성을 잃어버린 담벼락의 낙서를 태우고, 소금을 뿌린 참새들이 타오른다. 친구들은 번철에서 춤을 추고, 여인은 벌거벗긴 채 석쇠 위에서 그슬렸다. 장작 같은 얼굴들이 제식훈련을 하며 걸어간다. 사이렌 소리가 나면 그들은 지하도로 들어갔다. 담배를 피우며, 그들은 자신의 눈알이 타오르는 걸 관전하였다.

새치가 난 암표상들은 이따금 음화도 팔았다. 꿀단지라고 불리던 빨간책으로 겨우 몸을 데우고, 무덤 등성에 기대 소주를 마셨다. 그리고 일과를 마친 공순이들이 어둑해진 산길을 지나기를 기다리며, 그들은 유행가를 불러댔다. 다리를 걸고, 남도 사투리로 상소리를 하는 공순이 치마를 걷어 올리고, 전갈처럼 서로 물어댔다. 주머니칼로 따 먹은 여자들 수를 문지방에 그어 놓던 그들은 몇 년 후 군대로 끌려가거나, 쇳밥 먹는 공돌이가 되어 누군가 그들의 오금을 꺾는 재미를 문지방에 적는 걸 보아야 했다.

총소리가 나던 밤은 드물지 않았다. 산마다 방공호가 숨어 있고, 그 안에는 피 묻은 속곳이 던져져 있었다. 나리꽃이 피고, 아이들이 자수정을 찾던 골짜기에는 아파트가 들어서고, 그들은 먼지처럼 털려났다. 고작 나의 죄의식은 머리가 긴 것이었고, 저녁이면 불타는 샛강에 나가 기름 냄새가 나는 고기와 조개를 건졌다. 문마다 귀가 달려 있고, 죽은 이들은 하수구에서 썩어갔다. 운 좋게 그물코를 빠져나간 작은 물고기들은 뻘에 머리를 박고 스스로 숨통을 막아버렸다.

노래하라, 조국을 노래하라고 말들 하지만, 나는 조국이 어디에 숨어 있는지 알지 못했다. 등화관제 훈련이면 예이츠를 읽던 창가에 계엄령처럼 갑작스런 어둠이 밀려들었다. 문을 발로 차며, 불을 끄라고 소리치는 사람들의 팔에는 완장이 걸려 있었다. 휴가 나온 군인이 관처럼 좁은 골방에서 창녀와 함께 누웠다. 아이들은 군화를 훔쳐다 담배와 바꿔 피었고, 남는 돈으로 과자를 사 먹었다. 지붕에는 도둑고양이들이 밤새워 교미를 나누고, 더러운 비가 내렸다.

온종일 슬픈 음악이 흘러나온 적이 있던가. 쇠로 만든 구두를 신은 사람들이 거리로 몰려나와 향을 피웠다. 시골서 올라온 친구네 뒷방에서 대마초를 피우다 소식을 듣고 우리는 눈물을 흘렸다. 국화로 덮인 국기와 검은 자동차가 지날 때마다 사람들은 길바닥에 나뒹굴며 통곡을 했다. 시일야방성대곡. 님은 갔습니다. 아아 사랑하는 나의 님은 갔습니다 푸른 산빛을 깨치고 단풍나무 숲을 향하여 난 작은 길을 걸어서 차마 떨치고 갔습니다 황금의 꽃같이 굳고 빛나던 옛 맹서는 차디찬 티끌이 되어서 한숨의 미풍에 날아갔습니다.

하늘은 무너지고, 그러나 아무 일도 일어나지 않았다.

오임리 등화관제 훈련 午妊里 燈火管制 訓練

온 나라 안의 등불을 끄는 연습을 한 적이 있다.

적기의 야간 공습에 대비하여 일제히 소등함으로 폭격기의 조종사로 하여금 정확한 타격지점과 위치를 혼미하게 만들어 그 피해를 줄이자는 민방위 훈련의 일종이었다.

민방위 훈련이란 것이 동원예비군 노릇도 마치고, 이제는 써먹을 전투력이라곤 남지 않았다 싶은 이들을 모아 제 직장이나 집을 지키는 연습이라 하겠다. 그렇다고 민방위 대원을 우습게보아서는 안 될 것이다. 비록 총검을 잡지는 않았다 해도, 전쟁이 일어날 경우에는 이 민방위 대원은 의외로 쓸모가 많다. 부서진 다리를 잇고, 탄약 상자를 나르고, 민가에 잠입한 공비를 찾아내고—잡지는 못하지만, 튀겨내는 일은 잘할 것이다—재빨리 신고하는 일을 담당하니, 국가보위의 중대한 자원이 아닐 수 없다.

그러나 막상 새마을 마크가 그려진 모자를 하나씩 머리에 걸치거

16

나, 삐딱이 없고서 훈련장에 모인 면면을 살피자면, 이들이 제 한 몸이나 제대로 건사할지 심히 걱정스러울 뿐이었다. 대체로 냄새나는 변두리 극장 같은 곳에 모여, 재미 하나 없는 국정 홍보영화나 무얼 그리 주워 먹고 힘이 솟아났는지, 새마을 운동이 아니면 저 사람은 무슨 낙으로 살아갈까 싶을 정도로 열성을 보이는 어떤 새마을 지도자의 죽을 둥 살 둥 맹활약하는 영화를 보여 주는 게 고작이었다. 대체로 민방위 대원들이란 산전수전 공중전까지 다 마치느라 근력은 쇠하고 오로지 요령만 남은 사람들이라, 서두름과는 철천지수인 사람들처럼 모든 동작을 최대한 슬로우 모션으로, 대기권 밖으로 나간 우주인들의 유영처럼 흐느적거리며 정해진 교육시간 내에 최단의 몸동작으로 최소의 에너지를 소비하려는 데 일가를 이룬 사람들이었다. 그런데 이들이 눈을 빛내고 생기를 되찾을 때가 있으니, 바로 야간 등화관제 훈련이 있는 날이다.

동팔은 저녁상을 물리자마자 팔뚝에 노란 완장을 꿰차고, 어젯밤부터 파리가 미끄러지도록 닦아 놓은 워커를 꺼내 신었다. 남들은 죄다 후줄근한 추리닝이나, 빛이 바래다 못해 백바지가 된 예비군복을 걸치고 어슬렁거리며 나타나지만, 동팔은 다리미로 수십 번 눌러 칼처럼 날이 선 녹색의 장교군복을 꺼내 입었다. 한동안 동원예비군 훈련장을 누비며, 하찮은 보병 땅개들의 사기를 현저히 저하시키던 군복이지만 민방위 대원으로 소속이 바뀐 지금도 그것의 효용가치는 조금도 덜하지 않았다.

한 손에 손전등을 들고, 그는 면사무소 앞으로 나갔다. 서류 조각을 들고 있던 대장이—전파사 최 사장—그를 보고 반색을 한다.

"발써 야달 시를 훌쩍 넘겼는디, 워째 소식이 감감이래."

"긍게 말이래유. 너나없이 군기가 빠져서 그류."

"군기야 빠질 때두 되았지만, 넘들 허네."

"민방우 군기는 군기가 아닌게비여. 그저 눈앞에 총탄이 핑핑 날아야 쟁신이 버쩍 날 틴디."

"그나저나 오늘은 높은 디서 나와 본디는디, 클났네."

똥 마려운 강아지처럼 골목 모퉁이를 맴돌던 최 대장 눈에 시커먼 물체들이 흐늘거리며 움직이는 게 보였다.

"저 따우루 노니께, 노상 능청도 소릴 듣는 겨. 아, 어여들 오지. 즈 앞에서 꾸물거리면 좀 난감."

"기러게 말유. 전시 같으면 총알밥이든 콩밥이든 퍼 먹일 판이유."

이윽고 바랭이 줄기로 이를 쑤시며 자전거포 우 사장이 앞서고, 그 뒤를 이어 빵꾸 이씨, 유성반점 김 사장, 맨 꼬래비에서 무어라 이죽거리며 맥줏집 보리수 양 사장이 흐느적흐느적 나타났다.

"오매, 다리짝을 구부리지 않음 지대루 발두 못 뻗을 골목길을 삼천리루 걸어오네. 워째, 사람들이 죄 그렇댜."

"워째 또 보자마자 타박이래. 왼종일 생업에 종사허느라 골 빠진 사람 불러내서는……."

"생업두 국가가 있구 나서유."

팔뚝의 완장을 추켜올리며 동팔이 보다 못해 한마디 걸고 나섰다.

"국가구 나발이구, 머리 허연 놈들 불러내 뭐해 쓰간? 오줌빨 짝짝 나가는 동팔이 같은 이들이 어련히 잘 지켜 주려구."

손톱을 기다랗게 기른 새끼손가락으로 콧구멍을 후벼 파고 있던 보리수 양 사장이 가느스름 눈을 치뜨고, 동팔의 말에 토를 달고 나왔다. 한마디 쏘아 주려다, 동팔은 달포 전에 보리수 미스 박을 몰래 불러내 오방여인숙에서 공짜 연애를 한 게 은근히 켕겨 입에 자물쇠를 채웠다.

"높은 디서 온다니께 오늘은 좀 협조적으루다가 잘들 헙시다아."

"높은 디라니, 어디 육삼 삘딩에서 사까닥질이라두 친댜? 협조적으루구 말구 있는가, 까맣게 불 끄고 국민증산운동에 매진허믄 되지."

"이래저래 오임리 애들 많이 늘것구만. 동리 이름값 톡톡히 허야 쓰것슈."

"싱거분 소리 그만혀구, 어여들 윗목아리루 올라들 가여."

"웃목보다 아랫가리가 문제여유. 주점 골목이 취약지역인 거 모르시구 허시는 말씸유?"

동팔이 아랫가리 양 사장 눈치를 살피며, 안 해도 좋을 토를 달았다. 대번에 낯빛이 바뀐 양 사장이 눈을 하얗게 호벼 뜬다.

"거, 말본씨 한번 얄밉네. 취약지역은 또 뭐시여? 다아 먹구살자구 허는 생업인디, 어디 대낮에 장사허는 술집 보았는가? 거기야 특별조치를 해 줘야 허는 거 아녀."

"그란디 게는 낮이나 밤이나 벌건 홍등 켜 놓구, 정육 장사럴 허는지 대체 뭘 허는 거여? 어듸 한번 귀경이라두 해 보았으면 좋겠네."

"사실루 말허자면 긔야 무슨 불이 필요하댜? 뻘에 나온 거이가 어디 불이 있어 즈 구멍을 그리 잘 찾아 들어간디?"

결국 최 대장이 늙다리들을 데리고 윗목아리로 나서고, 소가 새끼를 내는 바람에 늦었다며 헐떡이며 달려온 재춘이를 앞세우고 동팔은 주점들이 즐비하니 늘어선 아랫가리로 내려섰다.

여느 때와 달리 쿵작거리던 음악 소리가 잠잠하긴 했지만, 문틈으로 고개를 내밀고 허여멀건 허벅지를 내보이는 아가씨들은 여전했다. 동팔은 완장을 찬 어깨에 잔뜩 힘을 넣고는, 술집 골목 복판으로 호기롭게 들어섰다.

"불 끄! 여기는 대한민국 아니여? 때가 어느 땐디, 불들 키구 지랄여."

껄끄럽던 보리수 양 사장도 없으니 용궁에서 풀려난 토처사나 다름없이 동팔은, 문틈으로 발쪽하니 고개 하나가 들락거리는 안성집 문짝을 번쩍거리는 군홧발로 걷어찼다.

"아이구구. 오살헐 인간이 사람 잡네. 민방운지 문어 대굴빡인지, 두 번만 했다간 사람 머리 다 꾀거겠네."

"머리 까이는 게 문제여? 전시 같으믄 벌써 지삿상에 지방 올라갔어."

겨우 사람 하나 지나갈 만한 골목에, 마주 보고 선 술집 문짝들을 번갈아 발길질로 내지르니, 저만치 숨어서 내다보던 이들은 행여 허름한 제 집 문짝 떨어질까 황급히 불을 끄기 바빴다.

등화관제 훈련이야말로, 민방위의 백미라고 동팔은 속으로 흡족히 여겼다. 국가적으로나, 안보적으로나 이렇게 중요하고 의미 있는 훈련을 왜 가뭄에 콩 나듯 드문드문 하는지 그게 불만이었다. 에너지 문제도 있고 하니, 아예 자정 넘기고부터는 날마다 불을 끄고 지내게 하는 게 옳을 일이었다. 전쟁이란 것이 언제 예고하고 난단 말인가. 유비무환, 참으로 좋은 말이다.

주변머리 없는 재춘은 멀찌감치 떨어져 동팔이 하는 양만 지켜보다가 졸래졸래 따라왔다. 이따금 상소리로 욕을 해대는 싸가지 없는 아가씨도 있긴 했지만, 동팔이 부는 호루라기와 고함 소리에 기겁을 해서 허둥지둥 불을 끄기 바빴다. 오래지 않아 골목은 역청 칠을 한 것처럼 깜깜해졌다. 동팔은 가슴이 뿌듯해졌다.

그런데 골목 끝에서 발그스름한 불빛 한 올이 새어 나왔다. 209호 따라지 집이었다. 마흔이 다 된 과부댁이 아가씨들도 없이 혼자서 장사를 해 먹는 집인데, 여주인이 워낙 암상스럽고, 막무가내로 상식이 없어 동네에서도 아예 한 곁으로 내놓은 집이었다.

동팔도 올 여름, 청년회장이 개울가에서 백숙이라도 해 먹자고 찬조금 걷으러 갔다가, 말쌈이 벌어져 결국 중요한 부위를 꺼들린 채, 삼십 분 만에 손바닥을 싹싹 빌고서 풀려난 뒤끝이라 첨부터 함부로 나가지는 않았다.

"앗따, 여그는 아직두 대낮이래여. 나라에서 하는 일인디, 협조 좀 헙시다."

문을 걸어 잠근 채, 붉은 불빛이 새어 나오는 댓돌 앞에는 뾰족구두 하나와, 쌔무로 된 군화 한 켤레가 다정히 코를 맞대고 있었다.

들은 척도 않고, 정체 모를 신음소리만 이어내는 방문을 확 걷어찰까 하던 동팔은 아직도 뻐근히 남아 있는 아랫도리의 통증을 되살리곤, 입으로만 성질을 풀었다.

"이건 어느 나라 군대여, 온 국민이 죄다 적기 공습에 대비해 코흘리개까정 불 끄구 숨죽이는 판에, 나랄 지키는 간성이라는 군인이, 지금 방 안에서 뭘 허구 자빠져 있는 거여? 어여, 안 튀 나와!"

"헉헉…… 어떤 몰상식한 놈이 지랄이댜. 혼자 사는 년이…… 워치게든 먹구살겄다구 생업에 종사하구 있는디……. 헉헉, 어떤 싹수 읎는 인간이 영업을 방해한디야? 그러다 나 밥 굶으믄 안방에 모셔다 앉혀 놓을 참인 겨……."

동팔은 안방에 떡 버티고 앉아 있는 과부댁을 눈앞에 떠올리곤 진저리를 치며 뒤로 물러섰다.

"에이, 개부다 못헌 인간들. 더러워서 상종을 말어야지."

맥없이 물러서기가 재춘이 보기도 민망해, 퉤, 소리도 요란히 가래침을 걸게 뱉고도 뭔지 석연치 않던 동팔의 눈에 에이급 째무 워커가 들어왔다.

면사무소 앞에선 벌써 평상 위에 주둥이 열어젖힌 맥주병 서너 개가 거품을 내물고 있었다.

"어여 와, 고생 혔어! 우리 오임리는 동팔이 겉은 애국자가 있어 걱정이 읎어. 아까 지서장께두 말씀드렸어, 표창 하나 꼭 받을 애국자가 여 있다구. 연말엔 좋은 소식 있을 겨."

전파사 최 대장이 동팔에게 거품만 남은 맥주를 잔 가득 따라주며 잔뜩 추어올렸다. 동팔은 헛기침을 하고는 평상 가운데 유난히 큰 다리를 남대문만치 벌리고 앉았다.

"지가 뭘 했간디유. 국민된 도리루다 허는 게지유."

"근디, 그 워카는 워쩐 것이여? 오매, 이거 째무 아녀? 퍽으나 비쌀 터인디……."

"개병대들이 신는 거인디, 동팔이 방우 자네가 으서 났대?"

보리수 양 사장이 깐죽거리는 말에 동팔은 한바탕 쏘아주려다 겨우 참았다. 동원 훈련 가서도, 느티나무 밑에 사람들 빙 둘러 앉혀 놓고, 한바탕 전시 비상 작전 계획에 대해 일장 강의를 하고 있는데 초를 친 것도 양 사장이었다. 그때 솔직히 외상값만 아니고, 그이가 집안네로 면 친척뻘만 안 되었어도 사격장 안으로 확 밀어 넣고 말았을 것이다.

'아니, 방우 나온 게 어디 내 잘못인가. 그러는 즈는 뭐여? 임질에 매독에 군대두 못 가구 병종 면제를 받은 주제에……. 방우가 어디라구? 방우두 그냥 방우여? 공수부대 특수방우문, 그 바닥에서는 설설 기구, 똥바우들은 길 가다 마주치면 초경 치른 기집처럼 고개 꺾구 한 옆으로 게걸음치기 바쁜디……. 말끝마다 방우가 뭐여? 방우가?'

"그래두 짬밥 한 그릇 못 얻어 먹은 양반보다는 나유."

"뭐여?"

발끈 화를 내는 양 사장을 모른 척 외면하고, 어둠에 잠긴 아랫가리 술집을 흡족히 바라보는데, 누군가 골목길을 어정거리는 게 눈에 들어왔다.

"잘못했으니께, 누구신진 몰러두, 지 신발 좀 돌려 주셔유."

"저건, 또 뭐여? 군인 같은디……."

"저 물 건너 나븐들 용셕이 둘째 아들 같은디……. 그 애가 해병대 갔다가 휴가 나왔다구 아까 인살 다니는 걸 보았는디……."

"근디 뭘 돌려 달라는 거여? 야밤에 뭔 신발을 찾는데 그랴."

해제 사이렌이 울리고, 먹물 같던 사방이 까물거리며 눈을 켜는 가로등을 순서로, 집집이 켜대는 불빛으로 환해졌다. 각이 진 해병대 팔각모를 쓴 군인 하나가 여자 뾰족구두를 신은 채 골목 안길을 어정거리며 돌아다니는 걸 바라보던 동팔은, 아까부터 가랑이 찢어지듯 벌리고 있던 다리를 슬며시 오므려, 어둑어둑한 평상 밑으로 발을 숨겨들였다.

나의 트로트 시대 나의 trot 時代

　그에게 잘못이 있다면 남들보다 저녁을 조금 일찌감치 먹고 나와, 소화도 시킬 겸 거리에 서서, 그가 좋아하는 트로트 노래를 즐겨 불렀다는 것뿐이다.

　그는 지독히도 트로트, 그 가운데서도 나훈아라는 가수를 좋아했다. 당시 고등학생들이 영어 공부 좀 했다는 구실로 제대로 알아듣지도 못하는 팝송에 빠져, 톰 존스나 클리프 리차드에 열광할 때 그는 홀로 나훈아에 심취하였다. 그는 제 이름을 버리고, 스스로를 '나운아' 라 칭했지만, 동네 사람들은 그냥 '도롯도' 라고 불렀다. 그리하여 도롯도는 저녁마다 거리에 나와 오가는 행인들의 흘깃거리는 눈길에도 아랑곳 않고, 나훈아의 레퍼토리들을 무대 위의 몸짓까지 그대로 살려가며 밤늦도록 불러댔다.

　조용히 들려오는 조개들의 옛이야기

말없이 거니는 해변의 여인아

　이런 노래를 나훈아 씨 특유의 창법—능구렁이처럼 저음으로 기다
가 고음부에서 흐느끼듯 소리를 꺾는—으로 얼마나 진지하게 부르는
지, 그를 바라보다가 전신주에 머리를 부딪친 이가 한둘이 아니었다.
　하지만 전신주에 머리를 부딪치거나, 제대로 정비가 안 된 길 고랑
에 발이 걸려 넘어져 턱이 깨지는 것이 어찌 그의 잘못이랴. 혹 그가
어부들을 노래로 꿰어 암초에 난파시키던 로렐라이 격으로, 행인들의
넋을 홀리어 그런 불상사를 초래했다고 하는 이도 있지만, 그거야 어
디 뛰어난 노래 솜씨의 덕이라면 덕이지, 어디 탓이라고 할 수 있을까.
　또한 어떤 이는 그가 지나가는 아녀자들을 나훈아 특유의 진득거리
는 눈빛으로 바라보며, ‘조개들의 옛이야기’ 라는 구절에 이르러 유난
히 힘을 주어 부르는 등, 심각한 성희롱을 하였다는 지적도 있지만,
유심히 지켜본 사람이라면 그가 한번 노래에 빠지면, 앞으로 아녀자
가 지나가는지, 부처님이 지나가는지 제대로 눈에 들이지도 않는 사
람이란 걸 익히 알고 있는 터였다.
　그가 저녁마다 주머니에 양손을 찌르고, ‘물레방아 도는데’, ‘녹슬
은 기찻길’ 을 불렀다 해서, 어디 남에게 크게 피해를 준 것은 없다. 그
렇다고 그가 동네의 껄렁패들처럼 골목에 웅성거리며 모여, 지나가는
아가씨에게 ‘궁둥이 탐스럽네’ 라는 수작을 벌인 적도 없고, 그 흔한
담배마저 노래에 지장을 준다고 멀리할 정도였다.

　그렇게 밤거리 나훈아 콘서트는 해를 거듭하고 이어지는데, 세상이

바뀌어 이 나라의 운명이 어느 불행한 군인의 손에서, 또 다른 불행한 군인의 손으로 넘겨지던 무렵이었다.

고등학교를 졸업하고, 오로지 나훈아 노래에 일생을 바치기로 작심하고, 별다른 직업도 없이 밤거리에 서서 피곤한 심신으로 귀가하는 행인들에게, 무상으로 나훈아의 노래들을 들려주던 그에게 변고가 닥쳤다. 정권이 바뀔 때마다 만만한 게 뭐라고, 국민 위문품용으로 잡아들이던 불량배 집중 단속이 대대적으로 벌어졌으니, 이름 하여 삼청교육훈련이라 하였다.

그날도 나훈아의 신곡을 구성지게 불러 제치고, 단잠에 들었던 도롯도는 느닷없이 방안으로 달려든 군홧발들에 걷어차이며, 잠에서 깨워졌다. 얼룩무늬 군복을 입은 한 떼의 군인들은 그의 얼굴에 전짓불을 함부로 비치고는, 대검이 꽂힌 총을 들이댔다.

"이 새끼 맞네. 이리 나와."

무슨 일이냐고 물을 틈도 없이, 도롯도는 군홧발에 채이며 두 팔을 뒤로 묶여 파출소로 끌려갔다. 여기저기서 붙들려온 사람들이 모두 머리를 처박고 있는 파출소 안에서, 그는 군인 하나와 경찰관 한 명, 그리고 민간인 한 명이 앉아 있는 책상 앞으로 불려갔다. 이름과 주소를 묻고, 그들은 긴 말도 없이 무언가 붉은 도장을 종이에다 쾅 소리를 내며 찍었다.

잠시 후, 트럭에 실려 시커먼 어둠 속을 한참 달린 끝에 도롯도 나운아는, 어느 낯선 군부대에 내려졌다. 무작정 날아드는 발길과 매질에 입도 벙긋 못한 채, 오리처럼 땅바닥을 박박 기면서 그는 이게 생시가 아니라, 몹쓸 꿈이거니 여겼다.

"이 새끼, 어디서 양아치 짓이나 하면서 건들대, 세상이 어느 때인데……."

다음날, 입소식에 앞서 서류를 작성하던 장교 하나가 그를 보고 중얼거렸다. 아니라고 부정했지만, 대번에 소총 개머리판이 날아왔다. 숨이 턱 막히도록 격심한 통증에도 그는 자신은 죄가 없으며, 양아치가 아니라고 항변했다.

"여기 모인 새끼들한테 물어 봐라, 어디 죄 있다는 놈 있나?"

도롯도는 거기서 석 달 동안 목봉을 들고, 인간에게 가해질 수 있는 모든 형태의 구타를 경험했다. 다행히 장교로 있던 당숙뻘 되는 이가 간신히 손을 써서 빼내왔지만, 그는 예전의 그가 아니었다.

피아노 교습을 몇 달 다녔다는 건넛마을 반장 마누라가 트로트를 유난히 경멸하여 파출소에 말을 넣은 게 화근이 되었다는 이야기를 전해 듣고도, 그는 분개조차 하지 못했다.

그날 이후, 그의 입에서 나훈아 트로트는 더 이상 들을 수가 없었고, 매일 골방에 틀어박혀 애꿎은 담배만 줄줄이 피워댈 뿐이었다. 보다 못한 친구들이 돈을 모아, 연말에 열리는 나훈아 쇼에 들어갈 수 있는 입장권 한 장을 가져다주었는데, 그는 떨리는 손으로 받아 들고는 어깨를 들먹이며 눈물을 흘렸다 한다.

나중에 들은 얘기에 의하자면, 그는 나훈아 쇼에 가지 않았다고 한다. 며칠 지나 나훈아 쇼가 벌어지던 호텔 앞을 서성이는 걸 보았다는 말도 있었다.

그러던 그에게도 신성한 국방의 의무를 다하라는 신체검사 영장이 날아왔다. 신체검사를 일주일 앞두고, 그는 자신의 손가락 네 개를 작두로 잘랐다. 그의 동생은 울면서 피투성이가 된 형의 손가락을 찾으러 돌아다녔다. 두 개는 툇마루 밑에서 찾았으나, 두 개는 찾지 못했다. 그가 정신병원에 들어간 뒤, 그의 동생은 하얗게 뼈만 남은 형의 엄지 손가락 한 개를 개가 물고 다니는 걸 빼앗았지만, 끝내 중지 손가락은 찾지 못했다.

그를 데려가지 못한 군대가 가져갔나 보다고 여름내 사람들은 거리에서 마주치면 수군거렸다.

펑크머리 punk머리

일찍이 공자께서 인간과 금수의 차이를 예에다 두고, 그 예의 본을 어버이에 대한 효로 삼은 바 있으니, 그 효의 첫걸음이 '신체발부 수지부모身體髮膚 受之父母'라 하여, 그 몸과 머리카락의 훼손함을 크나큰 불효로 여겼다.

그리하여 국법을 어긴 죄인이거나, 제정신이 아닌 광인의 경우가 아니라면 그 지닌 터럭 한 올도 함부로 다루지 않았으니, 그 머리카락을 잘림은 이미 살아도 죽은 목숨이나 다름없이 여기기에 이르렀다.

구한말에 이르러서는, 백척간두에 선 국난에 처하여 일제에 의해 자행된 단발령에 민족적 울분이 응결되어 말 그대로 충효의 물증이 되니, '가단두 불가단발可斷頭 不可斷髮'의 비장함마저 서리게 되었다.

세상은 바뀌어, 부모가 물려준 터럭의 색깔마저 제멋대로 바꾸기를 일삼으며, 그를 업으로 삼아 먹고사는 장사치마저 늘고 있으니 상전벽해지감桑田碧海之感을 느끼게 한다.

한동안 닭볏처럼 옆머리는 말끔히 깎은 채, 윗머리만 길게 기르는 펑크머리가 유행한 적이 있다. 세계적인 축구스타인 베컴도 한때 그런 머리를 한 적이 있고, 뮌헨이며 뉴욕을 지나, 신주쿠를 거쳐 대학로에 이르기까지 이 해괴한 머리를 한 젊은이들이 이목을 끈 적이 있다. 그런데 이 묘한 머리의 효시가 바로 대한민국임을 사람들이 알지 못하더라.

지금부터 전하고 싶은 전설은, 온 국민에게 자신의 헤어 스타일을 권하다 못해, 강제로 깎이는 세심한 보살핌의 영도자가 있었던 시절의 이야기이다. 사람의 심리란 것이 하지 말라고 하면 더 하고 싶은 심정이며, 그렇게 하지 말라고 하는 걸 부득부득 하는 사람들을 절대 용서하지 않는 사람과 한 하늘을 이고 살게 되니 어찌 참혹한 일이 일어나지 않을 수 있겠는가.

손가락으로 남의 머리를 헤집어 그 위로 조금이라도 삐져나오면, 수제 바리깡으로 고속도로 내 주는 걸 취미로 여기던 스승 밑에서 학창시절을 보낸 이라면, 그 당시 모든 학생들의 꿈은 남북통일도 아니요, 서울대 진학도 아니요, 노벨상 수상도 아닌, 마음대로 머리 길러보는 것이라는 말에 고개를 끄덕일 것이다.

아침마다 교문에 바리깡을 들고 서 있는 스승의 눈을 피하기 위해, 학교 담장을 즐겨 넘었고, 시험 때 갑자기 들이닥치는 바리깡을 피해, 과감히 백지 권당捲堂을 하기도 하고, 영원히 잊혀지지 않는 추억을 남겨 주겠다며(누가 남겨 달라고 했나) 애지중지 기른 졸업생들 머리를 식장 앞에서 바리깡으로 밀어주던 수학 선생을 피하려고 졸업식마저 불참하는 필사의 노력으로 근석은 제 머리털을 지켰다. 피눈물 나는 노력의 결과로, 대학교 신입생 환영회 때, 재수생이냐는 황홀한 질문을 받았던 근석은, 중·고등학교 6년 동안 가슴에 쇠못처럼 박혔던 한을 풀 요량으로 사정없이 머리를 길렀다. 이윽고 일 년여를 넘자, 그의 곱슬머리는 한보따리로 부풀어 음악교과서에 나오던 헨델이나 세바스찬 바흐처럼 되었다. 그는 단속경찰의 눈을 피하기 위해, 여름에도 털모자를 뒤집어쓰고 다녔는데, 다방이나 강의실에서 모자를 벗고 한보따리 헨델형 파마머리를 내어 놓는 신성한 의식을 하노라면 주변 사람들은 자못 부러운 눈으로 지켜보았다.

어깨까지 내려오는(이 말이 당시 젊은이들의 가슴을 얼마나 설레게 하던 말인가) 머리를 출렁이며 그는 종로며, 명동 거리를 하는 일 하나 없이, 오로지 긴 머리를 과시하려는 목적으로 하루에도 몇 번이고 오가기를 반복했다.

그러던 어느 날, 모교에서 동창회인지(졸업한 지 일 년 만에 무슨 놈의 동창회란 말인가) 뭔가를 한다는 사발통문을 접하고, 그는 까까머리 후배들의 부러움 가득 찬 눈길을 한껏 부풀어 오른 머리에 받으며 모교를 방문하였다. 그리고 돌아오던 길에—그날 이후로 그는 모교를 다시는 찾지 않고 있다—수송동 그 미로 같은 골목에서, 쓸데없이 돌아다니는 경관에 의해 종로경찰서로 압송되었다. 당시 죄목은 경범죄였고, 범죄 내용은 장발로 인해 남에게 혐오감—바로 요 대목에서, 그는 "대학생이란 놈들이 하라는 공부는 안 하고, 머리만 기르고 다닌다"며 혀를 차던 나이 든 경관과 치열과 설전을 벌이기에 이르렀다. 그는 경관에게 머리 한 올 없어, 송알송알 땀방울까지 훌랑 내보이는 민대

머리의 경우는 혐오감을 주는지 여부를 질의하였는데, 경관은 그를 잡아먹을 듯 노려보더니, 쓰고 있던 경찰모를 벗어 책상에 내던졌다. 그 나이든 경관은 대머리였다—을 준다는 혐의였다.

근석을 붙들어 온 경관은 "너, 깎을래, 살래?"라는 발언으로 위협적인 선택을 강요했다. 그는 추호의 흔들림도 없이, 비장한 목소리로 '살겠습니다'라고 말했다. 그 순간, 아까부터 이맛살을 찌푸리고 있던 대머리 경관의 외침이 들려왔다.

"저 놈은 깎고 살게 해."

아, 이게 무슨 맑은 하늘에 벼락 치는 소리란 말인가. 비장했던 목소리는 일시에 힘을 잃고 비굴하니 떨리기조차 했다.

"깎고 나가겠습니다."

결국 근석은 '이놈은 특별히 잘 깎아 주라'는 단서와 함께 구내 이발사에게 넘겨졌다. 특별주문을 받은 이발사는 쾌재를 부르며,—당시 이발사들은 장발족들이 자신들의 생업에 막대한 지장을 초래한다는 이기적인 이유만으로, 장발족과는 한 하늘에 함께 살 수 없다는 비장한 결의를 하였다 한다—바리깡을 그의 이마에 갖다 대는 것이었다. 가히 헨델이 심산유곡의 승려로 탈바꿈하려는 순간, 그는 이발사에게 적용 법률의 조문을 상기시켰다.

"아니, 귀만 나오면 되지 않나요?"

당시 장발족의 단속 기준은 귀를 기준으로 그것이 보이는가, 아니면 모발에 의해 덮여 보이지 않는가로 규정되어 있었다. 법조문대로 행한다면, 귀를 제외한 앞머리와 웃머리 부분은 그 높이가 하늘에 닿아도 관계할 수 없다는 말이렸다. 불의의 일격을 당한 이발사는 심히 불쾌한 심기를 드러내며, 절치부심 이마에 갖다댔던 바리깡의 기수를 남남서로 돌려, 뒷머리와 목덜미 경계부분에 대었다. 그리고 잔인한 진동음과 함께 헨델머리는 수북한 잔해를 남기며 처참하게 토벌되어 갔다. 귀만 내놓으라는 주문에 분개한 이발사는 옆머리와 윗머리의 경계부분을 나노 공학적으로 구분하여, 최후의 일촌까지 바리깡 부대를 진격시키어 머리카락 한 올 남김없이 문어 이마처럼 말끔히 밀어 놓았다. 그리고 의미심장한 미소를 지으며, '앞머리는 어떻게 할까?'를 물어왔다.

그동안 공들여 머리카락을 길러온 경험에 의하면, 머리의 정수는 윗머리와 앞머리로서, 옆머리나 뒷머리는 사실 그것에 의해 덮여지는 부수적인 부분에 불과하며, 불과 몇 달이면 시커멓게 회복가능한 지역이라는 것을 알고 있었다.

"그냥 놔 두세요."

그는 그렇게 해서, 옆머리는 파랗게 깎고, 웃머리는 1960년대 아줌마들 사이에 유행했던 후까시(적당한 우리말을 몰라 왜말을 쓸 수밖에 없음을 용서바람)를 넣어 아이스크림처럼 높이 올린 한보따리 거품 머리를 탄생시켰다. 당시 위로 올라간 웃머리의 높이가, 얼굴의 전체 길이보다 길었다는 파격적인 기록을 유지한 헤어 스타일은 대학 교정뿐만이 아니라 한때 장안의 화제가 되었으니, 혹자는 이를 가리켜 현대 사회의 소외된 인간 존재에 대한 현상학적 저항이라고 평하기도 하였고, 혹자는 일제 치하 암울했던 민족 현실을 초현실적 환상을 통해 승화시키려던 이상의 『날개』에 등장하는 상고머리에 견주기도 하였으며, 주점에서 만난 체육학도들의 말로는, 더 높은 곳을 향해 '위로, 위로'를 부르짖던 쿠베르탱의 올림픽 정신이 잘 형상화된 작품이라고도 하여 그 설이 분분하였다.

　이제 대학로를 누비는 닭볏 머리를 볼 때마다, 어느 할 일 되게 없던 정권의 용의복장 규정에 이 땅의 젊은이들이 극렬히 저항했던 몸짓이 서구의 젊은이들에게도 지대한 영향을 주어, 오늘에 이르렀음을 깨닫고 스스로 세상의 면면한 연분을 통감하는 바이다.

윤간 輪姦

 사람의 감각이란 것은 쉽게 바뀔 수 있으며, 또 사람이 전해 듣는 이야기도 그처럼 앞과 뒤, 또 다른 이야기와 덧댈 때, 그 느낌도 수시로 바뀔 수 있다.

 온종일 땀에 절어 몸에서 쉰내가 나는 여름 저녁에, 시내버스 종점 부근의 변두리 골목에 가면 빛바랜 파라솔을 내걸고 붉거나 푸른 빛깔의 플라스틱 의자를 내놓은 슈퍼를 반드시 만나게 될 것이다. 그리고 그 밑에 파자마 차림으로 앉아서 지나가는 사람을 힐끔거리며, 미지근한 맥주를 눅눅한 땅콩 안주로 마시고 있는 사람들을 또한 만나게 될 것이다. 대체로 그들은 '쓰레빠'로 불리는 신발을 신고 있거나, 한 짝은 벗어 놓은 채 땟자국이 남아 있는 무좀 걸린 발을 의자에 올려놓고, 손가락으로 연신 긁어대거나, 발가락의 때를 후벼 파고 있을 것이다. 조금 인내심을 지니고 관찰한다면 그들이 그 손가락을 코에 대고 냄새를 맡는 장면도 목격할 수 있을 것이다. 과연 거기선 어떤 냄새가 나며, 그 냄새의 무슨 성분이 그의 손을 코로 이끌어 가는지 궁금할 것이다. 문제는 상상만 해도 구토가 일어날 듯한 그 손가락 끝에서의 냄새가 인간적인 향기로 구수하게 느껴질 수 있다는 점이다. 향기로운 안가에서 지극히 근엄하고 고상한 존재들의 은밀한 행위에서 풍기는 악취를 맡아본 바로 다음이라면 말이다.

1. 다리 밑에서

성근의 전공은 여자 잡는 거다. 겨우내 눈에 덮였던 돌산에 분홍빛 진달래 꽃망울이 터져 나올 무렵이면, 방 안에서 주간지만 들척거리던 그가 응달너구리처럼 기어 나와 돌산으로 슬금슬금 기어올라간다. 입이 검붉도록 진달래 꽃잎을 따먹으며 산기슭을 어슬렁거리다가, 봄바람에 가슴이 부풀다 못해 터질 듯한 아가씨들이 치마를 나풀거리며 산에 올라오면, 그는 먹이를 발견한 악어처럼 느리지만 유연한 걸음으로 목표물을 향해 다가간다. 대개는 나물을 캐러 온다거나, 맥없이 바위에 누워 자동차들이 분주히 오가는 시내 풍경을 내려다보는 아가씨들에게 나물 많은 곳을 알려 준다거나, 약수 좋은 곳을 일러준다고 꾀기도 하지만, 반응이 신통치 않은 경우 곧바로 작업에 들어간다.

그가 주로 애용하는 작업 장소는 예전에 김신조 씨와 그의 친구들이 넘어오느라 부랴부랴 산등성이마다 파 놓았던 방공호였다. 집 나온 청소년들이 비닐봉지에 담은 본드나 들이키는 장소로 쓰이는 방공

호야말로, 성근에게는 정겨운 토굴이었다.

그곳에서 종종 발견되는 여자의 피 묻은 속곳들이 그동안 그의 이력을 잘 말해 주고 있었다. 마음은 있으나 몸이 움직여지지 않는 그의 친구들은, 그가 벗겨온 여자 속곳들을 성물처럼 우러러보며 그를 교주처럼 떠받들게 되었다.

여름의 저녁이란 몸 더운 여자들을 무작정 밖으로 나돌게 하는 힘을 지녔다. 지난밤의 노역으로 온종일 잠에 들었던 성근이 슬그머니 집에서 기어 나오면, 골목에 모여 있던 패거리들은 그를 둘러싸고, 오늘 밤의 사냥질에 나설 채비를 했다. 야심한 시각에는 돌산보다는, 여공들이 일을 마치고 집으로 돌아가는 개울가의 뚝방으로 주로 나갔다. 대개 여남은 살쯤 되는 여공들은 돈 벌겠다고 시골에서 올라와 자취를 하는 경우가 많아 바람막이가 될 아무 것도 없는 무방비 상태의 어린 사슴들이었다. '대삐리'로 불리는 여대생들을 잘못 건드렸다가는 동티가 나 콩밥 먹기 십상이었으니, 이 분야의 전문가인 성근은 주로 '공순이'로 불리는 여공들을 선호했다.

개울 근처에는 '요꼬'라고 불리는 쉐타 공장이 많았고, 푸른색 제복에 하얀 깃을 단 유리공장 공순이들도 이따금 눈에 띄었다. 뚝방에 모여 깡소주를 한잔하고 있노라면, 잔업을 마친 여공들이 어스름한 뚝방길로 삼삼오오 조잘거리며 집으로 돌아왔다. 휘파람을 불면 고개를 푹 숙이고 부지런히 달아나는 축도 있었지만, 개중에는 옥구슬 부서지듯 까르르거리는 경우도 있었다. 성근은 바로 그런 여공들에게 다가가 치근거리고는 용케도 꾀어 왔다.

아무리 공순이라고 낭만이 없고, 사랑을 모르랴. 나이가 차면 앞가슴 불러 오르고, 그만큼 설레는 마음으로 밤잠을 설치기 마련이다. 눈은 있고, 텔레비전도 흔해졌으니 대학생들이 푸른 잔디에 둘러앉아 정답게 기타를 퉁기며, 노래를 부르는 장면도 보며, 얼마나 가슴 설레며 부러워했던가. 비록 캠퍼스는 아닐망정, 대학생은 아닐망정, 별들이 쏟아지는 여름밤에 시원한 바람이 불어오는 뚝방에서—조금 불쾌한 악취가 풍기긴 했지만—다 부서진 기타일망정 둥당거리는 소리에 맞춰 함께 부르는 노래는 감미롭기만 했다.

목청껏 노래를 부르고, 그때마다 까르르 입을 가리고 웃으며 이따금 옆자리의 사내와 눈이 마주치면 손톱 달처럼 눈을 흘겨 뜨면서 처음 먹어보는 소주의 톡 쏘는 맛에 취하노라면, 내일 출근이며, 아티반 먹고 밤새워 일해야 할 야근 생각들, 중학교에 다니는 남동생 월사금이 밀려 걱정이라며, 시골에서 며칠 전에 삐뚤빼뚤한 글씨로 아버지가 써서 보낸 편지 따위가 까무룩 여름밤 별똥처럼 사라지고 말았다.

그쯤 되면 거의 입 안에 들어온 떡이나 마찬가지였다. 쌍쌍이 짝을 채워, 뚝방 아래 다리 밑으로 기어들거나, 오바이트 하는 여자의 등을 두들겨 주고 아예 그녀의 자취방에서 꿀 같은 하룻밤을 보내면 되는 것이었다.

매번 이렇게 일이 잘 풀리는 것은 아니었다. 공을 치는 날도 많았다. 어떤 때는 외따로 걸어가는 여공을 넘어뜨리고, 모처럼 힘을 써서 작업을 해야 하는 고달픈 날도 있었다. 이른바, 딴지를 건다는 건데, 이럴 때는 완력을 쓰느라 엄한 데다 진기를 소진하기도 하지만, 문제는 입은 여럿인데 떡은 하나라는 분배의 문제에 부딪친다. 성근은 이러한 난관을 함께 일하고, 함께 나눈다는 사회주의적 관점에서 해결하였으니, 이것이 시쳇말로는 '돌림빵' 이라 하고, 식자들의 말로는 '윤간' 이라 하는 것이었다.

　장마가 끝나고 본격적인 더위가 시작되어, 시내는 온통 피서를 간다고 썰렁하니 비어 있고, 개털들만 남아 맥 빠진 몸뚱이 하나로 더위와 상대적 불행을 맛보아야 했다.
　요꼬 공장도 납기를 마치고, 삼교대로 휴가에 들어가 뚝방길도 오가는 발길이 끊겼다. 동해안까지 가는 기찻삯마저 구하지 못해 텔레비전에 나오는 피서행락 인파를 볼 때마다, '시벌넘들, 다 빠져 뒤지라' 고 악담을 퍼붓던 성근네 패거리도 뚝방으로 나와 넘치는 열정을 해결할 사냥감을 기다렸다. 저녁 내내 만만한 사냥감을 찾지 못하던 성근은 열 시가 넘어서야 여공 하나가 뚝방을 걸어오는 것을 보았다.
　유난히 몸집이 작고 어려 보이는 여공은 혼자면서도 성근이 부르는 대로 순순히 따라왔다.
　"더운데 놀다 가요."
　"오매, 누구셔유? 지를 아시남유?"
　"대한민국 동포끼리 모른 척하기요?"
　"낸 또, 친척 오빠줄 알았구만유."
　"오빠는 오빠니까, 놀다 가요."
　"말씀은 고마운디유, 지가 집에서 헐 일이 남아서유."
　"원래 일이란 건 놀면서 하는 거요."
　허튼 이야기에 꼬박꼬박 답을 해가며, 정말 친척 오빠라도 모시듯, 그런 순둥이가 없었다.

"지가 얼마 전에 시골서 올라와 가지구유, 암 것두 몰라유. 일가친척 하나 없으니, 앞으로 많이들 도와주셔유. 오빠처럼 여길 터이니."

순둥이는 오빠들에게 돌아가며 술을 따라주고는 어른이 주는 건 마셔야 한다는 말에, 제 앞으로 돌아오는 술잔을 납죽납죽 받아 마셨다. 술이 떨어지고, 밤도 깊어지자 순둥이가 비틀거리면서도 집에 일이 있다고 자리에서 일어서려는 걸 기두가 딴죽을 걸어 뚝방 풀덤불에 넘어뜨렸다.

"이이구, 오빠. 왜 이런디유? 이러지 말어유, 숨 맥혀유."

버둥거리는 순둥이의 팔을 나눠 잡으며, 패거리들은 본격적인 작업에 들어갔다. 여럿이서 순둥이를 둘러메고 다리 밑으로 데려가는 것은 누워서 떡 먹기였다. 그제야 사정을 알아챈 순둥이는 울면서 발버둥쳤지만 이미 때는 늦었다.

그래도 처음 말을 건 순정을 믿는 것인지, 순둥이는 성근의 등 뒤로 숨으며 도움을 요청했다. 성근은 순둥이를 으슥한 다리 구석으로 데려갔다. 그리고 평소보다 꽤 오래 걸린 시간이 흘러, 다음 차례를 기다리던 패거리들을 몸 달게 했다.

"야, 한 번만 하구 나와."

드디어 성근이 나왔다. 가위바위보로 정한 두 번째 차례가 서둘러 바지 지퍼를 내리며 다리 밑으로 내려갈 참이었다. 그때, 성근이 그를 가로막았다.

"야, 쟤는 그냥 놔둬라."

"뭐야? 혼자만 재미 보겠다는 거야?"

"너무 순진하잖아."

"순진 같은 소리 하네."

"야, 쟤는 안 돼."

성근은 패거리들을 단호하게 가로막았다. 눈앞에 먹이를 둔 맹수들처럼 패거리들은 으르렁거렸지만, 평소에 성근에게 얻어먹은 덕을 무시할 수 없어 주저했다.

"내가 오늘 술 한잔 살 테니까, 쟤는 그냥 보내자."

결국 순둥이는 성근의 뒤에 달라붙은 채, 무사히 집으로 돌아갔다. 그리고 얼마 후, 성근은 결혼식은 없지만 순둥이와 오만 원짜리 사글세방에서 살림을 차렸다. 집들이랍시고 뒷병들이 막소주 두어 병에 쥐포 한 축 사들고 패거리들이 신혼 방을 찾아간 날, 다리 밑에서 순둥이 몸에 손을 댔느냐는 패거리들의 집요한 물음에도 성근은 웃기만 했다.

2. 안가安家에서

어느 불행한 군인 출신의 절대지존자가, 심복의 흉탄에 운명하던 사건이 있고나서야, 겨우 백성들은 지엄한 이들이 어떻게 취흥을 즐기는지 어렴풋이 알게 되었다. 그리고 안가라고 불리는 은밀한 즐거움의 공간에 대해 집요하리만치 강한 호기심을 품고 시시콜콜한 이야기까지 화제가 되었다.

안가의 술상에 놓인 술이 '시바스 리갈'이라는 그다지 비싸지 않은 양주로 알려지며, 이 나라의 주당들 사이에 그 술은 단연 인기 절정을 맞이했다. 안가는 못 갈망정 '룸싸롱'이라는 국민 보급형 밀실에 앉아, 시바스 리갈을 마시며 잠시 지엄한 기분을 느껴 보기도 하였다. 기이한 일은 '농주'라 불리는 막걸리를 즐겨 마시는 서민적인 지도자로 알려진 그이가 골방에서는 수입 양주를 마신다는 사실에 놀라기보다는, 비교적 저렴한 서민형의 양주 '시바스 리갈'을 마셨다는 사실에 감동했다. 나중에 들고 보니, 그이가 이 지상에서 마지막으로 마신 술의 이름은 '시바스 리갈'이 아니라, 시바스 리갈 사에서 생산하는 '로얄 살루트'라는 좀더 고급스러운 양주였다는 반론이 등장하였지만, 사람들의 귀에는 그런 소리가 제대로 들어오지 않았다.

1970년, 마포나루에서 가까운 강변3로 승용차 안에서 26세가량 되는 묘령의 여인이 총에 피살되는 사건이 벌어졌다. 그 여인의 수첩 속에는 그녀가 가까이 지내던 스물여섯 명의 고관대작들 존함이 줄줄이 적혀 있었는데, 그녀가 성총을 입었다는 풍문으로 장안의 화제를 모았다. 지존을 가까이 모신 위세를 내세워, 후궁의 권위라도 요청하였는지 하는 짓이 자못 방자하여 세도가들의 신경을 건드린 결과, 그 오라비의 총에 살해되고 말았다는 설이 난무했다. 세상에 남겨둔 자식이 있었으니, 후일 그이가 장성하여 비극적 출생일망정 아비로 추정되는 이를 찾았으나, 자식으로 인정하지 않아 친자소송을 벌이기에 이르렀다. 그이의 얼굴이 일국의 영상까지 지낸 고관대작을 빼닮아 외견으로 보아도, 혈육임이 분명하였으나 끝내 그 출생의 비의는 밝혀지지 않았다.

짐승도 제 자식은 버리지 않으며, 뒷골목의 건달마저도 제 짝이 될 여자의 몸을 함부로 내돌리지 않는데, 지엄 존자를 필두로 나라의 내로라하는 무려 스물여섯의 세도가들이 한 여자를 번갈아 돌아가며 몸을 뒤섞으니, 뒷골목 건달패들이 돌림빵이라 부르는 이 해괴한 짓을 그들은 무어라 부르며 즐겼는지 심히 궁금할 뿐이다. 이 지엄한 세도가들이 국민의 바른 심성을 위해 지었다는 다음 글이 전설처럼 전해져 내려오고 있다.

우리는 민족 중흥의 역사적 사명을 띠고 이 땅에 태어났다. 조상의 빛난 얼을 오늘에 되살려, 안으로 자주 독립의 자세를 확립하고, 밖으로 인류 공영에 이바지할 때다.

이에, 우리의 나아갈 바를 밝혀 교육의 지표로 삼는다.

성실한 마음과 튼튼한 몸으로, 학문과 기술을 배우고 익히며, 타고난 저마다의 소질을 계발하고, 우리의 처지를 약진의 발판으로 삼아, 창조의 힘과 개척의 정신을 기른다.

공익과 질서를 앞세우며 능률과 실질을 숭상하고, 경애와 신의에 뿌리박은 상부상조의 전통을 이어 받아, 명랑하고 따뜻한 협동 정신을 북돋운다.

우리의 창의와 협력을 바탕으로 나라가 발전하며, 나라의 융성이 나의 발전의 근본임을 깨달아, 자유와 권리에 따르는 책임과 의무를 다하여 스스로 국가 건설에 참여하고 봉사하는 국민 정신을 드높인다.

반공 민주 정신에 투철한 애국 애족이 우리의 삶의 길이며, 자유 세계의 이상을 실현하는 기반이다. 길이 후손에 물려줄 영광된 통일 조국의 앞날을 내다보며, 신념과 긍지를 지닌 근면한 국민으로서, 민족의 슬기를 모아 줄기찬 노력으로, 새 역사를 창조하자.

— 1968년 12월 5일 —

사필귀정 事必歸正

세상을 살다 보면, 요령과 눈속임으로 일시적 이익을 얻는 자들이 판을 치고, 오로지 땅만 보고 구슬땀을 흘리며 살아온 사람에게는 고작 개근상장만 돌아오며, 일생을 축축한 반지하 셋방에서 일가족을 거느리고 바글대며 고생하는 듯이 보이기도 하지만, 모름지기 하늘의 뜻이 있고, 땅 위에 붙어사는 인간 세상에는 도가 있게 마련이니, 결국은 정의가 이기며 성실한 이에게 승리의 월계관을 씌워 주게 되어 있다는 사필귀정의 한자성어를 지금도 믿고 있는 사람이 있다면, 참 아름다운 세상이다. 문제는 말 그대로 아름답다는 것이다. 그래, 아름답다. 그래서 어쨌다고?

본부중대장 김 대위는 진짜 군인이다.
고된 훈련을 마치고 돌아와, 물집이 잡힌 발바닥의 허물을 뜯어내면서 그는 구릿빛으로 빛나는 웃음을 지으며 "살 맛 난다"라는 말을 하곤 했다.

그의 성실함이 알려지며 그를 요직인 군단 본부중대장 자리에 앉게 했다. 대개가 행정병들뿐인 군단 사령부라는 게 훈련이나 내무반 생활은 설렁설렁하게 마련인데, 김 대위가 오고부터는 전방 소총수들보다 더 고달파졌다.

삼 보 이상 구보에, 밥 먹으러 갈 때 오와 열을 맞추며, 일석점호 시간은 신병교육대를 방불케 할 정도로, 관물검사부터 '군인의 길' 암기까지 모든 게 원리원칙이었다. 그의 별명은 '에프엠(F.M)'이었다.

그와 대조적으로 본부중대 인사과장 이 대위는 모든 게 설렁설렁했다. 하루도 거름 없이 취하고, 아침이면 덜 깬 술로 비틀거리며 출근했다. 그가 사무실 안에서 하는 일이라고는 책상 밑에 무협지를 숨기고 읽는 것뿐이었다. 대부분의 업무는 사병들이 알아서 하고, 그는 내미는 서류에 서명이나 하다가, 혹 상급 장교가 들어오면 슬그머니 일어나 배로 무협지가 들어 있는 서랍을 밀어 넣으며 "충성"이라고 경례를 붙이면 됐다.

그런데 부대 앞 캉캉집에서 사병의 휴가 턱을 거하게 얻어 마신 다음 날, 비틀거리며 출근한 그가 읽다 둔 무협지를 책상 밑에 숨기고, 바야흐로 강호에 출현한 무당파의 고수가 정체모를 백면서생과 일대 결전을 벌이는 귀곡성 장면을 읽기 시작한 지, 차 한 잔 마실 시간쯤 지나서, 부대 구석구석을 두더지처럼 쑤시고 다니며 일과 중에 낮잠 자는 병사나, 식당 안채에서 장기 두는 장교들을 잡아내는 데 명성이 자자한 참모장이 불쑥 출몰한 것이다.

당황한 이 대위가 예의 배치기로 무협지가 든 서랍을 밀어 넣으며 서둘러 자리에서 일어나 거수경례를 붙이려는 순간, 지난밤이 남긴 과도한 취기가 그의 육신을 일거에 무너뜨리고 말았다. 쓰러지면서 그는 버릇대로 자신도 모르게 '충성'이라는 구호를 중얼거렸는데, 참모장의 눈에는 격무에 시달린 부하 장교가 업무 중에 과로로 쓰러지는 감동적인 장면으로 접수가 되었다. 특히 참모장의 마음을 사로잡은 것은 혼미한 중에도 상관에게 향한 '충성'의 구호를 잊지 않았다는 사실이며, 이야 말로 살아 있는 군인정신의 실현이었다.

이 대위는 참모장의 직접 지시에 따라 긴급히 헬기에 실려 후송되었고, 또한 정밀검사 끝에 위염이 심하다는 보고를 전해 들은 참모장은 의무장교에게 직접 전화를 걸어, 파란 병의 하얀 위장약, 반드시 미제 암포젤 엠을 쓰라고 지시하였다 한다.

돌연한 이 대위의 후송으로 김 대위는 그 몫까지 당직을 서게 되었는데, 연 사흘째 당직실에 쪼그리고 앉아 있던 에프엠도 지친 기색이 역력했다. 점호를 마친 후, 부대 외곽 초소까지 빈틈없이 순찰을 마치고, 남들 같으면 일찌감치 코를 골고 있을 시각에서야 사흘째 벗지 못한 군화의 끈을 풀고, 잠깐 눈을 붙이기로 하였다.

평소에 쥐 잡듯 하던 김 대위가 잠이 드니, 잠깐 맛보는 안식의 단맛이 더 달게 느껴지는 법, 내무반을 지키던 불침번 보초들까지 까맣게 단잠에 빠져 들었다. 바로 그 시간에, 딸이 대학 입시에 실패한 일로 심란하여 잠을 못 이루던 일직사령 작전참모가 바람도 쏘일 겸 본부중대 앞으로 순찰차를 몰게 했다. 불침번은 총에 기댄 채 잠이 들고, 당직사관은 군화도 벗고, 세상모르게 잠이 들었으니, 일직사령은 김 대위가 한쪽에 단정히 벗어 놓은 권총을 집어들고 사령부로 돌아 갔다.

그리고 잠시 후, 본부중대에 비상이 발령되었고, 자신의 총을 잃어 버린 채 우왕좌왕하던 당직사관 김 대위는 병사들이 보는 앞에서 사정 없이 정강이를 발로 채이고, 지시봉으로 머리를 두들겨 맞아야 했다.

다음날 아침. 출근하던 장교들은 팬티 바람에 군장을 메고 연병장 을 돌고 있는 에프엠 김 대위의 모습을 보게 되었다. 마침 지나가던 참모장이 그를 불러 세웠다.

"앞으로 요령부리지 말고, 성실히 군대 생활해라. 알았나?"

그때, 그가 참모장의 알았냐는 물음에 무어라 대답했는지는 알 수 없으나, 이따금 목욕탕에서 팔뚝에 '착하게 살자'라는 문신을 새긴 건장한 사내들을 볼 때마다, 김 대위의 팔뚝에는 무어라 새겨져 있을 까 상상을 해 보곤 한다.

'요령껏 살자'라고 새겨져 있지 않을까.

한국 조폭 영화 소고[*] 韓國 組暴 映畵 小考

소위 조폭 영화라는 게 있다.

일반인들이 접근하기 어려운 집단을 영화의 소재로 삼아, 그 비밀스런 세계를 훔쳐보는 즐거움 탓인지, 70년대의 호스티스 영화로부터 90년대 조폭 영화에 이르기까지, 우리 영화의 흐름은 더 이상 그 세계가 비밀스러운 냄새를 전혀 풍기지 않을 때까지 혼신을 다해 우려먹었다.

관객들은 '별들의 고향', '영자의 전성시대'를 거치며, 서민들 봉급으로는 근처도 가기 어려운 룸싸롱과 홍등가 여인들의 요지경 세계를 기천 원의 극장표로 대체하였고, 80년대 매캐한 최루탄의 시절에는 나라에서 의도적으로 흘려보내는 각종 에로 영화—일명 '정육점 영

---

[*]2005년 7월, 서울 근교의 물 좋은 계곡에서 천렵 겸 있었던 대한영화진흥아카데미 하계 세미나 발제 원고.

50

화'—가 쏟아져 나와, 이제는 유곽의 노류장화를 훔쳐보는 걸 넘어서, 여염집 여인들의 나신을 훔쳐보기에 이르렀으니, 그 유명한 '자유부인'을 효시로 '애마부인', '젖소부인' 시리즈에 이어, '자라부인 자빠졌네', '삼양동 정육점'에 이르기까지 실로 벌거죽죽한 영화들이 줄을 지었다.

국민들은 쓸데없이 나랏일에 신경 쓰지 말고, 오로지 원만한 성생활을 위해 인간 본능에 충실한 영화에 몰입하라는 배려이기도 했으며, 제작자로서는 쿠션 좋은 침대 하나와 의상비도 거의 필요 없는 나신의 배우 둘만 있으면 만들어내기에 서로 좋았다. 그래도 무언가 나라 돌아가는 일에 불만이 많은 이가 있다면, 한바탕 깡패들이 벌이는 싸움 장면을 보며 기분을 풀면 될 일이었다.

이렇게 몸으로 때우고, 몸으로 즐기는 영화의 계보를 이어나가기 위해 등장한 것이 조폭 영화이니, 구경 중에 남의 침실 구경에 버금가기로 싸움 구경 아니겠는가. 야구 방망이나 부엌칼 몇 자루와 맨주먹만 있으면 되는 일이었다.

'장군의 아들'—제목만으로 무슨 전쟁 영화거나, 어느 대통령의 영식과 관련된 영화로 오해하지 않기를 바란다—을 필두로, 재떨이로 사람 머리를 때리는 '넘버 쓰리', 폭력에도 미학이 있다는 걸 보여 주려고 상당히 애쓴 '초록 물고기'에 이어, 종당에는 '조폭 마누라'라는 여자 깡패까지 등장시키고, 이어서 '두사부일체', '화산고'에서는 학원 조폭들 이야기까지 등장하기에 이르렀다. 이 추세로 나간다면 조만간 유치원 조폭이나 초딩 조폭 영화가 등장하리라 예상된다.

도대체 이 손바닥만한 나라에서 떼를 지어 싸움질을 벌이는 일들이 얼마나 자주 일어나길래, 하고 많은 영화 가운데서도 이런 조폭 영화가 줄을 잇는단 말인가. 어떤 유식한 이는 이를 가리켜, 중국 반환을 앞둔 홍콩 주민들의 불안과 강박감이 그려낸 왕년의 홍콩 느와르가, 남북 분단이라는 한계적 상황에 처한 한국인의 심경과 유사하여 그를 이어받게 되었다는 심히 학술적인 분석을 내놓기도 했고, 어떤 특공대 출신의 영화감독은 '국민의 절반이 군대라는 공격적 성향의 집단에서 상당 기간 싸움질 훈련을 받은 영향'이라는 사회학적 해석을 내놓기도 했다. 그의 썰에 의하자면, 근대사의 주요한 군 출신 정치인들이 자신이 행한 쿠데타의 폭력성은 망각한 채, 거사 후마다 만만한 깡패들을 잡아다가 집단적으로 정신 개조 훈련이란 걸 시켰는데, 이 훈련이 오히려 깡패들에게는 훌륭한 심신 강화훈련 내지는 조직 강화 체험학습이 되었다고 주장하여 주목을 받았다.

하지만 전문적인 쌈패들의 화려한 주먹질을 내세운 영화의 전통은 의외로 오래되었다. 박노식, 허장강, 장동휘 등으로 이어지는—그 와중에 곱상한 얼굴의 깡패 역으로 등장하는 신성일 씨의 '맨발의 청춘'은 신선한 전환이었다—주먹들의 액션영화가 바로 그것이다. 그런 영화의 리얼리티는, 나라를 잃고 왜인들에게 괄시받던 일제치하에서 주먹 하나로 민족적 울분을 달랬다는—그런데 그이는 그 피폐한 시절에 도대체 무얼 해서 먹고살고, 가다마이를 걸치고 다녔을까. 설마 동대문시장에서 그 건장한 신체로 짐을 나르는 일을 하지는 않았겠지—가히 우국충정의 의협 '김두한'을 비롯하여, 해방의 기쁨을 누구보다 반기며, 되찾은 조국을 바로 세우는 숭고한 애국 작업에 이승만 대통령을 보좌하며, 어디든 그 강력한 주먹을 들이대다가 새로운 주인에게 밉보여 가슴에 '깡패'라는 명패를 내걸고 망신당한 이정재, 임화수 등의 실존 인물을 근거로 삼고 있다.

어쨌거나 조폭 영화의 호소력과 감응력이 얼마나 강한지, 길에서 마주치는 한국인들의 눈빛은 거의 영화의 한 장면 같으니, 눈이 마주치면 모르는 이라 할지라도 우선 웃고 보며, '하이' 인사를 보내는 서양인에 비해, 우리 한국인은 신호 대기선에서 무심코 차창으로 내다보던 운전자들끼리 눈이 마주치면 황급히 눈을 돌리거나, 아니면 자신이 할 수 있는 가장 야비하고, 가장 흉악스럽고, 험악한 인상을 지어야 한다. 이럴 때 서로를 3초 이상 노려보는 경우 상당히 험악한 상황이 벌어지게 된다.

이러한 공격적인 대인관계는 청소년들에게도 전해져, 길을 가던 학생들끼리 눈이 마주치는 경우 심각한 싸움이 벌어지는데, 파출소에 붙들려온 양측의 주장은 한결같았다.

"쳐다보잖아요."

가정에서는 어떨까.

대한민국 가정화목운동본부가 결혼 생활 십 년 이상의 대한민국 부부를 대상으로 한 설문조사에 의하면, 79%의 부부가 우연히 눈이 마주치면 잠시 서로를 노려보다가 '뭘 봐'라는 심히 도전적인 말을 주고받는다는 결과가 보고되었다.

그래서 대한민국 부부들의 원만한 성생활과 가정의 화목함을 위해,

부부간의 직접적인 시선 충돌을 면하기 위해, 틈만 나면 열심히 텔레비전 연속극을 본다 한다. 일부 가정에서는 심야에 눈이 마주쳐 한바탕 가정의 화목함이 깨어지는 불상사를 막기 위해 밤낮없이 보여 주는 스카이 접시 안테나까지 등장하기에 이르렀다.

더욱이 감수성이 예민한 청소년들의 경우, 장래 희망의 인기 순위가 '대통령'(나중 일을 요량 못하는 초등학생들의 답이다), 연예인(멋모르는 중학생)에서 조폭 또는 조폭 마누라(세상 돌아가는 이치를 알게 된 고등학생)로 바뀌고 있다 한다.

왜 우리 영화에는 조폭들이 그렇게도 많이 등장하는가.

이런 질문에 대해, 우리의 영화감독들은 '우리 사회에 조폭들이 많아서'라는 D. H. 로렌스적인 답변을 한다. 그렇다면 왜 우리 사회에는 조폭들이 그리 많은가. 이런 질문에 대해, 우리의 어머니들은 '우리 영화에 조폭들이 많이 나와서'라는 사회학적 영화론을 제시한다.

그렇다면 그렇게 흔한 조폭들은 누구인가.

이들의 구별법은 의외로 쉽다.

직업상 이들은 자신들의 신분이 공공연하게 드러나는 것을 즐긴다. 자고로 이들이 먹고사는 방법은, 양민을 겁주거나 위협하여 어떤 이익을 강제로 뜯어내는 것인 즉, 가능하다면 주먹을 쓰기보다 겁을 주어 '싸우지 않고도 얻는' 손자의 가르침을 최고로 치는 이들이다.

따라서 이들은 상대를 겁주기 위해, 자신들의 직업을 겉으로 드러내기 위한 몇 가지 유난스런 외장을 갖춘다.

첫째, 머리는 깍두기 모양의 각진 머리로 짧게 깎는다.

둘째, 바지는 최대한 배꼽 위로, 경우에 따라서는 가슴 부위까지 끌어 올려 입는다.

셋째, 목에 굵은 사슬형의 금목걸이를 걸고 다닌다.

넷째, 몸에 문신을 심하게 한다.

이 가운데 첫째와 둘째는 일상적인 생활에서 드러낼 수 있는 표식이고, 셋째와 넷째는 목욕탕에서—도대체 목욕탕에서 누구를 겁주고, 무엇을 얻어내겠다는 건지 알 수는 없지만—자신의 비밀스런 신분을 내보이는 증표가 된다.

벌거벗은 몸에 새겨진 문신은 다채롭다. 활에 꿰인 심장이라든가, 한자로 '일심'이라 적은 고전적인 문신부터, 온몸을 칭칭 감고 도는 용이나 뱀의 문신에 이르기까지 참으로 별의별 게 다 있었다.

그 가운데서도 팔뚝에 세로로 적은 '차카게 살자'라는 서투른 우리말 문신은 이미 코미디 소재가 될 정도로 잘 알려져 있고, 일본의 야쿠자와 자매결연이라도 맺었는지 한쪽 팔뚝에 '아리가도' 반대편 팔뚝에 '고자이마스'라고 적은 친일 조폭도 있으나, 미국의 마피아와는 왕래가 없는지 아직까지 영어로 쓴 문신은 본 적이 없다. 다만 가방에다 T.N.T라고 영어 대문자를 적고, 그 밑에 친절히 '건드리면 터진다'는 안내문을 적고 다니던 고등학생은 본 적이 있다. 그는 일부 호기심 많은 다른 학교 남학생들에게 골목으로 운반되어 수없이 건드려진 결과, 불발탄으로 확인되어 분해 처리되었다고 한다.

이런 조폭들이 등장하는 영화의 캐릭터를 분석해 보면, 일세를 풍미하던 무인들과 여러 면에서 유사한 원형질을 지니고 있다. 조폭 영화감독들은 자신이 그려내는 조폭의 이미지를 역사 속의 무인들에게서 알게 모르게 차용해 내고 있다. 조폭 영화를 보면 나와바리(왜말을 써서 미안하다만 워낙 전문용어라 어쩔 수 없다)를 놓고 싸우는 장면이 빠짐없이 등장한다. 이윽고 싸움이 끝나면 싸움에 이긴 두목이 검은색 안경을 쓰고, 좌우에 지극히 무식한(아, 미안), 단순해 보이는 행동대원을 끼고 나타난다. 바로 요 장면은 시청 앞에 서서 자신이 접수한 수도를 감회어린 눈으로 바라보던 어느 불행한 군인의 상상력을 벗어날 수 없다.

실제로 우리 사회에서 조폭과 무인은 몇 가지 면에서 공통점을 지니고 있다. 우선 학벌과 출신을 목숨보다 더 중하게 따지는 이 나라에서, 맨몸으로 자수성가할 수 있는 유일한 등용문이라는 점에서 일치한다. 가난한 농부의 아들이든, 보통 사람이든 약간의 연장과 이판사판의 정신만 있다면 누구든지 도전해 볼만한 인생 역전의 비상구라 하겠다.

또한 우리 조폭 영화의 시놉시스를 면밀히 분석한 결과, 흥미 있는 몇 가지 구조를 발견할 수 있다.

첫째는 나라가 어지럽고 혼란스러울 때일수록 조폭이 활개를 친다는 점이다.

둘째는 조폭은 반드시 라이벌이 있으며, 언제나 위기의식을 높여 아랫사람들에게 늘 싸움에 대비시킨다는 점이다.

셋째는 조폭 두목은 막하 심복을 서로 경쟁시켜 자신에게 죽도록 충성하도록 한다는 점이다.

넷째는 조폭은 자신에게 대들거나, 말을 듣지 않는 자들을 잡아다 끔찍한 고문과 린치를 가한다는 점이다.

다섯째는 조폭의 두목은 배신한 심복의 손에 비참한 최후를 맞이한다는 점이다.

여섯째는 그 비참한 최후는 대개 여자들과 술이 함께하는 자리에서 맞이한다는 점이다.

끝으로 조폭은 일본을 종주국처럼 섬기며, 어떻게든 도움을 받으려고 한다. 이 밖에도 애국애족이나 총화단결이란 말을 비장한 목소리로 자주 내세우고, 검은색 지프차를 타고 다니기를 좋아하고, 주색을 유난히 밝힌다는 점도 몇몇 참석자에 의해 지적되었다.

갈마리 반공 용사 순국기념비 碣摩里 反共 勇士 殉國記念碑

사람들이 쓰는 말을 가만히 살펴보면, 말에도 유행이 있어, 특정한 단어가 회자되다가 또 흔적도 없이 사라진다는 것을 알 수 있다. 어떤 연유에서인지는 몰라도, 레비스트로스의 구조주의니 하는 말들이 대학가 주점의 쉰내 나는 탁자 앞에서 자주 등장할 때, 한동안 '아이덴티티'라는 조금은 학술적인 단어가 뻔질나게 쓰이더니, 2000년을 앞두고는 '밀레니엄'이란 말이 귀에 딱지가 앉도록 들먹여지더니, 비슷한 시기에 '패러다임'이라는 난해한 서양 말이 시도 때도 없이 사람들 입에서 튀어 나왔다. 그 뒤를 이어 '벤처'와 '아이티'가 이란성 쌍둥이처럼 붙어다니니, 가히 한 시대를 이끌어 가는 유행어들이 주로 서양 말인 것도 묘한 일이다.

서양 말이 아니고, 토종말 가운데 일세를 풍미하던 유행어로는 어떤 게 있을까.

단연 '반공'이 아닐까 싶다. 그것은 유수한 서양 말의 유행어를 물

리치고, 국내 최장수 토종 유행어의 금상을 차지하면서, '장수무대'
나 '전원일기' 만큼이나 끈질기게 국민들의 눈과 귀를 사로잡아왔다.

　제비꼬리처럼 자른 마분지에 풀 먹인 흰 광목천을 붙이고, 숯불 담
은 다리미로 눌러서 철철이 찾아오는 광복절, 개천절 같은 기념일을
적어 가슴에 달고 다니던 표찰에도, 그 뒷면에는 붉은 글씨로 '반공방
첩' 이라는 글자를 적어두고, 일 년 내내 달고 다니게 되어 있었다. 해
마다 유월 이십오일이 되면, 땡볕이 내리쬐는 운동장에 모여 비장한
목소리로

　아~ 아~ 잊으랴 어찌 우리 이날을
　조국의 원수들이 짓밟아 오던 날을
　맨주먹 붉은 피로 원수를 막아내어
　발을 굴러 땅을 치며 의분에 떤 날을

이라는 '6.25의 노래' (박두진 작사, 김동진 작곡)를 부르고, '이 어린 연사
힘주어 외이치입니다아!' 라고 악을 쓰던 반공 웅변대회도 열렸다.

　이런 까닭으로 그 시절의 어린이들은 반공은 언제나 빨갛고, 악을
써야 하는 처절한 무엇인가로 기억했다. 심지어 반공은 골목의 고무
줄놀이에도 들어 있었다. 단발을 팔랑이며, 아이들은 '무찌르자 오랑
캐, 중공 오랑캐' 라는 노래에 맞춰 고무줄 위를 깡충거렸다.

　국민학교 졸업여행으로 수만의 중공군을 수장하였다는 파로호를
둘러보고, 시퍼런 물 밑에서 오랑캐들의 시체가 시뻘건 목을 내밀 듯
하여 멀찌감치 떨어져 돌멩이나 두어 번 던져댔고, 좀더 커서는 다리

에 각반을 차고 얼룩무늬 교련복을 입은 채, 고무로 만든 총을 들고 찔러 총이니, 베어 총이니 하는 총검술 훈련을 받은 세대들에게, 반공은 자나 깨나 잊지 말아야 하는 단어로 인각되었다.

밀가루 묻힌 사탕을 입으로 물고 달리던 운동회는 어느 결에 모래주머니 들고 뛰는 '사낭 나르기'로 바뀌었고, 야구공을 던지던 체력검사는 안에 철심이 박힌 모의 수류탄 던지기로 대체되었다. 소풍지나 놀이터 주변에는 도깨비처럼 그려진 북괴 수령의 커다랗게 벌린 입으로 야구공을 던져 넣는 오락장이 있었는데, 백 원에 열 개씩 바구니에 담아 주는 야구공이 커다란 입으로 명중될 때마다 환호성을 질렀다.

그런데 언제부터인가, 지구의 운명이 다하는 날까지 남아 있을 줄 알았던 반공이라는 유행어가 작별인사도 없이 사라졌다. 반공 웅변대회니 반공 글짓기는 슬그머니 통일 웅변대회나 통일안보 글짓기로 바뀌고, 툭하면 광장에 모여서 허수아비를 불태우고, 악을 쓰던 반공궐기대회는 머리에 붉은 띠를 두르거나, 가슴에 붉은 명찰을 단 사람들로 번갈아가며 채워졌다. 지금 유일하게 남아 성대했던 일세를 증명하고 있는 반공의 유적은, 웬만한 격전지이면 으레 만나게 되는 반공용사 기념비가 아닐까.

면 단위의 한적한 마을인 갈마리에도 그것이 하나 남아 있었다.

외진 산자락 끝에 노상 시커먼 산 그림자에 덮여 있는 기념비 밑에는 넙죽한 머릿돌이 놓여 있어, 이따금 버스를 기다리는 사람들이나 나물 캐러 다니던 노인들이 걸터앉아 땀을 식히곤 했다.

길호도 갈마산을 다녀오다 흘린 땀을 식히느라 그 앞에 앉게 되었다. 무료히 앉아 있던 길호의 눈에 거기 적힌 글자들이 들어왔다.

갈마 지구 반공 용사 순국 기념비.

정작 그의 눈을 끈 것은 벌 받는 아이처럼 멀쑥하니 서 있는 기념비가 아니라, 그 앞에 놓여 있는 한 다발의 꽃이었다. 마을에서 제법 떨어진 그곳에 누가 가져다 놓은 것일까. 아직 잎에 매달린 물방울도 마르지 않은 싱싱한 꽃다발이 호기심을 불러일으켰다. 거기 음각된 반공 용사의 가족이 다녀간 모양이거니 여겼다.

그 뒤로도 그곳을 지날 때마다 어김없이 새로 놓여 있는 꽃다발을 목격하면서, 길호는 이 산 그림자에 덮인 기념비에 열심히 꽃을 갖다 놓는 이가 누구인지 궁금해지기 시작했다.

얼마지 않아 길호는 이장의 입을 통해, 그 사람이 그도 몇 번 만난 적이 있는 갈마리 새마을 지도자 봉각 씨라는 걸 알게 되었다.

"그이야 말로, 애국자여. 하루두 거르지 않구, 철철이 꽃을 바치구, 때가 되면 풀두 베구, 무네진 흙두 걷어 올리구, 시묘살이 저리 가라니께."

"아녀. 가족이구 친척이구 아무것두 아니니 대견허지, 어디 요새 지 애비 무덤이래두 즈 손으루 관리헌대유. 사람 사서 일 년에 게우 한철, 처삼춘 벌초허듯 시늉이나 내면 다행이쥬."

"그이가 박대통령 때버텀 워낙 나랏일이라면 각시허구 일 보다가두 펄쩍 뛰어나가는 인디, 은젠가 골푸 치러 가던 대통령께서 지나가다 들른 적이 있슈, 맴 먹구 온 것두 아니구, 그냥 지나가다 모내기하능 걸 보구 차를 세운 거쥬. 봉각 씨네 논이 바로 길가 쪽으루다가 붙어 있는디, 마참 그 냥반을 델컥 만난 거유. 각하께서 새참으로 내온 막 걸리를 한잔 따라 달라더니, 봉각 씨 흙 묻은 손을 잡구서는, 여러분이 참 애국자요, 허니께 봉각 씨 사정읎이 눈물만 줄줄 흘리구 말았쥬. 그 뒤루다가 샘골에 참말 애국자가 난 거유. 돈 한 푼 안 생기구 골만 빠지는 부역에두 즈 아무리 급한 농삿일이락두 제쳐두구 뛰어 나오니께."

"그러다가 그 냥반 돌아가시구, 새마을이구 뭐구 흐지부지되구 말었지만, 봉각 씨는 여전혀유. 발써 이십 년을 넘게 쓴 새마을 모잘 사시 사철 뒤집어 쓰구, 아침마다 앰프루다가 새마을노래 틀어 놓구 돌아치는디, 세상인심이란 게 오뉴월 감주 맛 변하듯 조석간에두 달라지는 뱁 아니것슈. 돈 안 되는 거라면 발구락 하나 까딱 않으려는 시상인데, 새마을이 뭐여, 공연히 아침 단잠 깨운다구 원망만 들었쥬, 머."

"봉각 씨가 다른 건 다 내놓았는디, 면에서 무슨 간첩신고소라나, 뭔가 책임을 맽겼나 봐유. 글씨, 뭔지는 몰라두 돈 안 되는 건 확실혀유. 그 뒤루다가 동구 밖에 낯선 사람만 들어서면 사뭇 그 뒤를 쫓아 다니며 워찌나 자세히 살피는지, 땅 보러 온 부동산들허구 말다툼두 엄청 혔슈. 그렇쥬. 간첩인가 아닌가, 뭐 그런 걸 국가 안보적으루 살피는 거인디, 요새 간첩이 어디 이런 촌구석에 나돈대유. 지하철 타구 시내 복판을 활개치구 다니지."

"그 뒤루다가 봉각 씨가 반공 용사 탑을 살뜰히 살피는 거예유. 애국 자쥬. 엄한 놈들 훈장 줄 게 아니라, 봉각 씨 같은 애국자들헌티 주어야 허유. 암만유. 요시 그런 애국자가 어딨서유. 하루 이틀두 아니구, 줄창 백화요초를 갖다 바치니께 그 정성이야 말헐 필요가 읎쥬. 반공 용사들 집안네 몇몇이 안골에 살구 있지만 와 보지두 안 혀유. 산 사람 먹구살기두 바쁜디, 뭐, 이젠 그런 것두 흉이 되지 않는 시상이 되았으니께, 봉각 씨 혼자만 애면글면 저리 애국자 노릇을 허는 거쥬."

이따금 길에서 마주칠 때가 없지 않았지만, 봉각 씨 머리에 항상 얹혀 있던 모자가 수십 년 된 새마을 모자라는 건 처음 알게 되었다. 봉각 씨와 이야기를 나누게 된 것은 그의 논에 모를 내던 날, 막걸리 통을 들고 찾아가서였다.

"무슨 애국이유, 지가. 그저 냄들이 너무 안 허구, 관심이 읎으니께, 인정적으루다 내래두 좀 나서는 게쥬. 참말 애국자는 다 돌아가셨지유. 시상이 바뀌어두 그런 냥반들 잊으면 죄 받어유. 지금 우리가 뉘 덕에 발 뻗구 따슨 밥 먹구 사는디. 요새 젊은 사람들, 입만 발라서 민주다, 자유다 찾아쌓지만, 어디 나라가 없는디 민주구 자유가 어딨겠슈. 알게 모르게 빨갱이 물든 것들이 즈 시상 만났다구 조둥이를 놀려대두, 뉘 하나 따끔한 소리 하는 사람이 있는감유. 국민들 돈 털어다가 비료다, 쌀이다 갖다 바치기 바쁜 시상이니, 망조가 든 거쥬. 그 냥반만 살아계셔두 어림두 읎는 소리쥬. 암만유. 어디 빨갱이들이 엄두나 낸감유. 지금이야 즈눔들이 뱃대지에 쪼르륵 소리가 나닌께, 협상이다, 회담이다 아양을 떨쥬. 빨갱이넘들이 뉘간디, 배만 죄끔 불러 기어다닐 심만 생겨봐유. 대번에 총칼 들이대구 처내려올 판인디⋯⋯."

"아, 애국이 어디 멀리 있는감유. 즈 사는 마을에 묻힌 반공 용사들 함자조차 모르구, 혹간 알아두 모르쇠 외면허니, 즈라두 나서서 애국 혼령 넋이라두 살펴야쥬. 나이든 으른들이 그러니 철 모르는 애들이야 오죽허것슈. 학교 선생이란 이들두 마찬가지여유. 전쟁 겪은 이들이 죄다 물러나구, 새파란 선생들이 입만 살아서, 통일이니 뭐니 혀면서 철부지 애들헌티 빨갱이들두 동포여, 핏줄이라메 잔뜩 헛바람을 불어 넣으니께, 어디 반공이 살아나것시유. 핏줄 간에 총칼 대구 있는 핏줄이 어딨감유. 누가 모래두 난 그이들 같은 핏줄루 안 봐유. 삽자루루, 대꼬챙이루 엄한 사람들 때루다 쥑인 인간들허구 동포는 무슨 얼어 죽을 동포유."

"긔야, 그이들이 그리 나오니, 이쪽에서두 앉아서 당헐 수만은 읎으니께 남아 있던 바닥빨갱이들 잡아 죽인 거쥬. 아니, 내 부모 죽인 넘들을 그냥 놔둘 수는 읎잖유. 내유? 아, 물론 내야, 직접 험한 일 당헌 거는 읎지만서두, 어디 그런 일에 내냄이 있는감유. 시상이 곤두박질을 치구, 사까닥지를 쳐두 빨갱이는 빨갱인게유. 그건 사람 심으루는 못 바꿔유. 아, 돌아가신 박 대통령 말씀이 있잖유. 유비무환이라구.

충무공 말씀이라구유? 아녀유, 그 양반이 친필루다가 가는 데마다 기념으루 직접 써서 남긴 말인데유. 근디 그기 누구 말씀이면 어쩌유. 그건 중요한 게 아니쥬. 유비처럼 덕을 크게 쌓으면 읎을 무자에, 환란이 읎다는 말씀이 뭘 뜻허것시유. 삼국지에 유비가 어떤 인물이간디, 이리저리 덕을 쌓아 준비를 갖추니, 따르는 부하들이 바다를 이룬 거이지유. 덕을 쌓기는커녕 한편이 되던 미국꺼정 보따리 쌀 참이니, 유비무환이라는 말씀을 멩심해야 허유."

"햇볕정책유? 어디 그쪽에는 해가 안 뜬대유. 그게 다 멀쩡한 고무신 내다가 엿 바꿔 먹는 일 아닌가유. 나랏돈 퍼다가 노벨상허구 바꿔먹은 거이, 철부지 아이들 허는 짓이지 뭐예유. 아직두 나라를 지키다 돌아가신 반공 용사들 뼈가 삭지 않구, 애국혼령들이 지켜보구 있는디, 어디 빨갱이놈들 찾아가 부딩켜 안구, 지랄을 떤대유. 그 돈이 있음 농사꾼들 비료값이나 대 주잖구. 엄한 놈들에겐 공짜루다 모래 퍼 주듯이 비룔 대 주면서, 골빠지게 애국적으루 일허는 즈나라 농사꾼들에겐 꼬박꼬박 고릿니자까정 받아 처먹으니, 이기 어느 나라 대통령이래유. 박 대통령 말씀이 있어유. 농사꾼들이야 말루 참 애국자라구, 내를 찾아와 두엄내던 내 손을 꼬옥 잡아 주면서⋯⋯."

가져간 막걸리 통이 비어지면서 봉각 씨의 언성은 점차 높아졌고, 그의 손을 잡아 주던 왕년의 위대한 영도자 대목에 이르러서는 급기야 눈물을 줄줄 흘렸다.
봉각 씨를 만나고 나서, 얼마쯤 지나, 길호는 읍내를 나가던 마을 노인 분들을 차에 태워 드렸다. 읍내에 옥반석 침대 전시장으로 공짜 안마를 받으러 나간다는 노인 분들은 유난히 긴 가뭄이며, 농사일 얘기를 하다가, 길호가 꺼낸 봉각 씨 이야기로 화제가 돌아갔다.

이장과 마찬가지로 노인들 역시 하나같이 봉각 씨를 애국자라고 칭송하였다. 그런데 봉각 씨가 하루도 빠짐없이 꽃을 바치는 반공 용사 기념비에 이르러, 가장 나이가 많은 진수네 할아버지에게서 미처 몰랐던 사실을 듣게 되었다.

"그게 반공 용사라는디, 사실을 말혀자면 좀 싱겁지."

"내허구는 한 동네서 살면서, 성뻘이 되는 이들인디, 그때가 갓 스물두 되기 전이니, 혈기 넘칠 때이지, 뭐여. 인민군덜이 들어온다니 마을에 젊다 싶으면 죄다 산으루 피신을 시켰는디, 갈마산 도장바위 깊숙이 토굴을 파구, 여름내 동네 부녀자덜이 쌀이며, 장이며 날라대서 살아남은 거여. 인민군덜? 아, 그이덜이야 거기꺼정 모르지. 여그 마을이 거개가 집안네니께 입에 자물쇠를 꽉 채우니 알 재간이 있간. 그러다가, 국군이 온다, 미군덜이 처올라 온다 소문이 들려 오니께, 인민군들이 죄다 보따리를 싸구 쫓겨가는디, 얼매나 경황없이 달아나는지, 총이며 옷이며 산에다 팽개치구 간 게 쌨지 뭐여. 아, 토굴에 숨어 있던 이들이 좀 진득허니 기다리면 을매나 좋아. 인민군들 달아난단 소리를 워째 주워들었는지, 굴 밖으루다 죄다 기어나와, 그 흉측스런 총이며 옷은 왜 챙겨 들었는지, 뭐, 공을 세우겠다나 워쨌데나. 하룬가 바루 국군이 디리닥치는디, 갈마산 토굴에서 나온 이들이 국군

들어오는 걸 보구다 기뻐서 그렇겠지만, 떼를 지어 달려 내려온 거여. 인민군 뒤를 쫓느냐구 눈이 시뻘게진 국방군들이 기걸 보구, 여름내 산에서 지내느라 어디 사람 행색이나 했는감. 휘줄구레한 장정들이 인민군 총을 들구, 어깨에다 인민군 옷까지 둘러메니 영락읎이 빨갱이루 본 거지 뭐여. 반갑다구 아우성을 치구 토깽이처럼 내리달려 오는 장정들을 보구, 누구 먼저랄 것두 읎이 총질을 허구, 수뢰탄인가를 던지니께 삽시간에 몰살을 당헌 거지, 뭐여. 겨우 천명이 닿아 살아남은 방앗간집 둘째 성이 옆구리에 총을 맞구 끙끙거리다가 잡혀와 자초지종을 대구, 안골 사람들이 엄한 자식 죽었다구 땅을 치구 통곡을 허니께, 그때서야 일이 틀어진 걸 알게 된 거여. 알면 모하간, 발써 죽은 목심을 어쩔 꺼여. 그나마 멘장이 나서구, 높은 군인대장이 들어오구, 조사를 헌다 뭐헌다 법석을 떨더니, 그냥 있기 모허니, 위로적으루 비러두 하나 세우자, 그래서, 거그다 반공 용사 순국이러구 기념비 허나 슨 거여. 알구 보면 영 싱겁기두 허구, 딱하기두 허구, 그런 셈이여.”

거짓말

서울 변두리 고등학교에서 국민윤락*을 가르치고 있는 김달중 선생은 난데없는 책 한 권을 받았다. 온통 붉은색으로 물든 표지에 '반공의 최전선에서'라는 큼지막한 제목이 붙은 책 속에는 직접 펜으로 적은 쪽지 한 장이 끼어 있었다.

친애하는 애국 동문 여러분께

안녕하십니까. 날로 기승을 부리고 있는 용공세력들의 발호가 도처에서 끊이지 않고 있는 요즘, 아시다시피 오래 전부터 반공방첩의 일선에서 멸사봉공의 의지로 자유대한의 체제를 수호해 온 63회 최기혁 동문이 그간의 겪은 일들을 모아 책으로 펴내게 되었습니다. 이 책은 동구권의 몰락 이후

---

*한때 한국적 민주주의라는 걸 학생들에게 가르쳐야 했던 국민윤리 교사들은 자신들을 그렇게 부르게 되었다.

고립되어 온 북괴 도당이 세 불리를 자각하여, 일시 흉계를 숨기고 통일의 온화한 분위기를 조성하여, 이에 편승한 대한민국 내의 용공 불순세력들이 자유민주주의 체제를 전복하고 적화남침의 결정적 기회를 도모하기 위해 사회 도처에서 국민여론의 분열과 혼란을 조성하고 있는 바, 이의 실상을 폭로하고 반공통일의 기틀을 확고히 하기 위해 국민들에게 알리는 경고의 글이라 하겠습니다.

이제 빛나는 4.19 의거의 정신과 반공애국 청년의 도장으로서 저희 ○○학원의 모든 동문들이 힘을 모아 최기혁 동문을 돕고, 그가 비밀리에 추진 중인 '승공통일 프로젝트'를 후원하기 위해 이 책을 보내오니, 각자 형편대로 정성스러운 후원금을 보내주시면 감사하겠습니다.

63회 동기회장 명의로 보내온 쪽지에는 입금 계좌와 함께 한 계좌당 십만 원이라는 후원금액이 추신으로 달려 있었다. 가뜩이나 여기저기서 빚 독촉하듯 들이미는 성금이니, 정기구독이니 하는 전화에 시달리던 달중은 절로 이맛살이 찌푸려졌다. 어디선가 들어본 듯한 최기혁이라는 이름을 더듬으며, 달중은 시뻘건 책을 아무렇게나 펼쳐 보았다.

지금, 서울 시민의 발밑으로 북괴군의 땅굴이 파들어 오고 있다.

책의 내용에 의하자면, 군에서는 벌써 오래 전부터 남방한계선 훨씬 아래로 적들의 땅굴이 계속 남하하고 있는 징후를 포착하고 있었는데, 남북 관계의 개선을 정치적 공적으로 내세우려는 정권의 의도로 이에 대한 공개와 조사를 금하게 하였다는 것이다. 그런 미온적인 대처로 북측의 땅굴은 최근 수원 가까운 곳까지 파 들어온 것이 발견되었으며, 이 밖에도 미처 포착되지 않은 지하땅굴들이 서울을 향하여 은밀하게 파 들어오고 있다는 것이다.

이런 사실을 입증하기 위해, 글쓴이는 여러 유명 정치인과 군대 요직인사들의 실명을 정체를 알 수 없는 단체들—국가안보과학연구소, 전국특수전동지회, 대공연합시민연대 등—과 연결하며 구체적인 수치와 통계까지 인용하고 있었다. 모년 모월 모일 몇 시경, 수원시 서북 방향 2.4킬로미터 지점의 상하수관 교체 공사 중 발견된 정체불명의 지하공동 구간……. 이런 식의 글줄을 읽어 가던 달중의 눈앞에 낯익은 얼굴 하나가 떠올랐다. 키신저, 바로 키신저였다.

최기혁은 달중의 고등학교 1학년 때, 같은 반이었다. 그뿐만 아니라 한때는 하굣길에 몰려다니며 여학생 꽁무니도 쫓아다니고, 다른 학생들과 패싸움도 벌이던 사이였으니 가깝다면 가까운 사이였다. 그런데 그의 이름을 선뜻 기억 못한 것은, 제 이름보다는 키신저라는 별명으로 통했기 때문이다. 중국과 미국을 오가며 능수능란한 솜씨로 국제외교문제를 해결하여 한때 명성이 자자했던 키신저가 그의 별명이 된 것은, 그의 기민한 임기응변과 능란한 말솜씨에 있었다. 길 가는 여학생들을 어떻게든 구워삶아 빵집으로 데려 오는 것도 그였고, 자장면을 외상으로 먹는 것도 그에게 달려 있었다. 무엇보다 키신저의 재능이 빛난 것은 경찰에 붙들려 간 친구들을 구출해낸 대목에 있다.

패싸움을 벌이다 잡혀간 파출소에 그가 나타났다. 그는 무릎을 꿇고 앉아 있는 친구들을 보자마자 뺨을 한 대씩 보기 좋게 올려 붙였다. 영문을 몰라 하는 경찰에게 그는 너무도 공손하게 머리를 숙였다. 자신이 학교 규율부장이며, 자신의 학교 후배들이 철이 없어 민생안전을 위해 불철주야 노고가 많으신 경찰관분들을 거들지는 못할망정 불미스런 일로 이렇게 폐를 끼치게 된 데 대해 같은 학교 선배로서 죄송스럽고, 부끄러워 낯을 들지 못하겠다며 머리를 깊이 숙였다. 그러고 보니, 어느새 그의 교복에는 3학년 배지가 붙어 있었고, 후배들을 쥐잡듯 눈을 부라리는 키신저는 자신이 철저히 교육시키고, 선생님들께 보고하여 적절한 조치를 취하겠다는 약속을 한 끝에 친구들을 사지에서 구출해낸 것이다.

키신저는 대입 시험에 앞서 치른 예비고사에 실패했는데, 어떻게 된 영문인지 집에는 연대 법대에 시험을 치른다고 한 뒤, 이어서 그곳에 붙었다며 등록금까지 일 년 내내 타 먹으며 종로 뒷골목의 학원에서 재수를 한다는 소식을 들었다. 이듬해, 여전히 모자란 성적으로 연대 법대는 원서조차 디밀지 못한 키신저는 이름도 잘 알지 못하는 무슨 신학대학인가를 들어갔는데, 독실한 기독교 가정인 그의 집에서는 자신의 아들이 깊이 고심한 끝에 하늘의 계시에 따라 과감히 하나님 앞에 일신을 내맡기기로 했다고 믿었다.

그 후, 달중은 키신저를 명동 생맥줏집에서 있는 미팅 자리에서 다시 만났다. 그는 가슴에 연대 법대 배지를 달고 있었으며, 속눈썹이 유난히 긴 생머리 이대생을 그 현란한 언변으로 녹여대고 있었다. 화장실에서 만난 그는 달중에게 요즘 여자들 관리로 머리가 휠 지경이라고 하소연했다. 넘치는 여자들을 나눠 주겠다는 꾐에 몇 번 만나게 되었는데, 키신저는 달중에게 자신의 꿈 이야기를 했다.

키신저는 자신의 꿈이 K라는 여가수와 결혼하는 것이라고 했다. 그를 위해 우선 돈부터 벌 계획이라며 그는 구체적인 사업 계획을 달중에게 들려주었다. 부실한 구두회사의 영업부로 들어가 그 회사의 대리점 몇 개를 손에 넣은 뒤, 십 년 안에 그 회사를 인수하여 국내 굴지의 토털 패션업체로 키운다는 계획이었다. 신학과에서 열심히 성경을 뒤적이고 있을 그의 입에서 그런 이야기를 들은 것에 어이가 없었지만, 그는 하여간 K라는 여가수에 푹 빠져 있었다.

K라는 여가수는 누구인가. 그녀는 어느 복권 추첨이던가, 신인 가수 선발대회던가, 하여간 정식 쇼 무대가 아닌 프로그램이었던 걸로 기억된다. 난생 처음 보는 여가수가 튀어나오더니―이 말의 어감 그대로이다―갑자기 온몸을 수류탄 터지듯 튕겨대며, 비틀며, 흔드는데 노래는 나중이고, 우선 단란히 저녁상을 받고 있던 가족들은 입에 숟가락을 물거나, 물지도 못한 채 이 돌연한 장면에 눈과 넋을 빼앗기고 말았다.

춤을 잘 춘다거나 노래를 잘한다거나 하는 평을 할 틈도 주지 않고, 그 처음 보는 여가수는 근 오 분 동안 맹렬히 몸을 비틀고, 흔들며, 악을 쓰고 노래를 하다가 홀연히 사라졌다. 아마 이런 충격은 전국적이었던 듯하다. 그날 이후로, 라디오나 텔레비전에서 이 도발적인 목소리와 오동통한 여가수의 모습을 자주 만나게 되었으니까. 그때 부른 노래 가사는 이런 것이었다.

월남에서 돌아온 새까만 김 상사

정말로 멋있어요…….

말썽 많은 김 총각 모두 말들 했지만

의젓하게 훈장 타고 돌아온 김 상사

　

분탕질을 일삼던 망나니 총각이 성스러운 국가의 부름을 받고, 월남으로 달려가 베트콩들을 물리치고, 훈장을 타서 의젓한 군인이 되어 동네로 돌아왔는데, 그 모습에 반했다는 노래였다. 적당히 콧소리가 섞인 비음으로 오동통이 튀어나온 신체의 각 부분들을 요란스레 튕기거나, 흔들거나, 비틀며 노래하는 모습에 녹아, 당장이라도 월남으로 달려가 맨손으로 슬쩍 문지르기만 해도 살갗이 벗겨진다는 베트콩 몇 명을 해치우고, 가슴에 주렁주렁 훈장을 달고 오고 싶다는 생각이 들 만큼 그 여가수의 노래는 뇌쇄적이었다.

　

　그런데 그 비스름한 무렵, 간첩 이수근 사건이 터졌다.

　1967년 3월 22일, 북한 중앙통신 부사장이라는 이가 남쪽으로 탈출해 온 사건이다. 국민학교 들어갈 무렵부터 콧물 닦는 손수건 옆에, '반공 방첩'이라는 빨간 글씨의 흉표를 매달고 다니던 시절이었으니, 간첩이라는 말은 듣는 순간 온몸이 얼어붙으며 곧장 공중전화나 파출소로 달려가게 하는 말이었다.

　이수근이 누구던가. 흉악스런 북괴 도당 틈에 있다가, 스스로 자유를 찾아 감시의 눈이 흉흉한 판문점의 '돌아오지 않는 다리'를 넘어온 귀순동포요, 자유의 화신이요, 승공 통일의 가슴 설레게 하는 선도자 아닌가. 그가 차마 인간으로 살 수 없는 북녘 땅을 탈출하여, 자유 대한의 품으로 감연히 넘어오던 날, 국민들은 자신이 자유롭고, 평화롭고, 살기 좋은 복지낙원에서 살고 있음에 얼마나 가슴 뿌듯한 감동과 자부심의 희열을 느꼈던가. 그리고 그 희열과 감동의 몇 배를 더해 이 용감한 비둘기에게 열렬한 환영과 후원의 정을 보냈던가. 그이가 자유의 땅에서 어느 여인과 새로운 보금자리를 틀었다는 소식을 듣고, 자기 일처럼 기뻐하고 흐뭇해하지 않던 이가 대한 천지 어디에 있었겠는가.

그런데 이 싸가지가 바가지로 없는 인간이, 콧수염을 붙이고 안경을 턱하니 코빼기에 걸친 채, 베트남인가 캄보디아인가로 빠져나가, 도저히 사람으로서는 살 수 없으며, 여름이 되어도 얼음으로 뒤덮이고, 새벽별을 보고 나와, 천 번에 한 번 허리 펴는 삽질을 사정없이 하여야 겨우 기장쌀 한 줌 얻어먹으며, 자식이 아버지를 고발하는 망종들이 모여 사는, 참혹한 동토의 왕국, 거지 수용소 북녘 땅으로 제 발로 돌아가려다, '음지에서 일하며 양지 쪽을 부러운 눈으로 바라만 보는' 우리의 민완 정보요원들에게 덜미가 잡혔다는 속보를 전해 들었다.

그 충격과 배신감은 실로 대단했다. 믿었던 도끼에 발등을 찍힌 게 아니라, 믿었던 엔진톱에 머리를 넣은 기분으로 자유 대한 국민들은 악을 쓰며, 공황에 빠졌다. 그 머리 벗겨진 절세의 사기꾼, 민족의 반역자, 악독한 공산당 원조 빨갱이의 흉계가 낱낱이 파헤쳐지기 시작했으니, 그가 이빨 속에 무전 장치를 설치하여, 다그닥 닥닥 이를 맞부딪칠 때마다 국가의 중요한 기밀과 보안사항들이 북괴에 타전되었다는 소문을 접하고는 자유 대한 국민들은 그 자리에 털썩 주저앉을 지경이었다.

　때가 어느 때던가. 1968년 1월 21일, 김신조를 위시한 31명의 무장 공비들이 이 나라의 태양 같은 나랏님의 '목을 따러' 청와대 뒷동산까지 잠입한 사건이 터질 무렵이었고, 잠자는 사자의 체모를 뽑다 못해 인상 쓰는 사자의 비강을 아예 막대기로 쑤시는 격이었다. 1968년 10월 30일, 도대체 이 뜨거운 맛을 모르는 북괴 도당들은 반성은커녕 국산영화의 속편처럼, 울진의 한적한 해안으로 무장공비를 떼거리로 들여보내 나라 안을 뒤숭숭하게 했다.

　이런 시기에 간첩이라는 말은 대단한 공포감을 남기었고, 거기에다 위장간첩이라는 말은 불안감까지 덤으로 얹어 주었다. 이수근으로 인해 생긴 불안감은 이웃이며, 친구며, 시장에서 자주 보는 단골 가게의 주인까지 '어쩌면 저이가 간첩은 아닐까' 하는 극단적인 '과민성 간첩 의심 증후군'을 도처에 전염시키기에 이르렀다.

　K가수가 간첩이라는 소문이 나돈 것은 바로 이럴 무렵이었다. 그녀의 현란한 몸동작과 육감적인 비음에 섞여, '거짓말이야, 거짓말이야'를 반복하며 침대 위에서 신음하는 듯 뇌쇄적으로 비틀어 꼬는 손짓이 알고 보니 북으로 보내는 기밀정보 송출 사인이었다는 소문이 입에서 입으로 번져나갔다. 그때, 달중은 군대를 가느라고 키신저를 만나지는 못했지만 그가 입었을 마음의 상처가 얼마나 컸을 지를 생각하곤 안타까워했다.

그 후, 키신저를 다시 만나지는 못했지만 이따금 만나는 동창들 입을 통해 그가 무슨 자유시민 총연맹인가에서 일한다는 소식을 듣기도 했고, 텔레비전에서 한두 번 그의 얼굴을 보기도 했다. 그때는 전 국민—엄밀히 말하자면, 전부는 아니고, 주로 동사무소나 면사무소 주변에서 추리닝이나 새마을 기가 새겨진 작업모 같은 것을 무상으로 지급받아온 이들—이 광장에 모여, 선서를 하고(이때는 반드시 남녀 쌍쌍으로 짝을 지어, 교대로 선서문을 외워야 한다. 아울러 가끔 이벤트로 손가락을 깨물어 혈서를 쓰는 열혈지사가 으레 나타나는 바람에, 나중에는 아예 행사 식순에 그 시간을 비워 놓고 기다려야 했다) 기괴하게 생긴 북괴 두령 인형에 불을 지르는 국민규탄대회, 반공궐기대회니 하는 걸로 삼천리 방방곡곡이 들썩거릴 무렵이었는데, 머리에 띠를 두른 그가 열변을 토하는 모습이 방영되기도 했다. 텔레비전에서 마지막으로 그를 본 것은 평화의 댐 성금 기부행사였다.

동창들 사이에서는 그가 남산에서 일한다는 말도 있었고, 미국 대통령이 속한 교단의 무슨 승공 기독교 단체 일을 한다는 말도 있었지만, 막상 그의 책을 받고 보니 달중으로선 감회가 새로웠다. 그러면서도 그 현란한 말솜씨를 자랑하던 키신저가 K라는 여가수를 흠모하던 꿈을 버리고, 어찌 하여 반공 전선의 최전방에서 손가락을 깨물며 혈서를 쓰는 투사가 되었는지, 그리고 또 어쩌다가 서울 지하로 파고드는 땅굴을 두더지처럼 뒤지고 다니는 처지가 되었는지 알다가도 모를 일이었다.

하여간 그가 일생을 걸어 사랑하리라던 K라는 여가수는 아직도 투철한 반공정신으로 총화단결된 대한민국에서 한껏 자유를 누리며 잘 살고 있는 걸로 보아 '거짓말이야, 거짓말이야'*에 등장하는 현란한 손짓이 간첩 신호였다는 풍문이야말로 '거짓말'이 되고 말았다. 정말 무엇이 거짓말인지 혼미한 실정이라고 국민윤락 김달중 교사는 벌거 죽죽한 키신저의 책을 폐지함에 던져 넣으며 오랫동안 잊고 지내던 노래를 흥얼거렸다. 사랑도 거짓말, 눈물도 거짓말 그렇게도 잊었나, 세월 따라 잊었나…….

---

* '거짓말이야'는 그 후, '거짓말이야, 거짓말이야'라는 말을 수없이 반복하여, 국민들에게 불신풍조를 조장하였다는 이유로 방송금지곡이 되었다.

고문의 추억 拷問의 追憶

죄를 진 혐의가 있는 사람에게 자백을 강요하기 위하여 육체적 고통을 주며 신문함.

—민중 엣센스 국어사전 제5판 전면개정판

고문에 대한 언어학적 해석이다.

죄를 지은 사람에게 가하는 신체적 고문은 고대부터 주요한 형벌의 하나로 유지되어 왔다. 눈을 상한 이에게는 그의 눈을 멀게 하고, 이를 부러뜨린 자의 이를 부러뜨리는 중동권의 동가상해형은 가장 오래된 고전적 체형으로 알려져 있다. 중세 시대에 이르러서는, 종교적 신성성과 신권이 확장되며, 가장 하나님께 가까이 갔던 시절에 가장 잔혹한 고문이 자행되었으니, 수많은 이교도와 떠돌이 부랑민들이 마녀로 몰려 산 채로 불에 태워졌다. 수도원에는 온갖 고문기구로 채워진 지하실이 마련되어, 그들의 신권에 도전하는 이를 제거하거나, 자칫 향락에 빠지기 쉬운 백성들을 겁박하여 그들의 권위를 높이기 위한 방편으로 삼았다. 당시 베스트셀러가 고통 없이 자살하는 법에 관한 책이었는데, 한편으론 마녀로 몰린 이들에게 온갖 고통을 가하여 스스로 마녀임을 자백하기 위한 고문 기술에 관한 책들도 있었다 한다.

그 고문의 기술이 어찌나 뛰어난지 웬만한 사람이라면 혹독한 고문에 못 이겨 서둘러 죽기를 자청하며 스스로 마녀임을 앞서서 자백하기 바빴다 한다.

끝까지 마녀임을 부인할 경우, 전문적인 판정법이 있는데, 우선 마녀로 의심받은 이를 부대에 담아 깊은 물에 던지어, 그가 살아서 물 위로 떠오르면 마녀라는 증거가 되고, 물에 잠겨 죽으면 마녀가 아니라는 판정이 내려졌다 한다. 도저히 사람의 힘으로 살아남을 수 없는 위기상황에서, 물 위로 떠올라 살아나는 것은 분명 마귀의 힘을 빈 탓이라 여긴 판정이었다. 당시 마녀로 몰린 사람들은 결백을 입증하기 위해 물에 빠져 죽거나, 아니면 물에 떠올라 장작불 위에 얹혀져야 했다. 그 죽음을 물과 불, 어느 것에서 맞이하는가의 선택만이 주어지던 시대였다.

얼핏 들어보면 말도 안 되는 억지 판정법이지만, 이것은 최근까지도 낯설지 않다. 죄를 지은 이들을 잡아다 조사하는 곳이라면, 으레 은밀한 골방 하나쯤은 마련해 두고 '기술자'까지 두고서 여전한 고래의 기술을 이어받고 있다.

잠 안 재우며 했던 말 수백 번을 되풀이하기, 먹기 싫다는 물을 억지로 먹이며 행여 싱거울까 봐 고춧가루까지 섞어 코에다 붓기, 욕조에 머리를 처박아 물 먹이기, 발가락마다 전선을 연결하여 전기로 고문하기……. 이들이 지닌 대부분의 고문 기술은 한때 이 나라를 강점하였던 일제 순사나 왜군들이 독립 운동가들에게 가하던 수법인데, 그 밑에서 열렬한 향학열로 배우고 익힌 조선 끄나풀들이, 해방 후에 다시 찾은 조국의 안위를 지키기 위해, 몸소 경찰대를 세워 여전히 전승해 온 유서 깊은 기술이니, 고통이 고통을 낳고 길러 그 질긴 역사를 끊이지 않게 하는 것을 보게 함이다.

이 기술 가운데, 인간이 지닌 성적 수치심을 이용하여, 심리적 고문을 가하는 첨단 기법도 있는데, 기미만세사건에 참여한 여고생을 옷 벗겨 책상 위에 올려놓고, 불에 달군 철사 줄로 유두를 지진 종로경찰서 왜경들에서 시작한 성고문의 기술은, 그 바닥에서만 은밀히 전수되어 오다가, 1986년 부천경찰서에서 현대적으로 개량되어 쓰이고 있음이 알려진 바 있다.

그리고 얼마 전에는 '벌거벗은 상황에서 성기의 귀두를 막대기로 때리면서 차마 입에 담기 어려운 상소리를 하는' 이가 어엿한 현역 국회의원 행세를 하고 있다 하여, 영원히 멸절된 줄로만 알았던 이 유서 깊은 고문술이 근근이 이어져 오고 있음을 알게 되었으니, 실로 왜경으로부터 이어 내려온 고문의 역사와 빛나는 전통이 얼마나 유서 깊으며 면면한가를 절감하는 바이다.

이런 고문의 전승은 비단 수사기관뿐만이 아니라 사회 도처에 널려 있으니, 주로 군대와 학교 같은 전체성을 요구하는 단체에서 체벌의 목적으로 계승 발전되고 있어, 조만간 유네스코 문화유산으로 등록 신청을 해야 한다는 말이 나돌고 있다.

인문계 고등학교에서 학생부장을 맡고 있는 박동진 선생의 학창 시절 회고는 거의 고문사에 가깝다.

중학교 신입생 때, 담임이었던 영어 선생은 학생들의 번호를 영어로 부르는 걸로 출석을 대신하였는데, 처음 접하는 영어 발음상 여의치 않은 3(three)이나 4(four)가 들어간 번호대 학생들은 매일 아침 조례 때마다 박달로 만들었다는 막대로 자신의 머리를 타격당하는 고통으로 희망찬 아침을 열어 나갔다. 학생 박동진의 번호는 53번이었는데, fifty three라는 최난도의 번호를 받은 죄로, 아침마다 그는 '핍티쓰리'를 외치다가 머리에 혹이 나도록 타격을 당해야 했다. 그때마다 쏟아지는 학우들—사람은 이상하게 다른 사람의 고통을 즐거워한다—의 웃음을 받으며 끝내 울음을 터뜨리곤 하였는데, 남자가 운다—이 나라에서는 남자가 울어도 죄악이다—는 이유로 앞으로 끌려 나가 칠판에 그려진 손바닥 모양의 그림에 두 손을 붙인 채 종아리를 맞아야 했다. 그런데 고통에 못 이겨 칠판에 붙였던 손을 떼거나, 선 밖으로 벗어나면 다시 맞아야 하니, 그야말로 어린 박동진은 소금 맞은 지렁이처럼, 불 위에 올려진 오징어처럼, 초장에 빠진 산 낙지처럼, 고통에 겨운 온몸을 소리 없이 꿈틀거려야 했다.

"솔직히 난 지금도 영어만큼은 죽었다 깨나도 못합니다. 영어라는 말만 들어도 머리통이 빠개지는 거처럼 아파오거든요."

그의 불행은 거기서 끝나지 않았다. 2학년에 올라가서는 몸무게가 120킬로에 육박하는 학생부장이 담임이 되었다. 그의 몸이 얼마나 거대하였는지 교실 문으로 바로 들어오지 못하고 옆으로 들어와야 할 정도였는데, 신체 특성상 더위를 심하게 타 여름이면 벌건 얼굴로 격한 숨소리를 증기기관차처럼 토해냈다.

날이 더워질 무렵이면 담임은 매사에 짜증을 내서 그냥 넘어갈 잘못도 심한 매질로 이어졌다. 아이들은 화창한 날이면 지레 겁을 먹고 온몸을 사시나무 떨 듯 '야, 해 떴다. 조용히 해' 라 서로 주의를 주며 숨소리도 내지 않은 채, 육사 생도들보다 더 가지런히 정렬하여 그의 거대한 담임을 기다렸다. 그것은 공포의 시간이었다. 멀리서 나무 복도를 디디는 소리에 이어, 거대한 담임이 '쥬라기 공원'에 나오는 티라노사우루스처럼 뿜어내는 거친 숨소리가 차츰 가까워져 오면 심약한 아이들은 아예 눈을 감았다.

아이들은 혼신을 다해 꾸지람 당할 일을 피했지만, 거대 담임의 질책거리는 무궁무진했다. 칠판 위에 손가락을 문질러 거기 묻어 나오는 먼지라든가, 등록금 납부 성적이 나쁘다든가, 지각하는 아이가 있다는 이유로 하루도 거름이 없이 책상 위에 올라가 무릎을 꿇고 뒤로 손을 돌린 채, 체중 120킬로의 거구가 수직으로 내리치는 몽둥이를 허벅지에 고스란히 받아야 했다.

거대 담임은 수업시간마다 주번에게 차가운 물을 한 대야씩 떠다 놓게 시켰다. 아이들은 거대 담임이 가르치던 일반사회 시간 전이면 유난히 조심을 했건만, 한창 나이의 사내 육십 명이 모인 교실에 먼지가 어찌 없을까. 수업에 앞서, 벌겋게 달구어진 얼굴을 씻으려던 거대 담임의 예리한 눈에 한 올의 먼지가 부유하는 것이 포착되었다. 앞으로 불려 나온 주번 두 명은 치도곤을 당하는 대신, 대야에 담긴 물을 한 방울도 남김없이 사이좋게 나눠 마셨다.

중학교를 졸업하며, 학생 박동진은 무엇보다 거대 담임과의 이별에 환호했다. 그러나 같은 울타리에 있던 병설 고등학교로 진학한 박동진은 중학교에 있던 거대 담임이 고등학교로 자리를 바꿔 그의 담임이 되었다는 사실을 알고는 며칠 동안 식음을 전폐하였다.

그 와중에서도 말썽쟁이들은 화장실에 숨어서 담배를 피거나, 중국집 옆방에 들어온 여학생 신발 한 짝을 주워온다거나, '초원의 빛' 같은 불순한 영화를 관람하여 거대 담임을 격노케 하였다.

광화문에 있던 덕수 제과에서 문학의 밤 행사 건으로 이웃 학교 여학생을 만나 이야기를 나누던 박동진이 막 빵 하나를 포크로 찍어 입으로 가져가는 순간, 웬 잠바를 입은 중년 사내 둘이 민완형사 뺨치는 솜씨로 옆자리에 달라붙었다. 그들은 한 손으로 가슴에 달린 그의 명찰을 떼는 한편, 다른 손으로는 가방을 뒤져 행여 여학생에게 은밀히 전하려는 연애편지 같은 불온유인물이라도 나올까 봐 샅샅이 뒤져댔다. 결국 김칫국물 묻은 공책만 뒤적거리던 두 사내는 자신들이 교외 생활지도를 나온 인근 학교의 현직 교사임을 밝혔다.

그리고 한 달 후, 수업 도중에 학생부에서 호출이 왔다. 당시 수업 중에 교실 문이 드르륵 열리고, 학생부로 오라는 이름이 불리면 당사자는 단숨에 핏기를 잃고 사색이 될 뿐만 아니라, 주위 아이들도 인당수로 떠나는 심청을 보듯, 무사귀환을 마음속으로 빌며 행여 그동안 자신이 꿔준 버스표를 받지 못하는 횡액이나 당하지 않을까 내심 걱정하기도 하였다.

몇 번이나 급우들을 돌아본 뒤, 학생부 문을 열고 들어선 박동진은 두 다리를 책상 위에 올려놓고 잡담을 나누던 선생들이 먹이를 발견한 악어처럼 서서히 몸을 움직여 그에게 다가오는 것을 보았다.

"하라는 공부는 않고, 벌써부터 연애질이야."

두 명의 젊은 선생이 바리깡을 찾아 들더니, 서로 제가 하겠다며 승강이를 부리며 그의 이마에 차가운 바리깡을 갖다 댔다. 일단 학생부에 불려 가면, 머리부터 깎이는 게 당시의 전례로 빡빡머리를 한 아이들은 일단 최근에 무언가 범법사실이 있는 전과자로 통했다.

　"이제 마 정신이 버쩍 날 끼다. 김샘요. 요새 고속도로는 교차로가 있는게 맞심더."

　부산에서 군대 생활을 하다 왔다는 교련 선생이 바리깡을 넘겨받더니 일자로 토벌된 그의 머리에 교차로를 만들었다.

　말없이 지켜보던 거대 담임은 자신의 반 아이가 말썽을 부렸다는 사실을 견디기 어려운 듯, 멀리서 들어도 열기가 퍽퍽 묻어오는 거친 숨을 내쉬었다. 그리고는 천천히 웃옷을 벗고 시계를 풀더니 학생부 벽에 당구장처럼 온갖 몽둥이들이 즐비하니 꽂혀 있는 함 앞에 섰다.

　"오늘은 뭐로 할까?"

　짤막하지만 굵은 거, 가느다랗고 긴 것, 우둘투둘 옹이가 박힌 것, 매끈하게 니스 칠이 된 것……. 거대 담임이 몽둥이를 고르는 동안, 박동진은 선 채로 오줌을 쌀 뻔했다.

　"벗으라."

　우둘투둘 옹이가 박힌 몽둥이를 고른 거대 담임이 책상에 손을 뻗치고 선 박동진에게 한 말이었다.

　"예?"

　"바지 벗으란 말이다, 임마."

　주저할 틈이 없었다. 머리 위로 치켜 올라가는 몽둥이를 바라보며, 그는 허겁지겁 바지를 벗었다. 그는 다리 밑에 바지를 내려뜨리고 팬티만 입은 묘한 모습으로 섰다. 거대 담임은 익숙한 솜씨로 대야에 담긴 물을 그의 팬티에 끼얹었다.

물에 젖은 팬티는 짝짝 소리를 내며 몽둥이를 빨아 당겼다. 네 대를 맞자 엉덩이가 터지며 팬티는 피에 젖었다. 다섯 대를 맞자 얼얼하니 감각이 없어졌다.

기다시피 교실로 돌아온 박동진을 눕혀 놓고, 친구들은 혀를 차며 당시 유일한 비상약품이었던 안티푸라민을 발라 주었다. 터진 살에 와 닿는 안티푸라민의 고통은 끔찍했다.

"야, 그래도 이걸 발라야 낫는다. 참아라."

버둥거리는 그의 사지를 하나씩 잡고는 친구들은 엉망으로 터져 팬티와 달라붙은 속살에 사정없이 안티푸라민을 발라 주었다. 뜨겁고 화끈거리고, 쓰린 느낌이 온몸으로 폭죽처럼 터져나가는 순간을 박동진 선생은 지금도 잊지 못하고 있다.

거대 담임이 남긴 불멸의 역작은 고무신짝이었다.

당시 고등학교 학생들은 나이보다 겉늙은 티를 내는 게 유행이었다. 조금 자란 수염도 깎지 않고, 허옇게 바랜 교복 바지에 제대 군인들이 신다 버린 낡은 군화를 끌고 다니며, 칠순 노인 흉내를 냈다. 노숙하다는 말은 당시 최고의 찬사로 꼽혔다. 숨 쉴 틈도 주지 않고 조여 대던 온갖 규정들 속에서 어느 정도 숨 돌아갈 만큼 여유를 얻은 상급생이 되면 슬며시 규정도 어겨가며, 구렁이 담 넘어가듯 능글맞은 웃음으로 얼렁뚱땅 넘기려는 원숙미를 더해갔다.

거대 담임 반에도 그런 능구렁이 한 마리가 생겼다. 규정된 실내화를 안 신고, 복덕방 영감들이나 신는 흰 고무신을 질질 끌고 다니는 아이가 있었다. 그는 그걸 신고 팔자걸음을 걸으며, 복도에서 뛰어노는 하급생들을 보면 "아그야, 그러다 다친다, 다쳐" 하며 손자 본 노인 티를 냈다.

그러던 어느 날, 역사와 전통을 자랑한다는 그의 '조선 쓰레빠'가 어떤 차폐물이나 엄폐물도 없는 복도 한가운데서 거대 담임과 조우하고 말았다. 조선 쓰레빠가 능글맞은 웃음을 띨 틈도 주지 않고, 거대 담임은 고무신 한 짝을 벗겨 들어 그의 뺨을 쩍 소리가 나게 후려쳤다. 그리고는 선명한 고무신 밑창 무늬를 얼굴에 고스란히 박은 채, 질질 끌려 교실로 운송되었다. 거대 담임은 거친 숨을 식식거리며, 웃옷을 벗고 시계를 풀어낸 뒤 공중에 뛰어 올랐다간—오, 하나님. 그 묵중한 체구가 허공으로 그리 높이 날아오를 수 있다니—엎어진 그의 등짝을 팔꿈치로 내리찍었다. 뺨을 교회당 종 치듯이 번갈아 치기, 교실 앞을 좌우로 몇 번이나 오가다가 구석에 몰아넣고 주먹으로 치기, 무릎으로 복부 가격하기……. 여태껏 보여 주었던 온갖 무예들을 총동원한 10여 분의 온갖 구타를 처절한 비명소리와 함께 바로 눈앞에서 4채널 돌비 써라운드 시스템으로 들어야 했던 아이 가운데는 실제로 오줌을 설설 쌌다는 뒷얘기도 있었다. 이 날의 하이라이트는, 맞다 못한 조선 쓰레빠가 교실 밖으로 달아나는 전대미문의 사건이 벌어진 것이었다.

복도를 필사적으로 달아나는 조선 쓰레빠와 쿵쿵 소리를 내며 쫓아가는 거대 담임 간의 레이스를 창문에 목을 빼고 구경하던 아이들은, 조선 쓰레빠가 남긴 마지막 절규를 들었다.

"사람 살류!"

　박동진 선생은 이따금 말썽을 부리다 붙들려 온 아이들을 바닥에
엎드리게 한 후, 알루미늄 야구 방망이를 풀 스윙으로 내리치면서 항
상 이렇게 말하곤 했다.
　"옛날 같으면 너희들은 죽었어. 세상 좋아진 줄이나 알어, 임마."

마비 痲痺

마비란 의학적으로는 수의근隨意筋의 힘이 상실되거나 부족한 상태를 말한다.
그러나 마비라는 것이 육신의 어느 부위에만 해당되는 것은 아니다.
때로는 영혼을 지닌 사람의 정신도 그와 마찬가지로, 어느 부분이 마비될 수도 있다.
더욱 기막힌 사실은 후자의 경우,
당사자가 마비된 사실조차 인지하지 못하고 살아가는 일이 많다는 것이다.

영세의 전공은 개 잡는 거다.

군대 갈 나이는 되었지만 가방 끈이 짧아 방위를 하거나, 하려고 대기하는 어중간한 장정들이, 혀가 쑥 나올 만큼 더운 날 할 일이 무어 있는가. 여름내 무단히 집 나온 아가씨들이나 개들을 데려다가 잡아먹는 게 일이었다. 그런데 아가씨를 잡을 때는 몰라도, 개를 잡을 때는 언제나 영세를 찾았다.

종점에서 개울을 건너 중국집 오토바이도 기어오를 수 없을 만큼 가파르게 비탈진 골목길이 끝나는 산등성이에 게딱지처럼 달라붙어 있는 판잣집에 사는 영세를 불러 내리는 일이 힘이 들어 장정들은 아예 개를 그에게 데려갔다.

대개는 어두컴컴한 골방에 틀어박혀 『선데이 서울』을 펼쳐 놓고 넘치는 정력을 분출하던 영세는 장정들이 끌고 온 개를 위아래로 흘깃거리며 쳐다보고는, 말없이 연장을 꺼내러 광으로 들어갔다. 연장이란 게 그가 채석장에 날품일 나갈 때 들고 나가던 '오함마' 라고 불리는 큰 망치였다. 언제나 그 거대한 오함마를 쓰는 건 아니었다. 지난번, 홍수에 떠내려 온 발바리를 건져왔을 때는 평범한 망치와 대못 하나를 들고 왔다. 아카시아 나무 등걸에 동여맨 채 앙탈을 부리는 발바리 머리 위에 대못을 대고는, 영세는 그의 손등을 발톱으로 할퀴는 발바리에게 욕 한마디 하지 않은 채, 얼굴 한 번 찡그리지 않은 채, 잠에서 덜 깨어 이빨 닦는 표정으로 무심히 망치질을 했다. 사람의 행동에 색깔이 있다면 그것은 투명한 무색이었다. 이를 드러내고 앙살을 부리던 발바리의 목숨은 그의 투명한 망치질 한 번에 신나처럼 증발하고 말았다.

죽은 개를 그슬리고, 각을 뜨고, 무럭무럭 김이 나는 간이며 내장들을 칼로 숭덩숭덩 썰어 우선 제 입에 집어넣고, 소금장에 찍어 제비새끼처럼 입을 벌린 친구들에게 나눠 주는 것도 영세의 몫이었다.

그렇다고 영세가 개까지 조달하는 것은 아니었다. 주로 골목에서 허구한 날 지나가는 아가씨들 궁둥이나 구경하는 궁기나 동천이 같은 애들이 집 나온 개나, 아직 나오지 않았지만 나와야 하는 개들을 데려왔다.

말복까지 그렇게 잡아먹은 개들이 족히 여남은 마리는 되고, 가을 개가 좋다느니 겨울에 방한대책을 세워야 한다느니 별의별 핑계를 대어 잡아먹고, 주워 먹고 버린 개뼈다귀가 산비탈에 하얗게 쌓일 지경이었다.

이제 근동에 집 나온 개들이 씨가 말랐으며, 아직 나오지 않은 개들조차 엄중한 보호를 받는 탓으로 올 여름에는 배추 꼬랑지나 먹으며 진땀을 흘려야 할 모양이라고, 80년의 희망찬 봄이 시작되는 길목부터 일찌감치 개 타령이 시작되었다.

"야, 어케들 해봐라. 여름은 차곡차곡 다가오는데, 어떻게 마수걸이로 한 마리 시작을 해야 하잖겠니? 작년보다 훨씬 심이 딸려 기집질두 못 하겠다."

모두들 조달격인 동천과 궁기 얼굴만 바라보았지만, 없는 개를 그들이라고 뾰족한 수가 있을까. 빈 입만 다시던 장정들이 고심 끝에 얻어낸 묘안은, 신혼여행 떠나며 용두네 새 형수가 맡겨 놓은 허스키인가 하는 네눈박이를 매달자는 것이었다. 용두는 형수가 시집을 때 데려온 건데, 지금도 매일 전화로 안부를 묻는다며 펄쩍 뛰었다.

"우선 먹구서, 제 발로 나갔다구 허면 되잖니? 니 형수는 참 할 일두 없다. 침대 속에서 니 형한테 그리 시달리면서두 개 안부까지 묻는다데?"

"제 발루?"

"그래. 암내 난 개 따라나갔다 집 잃어 버렸나부다고 해."

"우리 껀 애완견이래. 썰매 끄는 개라는데……."

"애완견이 별 거냐? 방 안에서 기르면 애완견이지. 나중에 쥐방울 만하니 엄청 귀여운 걸루 한 마리 주워다 줄 테니, 썰매를 끌든 수상스키를 끌든 맘대로 허라구 해."

결국 용두는 친구들의 성화에 못 이겨 찜찜한 얼굴로 썰매 개를 끌고 운명의 산행을 시작하였다. 영세는 여전히 『선데이 서울』을 펴놓고 있었고, 무표정한 얼굴로 오함마를 들고 나왔다. 아카시아 나무에 목줄을 걸고 잡아당기자 썰매 개는 허공에 매달려 두 발을 버르적거리며 울어댔다. 영세의 오함마가 허공을 나르며 썰매 개의 정수리에 떨어졌다. 개는 혀를 빼물고 한쪽 눈알을 밖으로 돌출시킨 채, 공중도덕이나 예의범절도 없이 한 무더기 용변을 남기고 조용해졌다.

잠시 후, 혀와 목구멍에 닿아올 구수한 개장국의 국물과 쫄깃한 고기 맛에 한껏 흥분이 된 패거리들은 불쏘시개를 주워 온다, 솥에 물을 붓는다, 양념장을 만든다, 부산을 떨었다.

올 봄에 무허가라고 들이닥친 철거반에 지붕이 송두리째 날아가고, 담장이 뜯겨, 어디론가 울면서 떠난 양우네 대문 널판을 주워 와 불을 피우자, 영세가 개를 그슬릴 준비를 했다. 자작자작 숯불이 이글거리자 영세는 짚 풀을 얹은 뒤, 그 위에 개를 묻어 넣으려고 목줄을 풀어 놓은 썰매 개를 찾았다. 그런데 조금 전까지도 혀를 빼물고, 땅바닥에 사지를 뻗고 누워 있던 개가 보이지 않았다. 누가 개 치웠냐. 모두들 서로의 얼굴만 멀거니 쳐다볼 뿐이었다. 귀신이 곡할 노릇이었다. 개 귀신이라도 되었단 말인가.

모두들 혀를 빼물고 분주히 산비탈을 오르내리며, 한쪽 눈알이 튀어나온 개를 찾기 위해 혈안이 되었을 때, 누군가 소리쳤다. 바위 밑에 엎드린 궁기 쪽으로 가 보니, 겨우 너구리 한 마리 기어들어갈 바위 틈새에, 튀어나온 한쪽 눈알을 질질 매단 썰매 개가 잔뜩 겁에 질려 몸을 움츠리고 있었다. 몽둥이로 쑤시고, 돌멩이를 던지고, 휘파람을 불고, 과자를 던져 주어도 썰매 개는 꼼짝도 하지 않았다. 손에 닿지 않는 고깃덩이를 놓고 바라만 보아야 하는 장정들은 일대 히스테리에 빠질 지경이었다.

"니가 좀 불러 봐라. 니 말은 들을 거다. 기집두 첫 번째 올라탄 놈 말만 듣더라."

등을 떠밀린 용두가 마지못해, 썰매 개를 불렀다. 케리, 이리 나와. 놀랍게도 썰매 개는 주인의 부름에 꼬리를 흔들며 몸을 움직이기 시작했다. 한쪽 눈알을 매단 채, 썰매 개 케리는 자신을 죽음의 팬클럽들에게 넘긴 주인의 손짓을 따라 기어 나왔다.

케리는 다시 영세 앞으로 끌려갔다. 전에 없는 실수를 다시는 반복하지 않을 듯, 영세는 묵중한 오함마를 더 높이 치켜들고 더 강하게 내리쳤다. 캑. 외마디 비명을 남기고 케리는 고꾸라졌다. 행여나 또 일어날지도 모를 개의 부활을 막기 위해, 모두들 쓰러진 개의 생사를 확인했다. 그런데 쓰러진 개는 네 발을 허공으로 올린 채 버르적거렸다. 영세의 낯빛이 변했다. 다시 그 묵중한 오함마가 내리쳐졌지만, 개의 몸에 남아 있는 경련은 지워지지 않았다. 두 번, 세 번. 영세의 단방치기 오함마는 거듭 허공을 날았고, 개의 머리는 으깨어져 그 형체를 제대로 알아볼 수가 없을 지경이 되었다.

케리는 불에 그슬려지고, 배가 열린 후 설설 끓는 양은솥으로 들어갔다. 예정보다 지체되어 허기가 진 장정들은 솥뚜껑을 열고, 칼로 설익은 고기들을 베어다 질겅거리며 씹어댔다. 그런데 언제나 그 일을 도맡았던 영세가 뒤로 물러나 앉아 있었다. 내장은 약간 덜 익은 게 맛있다며 입에 피를 뚝뚝 묻히며 개 간을 씹어대던 전의 영세와는 너무나 달랐다. 한참 제 배부터 채우느라 여념이 없던 장정들이 뒤에 물러앉은 영세 보기가 미안스러워 모두들 팔을 잡아끌었지만, 영세는 입 하나 대지 않은 채 집으로 돌아갔다.

그리고 영세는 다시는 개를 잡지 않았다. 그 일이 있고 난 다음날, 오함마를 내리치던 그의 오른쪽 팔이 갑자기 마비되었기 때문이다. 개 귀신이 붙었다는 소문이 돌고, 영세는 용하다는 돌산 무당을 불러다 푸닥거리 굿까지 하고서야 겨우 팔이 풀렸다고 한다. 팔이 풀린 뒤로도 영세는 개를 잡지도 먹지도 않았으며, 이로 인해 집 나온 개들이 제멋대로 활개를 치며 돌아다녀, 구청 직원들이 대책반을 구성하는 등 사회적 문제가 되기에 이르렀다 한다.

그 비슷한 무렵에, 번기가 휴가를 나왔다. 노상 쌈질이나 하고, 술주정을 부려 파출소 경찰들을 피곤하게 하던 번기는 어릴 때부터의 꿈이라며 공수부대에 지원했다. 삐딱하니 베레모를 쓰고, 낙하산 타고 허공에서 공중제비를 몇십 번이나 했다는 윙 마크까지 달고서, 군화소리도 요란하게 골목에 등장하였다.

아직 군대를 안 갔거나, 동사무소에서 방위 노릇을 하는 게 고작인 장정들 틈에서 번기는 단연 우상이었다. 그가 들려주는 혹독한 훈련이며, 천리행군의 이야기들을 듣느라 눈앞으로 집단 가출한 개들이 행진을 하여도 눈길 하나 주지 않았다.

"니들 눈 멀뚱멀뚱 뜨고 쳐다보는 사람 찔러 봤어? 야, 대검이 살 속으로 푸욱 들어갈 때, 그리고 놀란 근육이 칼날을 물고 부르르 떠는 느낌을 느껴 봤냐?"

"넌 해 봤어? 찔러 봤어?"

"니들 같은 동네 쌩양아치들은 바로 죽음이야. 조사구 뭐구 없어.

바로 쏴 버리거나, 대검으루 쑤시는 거야."

"나두 테레비서 봤는데, 광주에 폭도들이 깽판을 쳐 가지구, 공수부대가 들어갔다는 소릴 들었어."

"바루 우리 부대야. ○공수. 야, 씨발 허가 받구 사람 패보긴 첨이네. 여관방에 들어가서, 홀딱 벗구 빠구리 하는 걸 그냥 끌어다가 개머리판으로 조지는데, 퍽 치니까 핏물이 쭉 나오면서 대갈빡이 빠개지더만."

"거기선 빠구리 하는 것도 안 되냐?"

"씨발, 누구는 나라 지킨다구 땡볕에서 충정훈련 받느라 좆뱅이 치는데, 대학생놈들이 빠구리나 하고 자빠진 게 잘한 일이냐?"

"근데 빨갱이 간첩이라던데, 간첩두 빠구리 하냐?"

"간첩도 여러 가지야. 여자 간첩, 대학생 간첩, 애새끼 간첩두 있다구."

"애새끼 간첩?"

"그래, 어디선가 개울에 숨어 있던 애새끼 간첩들이 떼로 달려들었다가 콩밥 먹구 뒈졌다던데……."

장정들은 밤새도록 번기가 들려주는 사람 잡던 이야기를 들었다. 그런데 눈을 멀뚱멀뚱 뜨고 자신을 바라보던 사람의 머리를 몽둥이로 때려 수박이 쪼개지듯 부쉈다는 번기의 손은 다음 날이 되어도, 휴가를 마치고 돌아갈 때까지, 그리고 세상이 바뀌어 민방위마저 끝난 지금까지도 마비되지 않았다.

얼마 전에는 장롱 속에 신줏단지처럼 모셔 놓았던 공수부대복을 차려 입고, 시청 앞에 나가 "빨갱이 죽이라"고 외치는 번기의 모습이 텔레비전에도 나온 적이 있었다. 그의 팔은 여전히 힘차게 누군가를 죽이라고 허공에서 내리쳐지고 있었다. 그의 팔은 마비되지 않았다. 그러나 그에게는 또 다른 무엇이 마비되었음을 모두가 알고 있었다. 다만 그만이 모를 뿐.

합동 공중변소 合同 公衆便所

가장 인간적인 공간이 어디일까.

생명체가 하루하루 살아갈 에너지를 취하기 위해, 먹이를 취하는 기관이 있으면 그 남은 것을 토해내는 배출구가 필요한 게 마땅한 이치이다. 사람이 금수와 달리 그 취한 것을 반납하는 행위를 공공연히 하지 않고, 이목을 피해 은밀히 수행하니, 따로 공간을 정하여 그 내밀한 과정을 이룬다.

하늘의 뜻이 있어, 천지간에 각자 먹을 것을 내어 놓아 생명을 잇게 하였으니, 그 남은 것을 다시 세상에 내어놓는 일은 참으로 장엄하고도 엄숙한 일인지라, 사람들이 함부로 행하지 않고, 홀로 천지의 오묘한 섭리를 감당하더라.

대체로 몸에 지닌 것을 세상에 되돌려 온전한 자신을 지키는 바, 세상과 자신을 편안하게 하는 곳이라 하여 '변소'라 칭하며, 그 자리 잡은 곳이 대체로 집안에서 따로 떨어져 옆이나 뒤에 있어, '측간' 또는

'뒷간' 이라 한다.

치의緇衣 입고, 석 씨의 도를 따르는 자들은, 만물의 번뇌가 소유함에 있으니, 그것을 되돌려 자신을 정허케 하여 본래의 자신을 찾음으로 근심을 풀어 사라지게 하는 곳이라 하여 '해우소' 라 하기도 한다. 동서고금을 두루 살피어, 변소가 홀로 거하는 공간으로 정해진 이치가 여기에 있다.

팔팔 올림픽이 열리던 해였다.

나라 안으로 손님맞이에 여념이 없을 때, 무엇보다 외국 손님들에게 불편한 화장실을 개선하기 위해 냄새나는 화장실을 호텔 로비처럼 꾸며놓던 시절의 이야기이다.

서울 서변 북방의 변두리에 홍제천이 흐르고, 물이 있는 곳에 사람이 모이게 마련이니, 으레 저자가 서게 되어 있다. 이리저리 흩어져 살던 이들이 정점으로 모여 회포를 푸는 곳이 장터인지라, 반색을 나눌 술집이 있게 마련이고, 취흥이 도도한 곳에 여색이 빠질쏘냐. 제법 풍성한 시장 구석자리에는 색주가가 자리 잡게 마련이다.

한때 푸성귀나 반찬거리를 늘어놓고 팔던 그곳에도 술을 팔던 주점이 있었으나, 세월이 흘러 주변의 큰 상설시장으로 손을 빼앗긴 후로는 이제 야릇한 홍등을 켠 유곽만이 즐비하고, 점포들은 칸칸이 방을 나누어 하루 벌어 하루 먹고사는 이들이 들어와 사는 쪽방이 되었다.

제대로 다리를 뻗지도 못할 좁은 방이지만, 다행히 높은 천정에 마루를 깔아 다락방을 만드니, 집 한 칸 구하지 못한 가장들이 식솔을 거느리고, 이리저리 전세금을 깎아 먹어 더 이상 갈 데 없이 내몰린 곳이니 불편을 논할 입장이 못 되었다. 다만 집마다 딸려 있게 마련인 변소가 따로 있지 않고, 골목 끝에 공중변소 하나가 있을 뿐인 게 흠이라면 흠이었다.

사람이 빈한하여 먹는 것을 줄일 수는 있으나, 내어 놓는 것을 거를 수는 없으니 매일 들러야 하는 곳이 변소였다. 여러 사람이 동시에 일을 보게 되어 있는 그곳은 술집들이 도열하듯 마주 보고, 겨우 사람 하나 지나갈 통로를 내어 놓고 있는 술집 골목의 막다른 구석에 있었다.

처음 그곳에 가던 때의 당혹감을 종필은 잊을 수가 없다.

대학 교정에서 엉겁결에 선배가 시키는 대로 전단지를 나눠 주다 영등포 경찰서에 잡혀갔다. 그의 부친은 전세금을 뽑아 옥바라지를 하고, 염려 말라는 안도의 말만 거듭한 변호사에게 상당액을 뜯긴 끝에 이리로 오게 되었다.

그런 입장이고 보니, 종필은 부모나 다 큰 여동생들 바라볼 면목이 없었다. 밤마다 쥐가 가슴 위로 기어다니고, 창문으로 비둘기 똥이 자꾸 떨어지긴 했지만 다행히 다락방이 있어 그곳에 틀어박힌 채, 온종일 책 속에 묻혀 지냈다. 어차피 세상을 등지고 골방에 은거하며 책 한 권 들고 있으면 되는 이에게 넓은 방이나 고대광실이 무슨 필요가 있을까.

그렇게 카프카의 '그레고르'처럼 골방에 틀어박혀 지내던 그도, 밖으로 아니 나갈 수 없는 일을 당하니, 변소를 가게 되었다. 저녁을 물린 뒤, 낮 동안 조용하던 골목이 수상한 활기로 벅적거릴 때였다. 요란한 화장을 한 아가씨들이 짧은 치마 밑으로 허옇게 내놓은 다리를 꼬고 앉아, 짝짝 소리가 나도록 껌을 질겅거리며, 일제히 그를 향해 무언가 호소하는 듯한 눈빛으로 바라보는 순간 종필은 움찔 몸을 움츠리고 돌아설 뻔했다.

"아씨, 놀다가. 잘해 줄게."

"오빠, 여기야 여깅."

"총각, 코두 크네. 잠깐 쉬다 가."

뭘 잘해 주겠다는 건지는 모르겠지만, 잠시도 놀고 쉴 틈이 없이 다급해진 변의에 못 이겨 그는 무수한 여인들의 협로를 한 발 한 발 무겁게 디디며, 좌우에서 달려드는 여인들의 손길을 뿌리치느라 진땀을 뺐다. 바로 그 순간, 종필은 저만치 앞서 어떤 늙수그레한 남자가 자신과 똑같은 처지로 여인들에게 붙잡힌 팔을 빼내느라 허우적거리는 걸 보았다. 그리고 그 남자가 바로 자신의 아버지라는 걸 알게 되었다. 그 후에도 종필은 화장실을 다녀오던 여동생이 취객에게 술집 아가씨로 오인되어, 함부로 손목을 잡히는 걸 보아야 했다. 그 일이 있고부터 과년한 여동생들은, 골목에서 10분쯤 달려가야 있는 상가 2층의 공중화장실을 이용했다.

종필이 텍사스 공중변소에 들어갔을 때의 충격은 실로 컸다.

아무리 집안이 망하여 가파른 산동네의 하꼬방에서 살았더라도, 변소만은 큼지막하니 얌전한 곳에 자리 잡았던 데 비해 우선 문짝이 없는 것에 놀라웠다.

악취가 코를 찌르는 입구를 꺾어 들면 일렬로 연결된 변소가 이어져 있는데, 개울에 걸쳐진 외나무다리 같은 기다란 나무 발판이 두 개

걸쳐져 있을 뿐이었다. 문짝이며 칸막이 같은 것도 없으며, 더욱이 볼 일을 볼 때 두 발을 위치할 지점의 표시 같은 것도 없으니, 오로지 바라다보면, 건너편에서 소변을 보는 이의 궁둥이요, 내려다보자면 결코 다시 내려다 볼 마음이 여간해서는 들지 않을 배설물들이 어두컴컴한 공간에 그득할 뿐이었다.

그곳의 적정한 인원은 얼마쯤일까. 동시에 볼일을 볼 수 있는 최대 인원은 얼마나 될까. 앉기 나름이고, 다리를 어떻게 벌리느냐에 따라 다를 일일뿐이지만, 동시에 여남은 사람들이 각기 힘을 모아 일을 치르는 곳이니 합동 공중변소라는 말이 그르지는 않았다.

처음 그곳에 들어갔다가 소변만 보고 되나오기를 몇 차례 거듭한 끝에 드디어 얼굴에 핏대를 올리며 용을 쓰고 있는 어느 사내 옆에 조심스레 끼어 앉을 수 있었다. 사람이 배가 고프면 못할 일이 없다지만, 변이 마려운 것이야말로 인간이 지닌 최소한의 예의며, 인격이며, 염치와 같은 향기 나는 말들을 일거에 날려버릴 만큼 강력한 힘을 지닌 본능이라는 걸 종필은 그곳에 쭈그리고 앉으며 비로소 깨달았다.

뭇사람들이 오가는 곳에서 바지를 벗어 내리고, 중요한 부위마저 앞으로 내민 채 앉아 있어야 하는 것은 참으로 고통스럽고 수치스러운 일이었지만 이미 그런 일에 익숙한 골목 사람들은 태연히 앉아 담배도 피우고, 신문도 뒤적여가며, 심지어 옆 사람과 정치 얘기까지 나누는 걸 종필은 경이의 눈으로 바라볼 뿐이었다.

"첨 보는 얼굴이네."

옆에서 끙끙거리다가 한 자박지 시원하게 밑으로 떨군 중년 사내가 종필에게 말을 걸어왔다. 종필은 그저 네, 네 고개를 끄덕이며 건성으로 대답했다.

바로, 그 순간 어디선가 자신의 이름을 부르는 소리를 들었다.

"종필아, 종필아."

잠시 후, 머리를 박박 깎은 청년 하나가 팔자걸음으로 어기적거리며 나타났다.

"너, 종필이 맞지? 나, 모르겠냐? 궁기, 국민학교 동창 궁기 몰라?"

아랫도리를 까 내린 채, 홀연히 나타난 국민학교 동창에게 무슨 말을 해야 할까. 종필은 웬만한 설사만 아니라면 훌떡 바지를 걷어 올리고 밖으로 달려 나오고 싶었다. 줄줄이 이어지는 배설물과, 간헐적으로 찾아오는 복통 사이에서 그는 어쩔 수 없이 쭈그리고 앉아 국민학교 동창과 재회의 기쁨을 나눠야 했다.

"여긴 웬일이냐? 대낮부터 콩 까러 온 건 아닐 테구."

"며칠 전에 이사를 왔어."

"얌마, 그럼 나한테 신고부터 해야지."

종필은 구렁이가 칭칭 감긴 문신이 새겨진 궁기의 손을 맥없이 맞잡을 수밖에 없었다. 그때, 저쪽 구석에서 신문을 보고 있던 안경잡이 남자가 헛기침을 한 뒤, 한마디 쏘아 붙였다.

"좀 죄용헙시다아. 여러 사람이 일 보는 공공시설에서."

"이런 쓰발, 거기나 조용해. 똥이나 싸구 빨랑 나갈 것이지, 뭔 놈의 공공시설야."

"저런…… 말버르장머리 보게나. 아무리 막되아 먹은 텍사스 똥투깐이라두 위아래가 있는 벱인디, 몇 살이나 처먹었다구 대뜸 으른헌티 욕지거리여?"

"아우, 또 오늘 뚜껑 열리네. 으른은 똥을 입으로 싸냐, 씨발 놈아."

빡빡머리 궁기는 구석으로 다가가더니, 서둘러 휴지로 밑을 닦는 안경잡이를 대뜸 걷어찼다. 사십 대 중반쯤 되어 보이는 안경잡이는 미처 피할 틈도 없이 뒤로 벌러덩 넘어지며, 한쪽 다리가 시커먼 배설물 속으로 빠지고 말았다.

"어이쿠."

"그러게 조용히 똥이나 싸구 나가랬지?"

조금 전까지도 요란하게 들끓으며 끝없이 이어지던 종필의 설사가 그 순간 딱 멈추었다. 행여 똥투성이가 된 사내가 그에게 달려들어 분풀이라도 할까 봐 종필은 밑도 닦는 둥 마는 둥 서둘러 밖으로 나왔다.

종필은 공중변소 담벼락에 붙어 있던 플라스틱 표찰에 눈이 돌아갔다.

'깨끗한 화장실은 문화인의 자랑.'

대대적인 팔팔 올림픽 손님맞이 열풍 속에서 전국의 고속도로 휴게소며, 운동장 주변의 찻집 화장실까지 상금을 걸어가며 호텔 로비처럼 치장을 할 무렵에, 명색이 대한민국의 수도인 서울에서, 그것도 통치자가 기거하는 청와대가 바로 산 너머인 이곳 텍사스 공중변소에서 이런 일들이 일어나고 있음을 짐작이나 할까. 그러나 상당히 높은 사람이나 그 밑에 붙어 지내는 이들까지 적잖이 알고는 있는 듯했다. 올림픽이 시작되기 얼마 전, 화사한 페인트로 꽃나무를 그린 합판을 사람 키 높이만큼 둘러막는 공사를 벌인 걸 보면.

올림픽도 끝나고, 월드컵도 끝나고 나서 겨우 임대아파트 하나 얻어서 이사를 하고 난 뒤, 종필은 화사한 꽃나무 가림판 너머에서, 여전히 누군가 서로 얼굴을 마주대고 힘을 쓰다가 행여 누군가의 발길질에 쥐가 기어다니는 오물 속에 빠져서 허우적거리는지 가끔 궁금해졌다.

적음선사 행적기 寂音禪師 行蹟記

임제선사가 말하기를
부처를 만나면 부처를 죽이고

때는 박통조 유신 팔 년 시월.

속명은 영혜요, 법명이 적음寂音인 선사는 경주 사람이라. 어려서 돈후한 신심을 지닌 가문에서 태어나 불덕을 입으시다가 전생의 업보와 제석천의 오묘한 섭리가 있어, 속가의 졸연한 몰락으로 그 일신을 불가에 의탁하여, 불법에 귀의하게 되었으니, 세상의 만법이 묘적하며, 그 가운데 진음이 있어 법명을 적음이라 받았느니라. 이에 산중에 기거하며 세상사 돌아가는 오묘한 법리를 통찰하다가 홀연히 대오견성하여, 무지몽매한 허욕에 잠겨 고통 받는 중생을 제도하고자 감연히 홍진의 저자로 내려서도다.

선사, 깨우침 후에도, 정진에 힘쓰기를 어린아이 걸음 배우듯 하더라. 만물의 오묘한 법이 세상에 문장으로 현현하는 이치를 깨달아, 문예창작과에 적을 두고 돈오점수의 본을 보이시니, 주변의 광영이 차고 넘치어 이를 따르는 무리가 바다와 같고, 사장의 모래알과 같더라.

어느 날, 선사께서 왕개미 보살이 거하는 개미암에 머물며 모인 제자들에게 설하기를, 동국에 세존의 가르침이 전해온 지 누천년에 이르러서도, 그 광영이 아직 해동의 협지를 벗어나지 못함이 참담하도다. 이는 스스로 성불에만 욕심을 두고, 사해의 중생 구제에 등한하여 그 죄악이 무간지옥에 떨어져서도 갚음을 다하지 못하리라 탄하시고, 선사, 묘연히 앞날을 내다보고 통한하여 반상에 놓인 곡주를 연거푸 음하시더라.

이로부터 선사께서 해동의 중생뿐 아니라, 육신과 그 터럭이 다른 양인이나, 변방의 오랑캐들까지 일거에 거두고자, 스스로 존엄한 법명을 양인말로 바꾸었으니, 이름하여 '사운드 오브 사일런스(sound of silence)*'라 하였다.

적음선사, 늘 하시기를, 무소유에 철저하여, 승복에 주머니가 있되, 동전 한 닢 지닌 바 없으며, 그를 따르는 후학들이 지닌 금박시계며, 내밀히 양말 속이나 안주머니에 지닌 금품도 한눈에 꿰뚫어 보시고, 심지어 새로 지어 신은 가죽신이라도 호화로운 것을 보노라면, 저잣거리에서 잔술이나 팔며 지내는 사하촌 주모들에게 내어 주라 일갈하니, 몸소 주막에 들어가기를 꺼려하지 않더라. 이에 주모들은 황감하며, 그 도량에 감읍하여 분주히 곡주며, 어포를 내어 사의를 표하였도다. 후학 가운데는 이에 큰 깨우침을 얻기도 하였으나, 여전히 몽매한

---

*사이먼 앤 가펑클의 1966년 인기곡.

탐욕에 매여, 술값으로 잡힌 가죽신에 연연하며 우두망찰하는 자도 있었으니, 선사, 대갈하여 말하기를, 일체무상이오, 만법여일이니 원래 네 것이 무엇이며, 네가 누구길래, 어디서 네 신발을 찾는다? 이제 네 갈 길을 가라, 선사, 큰 깨우침을 남기고 표표히 길을 가더라.

선사의 고명이 저잣거리에 퍼지어, 연못시장 유곽에 이르렀으니, 음욕에 붙들린 창기들이 앞다투어, 선사에게 전생과 내세를 즐겨 물었으니, 선사, 이에 창기들과 더불어 사흘주야 장자불와 설법하니, 육신이란 마음을 담아 두는 가죽 주머니와 같으니, 선사는 몸소 창기들 어느 하나 소홀함이 없이 심신의 희열을 전수하였도다. 이때 유녀들을 거느리고 벌어먹고 살던 색주가 마구니가 훼방을 놓아, 선사에게 화대를 강박하니, 꽃이 네게 있거늘 너는 어이하여 내게 꽃값을 달라 하느냐 하며, 선사, 말없이 유녀들을 품에 안고 웃으니, 후세에 이를 가리켜 앙화시중仰華示衆이라 하였더라.

마침 선사의 안위가 궁금하여 들렀던 후학 하나에게 연못 암자를 지키라 하시고는, 선사, 구름처럼 길을 나서도다. 중간시에 낙과하여 절치부심 기말시를 준비하던 후학은 선사가 각별히 당부하고 간 연못 암자를 사흘간 지키다가 원력이 진하여 마구니에게 의대마저 발가벗기운 채, 신발마저 빼앗긴 뒤에 긴급히 통지를 받고 달려온 그 부모가 금품 십만 냥을 내어 준 뒤에 암자에서 풀려났다 하니, 옴 마니 밧메흠.
후일 기말시마저 못 치른 그이는 그 부끄러움과 죄스러움에 선사의 그림자만 보아도, 마른 땅에 스미는 가랑비같이 종적을 숨기더라.

선사의 행적은 검은돌골黑石洞 저잣거리와 서당을 넘어서 새터골新村, 종각거리鐘路까지 이르게 되었으니, 이는 미망에 빠져 끝없는 윤회의 수레바퀴에서 허덕이는 중생에 대한 선사의 연민이 무량함에 기인하도다. 선사는 주유천하 한성 땅을 넘나들 때마다, 발 빠른 수레를 타고 다녔는데, 중생을 구제하는 일에 촌각을 허비하지 않으려 하는 선사의 심의로다. 중생에 대한 측은지심이 마른 산에 불붙듯 하여 수레가 미처 당도하기도 전에, 수행하던 사제들도 마다하고 손수 수레에서 내려 달려가니 수렁에 빠진 망아지를 보고 달리는 어미 말과 같더라. 이런 선사를 몰라보고, 종종 발 빠른 수레를 몰던 마부가 삯을 달라며, 뒤에 남은 사제들에게 행악하여 포도청으로 하옥되어 곤욕을 치르기도 비일비재하였으니, 세상이 흑암에 잠겨 일월이 빛을 잃도다.

　선사의 중생 제도는 주야를 구분치 않고 맹렬하여, 개미암에서의 야심한 법회 이후에도 서당골 선방에 든 후학들이 수마에 삼켜질까 불철주야 번을 도는데, 용맹정진 중에 지친 몇 학승이 수마를 이기지 못하여, 은밀히 문을 걸어 잠그고 잠자리에 들었으니, 선사, 이를 훤히 내다보고 단숨에 월장하여 방문을 걸어차고 범처럼 들이닥치니, 문 앞에 머리를 뉘고 누웠던 학승의 머리가 선사의 발에 밟히더라. 놀란 학승이 깨어나니, 선사 조용히 묻기를, 어찌 네 머리가 내 발 밑에 있느뇨, 하니 학승이 어쩔 줄 모르고 선사를 맞아들이느라 황망하더라. 학승에게 몇 가지 구두선을 주고받다가 선사, 돌연히 방중에 놓여 있던 양현금(guitar)을 켜며 오도송을 읊으니, 그 향기롭고 낭랑한 울림에 선방의 모든 객들이 샛별처럼 깨어나더라. 그날, 선사의 오도송이 다음과 같더라.

가을엔 나무에 목맬래요
누구라도 그대가 되어 매어 주세요

선사의 설법은 무애하여 이미 율과 계의 분별을 넘어섰으니, 어느 날, 선사가 개미암에서 수행한 사제들과 앉아 곡주를 나누노라니, 돌연히 문이 열리며 시주승이 염불을 하는데, 선사, 한눈에 요사함을 갈파하였도다. 경황없이 반야심경을 염불하던 시주승이 비로소 고개를 들어 정좌한 선사와 눈이 마주치니 염불을 더 잇지 못하고 황망해 하니, 선사 일갈하며, 사자처럼 달려들어 요승의 손에서 목탁을 거두어, 이전이후에 없던 새로운 경을 염불하니, 혜은 보살의 '뛰뛰빵빵' 이었더라. 선사가 목탁을 요승 앞에 내어 던지며, 네가 부처를 만나면 부처를 죽이라던 임제선사의 말을 알고 있느냐. 지체하면 네 두개골을 파하겠노라 하니 정체모를 시주승이 두개골을 수중에 포하고, 황망히 사라지더라.

세속에 대한 초탈함이 선사를 따를 자가 없으니, 무릇 가진 것 없음을 남루한 의복으로 내보이고자 멀쩡한 승복을 스스로 잘라내어 누벼 입기를 즐겨하던 무거운빛 선승이나, 종각거리를 오가는 중생들에게 탐욕을 깨우치며, 천 냥의 조세를 수납케 하던 하늘거사도 선사에게 시주를 하였다 하니, 비어 있음도 허공과 같아 스스로 빈 쪽으로 구름을 흘려보내더라.

선사, 산에서 내려와 검은돌골, 새터골, 종각거리, 두물머리를 넘나들며 큰 말씀을 설한 지 여러 해 만에 그간의 설법과 선시를 모아, '저 문 날의 수채화'라는 선문집을 남긴 후 경상도 청량산 깊이 안거에 들어가니, 그를 따르는 후학들이 거기까지 찾아갔다가, 밤새 곡주를 나누는데, 야심한 시각에 이르러 천왕문을 지키던 나한들이 곁에 와 날이 밝도록 함께 곡주를 나누었다 하더라. 이후 세간에 선사의 모습은 볼 수 없으나, 양인 가객 가운데 선사를 흠앙하여 법명을 사이만과 가판굴이라 칭한 거사가 '險世爲橋(험한 세상 다리가 되어)'나 '盧空手 婦人 (Mrs. Robinson)'이라는 노래로 지어 불렀다 하니, 가히 산이 높으면 그 골로 흐르는 물도 깊어 그 가닿을 곳을 헤아리기 어렵더라.

사제유몽 師弟有몽

옛사람들이 금과옥조로 삼아오던 삼강오륜에, 어찌하여 '하늘보다 높다'는 스승의 은혜에 대한 조목을 넣지 않았단 말인가.

군신 간에는 의로움이 있어야 하며, 부모와 자식 간에는 섬김이 있어야 하고, 부부 간에는 구별이 있고, 어른과 아이 사이에는 위아래가 있으며, 친구 사이에는 믿음이 있어야 한다면, 스승과 제자 사이에는 무엇이 있을까.

교단에 선 지 스무 해가 넘는 최두칠 선생은 국민윤리 시간에 아이들에게 물어보았다.

"촌지요."

떡볶이 사 달라는 말이나 말거라. 아이는 몽둥이로 한 대 맞았다.

"군신유의, 부자유친, 부부유별……. 그렇다면 사제유, 다음엔 무슨 글자가 들어가야 할까?"

가뜩이나 한자 실력이 딸리는 아이들은 골든벨 퀴즈에 나온 아이들처럼 머리를 감싸 쥐고, 온몸을 비비꼰다. 드디어 한 명의 손이 올라간다.

"사제유몽입니다."

"무슨 몽 자인고?"

"몽둥이 몽 자입니다."

최두칠 선생은 '교사는 절대로 학생들 앞에서 웃어서는 안 된다'는 스승 밑에서 중학교 생활을 시작했다. 일제 시대 때 사범학교를 다녔다는 한문 선생은 한 해 동안 스쳐 지나가는 미소도 보인 적이 없었다. 일제 시대에는 교사들이 칼을 찼다는 이야기를 사무라이 같은 표정을 지으며 누차에 걸쳐 들려주었다. 칼 대신 기다란 당구 큣대를 들고 다니며, 별다른 잘못이 없는데도 제자들의 등짝을 후려갈기곤 했다. 영문도 모른 매질에 고통스러운 표정을 짓는 제자들에게, 스승이 남긴 말씀은 언제나 한결같았다.

"덩치만 커 가지고, 미련한 놈 같으니라구."

오로지 부모로부터 큰 덩치를 물려받았다는 이유만으로, 뒷줄의 제자들은 필살검법의 초식을 아무런 예고도 없이 받아야 했다. 반면에 앞줄의 꼬마들에게는 지극히 인자했으니, 숙제를 안 해와도 큣대를 휘두르지 않았다. 다만 솜털이 보송보송하니 유취가 남은 아이들을 끌어안고, 그 보드라운 귀를 '아응' 소리를 내며 깨물 뿐이었다. 꼬마들은 귓밥에 스승의 이빨 자국을 남긴 채, 죽겠다고 아우성쳤지만 뒷줄의 여드름쟁이들은 부러울 뿐이었다.

복도에서 한문 선생과 마주칠 때면 덩치 큰 애들은 등짝을 벽에 붙인 채, 게걸음으로 선생의 필살검법을 피했으며, 키 작은 애들은 두 귀를 손으로 감싼 채 죽겠다고 달아났다. 그러면 한문 선생은 호랑이처럼 '아옹' 소리를 내며 솜털 보송보송한 귀들을 쫓아갔다.

상업 선생 별명은 '왕손'이었다. 검도 유단자라는 왕손 스승께서, 교실로 들어온 쥐를 분필을 던져 잡았다는 신화가 입에서 입으로 전해오고 있었다. 상업 시간에는 주산을 배웠는데, 뒷짐을 지고 책상 사이를 오가며 끝없이 불러 주는 숫자들을 주판으로 놓아야 했다. 주산에 익숙지 않은 아이들은 선생이 불러 주는 숫자를 놓치기 일쑤였다. 제멋대로 손을 놀려 주산을 놓는 척하지만 선생의 눈을 속일 수가 없었다. 솥뚜껑만한 선생의 왕손이 주산을 놓는 아이의 뒤통수를 후려갈기면, 아이는 컥 소리도 내지 못한 채 주판에 이마를 짓찧게 되는데, 상업 시간마다 한두 명이 부서진 주판과 이마에 깊이 패인 주판알 자국을 남겨야 했다.
그것은 실로 공포스런 일이었다. 이십칠 원이요, 팔십구 원이요, 삼십칠 원이면…… 왕손 선생의 목소리가 가까워질 때면 주판보다 뒷통수로 신경이 쏠리며 머리털이 곤두섰다. 이십팔 원이요, 팔십칠 원이요…… 퍽. 윽! 아, 또 한 명의 희생자가 지르는 단발마의 비명을 들으며, 아이들은 교실 바닥에 여기저기 흩어져 굴러다니는 주판알을 몸서리치며 바라보아야 했다.

고등학교로 올라가며, 스승들보다 덩치가 커진 아이들은 웬만한 매질에는 만성이 되어 있었다. 연로한 스승들은 매질에도 힘이 없어 종 아리를 맞은 아이들은 피식거리며 웃었다. 고향이 평안도인 물리 선 생이 그러했다.

"기리니끼니, 운동의 량은, 질량에 속도가 작용해서리, 나타나는 거 야요."

이런 사투리를 흉내 내며, 낄낄거리기 일쑤였다.

그러나 나이 많은 스승 중에도 여전히 공포의 대상이 되는 분이 있 었다. 세계사 선생이었는데, 곱상하게 생긴 용모에 목소리도 차분하 며 험한 인상 한 번 쓰지 않는 분이었다.

두어 시간 만에 선생의 양순 인자함을 파악하게 된 아이들은 제멋 대로 떠들거나, 책상에 엎드려 자기 일쑤였다. 선생은 그런 경우에도 전혀 동요함이 없이 정해진 수업을 일 분 일 초도 허투루 흘려버리지 않고 충실히 진행해 나갔다. 선생의 강의는 거의 높낮이의 변화가 없 으며, 일정한 속도에 일정한 어조를 지닌 목소리로 한 시간 내내 혼자 서 중얼거렸다. 가만히 듣고 있노라면 슬며시 잠에 빠지기 십상인데, 생판 처음 보는 다른 나라 임금들의 이름이 줄줄이 엮어지는 세계사 수업은 조금의 동요도 없었다.

"장미전쟁은 1445년에, 거 뒤에 떠드는 사람 나와라, 튜더 왕가 정 부가 세워지기 앞서, 왜 안 나오니, 왕권을 둘러싸고 랭커스터 가문과 요크 가문이 싸운……."

시종여일 나지막한 소리로 이어지는 세계사 수업 틈에 여전한 어조로 끼어들어간 주의에 귀를 기울일 아이는 아무도 없었다. 급기야 인류의 역사가 끊이지 않는 한 잠시도 멈추지 않을 것 같던 세계사 선생의 말씀이 멈추고, 이 돌발 상황에 놀라 아이들의 아우성이 일시 정지된 틈에, 억세게 운 나쁜 아이 하나가 불려 나간다.

"왜 떠드니? 혼 좀 나야겠다."

뺨이라도 한 대 올라갈 예감에 겁먹었던 아이는 여전히 나지막한 선생의 목소리에 풀썩 맥이 풀린 듯 실실 웃음을 흘리며 교탁 앞에 섰다.

"왜 공부 시간에 떠드니? 그건 나쁜 짓이야. 나쁜 짓을 했으니 벌을 받아야겠다."

세계사 선생은 교실 뒤의 봉 걸레 하나를 끌고 와 아이의 머리를 숙이게 하였다. 그리고 킬킬거리는 아이를 향해 지나가는 말처럼 이렇게 말했다.

"572대 맞아라."

봉 걸레 자루를 세운 뒤, 그것을 반쯤 숙인 아이의 머리를 향해 조금의 서두름도 없이 시계추처럼 왕복하는 벌은 그 강도는 미약하나 지루할 정도로 정확한 주기로 이어졌다.

"102⋯103⋯104⋯⋯."

매질 같지도 않은 벌에, 킬킬거리고 바라보던 아이들 사이에 수상한 정적이 스며들었다. 결국 종이 울릴 때까지 선생의 봉 걸레는 왕복 운동을 계속하였고, 알 수 없는 두려움에 쌓였던 아이들은 참았던 숨을 몰아쉬었다. 그러나 선생은 그런 아이들의 동정에는 아무런 관심도 없는, 예의 그 나른한 어조로 입을 열었다.

"교무실로 따라 와라."

결국 아이는 쉬는 시간마다 교무실로 달려가 남은 봉 걸레 왕복운동의 벌을 받아야 했고, 그날로도 모자라 이튿날 둘째 쉬는 시간에서야 겨우 정해진 572대를 타격당한 뒤에 풀려났다. 그 뒤로 한동안 그 아이가 웃는 모습을 볼 수 없었는데, 적어도 세계사 시간만큼은 이후로 숨소리조차 내지 않으며, '정숙'이라는 급훈이 너무도 잘 지켜지는 학급이 되었다.

난롯가에서 최 선생의 이야기를 들은 가정과 윤치분 선생이 꿈 많던 여고 시절 이야기를 이어나갔다.

"중학교 2학년 때. 제 짝 이야기를 할게요. 제 친구는 유난히 고독한 척 폼을 잡고, 꼭 옆구리에 책을 끼고 다니는데 도통 모르는 사람들 책이었어요. 까뮈 책인데…… 생김새가 영 이상해서, 왜 그 책을 좋아하냐고 물었더니, 인상이 나빠서 좋아한대나요.

아무튼 윤리시간이었어요. 윤리 선생님이 '여러분이 생각하는 행복은 무엇입니까?'라며, 한 명씩 차례대로 일으켜 세워 물었어요. 평소의 제 행복론은, 잘 먹고 선생님께 혼나지 않고, 엄마가 용돈 주는 날, 광화문 미리내 분식점에 가서 곱빼기 냉면을 먹는 게 최상의 행복이었지요. 그렇게 소신껏 이야기했으면 좋았을 걸, 폼 좀 잡아 보려고, 그 괴상한 친구에게 어떻게 대답해야 하냐고 물었더니, 그 친구 왈, '시지프의 신화에 나오는 눈먼 시지프처럼, 산에서 굴러 내려오는 바위를 묵묵히 밀어 올리는 것이 행복이라고 하라'는 것이었지요. 드디어 내 차례가 되어서 자리에서 일어났는데 앞의 이야기는 다 까먹고,

'눈먼 사람처럼 바위를 계속 밀어 올리는 게 행복입니다' 라고 말하자, 윤리 선생님 한동안 나를 째려보시더니, '너, 지금 장난하냐?' 야단만 맞았지요."

"그런데 문제의 그 친구는 차례가 되자, 야무지게 일어나, 창밖을 보며 하는 말. '사랑하는 사람의 숨결에 질식해 죽는 게 행복입니다.' 그 소리가 끝나자마자 교실은 조용해지고, 아이들은 선생님 눈치만 보는데, 수업 종료 시간 종이 따르릉 울리며 그 친구는 교무실로 끌려가고 말았습니다. '자라나는 청소년의 정신을 혼미하게 한 죄' 라는 괴상한 죄명으로 교무실에 구속되어 엄청 혼났다는 겁니다. 그 후로 그 친구는 더욱더 고독 속에 빠지고, 우리와는 별세계에서 계속 꿈꾸듯 살아갔지요."

이제 삼강육륜의 새로운 강목을 설하면서, 스승과 제자 사이에 있었던 사제유몽에 관한 고대의 이야기들을 기록으로 남기어 사도의 근엄함을 각인케 하고, 모든 배우고 익히는 이들의 사표로 삼고자 한다.

묘원 妙圓

나라마다 도량형이라는 것이 있고, 그것의 기준이 되는 도형을 정하여 일반 사람들이 쓰는 데 표준으로 삼는 것이 있는지 모르겠다. 혹 있다면, 과연 이 세상에서 가장 정확하고 바른 원형은 무엇일까. 재선은 그것을 어느 퇴근길의 복잡한 경인선 지하철 안에서 목도하였다.

박통성 왕조에 남양 홍 씨 두표는 인천 사람으로, 국문학을 수학하던 대학생이라.

늘 세상을 슬피 보며 대취하거늘, 술에 취하면 탁자에 엎어져 곡하기를 밥 먹듯이 하였다. 때는 말복을 앞둔 염하지절에, 낮부터 검은돌 대학 앞의 주막에 앉아 학도들과 어울려 대취하니, 밤까지 이르러 울기를 멈추지 않더라. 동석한 이들이 이를 위로하고, 달래었으나 "세상사는 게 다 엿 같고, 허망하다"며 "가을 잎 찬바람에 흩어져 날리며" 운운의 창가를 거듭 부르다가 소리 내어 곡하니, 동석한 이들이 견디지 못하고 산개하거늘, 끝까지 남아 있던 학우가 그를 집까지 호송하게 되었다.

검은돌골에서 홍 씨 거처인 인천까지는 지하철을 타고 가야 하나, 퇴근시간이라 승객이 가득 찼더라. 대취한 홍 씨를 부축하고, 겨우 노량진역에 도달하나, 송곳 꽂을 틈조차 없는 차내에 들어갈 엄두가 나지 않아, 겨우 역노의 도움으로(수레에 오를 때 밀어 주는 일을 돕는 직으로 속칭 '푸쉬맨' 이라 하더라) 지하철에 올랐으나, 때는 숨 쉬기도 겨운 복중이라. 지하철 안은 온통 체열과 사방에서 밀어대는 이들로 발은 허공에 뜨고, 배는 짓눌려 정신이 아득하며 숨 쉬기가 거북하더라. 대취한 중에도 홍 씨, 복부의 압통을 호소하나 주변에 가득 찬 자들이 들은 척도 않고 요지부동, 함께한 학우가 자리를 내어주기를 거듭 청하였으나, 콩나물시루 같은 지하철 안은 태산처럼 움직임이 없더라. 이러다 만취한 홍 씨가 혹 질식의 변을 당하지 않을까, 노심초사 완력으로 주변인들을 물리치려 하나, 오히려 미는 이를 노려보며 더욱 죄어 오더라. 다음 역에 이르러, 더 많은 이들이 지하철에 오르니 도처에서 비명소리가 나고, "그만 태우라"며 지하철에 오르지 못하도록 틈을 주지 않으나, 역노는 짐짝처럼 안으로 밀어 넣더라.

이윽고, 더위와 취기를 이기지 못한 홍 씨, 밀려드는 사람들에게 술로 가득 찬 복부를 눌리다가 견디지 못하고, 욱욱 하는 소리를 발하자, 주변 사람들이 졸지에 안색이 창백하며, 얼굴에 두려움이 역력하더라. 홍 씨, 이에 졸연히 낮부터 취한 술과 안주를 일시에 토하니, 열차 바닥에 그가 음한 술에 퉁퉁 불어난 두부, 노가리, 번데기가 혼합된 파전처럼 한 무더기 깔리자, 조금 전까지 완력과 호소에도 미동도 않던 지하철 안의 인파가 순식간에 갈라지며, 원형의 대오를 취하는데, 어디서 그러한 틈이 있었고, 여력이 있었는지, 보는 이나 피하는이나 그 오묘함을 알지 못하더라. 양인들이 믿는 야소교의 경전에 의하면, 모세라는 유대의 족장 하나가 제 부족을 거느리고 탈주할 무렵, 홍해에 이르러 하늘에 기도하니, 바다가 일시에 갈라져 길을 내었다하나 이날, 지하철 안에 갈라진 인파들의 경이함만 같지 못하더라.

또한 그 형상이 지극한 원형을 이루어, 세상의 어떤 원형보다 더 정교하고 완벽한 형상을 이루었더라. 이후로 세상에서 이를 가리켜 묘원妙圓이라 칭하니, 세상의 어떤 기기로도 형하지 못하고, 어떤 뛰어난 산법이나 측법으로도 이루지 못하니, 가히 사람의 일이 아니라 천지신령의 조화라 칭할 만하였다.

교통 交通

　서로 나누어 통한다는 이 묘한 말이 언제부터인가, 요란한 소리를 내며 오가는 자동차나 수레들의 운행을 지칭하는 말로 쓰였는지 참으로 오묘하다. 서로 나누고 통하지 못하는, 교통의 일들을 적어 본다.

　양평에서 여주까지 가는 국도는 시종일관 편도 일차선으로, 지정속도 60킬로—개군 파출소 앞에서는 갑자기 30킬로로 준다—를 강조하고 있다.

　태호는 친척의 결혼식에 가려고 가족을 태우고, 바삐 여주로 차를 몰았다. 양평읍에서 난데없이 끼어든 덤프트럭 한 대가 지정 속도보다 훨씬 느린 속도로 앞길을 가로막아 그의 마음은 조급하기만 했다.

　유일한 추월선이 그려진 구간에서 맞은편에서 오는 차들로 추월을 못한 분함을 억지로 참으며, 그는 덤프트럭 꽁무니에 바짝 코를 들이댄 채 대신면까지 쭐레쭐레 따라갈 수밖에 없었다. 그리고 일직선으

120

로 이어진 2백여 미터의 구간이 나타났다. 목적지인 여주에 다 다다른 길이었지만, 이제는 오기의 문제였다. 직선 구간에 접어들자마자 트럭을 추월하려 고개를 내미는 순간 맞은편에서 세월아 네월아 천천히 굴러 오는 차를 발견하였다. 어찌나 얌전히도 오는지, 그 차가 지나갈 때면 절호의 추월기회인 직선구간도 끝이 날 판이었다. 그는 구멍을 드나드는 쥐처럼 트럭 뒤를 들락거리며 소걸음으로 굴러오는 맞은편 차에게 빨리 오라고 전조등을 번쩍였다. 소걸음 차는 여전히 느린 걸음인 주제에 왜 그러냐는 듯, 전조등을 껌벅이며 대들었다. 그리고 그 느러터진 소걸음차가 지나는 순간, 태호는 요란한 경적을 울리며 쏜살같이 트럭을 추월해 나갔다. 그리고 얼마 남지 않은 직선구간의 끝머리로 들어서는 순간, 차도로 뛰어나와 열렬히 환영하는 교통경찰을 만나게 되었다.

이런 이야기를 듣고 난 그의 후배는 양념을 치면 될 일이었다고 한심하다는 표정을 지었다. 후배가 말하는 양념이란, 면허증 밑에 접어넣은 만 원짜리 지폐를 말하는데, 후배 말로는 단속 경관이 면허증 뒤의 지폐를 빼 가는 기술은 가히 환상적인 예술 수준이라고 했다. 그런 경험이 없고, 그저 싼 걸로 끊어 달라고 사정하는 읍소형의 태호에게 후배는 고속도로에서 과속으로 걸려, 재수 없는 하이바에게 꼬깃꼬깃 접은 이천 원으로 해결했던 무용담을 들려주었다. 형님, 나도 먹구 좀 삽시다. 경관의 손 안에 꼭 쥐어 주고는 쏜살같이 달아나면 된다는 것인데, 후배는 그 지극히 한국적 인정미 넘치던 미풍양속도 이제는 무인카메라라는 서양기기의 이입으로 그 맥을 잃고 사라져가고 있다고 개탄하였다.

　무인카메라에 대한 후배의 증오심은 대단했다.

　그가 이 냉혈한 같은 무인과속탐지 카메라를 상대로 벌인 처절한 투쟁기는 듣기에도 처절하기 그지없었다. 번호판에 흙을 묻히고 다니거나, 낙엽을 들러 붙인다거나, 일부러 앞 번호판을 발로 차서 구부리거나 도색이 형편없이 벗겨지게 만드는 등 이 도시의 레지스탕스는 새로운 신종무기와의 싸움에 식음을 전폐하였다. 그리고 누군가 상당히 전문적인 용어—벡터와 스칼라, 등가속과 상대성이론, 첨단 영상장치의 작동원리와 조영각도 등—를 섞어가며 풀어 놓은 썰에 매료된 그는, 국내의 과속단속 카메라들이 시속 170킬로 이상의 속도에는 미처 대응하지 못한다는 말을 믿고, 구미에서부터 서울까지 밤 시간에 줄곧 170킬로 이상의 속도를 유지하며 달렸는데—그의 말로는 그것도 상당히 피곤하고 힘든 일이라고 했다—얼마 후 무려 7장의 적발 통고서가 날아왔다며 격심한 분노의 표정을 지었다. 상당한 과태료를 납부한 날, 도저히 잠이 오지 않아 밤늦게 집 근처 무인카메라에다 공기총으로 영점사격 연습을 하고 돌아와서야 편히 잠들 수 있었다고 했다.

　그 뒤로 그가 교통사고로 병원에 입원하였다는 소식을 듣게 되었는데, 일차선과 이차선을 어중간히 걸치고 가면 카메라에 찍히지 않는다는 썰을 몸소 실험하다, 추월하던 차와 부딪쳤다는 소문이었다. 그가 기브스를 한 다리를 허공에 매단 채 간호원에게 병원 메모지를 뭉텅이로 가져다 달란 뒤, 여전히 무인카메라와 차도 간의 도로공학적 가시한계에 관한 고찰을 계속하고 있다는 이야기를 전해 들었다.

또 다른 교통

연립주택에 교수라는 이가 살았다. 교수라기보다는 대학 강사인 듯 그는 허름한 차를 타고 다녔다. 어느 날, 그가 일본에 한 달간 다니러 간다고 했다. 그의 낡은 차는 주차장 구석에 세워져 있었다. 한 달 후, 사랑하는 조국에 돌아온 그는 자신의 차 핸들이 아이들 놀이터에 굴러다니는 걸 보아야 했다. 바퀴를 잃어버린 채 주저앉은 차는 유리창도 처음부터 아예 없던 것처럼 말끔하게 제거되었고, 안테나, 백미러, 오디오 세트까지 뽑혀 나갔으며, 온갖 낙서로 뒤덮인 차체는 아이들이 밟고 올라가 평판으로 압축되어 있었다. 하여간 자동차는 공장에서 이리저리 조립한 모든 부품들을 고스란히 해체당한 채 원초적 함석판으로 바뀌어 있었다. 한 달 만의 일이었다.

그는 새 차를 사긴 했지만, 이후로 자동차세 납부를 거부했다. 선량한 시민의 자동차도 제대로 지켜주지 못하는 주제에 세금이나 거두는 관에 대한 조세 저항이었다. 자동차세를 체납하였다는 이유로, 식당 앞에 주차해 두었던 자신의 자동차 앞 번호판을 시청 직원이 떼어가자, 그는 곧바로 문구점으로 달려가 두꺼운 도화지와 녹색과 백색의 아크릴 물감과 붓을 사서 돌아왔다. 그가 그려서 붙이고 다니는 종이 번호판은 비가 오면 물감이 번지고, 종이가 찢어진다는 약점에도 불구하고, 그는 몇 장의 여분을 준비해서 지금껏 달고 다니고 있다.

파격 破格

파격이란 말이 있다. 상궤를 일탈한 것을 가리켜 파격이라 하는데, 그것은 하루하루를 관습적으로 반복하는 사람들에게 일시적인 충격과 불안감 내지는 당혹스러움을 준다. 이때의 파격이 자신에게 미치어 어느 영향을 주고받는 이해득실이 결부된 경우, 대체로 분노나 당혹감을 느끼게 되는데, 그와 반대로 자신과는 무관한 일인 경우에는 무엇보다 해사한 웃음을 주기도 한다.

거리에서 벌거벗은 여자를 보는 순간, 그녀가 자신의 아내거나 가족인 경우, 목격자는 심각한 분노와 수치감에 사로잡히지만, 생면부지의 타인인 경우 시종 만면에 웃음을 지으며 아무리 바쁜 일도 뒤로 미루고 그 뒤를 따르며 온종일 구경하기를 즐거워하더라.

알지 못하는 타인의 파격은 그 내심을 주고받는 관계가 아니니, 주로 눈에 띠는 외모나 옷차림, 겉으로 드러나는 언행 등에 치중된다. 그런데 그 파격이란 것이 기억 장치 속에 내재된 고정관념이나 선입

견에서 벗어나는 경우가 대부분이다. 소금에 대해 짜다는 선입견을 가지고 있는 사람에게, 그것을 태연히 커피에 타 먹는 타인의 행위는 파격적이다.

놀이동산에서 만나는 반바지 입은 젊은이들의 모습은 지극히 자연스럽다. 그러나 정상회담장에서 반바지를 입은, 그것도 위에는 연미복을 입고 밑에만 반바지를 입은 대통령의 모습은 파격적이다. 가끔은 코미디나 희극적인 영화들이 이런 장치를 이용한다. 젊은이들은 파격을 즐겨하며, 나이든 사람일수록 파격에 당혹스러워한다. 솔기와 수치 레테르가 밖으로 드러나도록 뒤집어 입은 옷차림이 유행하고, 좌우 색이 다른 양말과 운동화, 혀에 박힌 피어싱과 볼에 꿰고 다니는 옷핀……

그러나 파격이 주는 당혹감은 어른들만 느끼는 것은 아니다. 관광버스 안에서 좁은 통로 탓으로 앞뒤로만 두 손을 오르내려야 하는 동작을 수없이 반복하면서도 지치기는커녕 흥거워하는 나이 든 분들의 관광버스 춤을 볼 때면 젊은이들도 그런 당혹감을 느낀다 한다.

지하철에 승복을 입은 스님이 앉아 있었다.

바랑을 메고, 회색 벙거지까지 썼으며, 테두리에 노란 인조털이 둘러쳐진 털신까지 신고 있었다. 그 스님이 품에서 당시로써는 흔치 않던 휴대폰을 꺼낼 때까지 주변의 이목을 끌지는 못했다. 스님이 휴대폰을 꺼내는 순간, 주변 사람들의 눈이 일제히 그리로 쏠렸다. 그리고 다음 순간 스님은 휴대폰 번호를 누르는 대신, 휴대폰의 음성인식기능을 이용하여 통화를 하려는 듯 휴대폰을 입 앞에 바싹 들이대고 졸고 있던 사람까지 깨어날 정도로 크게 외쳤다.

"절!"

윤 선생은 고등학교에서 문학을 가르친다.

그 학교에 교육청 장학사들이 방문하였다. 하나같이 감색 양복에 흰 와이셔츠, 그리고 비슷한 색깔의 넥타이를 맨 장학사들은, 자신들과 같지 않은 복장을 한 교사들의 모습에 분개했는데, 그 가운데서도 평상복 차림의 윤 선생에게 '넥타이를 매지 않고 애들 앞에 선다'는 질책을 했다 한다. 이튿날, 그는 넥타이를 매고 학교에 출근했다. 단지 와이셔츠 대신에 런닝 셔츠 차림에 목에만 빨간 스트라이프 무늬의 넥타이를 맨 채.

한때, 이 나라의 구석구석을 햇빛처럼 살펴 주던 자상한 영도자의 머리 모양과 옷차림이 유행한 적이 있다. 미군 해병대 병사처럼 옆머리는 말끔히 깎고, 윗머리는 기름 발라 넘기는 스타일의 머리를 그이가 유지하는 동안 공무원들은 위로 장관부터 아래로 면 서기에 이르기까지 죄다 그 모양을 유지했고, 감색 양복을 입는 순간 전국의 공무원복은 감색 양복이 되었다. 그이가 새마을 운동을 주도할 무렵에는, 넥타이를 풀어 버리고, 와이셔츠 깃을 양복 웃옷 위로 내놓는 순간 국록을 먹는 이들의 복장은 죄다 그러했다. 이를 두고, 국가의 최고 지존이며 국운과 직결되는 대통령의 안위를 걱정한 공무원들이 그와 똑같은 복장과 외모를 함으로써, 만일에도 있을지 모를 불순세력의 저격이나 암살을 미연에 방지하기 위한 고도의 경호책이라는 추측을 한

적이 있었다.

주로 단결이라는 교훈을 걸어 두었던 학교 교실 풍경도 시대의 변화에 걸맞게 개성이니, 창조, 특히 창의적 인간의 육성이라는 말을 애용하고 있다. 그런데 그 교훈이 걸린 교실에는 하나같이 똑같은 교복을 입고, 귀밑 몇 센티로 자를 들이대며 길이를 일정하게 제한당한 학생들이 양계장 닭처럼 줄을 맞추어 앉아 있는 모습도 또 다른 파격처럼 보여 당혹스럽기도 하고, 웃음이 나오기도 한다.

상계 요산회 흥망기 上溪 樂山會 興亡記

상계동에 글 쓰는 이들이 모여 살던 시절의 이야기이다.

글 쓴다는 게 8할은 그냥 바람이 아니라, 술 바람이라는 전근대적 사고를 지닌 이들의 목소리가 아직 드높던 시절이니, 기껏 시 한 줄 써 놓고 스스로 감격하여 뛰쳐나오거나, 그 한 줄도 못 채운 이들은 가슴이 터질 것 같다는 해괴한 변을 내세워, 흡사 황야의 수도승이 욕망을 이기지 못해 울면서 마을 불빛을 향하여 달려가던 마음으로 술집으로 모여들어 비가 오면 비 온다고, 맑으면 날이 어찌 이리 화창하냐고, 하다못해 꽃이 피었다고 한잔, 시든다고 한잔, 시든 꽃을 밟기 애처롭다고 한잔, 심지어는 꽃이 가 버렸다고 한잔이니, 세상의 꽃이란 것이 피거나, 안 피거나 둘 중의 하나요, 세상의 날씨란 것이 맑지 않으면 궂은 것이니, 그 술을 어느 날에야 쉬고 넘어갈 수 있을까.

그 가운데 신통히도 잠시 건전한 정신이 돌아온 이가 있어, 체력이 국력이라는 국가적 구호를 상기하여 공휴일마다 등산을 다니자는 제안을 내놓았으니, 마침 상계동 근처에는 북악을 비롯하여 유수한 고봉준령들이 가까이 있으니 그 아니 좋을 수 없는 일이었다. 상계 요산회라 정식으로 이름까지 붙이고, 순전히 산을 잘 오르는 성씨를 가졌다는 마馬 씨가 좌장으로 뽑히었더라.

이렇게 책상물림 글쟁이들이 감연히 술상을 떠나 산행에 나섰으니, 매사에 구색부터 갖추기에 앞서는 평소의 습벽대로 저마다 백화점에 들러 울긋불긋한 등산복에 족당 기십 만 원에 달하는 등산화를 사 신고, 히말라야 고봉을 오르는 이들이나 짚고 다닐 성 싶은 지팡이까지 들고 나선 이도 있더라.

역사적인 산행의 아침이 밝아오고, 설렘에 밤잠을 설친 이들이 평소의 게으름을 불식하고, 빠짐없이 약속장소인 롯데리아 앞에 모여 도봉산으로 향하였다. 신선들이 기거하였다는 선인봉이 멀찌감치 내다보일 때, 모두들 차창 밖으로 목을 내어 놓고 탄성을 연발하였다.

때는 춘삼월. 새들이 지저귀니, 닭장 같은 아파트에서 시멘트 바닥만 딛고 살아온 서생들에게 이제 막 푸릇하니 돋아난 제비꽃이며, 어린 풀들은 용궁의 기화요초나 진배없었다. 신선한 바람은 그동안 술에 찌든 가슴을 모처럼 시원하게 씻어내고, 여태껏 이리 좋은 걸 놓아두고 꾀죄죄한 술집에서 보낸 세월들이 후회스럽다고 탄식을 금치 않더라.

그런데 아침마저 거르고 나선 이들의 코에 난데없이 기름 지지는 냄새가 날아들었으니, 등산로 입구에 즐비하니 들어선 가게마다 화덕을 내어 놓고, 파를 숭숭 썰어 넣은 부침개며 감자전에 기름을 둘러댔다. 처음엔 선인봉만 바라보며 기름내를 외면할 수 있었지만, 얼마지 않아 알이 통통히 든 양미리를 연탄불에 올려놓고, 노르끼리한 연기를 피워대는 가게 앞에서 발이 오그라들어 한 걸음도 나아가지 못하기에 이르렀도다.

잠깐 요기 좀 하고 가자는 누군가의 말에, 금강산도 식후경이요, 먹다 죽은 놈은 때깔도 곱다더라는 화답이 이어졌다. 화덕 앞에 둘러 앉아 알이 툭툭 튀어나오는 양미리를 뜯다보니, 술 한잔이 어찌 빠질 수 있을까. 딱 한잔만……. 포천에서 빚었다는 막걸리 비닐통이 초파일 연등처럼 추녀 밑에 주렁주렁 매달린 가게에 들어, 딱 한잔으로 시작된 술판은 선인봉을 바라보며 마시는 상쾌함과 더불어 취흥을 더하는데, 노루 꼬리 같다는 봄날이 도원의 날들처럼 그렇게 빠르게 지나감을 감히 깨우치려 나서는 이가 없더라.

일장춘몽에 화무십일홍이라. 꾀꼬리 우지지고, 녹음방초 한철이니 스도형님이고, 모니아제고 간에 아니 노지는 못하리라, 차차차. 취흥에 더불어 누군가 시작한 젓가락 장단에 한바탕 어깨춤으로 덩실거리더니, 급기야 상계 요산회 초대 마 회장은 탁주 대접을 등에다 집어넣고, 곱사춤까지 추기에 이르렀도다.

취흥은 도도히 이어져, 어느덧 해는 저물고, 가는 봄날이 아쉬워 또 한잔, 아침에 핀 꽃이 저녁에 마당 가득 하얗게 떨어졌으니 참 허망하다 또 한잔, 봄밤에 요염하게 만발한 산벚들을 바라보며, 그도 내일이면 가고 없으리라, 서로 부둥켜안고 눈물 흘리며, 또 한잔하기를 쉼 없어, 자정을 넘기어 새날을 맞이하더니, 결국은 돈도 싫고 장사도 더 아니하겠다는 주모에게 등을 떠밀려, 야밤에도 문을 연다는 단골 술집으로 몰려가 하루 낮, 하루 밤을 마셔댔으니 그 취흥이 심히 장하였더라.

결국 상계 요산회는 이렇게 선인봉에는 발도 얹지 못한 채, 그 밑자락에서 노닐다가 그 장구한 새 역사의 흥망을 하루 봄날에 맞이하였으니, 이후로 상계동의 글쟁이들 입에서는 당분간 뫼 산山 자는 물론이고, 산 오징어, 산 낙지와 같은 그 비슷한 말도 내놓기를 심히 꺼리더라.

사족 : 상계 요산회 초대회장이며 동시에 마지막 회장격인 마 씨는 딱 한 번 신은 알파인 전문 등산화를 부인의 속옷 란제리로 바꿔 오라는 하명을 받자와, 백화점에 들렀다가 흠집이 나서 교환하여 주지 못하겠다는 등산용품점 여점원과 상당 시간 실랑이를 벌이는 모습이 목격되었다 하오.

사족 蛇足

있어도 좋고 없어도 좋은 것이 아니라, 없는 편이 훨씬 나으리라는 것 중의 하나가 사족이라고 한다. 뱀의 다리가 있을 리 없으며, 있다 해도 없는 편이 나으리라는 생각이 사족이라는 말을 남긴 듯하다. 그런데 정말 뱀에게는 다리가 없을까. 아니, 뱀에게 다리는 없는 편이 나은 것일까. 어쩌면 이런 생각이야말로 사족이 아니길 바란다.

무서운 이야기를 들려 달라는 사람들에게 단골로 하는 이야기가 있다.

어린 시절에 숙모에게서 들은 이야기인데, 강원도 어느 산골 마을에서 일어난 일이다. 모내기철을 맞이하여 가족들은 죄다 논으로 나가고 저녁 늦게야 돌아왔다. 그런데 방 안은 엉망이 되어 있었다. 서랍이며, 장롱이며 여기저기 들춰진 옷들이 어지럽게 널려 있으니, 단숨에 도둑이 들었음을 알 수 있었다. 대낮에 든 도둑을 탓하며, 집주인은 문득 자신의 집에 놓아기르는 개를 생각했다. 누렁이라 불리는 개는 오래 전부터 그 집에서 자라, 이젠 늙어 이가 빠지고, 눈마저 침침해지는 판이었다.

이 망할 놈의 개는 나이를 처먹더니, 이젠 도둑 하나 못 지키는군. 그리고 머리통이라도 한 대 쥐어박으려고 개를 찾으나 보이지 않았다. 아뿔싸, 개마저 잡아갔구나. 가족들은 더욱 도둑들에게 분개하며 화를 삭여야 했다.

그때, 누군가 소리쳤다.

"저걸 좀 보게."

모두가 바라보니, 그렇게 찾아도 뵈지 않던 누렁이가 초가 위에 앉아 있는데, 머리에는 갓을 쓰고 하얀 두루마기를 차려 입은 채, 양반다리를 하고 단정히 앉아 있는 것이었다.

이 이야기를 들을 때, 사람처럼 흰 두루마기를 차려 입은 개의 모습이 생생히 살아나며 온몸의 털들이 곤두서고 머리가 쭈뼛거리는 전율에 빠졌다.

그러나 잠시 후, 숙모에게 그 뒤에 했던 "그래서 어떻게 되었어요?"라는 질문을 두고두고 후회하고 있다. 겁먹은 목소리로 더듬거리며 묻는 말에 숙모는 너무도 간단하게 답했다.

"끌어내려 개장국을 끓여 먹었지, 뭐."

사족이라는 말을 생각할 때마다, 숙모가 어린 시절 보았다는 구렁이 다리나 귀—5백 년 묵은 느티나무가 벼락을 맞아 쓰러지자 그 밑에서 시커먼 먹구렁이 한 마리가 나왔는데, 가슴팍에 뭉툭하니 어린

애 주먹만한 다리가 달려 있었고, 머리에는 생쥐 것만한 귀가 달려 있었다고 한다―이야기보다, 오래 묵어 사람 행세를 하는 늙은 개가 사람들의 개장국이 되었다는 대답이 머리에 먼저 떠오르곤 한다.

군인 정신 軍人精神

대한국민보다 '정신' 이라는 말을 좋아하는 종족이 있을까. 국가대표 축구팀이 지거나, 졸전을 펼칠 때면 으레 등장하는 말이 '정신력'이고, 학교 도서관이나 단란주점 화장실에도 '정신일도 하사불성' 이라는 액자가 걸려 있다.

정신을 이야기할 때마다 어느 영화의 한 장면이 생각난다. 제목은 모르겠는데, 유독 이 장면만이 토막 난 채 오래 기억에 남아 있다. 동양의 무예고단자가 서양인과 결투를 벌이는 장면인데, 요란한 몸동작과 기합 소리를 연발하는 동양무예자를 물끄러미 바라보던 서양인이 슬며시 총을 꺼내 한 방 쏘니까 그 요란하던 동양무예인이 너무도 허망하게 조용해지던 장면이었다.

요즘도 그러하는지 몰라도, 군대에서 일석점호마다 관물 한 가지씩을 검사했었다. 그날의 검사 품목은 반합이라는 야전식기였다. 평소에 잘 쓰지 않던 밥그릇이니 먼지가 없을 리 없다. 이를 트집 잡아 내무반장이 준 벌은 다음과 같았다. 일곱이나 되는 내무반원 모두가 반합 뚜껑 위에 올라가라는 것이었다. 크기가 손바닥만한 양은 뚜껑 위에 일곱 명이 올라가는 것은 말도 안 되는 일이라고 생각했다. 그러나 잠시 후, 모두는 그 위에 올라가 있었다. 내무반장의 주무기인 곡괭이 자루가 허공을 몇 번 비행한 순간 일곱 개의 엄지발가락들이 서로를 사이좋게 포개며 손바닥만한 반합 뚜껑 하나에 겹겹이 올라간 것이다. 군인 정신을 강조하던 내무반장은 잠시 후, 모두에게 중력의 원칙에 반하는 자세를 요구했다. 다리를 관물대 위에 올리고, 머리는 마룻바닥에 박고 있는 소위 '원산폭격'이라는 기합이었다. 나라에서 국민의 혈세로 지급한 관물인 반합 뚜껑을 찌그러뜨렸다는 이유였다. 침상에 머리를 박은 채 모두 '관물 애호'라는 구호를 목이 쉬도록 외쳐야 했다. 들리는 말에 의하자면, 내무반장은 제대 후에 변두리에서, '고철 비철 팔고 삽니다'라는 간판이 걸린 자원 재활용센터를 차려 성업 중이라는 소리를 전해 들었다.

또 이런 일도 있었다.

군대에도 가을이 왔다. 가을이 왔으니 나무마다 치렁치렁하던 잎들을 내려놓기 시작했다. 낙엽이었다. 부대장이 들어서는 길목마다 즐비하니 도열한 나무들도 마찬가지였다. 병사들은 아침마다 낙엽을 쓸고, 쓸고 또 쓸었다. 그래도 낙엽은 하염없이 떨어졌다. 금방 쓸고 돌아서면 또 떨어진 낙엽이 수두룩했다. 도로변에 낙엽 한 장이라도 떨어진 걸 못 견뎌하는 중대장은 쉼 없이 쓸기를 강요했다. 쓸고 나면 또 떨어진다는 졸개들의 항변에도 중대장은 눈 하나 깜짝이지 않았다. 이유 없다, 쓸고 또 쓸어라. 그게 군인 정신이다.

그러나 중대장도 자연의 하염없는 법칙을 이기지 못했다. 눈앞에서 졸개들이 열심히 쓸고 난 뒤에도 바람 한 올 지나가면 우수수 도로아미타불이 되는 걸 보게 되었다.

어느 일요일 아침, 졸개들은 기다리던 외출도 나가지 못한 채 중대장 앞에 줄지어 섰다. 중대장이 시키는 대로 졸개들은 나무에 올라가 나뭇잎들을 하나도 남김없이 손으로 땄다. 드디어 수십 그루의 가로수들이 말 그대로 홀랑 벗은 나목이 되었을 때, 중대장은 말했다. 이게 군인 정신이다.

그 공으로 대대장으로 진급한 그는 결국 연대장까지 오르지 못하고, 남대문 시장 부근에서 단란주점을 하고 있다는 소문을 들었는데, 그가 어떤 군인 정신으로 단란주점을 단란하게 운영하는지 이따금 궁금할 때가 있다.

선현의 말씀 先賢의 말씀

사춘기 시절, 개똥냄새를 풍기며 현학적인 말들을 즐겨 하던 친구가 있었다. 이 서투른 철학자는 주로 이성에 대한 지식과 혜안을 지녀 늘 주변에 한 무더기의 여드름쟁이들을 거느렸다.

1. 반지와 단팥빵

모월 모일, 선현께서 가로되, 길을 가다 닷 냥짜리 반지와 열 냥짜리 반지가 놓여 있거늘, 어떻게 하겠뇨?

제자들 입을 모아 말하기를, 둘 다 줍겠나이다.

선현, 빙그시 웃으며 이르기를, 그것이 세상 수컷들의 허욕이로다. 부르동(선현께서는 세상의 아녀자들을 일컬어 '부드러운 동물'이라는 말로 줄여 말씀하셨다)들은 닷 냥짜리를 주웠다가도 열 냥짜리를 보면, 앞서의 것을 버리고 더 값진 것을 취하느니, 이것이 세상 아녀자의 허영이로다.

제자들 머리를 조아리며, 세상 암수 짝짓기의 묘법을 깨우치며 대오하였도다.

또 어느 날, 선현께서 매점에 들러 이십 원짜리 단팥빵을 앞에 놓고 먹으려다가 문득, 곁에서 타액을 마구 분비하던 제자들에게 이르기를,

너는 단팥빵을 어떤 순서로 먹느뇨?

제자 하나 앞으로 나서며 말하기를, 가상이의 무미한 부분부터 먹은 뒤에 단팥의 진미를 일시에 맛보나이다.

선현, 고개를 끄덕이며, 네가 한계효용의 법칙을 잘 깨우쳤도다.

또 다른 제자 하나가 앞으로 나서며 말하기를, 단팥의 진미부터 맛본 후에 그 단맛에 힘입어 무미한 가상이 부분을 먹사옵나이다 하니,

선현께서 고개를 끄덕이며, 네가 관성의 법칙을 잘 깨우쳤도다.

뒤에 제자들이 선현의 방도를 여쭙자, 선현께서 말씀하시기를, 군자는 먼저 단팥의 진미부터 취하기를 즐겨 하노라 한 후 더 하교를 하지 않으니, 제자들이 이어 묻기를, 선현이시여, 그 뒤에 무미한 가상이 부분은 어찌 하시옵니까?

선현, 일언지하에 말씀하시기를, 버리노라 하시더라.

2. 사람이 죽는 이유

어느 날, 제자 하나가 욕심이 죄를 잉태하고, 그 죄의 삯이 사망이

라는 유대족의 경전을 접하고, 선현께 사람이 죽는 이치를 여쭈니, 선현께서 말없이 손가락으로 하수구에 빠진 파리를 가리키며, 무릇 산 것이 죽는 것은 욕심이 아니라 게으름이 그를 사망에 이르게 함이라 이르셨더라.

선현, 가라사대, 물에 빠진 사람이 죽는 것은, 살려고 허우적거리다가 몇 번 물을 들이켜고 온몸의 힘이 빠지는 순간, 스스로 숨쉬기를 포기하기 때문이니라. 대저 사람은 복중의 원초적인 본능에 따라 수중에서도 호흡이 가능하지만, 대부분의 사람들이 호흡이 정지되기 전에 스스로 호흡을 멈추어 사망에 이르나니, 이는 결국 힘이 들고 고통스러움을 견디지 못하는 게으름이니, 게으름이 숨을 멎게 하고, 숨이 다하여 사망에 이르는 이치와 같더라.

누구라도 물 속에 빠져서도 끝없이 호흡하기를 부지런히 하면 죽지 않으리니, 이는 암에 걸린 환자이거나, 자동차에 치인 사람이거나, 교수대에 매달린 사람이거나 매한가지이로다.

선현, 제자들을 둘러보며 이르시기를,

죽고 싶지 않느뇨?

그렇다면 계속 숨을 쉬라. 물 속에 들어가서든, 불치병에 걸렸든, 잠시도 쉬지 말고 입을 벙긋거리며 숨을 쉬라. 그러면 죽음이 너희를 감히 침범치 못하리니, 숨 쉬는데도 죽은 사람 있으면 내게 데려오라.

개 犬

지금으로부터 약 1,500만 년 전에 토마르크투스(tomarctus)라는
이리 비슷한 동물로부터 시작되었으며,
네 발로 기어 다니며, 아무것이나 잘 먹는 잡식성이며, 무엇보다 사람을 잘 따라,
인간에게 가장 충실한 하인이라 불리던 짐승이 있었으니,
이름 하여 개라고 한다.

가평 부근에는 별장이 많다. 부자들은 도심에서 열심히 돈을 벌다가 쉬고 싶을 때—그런데 왜 부자들은 휴식을 꼭 묘령의 여인들과 함께할까—잠시 들르는 별장을 경치 좋고, 조용한 곳에 두고 있다. 바로 그 가평이라는 곳에서 별로 보는 이는 없지만, 언론의 신성한 가치를 지키기 위해 간판집 한쪽 구석방에서 월간도 아니고, 주간도 아닌 묘한 형태로 발간되는 지역신문에 실린 '우리도 한번 잘 살아보세' 라는 특집 기사이다.

평생을 농사만 짓고 살던 김정칠 씨(57세, 북면)는 논 2마지기를 서울 부자에게 팔고, 지난겨울부터 그 부자가 개울 옆에 지은 별장의 관리인으로 지내고 있다. 지을수록 손해라는 농사를 안 지어서 좋고, 비바람 칠 때마다 무너질까 날아갈까 조마조마하던 오막살이집을 벗어나, 그림 같은 부자의 별장에서 살게 되었으니 여간 좋은 일이 아니었다.

땅 판 돈은 고스란히 은행에 맡겨 놓고, 고래 등 같은 집에서 거저 사는 것도 호강인데, 다달이 관리비라고 적잖은 돈까지 월급으로 받았으니 꿩 먹고 알 먹고, 도랑치고 가재 잡는 격이었다. 남 말하기 좋아하는 이들이 행랑아범이라며 비아냥거렸지만, 그런 건 배 아파하는 소리로 흘려들으면 그만이었다. 집주인이라고 해야 한 달에 두어 번 내려오는 게 전부이니, 진짜 그 별장의 주인은 김정칠 씨인 셈이었다.

그런데 얼마 전, 김정칠 씨 내외에게 걱정이 생겼다.

사냥을 좋아하는 주인이 진도에서 비싼 값으로 사 왔다는 순종 진돗개 두 마리가 사단이 난 것이다. 달포 사이에 진돗개 두 마리의 종적이 묘연해진 것이다. 당장 쫓겨날 일은 둘째치고, 개 값 물어내라면 어쩔까 한동안 끊었던 담배마저 줄로 피워가며 한숨만 쉬어야 했다. 그런데 광에서 인심 나고, 큰 부자는 하늘이 낸다는 옛말처럼, 주인이 범연치 않아 기백만 원인가 한다는 엄청난 개를 잃고도 혀만 몇 번 차고는 별말이 없으니 황공무지한 일이 아닐 수 없었다.

그 벌충으로 이번엔 불란서에선가 들여왔다는 얼룩덜룩하고, 귀가 축 늘어진 바둑이를 내려 보낸 주인은 이 개는 진짜 귀한 개이니 간수를 잘하라고 당부를 거듭하였다. 이때부터 김정칠 내외의 걱정은 하늘을 덮고도 남게 되었으니, 밤이 되어도 잠이 오지 않고, 밤낮으로 내외가 번을 설 지경이었다. 두 번씩이나 남의 집 개를 잡아갔으니, 이 음험한 개 도둑이 비싼 개 냄새 맡기를 개보다 더하는 놈들이리라. 노심초사 전전반측하던 내외는 결국 바둑이를 집 안에 들여 놓기에 이르렀다. 그러나 아무리 값없는 사람일지라도 하루 이틀이면 몰라도 송아지만한 개와 마냥 뒹굴며 살 수 있을까. 화근을 뿌리 뽑자면 도둑을 잡는 수밖에 없었다. 그날부터 김정칠 씨는 개장 안에 들어가 밤마다 번을 서게 되었는데, 어느 그믐날, 급기야 음험한 개 도둑이 야음을 틈타 나타났으니, 개를 구슬릴 양 영락없는 개 소리를 내며 다가서는 작자와, 도둑을 잡기 위해 개장 안에서 개 소리를 흉내 내던 두 마리의 사람은 홀연히 구름 밖으로 벗어난 달빛 아래서 개처럼 짖어대는 서로를 대면하고는 말을 잃고 말았다 한다. 그 시각, 주인 침대에 누운 바둑이는 코를 골며 자고 있었다 한다.

운명 運命

자신의 운명을 내다볼 수 있다는 것은 대단히 매혹적인 유혹이다.

동서고금을 막론하고, 이런 유혹에 넘어간 사람들이 점집을 찾아 주머니를 연다.

대체로 공통된 점의 원리는, 인간의 운명이 그 사람이 태어난 시간에 따라 결정된다는 것이다. 사람이 어디서 시작되었는지를 알지 못하니, 오로지 하늘이 부여한 천운으로 여기며, 세상에 태어난 뒤에는 어디에 처하느냐는 공간의 문제로 들어선다.

언제, 어디서. 이것이 이루어내는 무량수의 경우들이 어우러지며 사람이든, 개든 생명이 있는 것의 운명을 좌우한다는 것이다.

성남에 있는 모란시장에 가 본 사람이라면, 약간 으슥한 뒤편에 자리 잡은 개시장을 보았을 것이다. 개를 사 달라는 아이의 조름에 못 이겨, 김진우는 가족을 거느리고, 복날을 앞둔 어느 주말에 그곳에 갔다. 아파트에서 기를 애완견 한 마리를 사러 간 것이다.

입구에서 이상한 군복을 입은 주차 안내인에게, 개 파는 곳이 어디냐고 묻자, 그는 "어떤 개냐"고 되물었다. 개면 개지, 어떤 개란 말인가. 딱히 어떤 개를 사겠다고 마음먹고 온 것도 아니고, 개의 품종에 대해 아는 바가 없던 김진우는 막연히 머리에 떠오르는 대로, "바둑이"라 말했다. 소속 불명의 군복은 한심하다는 얼굴로 "식용요? 애완용요?" 하고 물었다.

식용이라는 말에 옆에 있던 그의 아내가 펄쩍 뛰며 애완용이라고 대답했다. 그 말에 군복은 장터 뒤편을 가리켰다. 내복을 파는 좌판을 지나, 이리저리 사람들에 밀려 김진우의 가족들은 군복이 가리킨 방향과는 조금 떨어진 시장 우측의 뒤편으로 가게 되었다.

거기가 개 파는 곳이라는 것을 눈보다 코가 먼저 감지했다. 구역질이 날 만큼 악취가 풍기는 뒤편에는 산더미 같은 개들이 누워 있었다. 그렇다. 그것은 산더미 같은 개들이었다.

높다랗게 쌓인 라면 박스 크기의 사각 철망 속에는 어떻게 집어넣었는지 도무지 답이 나오지 않을 여러 마리의 개들이 혀를 빼물고 걸레처럼 구겨져 있었다. 뼈가 없는 연체류라도 저리 빈틈없이 채워 넣을 수는 없을 것이다. 한 마리의 머리가 또 다른 개의 사타구니 사이로 들어갔는가 싶으면, 또 다른 개의 뒷다리가 어느 개의 것인지도 모를 겨드랑이에 끼워져 있었다. 덩치가 큰 개들은 고기 통조림처럼 철망에 빈틈없이 채워진 채 누렇게 눈곱이 낀 눈을 껌벅이며, 땡볕 아래 진득거리는 침을 연신 흘리며 숨을 헐떡이고 있었다. 그 헐떡임마저 없었다면, 그것은 도저히 살아 있는 생명체의 것이라고 볼 수 없었다.

그저 구겨진 고깃덩어리나 걸레뭉치에 가까웠다. 차라리 그 편이 개에게나 김진우네 가족에게나 나을 법했다.

아이는 벌써 울 듯했고, 아내는 서둘러 그의 팔을 다른 쪽으로 끌어당겼다. 김진우는 켜켜이 쌓인 개 상자들을 돌아보며, 아까 군복이 말했던 식용의 의미를 그제야 알게 되었다.

못 볼 걸 본 기분이 채 가시기도 전에, 전혀 다른 개들이 그들 가족의 눈에 들어왔다.

몇 발자국 떨어진 좌판 위에는 머리에 리본을 매단 개들이 꽃무늬가 그려진 보금자리 위에서 잠이 들거나 장난감을 굴리며 놀고 있었다. 주머니에 넣어도 들어갈 만큼 작고 귀여운 개들은 금실 같은 털에 색색의 물을 들이고, 한쪽에 켜 놓은 선풍기 바람을 쐬고 있었다. 아이는 귀가 늘어지고 곱실거리는 금빛 털을 지닌 강아지에 넋이 나가 있었다. 얼마냐고 묻자, 개장사 아줌마는 강아지 머리털을 빗질하며 눈 하나 깜박하지도 않은 채, 이십만 원이라고 했다.

"충무로 가면 사십만 원은 하는데, 싸게 주는 거예요."

비싸 봤자 오륙만 원이면 충분하리라고 생각했던 김진우는 벌어진 입이 다물어지질 않았다.

"무슨 개가 그렇게 비싸대요? 좀 싼 건 없어요?"

"아저씬 애완견 첨 길러 보나 봐. 이십만 원이면 싼 거예요. 몇백만 원짜리두 있어요."

싼 것이라는 말에 여자는 몹시 기분이 상한다는 표정을 지으며, 아이가 안고 있는 강아지를 얼른 뺏어 내렸다.

오륙만 원짜리 개는 저기나 가 보라며, 여자가 가리킨 곳은 아까 철망 속에 켜켜이 쌓여 있던 식용견들 장터였다. 결국 김진우는 십오만 원에 코카라는 한 달짜리 강아지 한 마리를 사고 말았다.

"개라고 똑같은 개가 아녜요. 사람이나 매한가지죠. 어디 사람이라구 다 똑같은 사람인가요?"

개 족보라는 종이 한 장을 건네주며, 개장사 여자는 환경을 바꾸면 개가 스트레스를 받으니까, 첫날은 목욕도 시키지 말고, 먹이도 이유식으로 주고, 조용한 고전음악을 틀어주라는 주의를 주었다. 목욕은 반드시 개 전용 샴푸와 린스를 쓰고, 변에서 냄새가 나지 않는 특수사료를 사다 먹이며, 물은 미네럴 워터를 사 먹여야 하고…….

돌아오는 차 안에서, 김진우는 오래 전 군대에서 있었던 일이 생각났다.

첫 유격훈련을 받으러 갔을 때의 일이다. 말로만 듣던 유격대는 지옥과 같았다. 새카만 얼굴에 눈만 반짝거리는 조교들은 빨간 모자를 깊이 눌러 쓰고, 잠시도 훈련생들을 편하게 놓아두지 않았다. 돌멩이 위에 머리 박기, 깍지 끼고 팔굽혀 펴기 오백 번, 가스실에 들어가 군가 부르기, 저녁 식사 전의 완전군장 20킬로 구보, 낙오한 병사의 목에 로프를 매고 앰뷸런스 뒤에 매달고 달리기, 탈진한 병사를 얼음물 같은 내설악 계곡물에 던져 넣기, 경사판에 줄로 다리를 묶어 거꾸로 매달아 놓기……. 그것은 훈련이 아니라 인간에게 가할 수 있는 모든 고문의 실험장이었다.

하루의 훈련이 끝난 뒤라고 편히 쉴 수 있는 것은 아니었다. 느닷없이 들이닥치는 조교들은 휴식 군기가 엉망이라고 침상 밑에 기어들어가는 쥐잡기, 쉴 새 없이 내무반과 복도를 드나들어야 하는 호안의 수류탄까지, 취침나팔이 불고 간신히 눈을 붙인 뒤에도 갑작스레 비상 집합이라는 구호와 함께 팬티만 입은 채 연병장으로 달려 나가야 했다.

판초 우의에 알철모, 한쪽 발에 훈련화, 한쪽 발에 군화를 신은 채 팬티 바람으로 집합하여 도열한 훈련병들 앞에서, 빨간 모자를 쓴 유격대장이 느릿느릿한 어조로 훈시를 했다.

"살 만한가? 살 만하다면 아직 멀었다. 차라리 죽는 게 낫겠다는 소리가 나와야 진짜 군인이다. 살 만해 가지고는 용감해질 수가 없다. 차라리 죽는 게 낫다고 생각되어야 죽는 걸 겁내지 않게 된다. 너희들은 돼지다. 국가가 기르는 돼지. 돼지를 왜 기르나? 왜 일도 안 시키고, 먹이를 주고 기르나? 딱 한 가지. 언젠가 잔치를 벌일 때, 잡아먹기 위해서다. 군인에게 잔치가 뭔가? 전쟁이다. 너희들은 전쟁 때, 딱 한 번 써 먹으려고 기르는 돼지다. 알겠나?"

자다 깨어 팬티만 입고 연병장에 도열한 돼지들은 목이 터져라 외쳤다.

"예, 우리는 돼지입니다."

철망에 담긴 채, 숨을 헐떡이며 진득거리는 침을 흘리며 구겨져 있던 식용견들이나 다름없던 시절이었다. 김진우는 자신도 모르게 진저리를 쳤다.

그렇다면 저것은 무엇인가. 아이의 품에 안긴 채, 리본을 매단 금발의 강아지를 바라보며, 김진우는 스스로에게 물었다.

"202호도 강아지 샀다며?"

뒷동의 101호 아줌마 목소리였다. 혼자 사는 오십 줄의 그녀는 언제나 하얀 강아지 한 마리를 품에 안고 다녔다. 슈퍼에 라면을 사러 갈 때나, 산책을 할 때나, 심지어 반상회에 나올 때도 건포도 박은 백설기 같은 강아지를 가슴에 안고 다녔다.

"어머, 예쁘다. 우리 패티랑 친구하면 되겠네. 이거 얼마 줬어?"

"이십만 원 달라는 걸 간신히 깎아서 십오만 원 줬어요."

"싸다. 우리 패티는 오 년 전에두 팔십만 원 주구 산 거야. 얘 아빠가 일본 참피온이구, 외할머니가 우리나라 애완견대회에서 참피온 두 번이나 먹었다구."

"이것도 족보라나 뭐라나 주던데……."

"어디 봐, 어디……. 패티야, 왜 엄마 발가락은 깨무니? 가만 좀 있어봐라, 니 친구 족보 좀 보자. 친구를 할래두 출신은 제대로 알고 사귀어야지."

그녀는 들리는 말에 의하자면 오 년 전에 이혼하고, 딸 하나와 살다가 작년에 고등학교 다니던 딸마저 가출한 뒤로 혼자 살고 있다고 한다. 그러니까 패티랑 둘이 사는 셈이었다.

"강아지건 사람이건, 교육이 중요하다구. 조기교육 알지? 애들두 마찬가지라니까 세 달쯤 되면 훈련소에 보내서, 좋은 선생한테 맡기라구. 내가 소개해 줄까?"

101호 패티 엄마는 아내에게 오만가지 강아지 사육법을 전수한 뒤에야 집으로 돌아갔다.

패티가 심심해한다며, 시도 때도 없이 드나들던 101호 아줌마가 조용하다.

"오늘, 손님이 온대요. 서울 친구들이라나……."

김진우는 개까지 족보를 따지며 사귀게 하는 그녀가 어떤 사람들과 사귀는지 조금은 궁금했다. 뒷 베란다에서 내려다보이는 그녀의 집 거실에서는 까르르 숨넘어가는 웃음소리가 터져 나왔다. 서울에서도 강남, 강남에서도 압구정동을 주름잡는 여자들이라는 아내의 말에, 김진우는 그쪽 사람들은 웃는 소리도 자신들과 다르다고 생각했다.

모처럼 낮잠이라도 자려고 누웠던 김진우는 처절한 여자의 울음소리에 놀라 자리에서 벌떡 몸을 일으켰다. 101호 아줌마의 목소리였다.

"아이고, 패티야. 어쩌니? 이제 우린 어떻게 사니? 난 몰라."

웅성거리는 사람들 소리에 아내가 밖으로 뛰어나가고, 뒤미처 바지를 갈아입은 김진우도 뒷동으로 내려갔다.

땅바닥에 주저앉아 대성통곡하고 있는 101호 아줌마의 뒷모습이 먼저 눈에 들어왔다. 나뭇가지를 들고 주춤거리고 서 있는 낯선 여자들도 눈에 뜨였다. 하나같이 금테를 두른 색안경을 쓴 여자들은 몇몇은 101호 아줌마를 달래고, 몇몇은 엉거주춤 둘러서서 무언가를 바라보고 있었다.

김진우의 눈에 띈 건, 한구석에 몰려 있는 두 마리의 개였다. 하나는 백설기 패티였고, 그 뒤에서 끙끙거리고 꽁지를 붙이고 있는 누런 개는 301호 카센터 아저씨네 개였다.

"아저씨네 개예요?"

나뭇가지를 든 여자 하나가 눈을 흘겨 뜨며, 김진우에게 따지듯 물었다.

"아닌데요. 저 개는……."

"아, 망측해서…… 하필이면 저런……."

김진우는 중년 여자의 입에서 똥개라는 말이 나오려다 급히 삼켜지는 걸 들을 수 있었다. 누렁이는 똥개였다. 카센터 아저씨가 뒷마당에 매어 놓고 기르던 개였다.

101호 아줌마는 손님 때문에 딴 때와 달리 밖에다 풀어 놓고 용변을 보러 내보냈는데, 잠깐 사이에 당했다며 땅바닥을 치며 통곡했다.

"아저씨가 어떻게 좀 해 보세요."

중년 여자들의 말에 김진우가 나서 보았지만 이런 경우는 처음인지라 어떻게 손을 써야 할지 난감하기만 했다. 전에 흘레붙은 개들에게 뜨거운 물을 끼얹어 떼어 놓던 기억이 났지만 갑자기 어디서 뜨거운 물을 가져온단 말인가.

301호 카센터 아저씨가 나타난 것은 그러고도 한참 후였다. 자다 깬 부스스한 머리에 눈곱이 낀 눈을 비비며 나타난 그를 보자, 101호 아줌마는 얼마 남지 않은 그의 머리를 잡아 뜯을 듯한 기세로 달려들었다.

"어떡헐 거예요? 우리 패티 저 지경으루 만들어 놓구, 어쩔 거예요?"

"어떻게 여러 사람이 모여 사는 공동주택에, 저런 개를 내어 놓고 기른담."

옆에서 지원사격까지 나서는 통에, 카센터 아저씨는 숱 없는 머리를 손가락으로 빗어 넘기며 입맛만 쩝쩝 다셨다.

"그기, 머, 지가 시킨 것두 아니구…… 개들이란 거이 원래 그런 거 아니겠습니까?"

"개두 개 나름이지요. 어디 저런 흉측스런 개한테 우리 패티를⋯⋯
난 몰라. 이제 어떡해."

101호 아줌마는 분에 못 이겨 다시 땅바닥에 주저앉고, 강남을 주름
잡는 아줌마들은 일제히 카센터 아저씨를 향해 포문을 열었다.

"어떻게 좀 떼어나 봐요. 들여다보고만 있지 말고요."

"개나 주인이나 어쩌면 저렇게 염치가 없을까."

따발총처럼 쏟아지는 비난 소리에 멀쑥해진 카센터 아저씨가 꽁지
붙은 개들에게 다가가 떼어놓으려 했지만, 사람들의 소동으로 긴장했
는지 개들은 좀체 떨어지지 않았다. 카센터 아저씨가 누렁이 목덜미
를 잡아당기자, 몸집 작은 패티가 질질 끌려오며 비명을 질렀다.

"어마, 어마. 패티야. 조금만 참아라. 그래, 그래. 불쌍한 것 같으
니⋯⋯."

"들여다 보지만 말구, 아주머니두 좀 잡아당겨 보이소."

결국 두 마리 개는 양쪽 주인이 줄다리기를 벌인 끝에야 간신히 분
리되었다. 그 뒤에도 카센터 아저씨는 누렁이와 함께 선 채로 101호
아줌마와 강남 부인들의 앙칼진 비난을 한참 동안 들어야 했다.

"이게 어떤 갠지나 아세요? 몸 상할까 봐 미루다가 이번에 강남 가
축병원에서 특별히 고른 신랑과 짝 채워주려고 날짜까지 잡아 놨는
데⋯⋯. 아, 난 몰라. 이제 어떡해."

잠시 산책을 나갔다가 출신도 모르는 천박한 누렁이에게 졸지에 성
폭행을 당한 패티는 나중에 101호 아줌마가 울면서 병원에 데려가 임
신중절 수술을 받았고, 누렁이는 빗발치는 성화와 비난에 못 이겨 예정
보다 두어 달 이르게 카센터 식구들의 회식용으로 운명을 다했다 한다.

상과 벌 賞과 罰

때로 사람의 일이란 의도 하지 않은 방향으로 튀어가는 럭비공과 같다.

잡으려다가 놓치는 일도 있지만, 잡으려 하지 않았는데 품안에 뛰어들어 당황스럽게 하기도 한다. 상이나 벌도 이와 같아, 주는 이와 받는 이의 생각이 엇갈리고, 전후 사정에 따라 그것이 뒤바뀌기도 한다.

세조 때, 상왕에 대한 절절한 충정을 지닌 이들을 수레로 찢고, 소금에 절이게 한 참혹한 징벌이 후일에는 만고의 충신으로 길이 칭송되는 상급으로 기록되는 것을 보아도 상과 벌이란 주는 이의 마음에 영욕이 실려 있으니, 받는 이가 심히 그것을 미리 헤아리기 어렵다.

몇십 년 만의 큰물이 난 해였다.

소양호부터 줄줄이 수문을 연 북한강은 벌건 흙탕물로 흉흉히 흐르고, 여기저기서 가두리양식장이 터졌다는 비·희보─세상에 비보나,

희보는 없다. 누군가에게 슬픈 소식이라면, 반드시 그로 인해 화장실에 들어가 키득거리는 이가 있게 마련이다—가 전해 오면서, 풍문이 사실이라면 북한강에 말뚝을 박고 향어나 송어를 기르던 가두리 양식장 주인들은 그 즈음에 일제히 스스로 목숨을 끊은 게 되었다.

낚시에 미친 사람을 낚시광이라 하던가. 가두리가 터졌다는 소식이 들려올 때면—요런 소식은 텔레비전 뉴스 속보보다 동네 낚싯방 주인들이 더 빨리 입수한다—낚시광인지, 꾼인지 하는 이들은 겉으론 혀를 차면서, 슬금슬금 다락에 넣어 두었던 낚시 가방을 꺼내기 시작한다. 큰물에 적응하지 못하는 양식 고기들이 얕은 수심층을 배회하는 기간이 일주일이다. 그 기간을 놓쳤다가는 말 그대로 몇십 년을 또 기다려야 한다는 셈이다.

교사이며, 낚시꾼인 박 선생이 있었다. 홍수가 났다는 말을 듣고, 상황이 어떠한가 둘러볼 셈으로—재난대책본부 요원도 아니면서 뭘 둘러보겠다는 건지 묻지는 말자. 더욱이 홍수 상황을 둘러보기 위해 낚싯대는 왜 들고 갔는지도 묻지 말자—청평댐 부근을 어슬렁거리던 박 선생은 이왕 온 김에 수심이나 재 보자고 가져온 세 칸짜리 낚싯대를 던져 보았고, 이왕 던지는 김에 행여 급류에 떠내려가는 물고기들을 구조할 셈으로 채비도 달고 미끼도 달았다 한다.

그러던 중, 물 위로 떠내려 오는 나무 상자 하나를 발견하였으니, 대체로 동서고금을 막론하고 기이한 신탁을 받고 태어난 영웅들이 한때는 광주리나 나무 상자에 담겨, 물 위로 띄워지는 경우가 왕왕 있으니, 박 선생, 홀연히 떠내려 오는 나무 상자를 유심히 살피었다.

그리고 왕년에 병기부대에서 근무한 예비군답게, 무언가 군수품 상자임을 깨우치자, 투철한 향토방위 정신과 유비무환, 총력안보, 반공방첩, 멸공통일, 뭐, 이런 사상들의 영향으로 선생은 펴 두었던 세 칸짜리 낚싯대를 던지어 나무 상자를 건져내기에 이르렀다.

그것은 포장도 뜯지 않은 에이급 수류탄 박스였다. 박 선생은 아주잠깐, 그것을 집안으로 옮겨다 가보라도 삼을까 생각도 했지만, 국가의 재산을 함부로 사취하는 것은 아주 나쁜 짓이라는 반공도덕 교육을 받은 사람답게 그것을 인근 파출소에 신고하였다.

경찰관은 술값이라도 할 요량으로 군수품을 빼낸 불량 군인이라도심문하듯 신고자의 인적 상황과 발견 당시의 시각, 그곳에 간 이유와발견 경위를 꼼꼼히 적은 뒤, 그를 방면하였다.

그리고 며칠 뒤, 파출소에서 연락이 왔다. 상당히 멀리 떨어진 상류의 군부대에서, 이번의 홍수로 사태가 나 탄약고가 붕괴되면서 많은탄약과 수류탄 박스가 유실되었는데, 박 선생이 그 마지막 유실분을낚아 냈다는 것이었다.

파출소장은 심히 감동적인 어조로, 군부대장이 친히 접견하겠다고하니 모월 모일 모시까지 상당히 먼 상류의 군부대로 입영하라는 전갈을 대신 전했다.

박 선생은 수업도 있고 학교 업무도 바빠서 모월 모일 모시에 갈 수없노라 답했고, 이번엔 '통신보안 ×××부대 장 중입니다' 하는 부관장교가 친히 그에게 전화를 걸어왔다. 만약의 경우 대형사고가 날 수도 있었으며, 불순한 자들의 수중에 들어갈 경우, 국가안보에 엄청난 피해를 줄 수도 있는 살상무기의 유실을 미연에 방지한 공로가 지대하여, 타의 귀감이 되기에 군부대장께서 친히 표창을 하고자 한다며 다시 모월 모일 모시에 상당히 먼 상류의 군부대로 입영할 것을 재차 통지하였다.

그러나 여전히 바쁘고, 군대 시절에 상당한 얼차려로 고통을 겪은 바 있던 박 선생은 여전히 가지 못한다는 전갈을 보냈다.

지휘관의 명령을 제대로 이행하지 못한 통신보안 장 중위가 어떻게 보고했는지는 모르지만, 표창 받을 만한 일이 아니라며 상훈을 사양한 박 선생의 겸양지덕에 더욱 감동한 군부대장은 이러한 행동은 온 국민에게 알려 총력안보의 귀감으로 삼아야 한다며, 그가 아는 신문기자에게 이를 보도하게 하여 겸손한 총력안보의 기수 박 선생의 미담을 널리 알리게 하였다.

그날부터 박 선생은 쉬는 시간이며 점심시간이며, 심지어 집에서 용변을 보다가도 전화벨이 울려 고등학교 동창, 친척이며, 죽은 줄 알았던 고향 친구들의 전화를 쉴 새 없이 받아야 했다.

그들의 첫마디는 신문에서 반갑게 잘 보았다는 인사말로 시작되어 대체로 다음과 같은 말로 이어졌다.

"야, 근데 너는 온 나라가 물바다가 되어 죽겠다구 아우성치는 판에, 낚싯대 들구 거기는 왜 갔니?"

간혹 그의 총력안보 정신을 칭찬하는 전화도 있었지만—대개는 집안 식구들이었다—그는 졸지에 세상 물정 모르는 낚시에 미친 인간으로 매도되고 있었다. 숱하게 쏟아지는 전화에 일일이 변명하고, 답변하느라 파김치가 된 박 선생에게 결정타를 먹인 것은 '우리 ×× 신문에 크게 선생님 미담이 소개되었는데, 우리 신문과 앞으로도 좋은 인연을 유지하기를 바란다' 며 그 신문사에서 발간하는 ×× 주간지를 정기 구독해 달라는 전화였다.

식식거리며 전화통을 집어 던지려는 찰나에 또 한 통의 전화가 걸려왔다.

"통신보안 장 중입니다. 모월 모일 모시에 전 장병 앞에서 표창장을 수여하기로 하였으니, 무슨 일이 있어도 꼭 참석하여 달라는 부대장님의 말씀이……."

그 다음 말은 유감스럽게도 전해지지 않고 있다. 예비역 병장 박 선생이 전화통을 집어 던져 월부로 한 달 전에 산 최신 전화기가 박살이 나고 말았기 때문이다.

내 배에 총을 쏴라

그보다 더 전으로 거슬러 올라가자면,
세상에서 가장 오래된 광고는 파피루스에 적은 고대 이집트의 광고이다.
지금으로부터 약 3천 년 전에 카이로에 뿌려진 것으로,
도망친 노예 '셈'을 찾아주는 자에게 후사하겠다는 내용이고,
그와 비슷한 우리의 심인광고로는
1901년 김영환이라는 사람이 집문서 싸들고 도망간 조카를 찾으려고
제국신문에 실은 것이 있다.
그 내용은 '본인이 조카 태식을 데리고 있었는데
조카가 부랑하여 본인의 집문서와 땅문서를 가지고 나갔으니
내외국인을 막론하고 돈으로 바꾸어 주지 마시오. 김영환 고백(제국신문 1901.8.14 광고)'이 있고,
그보다 조금 늦은 1921년 4월에 콜레라 역질을 막기 위해 경성부에서 낸 광고
"파리를 잡아 오세요. 파리 열 마리를 잡아 오면 3전을 드립니다"는 광고도 재미있다.

—한국역사연구회 『우리는 지난 100년 동안 어떻게 살았을까 1』 참조

몇 해 전이던가. 광고대상을 받은 제이기획 배기태 부장은 수상소감에서 오늘의 자신을 있게 한 것은 한 장의 전신주 광고라고 약간 울먹이며 말했다.

그의 말에 의하자면 광고들이 전신주에 전시되던 시절이 있었다. 임질, 성병, 백랍, 부인병 등의 완치를 알리는 게 주류였던 전신주에 난데없이 신선한 바람을 일으키며 기발한 광고 카피가 등장하였으니, '내 배에 총을 쏴라'라는 다소 선정적인 광고 문안이었다. 그것이 우

리 근대정신의 단골 말뚝 정도로 삼는 카피, '서울에 딴스홀을 허하라' 에 필적할 만큼 장안의 화제를 모았는데, 이 전단광고는 프로레슬링 선수 같은 이가 웃옷을 벗은 채, 살집 좋은 제 배를 드러내고, 공공연히 거기다 총을 쏘라고 권하고 있다. 일견 터무니없어 뵈지만, 하단에 모월 모일 모시에 효창구장에서 역사적 참상을 거행한다는 안내문까지 매달고 있어 심히 비장감을 느끼게 했다.

저자 한구석에서 가마니를 깔아 놓고, 깨진 유리(자세히 들여다보면 유리들은 교묘히 다듬어져 예리한 단면들을 잃고 있었다)들 위에 웃옷을 벗은 사내가 눕고, 그이의 배 위에 벽돌을 올려놓고 커다란 망치로 두드리는 차력쇼를 연상케 했지만, 기껏 망치로 배를 두드리고, 자동차가 지나가는 거와는 류가 달랐다. 옛사람 중에 이운징이라는 이가 탄환이라 해도 피할 수 있다는 말을 공공연히 했다는 이야기는 전해오지만, 배에다 총을 쏘라고 하는 이는 일찍이 찾아볼 수 없었다. 사람의 배가 아무리 단단하더라도 총알을 튕겨 낼 수 있단 말인가. 가장 무서운 살인병기가 총으로 알려지던 시절에, 배에다 총을 쏘아도 죽지 않는 인간이라면 그것은 생사를 초월한 사람임을 뜻한다. 석가도, 예수도 어쩌지 못한 육신의 죽음을 뛰어넘은 사람이 드디어 장안에 등장했단 말인가.

아니면, 그냥 배에다 총을 맞고 죽는 모습을 공개적으로 보여 주겠다는 말인지, 어른 아이 할 거 없이 틈만 나면 전신주 앞에 모여 화제의 꽃을 피웠다. 그때만 해도 나이가 어렸던 배기태로서는 유감스럽게도 효창구장까지 찾아가는 길도 모를 뿐만 아니라, 노잣돈도 없었고, 그날을 기억할 만치 한가롭지도 못해 그 후의 사정을 눈으로 확인

하지 못했다.

그러다가 우연히 배기태는 그이가 배에 총을 쏘기도 전에 감옥에 잡혀 들어갔다는 풍문을 전해 들었다. 왜 그이가 감옥에 붙들려 갔는지, 그이는 무엇 때문에 배에 총을 쏘라고 했는지, 정말 배에 총을 맞고도 무사할 수 있을지, 그 광고문이 비에 씻기고 바래 그 위에 덕지덕지 성웅 이순신이니 쟝글북이니 하는 영화 포스터가 붙고 난 뒤에도 한동안 잠이 올 무렵이면 궁금증이 으레 그의 머릿속을 스멀거리며 기어 다녔다.

그이는 왜 배에 총을 쏘라고 했을까. 또한 그런 대담한 말을 조금 지껄였다 해서 잡아 가두는 것은 또 무엇인가. 그 해답을 풀기 위해, 그는 광고를 자신의 진로로 삼았고, 드디어 그 노력의 결실로 광고대상을 받게 되었다며, 약간 떨리는 목소리로, 오늘의 이 기쁨을 '내 배총'에게 바친다고 말했다.

세월은 흘러 거리마다 온갖 현수막들이 난무하고 있다. 현수막 하나만 하더라도 지역 간에 그 형태와 색상, 문양이며 문구의 차이가 극심한데, 시골의 읍내 거리에서 만나는 현수막들이 재미있다.

명문 학교 출신에게 씻을 수 없는 어떤 수치를 겪었는지는 모르겠지만, 어떻게든 명문 학교 소리를 듣고야 말기 위해, 밤늦도록 보충수업에 특별 보충에, 본인의 의사와는 전혀 상관이 없는 자율학습으로 아이들을 딱딱한 의자에 붙잡아 두고도 성에 안 차, 기숙사까지 지어 놓고, 아예 날밤을 새우게 하는 시골학교 교문에 이따금 내걸리던 '홍길동 서울대 합격' 이라는 현수막은 이제 이야깃거리도 안 된다. 서울대에 기어코 한 명 들어갔다는 놀라운 초역사적 공덕을 기리느라 학교 앞뿐이 아니라, 사람이 좀 모인다 싶은 곳이라면 시장 골목이든, 면사무소 앞이든 여기저기 내걸고, 그 학생의 모교 격인 중학교, 초등학교에도 '경. 16회 졸업생 홍길동 서울대 합격. 축' 이라 내거는 것까지도 이야깃거리가 안 된다.

홍길동 군의 마을에 릿세를 축내어 그 비슷한 현수막을 내걸고, 홍길동 군의 부친께서 일요일마다 마을 유지들끼리 개 삶아 먹으러 여름내 오르내리면서 남들 입에 오를까, 각자 명함까지 파서 내어 놓은 고봉 산악회 이름으로 걸리는 현수막 정도는 되어야 조금 입에 웃음이 번질 지경이다.

'경. 운수리 홍난파 씨 장남 홍길동 군 서울대 합격. 고봉 산악회 회원 일동. 축'

그런 현수막에 고무되어, 어디 운수리만 인물 나느냐, 서울대만 대수냐는 외침이 거리마다 가로지르며 잇달아 현수막으로 내걸리는데, '개운리 조봉녀 개운중학교장 김윤수배 테니스 대회 우승' '파워리 김칠운 씨 손자 김병갑 공인중개사 최종 합격'

그리고 청청하니 자라는 벼들이 빼곡한 논둑을 가로지르며 걸려 있던 읍내 단란주점 현수막 '완전 물갈이, 화끈한 서비스, 쭉쭉빵빵 젊은 과부 상시 대기' 와 함께 나란히 붙어 다소 혼동을 주었던 대어낚시터 현수막 '완전 물갈이, 화끈한 입질, 탱글탱글한 월척 붕어 다량 투입'의 어울림도 재미있었다.

그 와중에 한동안 눈을 떼지 못하도록 만든 현수막이 내걸렸으니, 큼지막한 글씨로 이렇게 적혀 있었다.
'베트남 처녀와 결혼하세요'
그 앞에는 눈에 확 띄는 빨간 글씨로 약간 작은 글이 붙어 있었다.
'절대 도망치지 않는'

한동안 좁은 읍내 거리를 가로지르며, 만국기처럼 내걸리던 현수막이 뜸한 적이 있었는데, 그것은 밤중에 쓰레기 수거차 위에 올라타고 가던 환경미화원이 그 수다한 현수막에 돌연 목이 걸려 차에서 떨어져 사망하는 사건이 난 직후였다.
세월은 흘러, 시대에 따라 광고문구도 바뀌어갔지만, '내 배에 총을 쏴'던 전단부터 '베트남 처녀와 결혼하라'는 현수막에 이르기까지, 광고는 늘 낮은 굴곡으로 내리흐르는 개울물처럼 그 시대 낮은 사람들의 목마름을 향해 언제나 낮은 곳으로, 낮은 곳으로 내리흐르고 있다. 사회의 높은 사람들에게 보라고 광고하는 나라는 없다. 왜냐? 좋은 게 있으면 높은 사람들은 자기들끼리만 소곤소곤 속삭이는 법이니까.

그런데 얼마 전, 책 광고에 담겨 있던 문구 하나가 낮은 곳으로만 흐르던 광고문의 성역을 일거에 무너뜨렸다.
그 책은 한때 이 나라 안에서 더 높을래야 높을 수가 없는, 지고지존의 자리를 차지하고 있던 이에 대한 이야기였다. 그 책의 제목이 참으로 묘한 것은, 앞서 밝혔던 '내 배에 총을 쏘라'는 엽기적 카피의 영향을 상당히 받으며, 패러디의 왕국 대한민국답게 그 아류의 문혼을 유감없이 발휘하고 있다는 점이었다.

그 책의 제목은 이러했다.

'내 무덤에 침을 뱉어라'

더욱 경악스러운 것은, 그것이 세간의 화제를 모은 뒤에 숨 돌릴 틈도 튀어나온 다른 책의 제목이었다. 그 책의 제목은 이러했다.

'네 무덤에 침을 뱉으마'

대한민국의 힘 大韓民國의 힘

절대적 기준을 세우고, 그를 향해 일사불란한 합리의 레일을 깔아 사회 곳곳에 질서정연한 규정과 시스템을 갖추고 살아가는 서양 사람들의 눈으로 보자면, 대한민국이라는 나라는 도저히 이해불능, 불가지론적 국가인 듯하다. 세계에서 가장 빠르고 저렴한 고속도로를 세운 나라이며, 또한 준공식 다음날부터 보수공사에 들어가는 나라. 사막을 가로지르는 송수관을 깔고, 정유공장을 지으며, 마천루에 달하는 고층빌딩을 세우는 난공사를 밥 먹듯이 해치우는 나라이며, 또한 멀쩡하던 다리가 눈앞에서 갑자기 사라지는 나라.

대한민국 사람들이 보편적으로 싫어하는 말 가운데 하나가 규정인 듯하다. 솜씨 좋은 숙련공일수록 메뉴얼 책들을 거들떠보지 않으며, 최신 슈퍼컴퓨터로도 가늠할 수 없는 나노공학적 수치조차 손끝의 감각으로 헤아려 내는 사람들. 미군들이 쓰다 버린 드럼통을 두들겨 자동차를 만들고, 포탄을 살그머니 해체하여 그 안의 장약으로 밥을 지어 먹는 군인들.

백화점마다 달라붙어 있는 파격 세일, 말 그대로 격을 깨뜨리는 일들이 상례가 되어, 이제는 정격이나 규격에 맞는 것이 오히려 파격으로 느껴지는 나라에서, 당장이라도 아수라장이 되고 천지가 뒤바뀌는 대혼란이 야기될 법한 상황에서도 아무렇지도 않게 잘 살아가고 있는 사람들. 어찌 보면 새로운 것을 만들어내는 창의적 사고와 인류역사를 이끌어나가는 위대한 힘은 언제나 상식과 관습을 벗어난 파격에서 시작되는 것이 아닐까.

이런 대한민국적 파격에 대해 어느 꼼꼼한 사회학자가 끈기 있게 연구한 결과, 이는 역설적으로 우리 사회가 지나치게 정격을 강요하고 있는 것에 대한 반작용이라고 했다. 예컨대 지극히 성실하던 한 가장이 예비군복만 입으면 지나가는 버스를 향해 태연히 소변을 물총처럼 갈겨대는 등 전혀 다른 사람으로 변신하는 현상이라든가, 일정한 복장과 두발 길이를 엄격히 제한한 학생들이 기괴한 형태로 교복을 변형시키는 현상과 같다고 한다. 그에 대한 반론도 등장한 바, 인간의 삶에는 근원적으로 이성적 판단으로 헤아릴 수 없으며, 예상할 수 없는 비합리적 요소가 더 많으며, 일찌감치 그를 갈파한 한국인들의 정서적 전통과 관습에서 기인된다는 주장도 있다.

따라서 현대의 대한민국에서는 이렇게 교조적인 규정에 순응하기보다는, 속칭 잔머리로 통하는 임기응변과 생활전선에서 체득한 실전적 경험이 가장 위대한 야전교범(Field Manual)으로 숭앙받고 있다고 한다.

호주의 현지 한국인 여행사 안내원에게 들은 이야기이다.

호주나 뉴질랜드 세관검사는 까다롭기로 정평이 나 있다. 특히 익히지 않은 음식이나 동식물, 씨앗, 과일들에 대해서는 지나칠 정도로 규제가 심하다. 기내에서 먹다 남은 귤이나 사과를 무심코 주머니에 넣고 들어갔다가 곤욕을 치르기 십상이고, 그때마다 엄청난 벌금이 부과되었다. 생태환경에 대해 유난히 엄격한 보호의식 탓이다.

그런 호주에 대한민국 어느 섬마을 노인들이 단체관광을 왔다. 대한민국 할아버지와 할머니들이 어떤 분들인가. 엄청난 여행 짐 속에는 고추장부터, 젓갈, 고추 장아찌를 비롯한 밑반찬들을 바리바리 싸들고, 간식으로 먹을 셈으로 과일까지 죄다 챙겨 왔다. 대체로 이 나라의 관광이란 '금강산도 식후경'을 금과옥조로 삼고 있지 않던가. 그 놈의 나라 가면 노린내 나는 양고기 말고는 먹을 게 없다는 어느 선험자의 말에 지레 겁을 집어 먹은 노인들이 저마다 일개 사단이 전쟁기간 내내 먹고도 남을 만큼의 비상식량을 챙기고 7박 8일의 여정에 나선 것이다.

마침 미국 무역센터에 테러 사건이 일어난 직후인지라 공항 검색이 무척 까다롭던 시기였는데, 문제의 섬마을 노인관광단이 아예 눌러 앉아 살림을 차릴 듯한 엄청난 여행 짐을 남부여대 싸들고 시드니 공항에 도착했다. 주머니며 여행가방마다 먹다 남은 사과며, 배, 바나나 등이 쏟아져 나오자 공항 관계자는 엄한 표정으로 노인들에게 과일을 가지고 들어갈 수 없으며, 벌금을 내야 한다고 경고했지만 말이 통하지 않는 노인들에게 속수무책이었다. 아까운 과일들을 죄다 압수해서

166

쓰레기통에 넣는 순간, 사람이 먹는 음식을 함부로 다룬다며 악을 쓰는 할머니, 내가 섬마을 이장인데 이래도 되냐고 따지는 할아버지, 쓰레기통을 뒤져 그 안의 과일을 꺼내는 할머니들로 공항은 이내 아수라장이 되고 말았다. 공항 관계자는 도대체 긴장이라고는 하지 않는 이 노인들을 우르르 몰고 세관조사실로 데려갔다. 가져갈 수 없다면 죄다 먹고 가겠노라고 조사실 바닥에 주저앉아, 일제히 과일을 깎기 시작하는 할머니들에게 관계자는 더욱 엄중한 경고를 했지만 잠시 후 그는 꿀 먹은 벙어리가 될 수밖에 없었다. 어느 인정 많은 할머니가, "옛다, 너두 욕보는 데 이거라두 나눠 먹자"며 사과를 깎아 한 조각 그 입에다 밀어 넣었기 때문이다.

다른 일을 하는 관계자들까지 이 엄청나게 소란스럽고, 도무지 긴장하지 않는 이 묘한 노인들의 짐을 정밀조사하기 위해 달려왔는데, 무언가 페트병에 들은 붉은 물질을 발견한 그들은 무엇인지 열어 보아도 좋겠냐고 물었다. 그러나 비용을 줄이기 위해 대학에 다니는 이장 손자를 가이드 대신 데려온 섬마을 관광단은, 지극히 모국어를 사랑하고 존중하는 이장 손자의 국어사랑 정신에 힘입어, 오로지 그의 입에서 나오는 말은 "오케이"뿐이었다고 한다.

뜨거운 여름날, 열 시간 가까이 비행기 안에 실려 오느라 발효가스로 가득 찬 고추장 통은 뚜껑을 여는 순간 펑 소리를 내며 폭발하고 말았다. 그 순간, 그 정체를 알 수 없는 붉은 물질은 굉장한 폭음과 함께 천정부터 관계자의 얼굴에까지 마치 유혈이 낭자한 상태로 보이게 만들었다. 이 비상사태를 해결하기 위해 긴급히 호출된 현지 한국인 가이드가 현장에 달려갔을 때, 공항 입구에는 테러 진압 경찰차들이 까맣게 둘러싸고 있었고, 세관조사실 안에는 탁자 밑으로 몸을 숨긴 호주 공항 관계자들이 얼굴과 몸에 고추장을 뒤집어 쓴 채 겁먹은 얼굴로 몸을 떨고 있었고, 방 안 여기저기 고추장이 덕지덕지 들어붙어 있었다 한다. 문제의 대한민국 섬마을 할머니들은 그 틈에도 어느새 숟가락을 꺼내들고 탁자 위에 붙어 있는 고추장들을 알뜰살뜰 긁어 담고 있었다 한다.

규정 위반에는 어떠한 호소에도 용서가 없는 호주 공항 관계자들도 벌금이고 뭐고 다 필요없으니 한시라도 빨리 이 노인들을 데려가라고 소리치기 시작했다.

이발소에 두고 온 시 이발소에 두고 온 詩

카오스 이론이란 것이 있다.

어느 결과에 도달하는 과정상의 작은 오류나, 그 영향력이 미미하여 무시되는 사소한 요소들로 인해 결과적으로 엄청난 변화와 시행착오를 일으키게 할 수 있다는 현상을 두고 말하는 이론이다. 그것은 1961년, 미국의 기상학자 에드워드 로렌츠가 조그만 변화와 조건에도 그 결과를 내다 볼 수 없는 장기적인 기상관측의 한계에 봉착하여, 중국 북경에 있는 나비의 작은 날갯짓이 미국 뉴욕에 이르러서는 거대한 허리케인을 일으킬 수도 있다는 나비 이론에 근거하고 있다.

홍보부 김 계장은 언제나 바지춤에 소변 자국을 묻히고 다녔다.

화장실에 다녀오는 그의 바지 앞부분에는 점점이 뿌려진 비위생적 흔적이 그의 인상 전체를 칠칠맞지 못하거나, 무언가 나사가 풀린 듯한 느낌을 주었다.

나이에 비해 조금 이르게 벗겨진 앞이마와 희끗희끗 들어선 새치, 그리고 점점이 남은 오줌 자국이 늘 구부정하니 고개를 숙이고 다니는 그의 체형과 더불어 많은 사람들에게 무기력한 사람이라는 평을 낳게 하였다.

그런 김 계장이 어느 날부터 더욱 고개를 구부리고 다니기 시작했다. 후배들은 뒤에서 갱년기 현상인가 보다고 혀를 찼다. 그러던 어느 날인가, 그가 돌연 생기가 발랄하다 못해 넘쳐나는 표정으로, 바로 세우다 못해 뒤로 자빠질 정도로 콧대를 드높이며 나타났다. 그리고 퇴근길에 술 한잔 사겠다며 후배들을 불러 모았다. 그날, 김 계장이 들려준 이야기이다.

아이도 낳을 만큼 낳은 데다가 동원훈련을 반나절 깎아 준다는 말에 김 계장은 '둘도 많다, 하나만 낳아 잘 기르자'는 구호를 옆구리에 붙인 앰뷸런스를 타고 정관 수술을 하러 병원으로 갔다. 물론 아내와 상의한 바도 없고, 주변에서 우르르 손을 드는 바람에 다소 충동적인 선택이기도 했다.

수술 후에도 '씨 없는 수박'이라는 소리를 들을까 봐, 그는 주변 사람뿐만이 아니라 아내에게도 그 사실을 숨겨 왔다고 한다. 그럼에도 이제는 고자가 되었다는 자격지심에 빠져 그는 밤을 무서워하게 되었고, 그때부터 왠지 오줌발도 힘이 없는 듯했고, 바지 앞에 점점이 비위생적인 흔적을 남기게 되었다.

그러던 어느 날, 아내가 늦둥이를 갖게 되었다는 사실을 전해 듣고 그는 눈앞이 캄캄해졌다. 도대체 아내의 아이는 누구의 아이란 말인가. 현격히 저하된 남성 능력에 견디지 못하고, 아내가 불륜의 행각을 벌였단 말인가. 누구에게도 이런 고민을 얘기하지 못한 채, 그는 더욱 고개를 숙이고 다녀야 했다. 생각 끝에 동네 병원에 들러 자신의 수박에 씨가 있는지 여부부터 확인하기로 했다.

사정을 들은 비뇨기과 의사는 간혹 봉합된 정자관이 풀려서 예기치 않은 임신이 될 수 있다며, 그에게 컵 하나를 쥐어 주었다. 몸매 좋은 간호원은 아주 그런 일에 이골이 난 듯 구석진 방으로 데리고 가, 컵에다 정액을 받아 오라고 주문했다. 소위 자위행위를 하라는 것인데, 잘하던 짓도 멍석 깔아 놓으면 못한다고 얼굴만 벌게진 채 우두커니 서 있는 그를 보며, 몸매 좋은 간호원은 잡지도 있고, 비디오도 있다는 사실만 넌지시 일러 준 채 무책임하게 가 버렸다. 준비된 포르노 잡지도 펼쳐 보고, 비디오도 껐다 켰다 해 보았지만 도무지 여의치 않았다.

빈손으로 나와 간호원에게 사정을 말하자, 그럴 줄 알았다는 얼굴로 병원 건너편 이발소에 가 보라고 했다. 칸칸이 커튼이 쳐진 이발소 안에 들어가 병원에서 보내서 왔노라 사정을 말하니, 턱수염이 더부룩한 이발사는 그 분야의 전문가라도 되는 표정으로 고개를 끄덕이며 염려 말라고 그를 안심시켰다.

잠시 후, 묘령의 아가씨가 들어와 얼굴 전체에 뜨듯한 물수건을 덮어씌우더니 "쮸쮸바로 하실 거예요, 오란씨로 하실 거예요"라고 물었다. 그 계통의 전문 용어를 알지 못했던 그는 '흔들어 주세요'라는 오란씨를 주문했다. 그리고 얼마 쯤 지나, 바지가 열리고, 오란씨 작업이 시작되었다. 때가 때이니만큼 그는 가져온 컵을 무사히 채워갈 수 있을지 걱정이 되어 슬그머니 두 눈을 덮은 물수건을 들어 올리고 동정을 살피는 순간, 아까 보았던 묘령의 아가씨는 어디론가 사라지고, 아주 지루한 표정으로 오란씨 작업을 기계적으로 하고 있던 이발사와 눈이 마주쳤다. 뭐 하는 짓이냐는 항의에, 이발사는 공손히 머리를 수그리며 손이 모자라 자신까지 나서게 되었다며 양해를 구했다는 것이다.

결국 그는 오란씨 값을 반액으로 깎는 것으로 무사히 컵을 채우고, 의사에게 그것을 가져다주었다 한다. 그리고 검사 결과, 동원예비군 훈련을 반나절 깎아 주는 대신에 공짜로 했던 정관 수술이 꼼꼼히 하지 않는 부실 시술로 인해 묶었던 정자관의 봉합이 풀려 그를 다시 '씨 있는 수박'으로 되돌렸음을 확인하기에 이르렀다.

그 후로 김 계장은 더 이상 고개를 숙이지 않게 되었고, 화장실을 다녀온 후에도 비위생적 흔적을 바지에 남기지 않게 되었으니, 시술자의 사소한 손놀림의 미숙 내지는 봉합사의 불량이라던가 하는 작은 오류가 결국 한 사람의 허리를 상당 기간 내리 숙이게 하고, 비위생적 오점을 남기더니 급기야 생면부지의 남자에게 오란씨 작업까지 당하는 전대미문의 결과를 초래하기에 이르렀다.

미늘

미늘이란 낚시 끝의 안쪽에 고기가 물면 빠지지 않도록 만든
거스러미처럼 구부린 갈고리를 말한다.
한 번 그것에 꿰뚫리면 되돌려 나올 수 없다.

　열두 살 이상의 정상적인 지능과 발전과정을 거친 사람에게는 도저히 흥미를 느끼게 할 수 없다는 '낚시'의 매력은 무엇일까. 땡볕이 내리쬐는 물가거나, 콧물이 떡떡 얼어붙는 얼음판 위거나, 쭈그리고 앉아 넋을 빼놓고 있는 이 바보들 가운데는 놀랍게도 일세를 구가한 명인들이—프랭클린 루스벨트, 케네디, 아이젠하워—줄줄이 매달려 있다. 더욱 기가 막힌 일은 그런 바보짓을 위해 미국인들이 일 년에 일억 사천만 달러나 되는 돈을 면허세로 군소리 없이 내고 있다는 사실이다.

　만약 당신에게 볼때기가 떨어져 나갈 만큼 추운 겨울날, 얼어붙은 저수지 위에 나가 앉아 있으라 한다면 무어라 할까. 그런데 이 짓을 누가 시키지 않아도 하는 이들이 있다는 불가해한 사실이야 말로, 바로 낚시의 매력이 아닐까 생각한다. 낚시란 보이지 않는 물밑의 무언가를 보이지조차 않을 정도로 가느다란 낚싯줄로 끌어낼 수 있다는

'희망'의 도락이다. 도무지 아무것도 살 것 같지 않은 뿌연 물 속에서 무언가 찌를 꼼지락거리며 건들다간 이윽고 피아노줄 소리를 내며 서서히 물 위로 떠올라 퍼덕거리며 생명의 찬란한 비늘을 번득이는 순간, 이 불가해한 물가의 바보들은 심장이 터질 듯한 오르가즘에 빠진다. 그리고 이내 그 마약 같은 희망이 다시 반복될 수 있다는 또 다른 희망이 그를 물가에 붙잡아 둔다. 하루 종일 빈손으로 고기 비린내도 못 맡는 날에도, 그럴수록 더욱 강하게 누적된 희망이 그를 이내 다음 주말에 물가로 이끌어낸다.

이 물가에 몰려드는 바보들의 성향은 대체로 승부욕이 강하며, 도박이나 불륜의 사랑 등의 불안정하고, 예측 불가능한 긴장감에 사로잡히는 경향이 강하다. 그런 점에서 잔잔한 물가에 마누라 몰래 애인을 데리고 가 낚싯대를 드리우고, 이웃 꾼들과 화투판을 벌이는 것을 일러 '태공 삼종지락'이라 한다는 설이 변두리 낚싯방을 중심으로 급속히 유포되고 있다.

이 물가 바보 증후군의 가장 정점에는 밤낚시라는 증세가 있다.

볼헤르트의 짤막한 소설에 의하자면, 밤이면 사람이든 쥐든 잠을 자게 마련이다. 그런데 푹신한 침대와 더 푹신한 아내를 팽개친 채, 아무도 없는 물가에 쪼그리고 앉아 밤이슬에 젖으며 꼬박 밤을 새우다가는, 아침이면 비린내를 풍기는 손으로 돌아가는 이들을 어떻게 이해하여야 할까. 도박이라면 오고가는 돈 구경이라도 하고, 주색이라면 현란한 도락의 과정이 놓여 있다지만, 이 막연한 바보 노름은 경우에 따라서는 온밤을 꼬박 새우며 눈이 빠져라 손톱만 한 찌만 노려본다는 점이다. 그럼에도 불구하고 이들의 설에 의하면, 낚시의 매력은 뭐니 뭐니 해도 밤낚시에 있다고 한다.

도대체 모두가 잠든 야심한 시각에 물가에서는 무슨 일이 일어나고 있는 것일까. 심각한 밤낚시광이며, 대물낚시회 만년 총무인 최복락 씨의 이야기를 들어 보자.

밤낚시를 혼자 다니곤 했다.

어찌나 낚시가 하고 싶던지, 하루 종일 사무실 칸막이 너머로 오르락내리락하는 동료직원의 머리를 찌로 여기고 챔질을 하다가 마우스 줄을 뽑은 게 한두 번이 아니다. 퇴근하기가 무섭게 자동차에 준비해 놓은 낚시 가방을 메고 물가로 달려갔다.

기다란 여름해도 풀썩 지고, 겨우 입질 좀 받으려면 돌아갈 시간이니 감질이 나서 아예 물가에서 밤을 새우기로 했다.

그런데 한여름 밤을 피라미 몇 마리, 야심한 시각에 돌아다니던 가출 향애—향어 새끼를 이 바닥에서는 이렇게 부른다—두어 마리 잡아 낸 게 고작이었으니, 단골 낚시방 벽에 즐비하니 걸려 있던 월척 붕어는 언제 낚나, 한숨만 쉬다가 어느 결에 서늘한 바람이 부는 가을이 닥쳐왔다.

강 낚시라는 게 한여름 장마 지고 나서 한철 반짝인데, 최 총무는 한 우물을 판다는 일념으로 여름내 공을 치던 북한강가에서 일주일 특별철야기간을 정하고 밤낚시에 돌입했다. 잔챙이들 입질이 끊어질 무렵에 대물이 나온다는 게 탐독하는 낚시 잡지의 정론이었다.

상어라도 꿰일만한 큰 바늘에, 씨알 좋은 붕어님의 더위 먹은 입맛을 맞추려고 싱싱한 새우와 지렁이, 방앗간에서 특별 주문한 깻묵가루에 콩가루, 한약재를 버무리고, 거기에 함부로 밝힐 수 없는 비방의 무언가를 섞은 밑밥을 던져 놓고, 내림에 맞춰 두 칸 대부터 네 칸 대까지 줄줄이 펼쳐 놓으니 어느덧 사방은 어두워졌다. 이따금 촐랑대던 피라미도 입질이 끊기고, 어둠과 함께 온몸에 소름이 돋는 바람이 불기 시작했다. 꼼짝도 않은 채 줄담배만 피워대면서 덜덜 떨다 보니 고개가 뻣뻣해졌다. 어찌나 춥던지 가스렌지를 켜 놓고 오들오들 손을 비비고 있는데, 자정이 다 된 시각에 노인 한 분이 낚시 가방을 메고 옆에 온다. 여느 때 같으면 애써 모은 고기들 흩어뜨릴까 봐, 옆에 누가 앉으면 가자미눈을 떴지만 오늘은 이 춥고 긴 가을밤을 혼자 보내지 않아도 되겠다 생각하니 여간 반가운 게 아니었다.

그런데 이 나이 드신 태공께서는 손전등도 켜지 않은 채 낚싯대를 척척 펴놓고, 풍덩 떡밥을 던지더니 무언가 부스럭부스럭 펴든다. 커다란 비닐이다. 노인은 그것을 땅에 깔더니 갑자기 애벌레처럼—개울 바닥에서 낙엽들을 온몸에 감은 채 기어 다니던 날도래 애벌레를 본 적이 있다—몸을 굴려 비닐을 말더니 얼마지 않아 코를 곤다. 저러다 돌아가시는 거나 아닐까. 그날 밤이 새도록 그는 노인의 코 고는 소리가 이따금 컥 하고 멈추었다가 푸우 하고 내쉬는 걸 조마조마한 기분으로 들어야 했다.

이윽고 자욱한 물안개가 내려앉는 새벽 무렵, 우화한 노인은 비닐 허물을 벗어던지고 낚싯대를 폈다. 그리고 철퍼덕 소리를 내며, 연신 씨알 좋은 붕어들을 건져내기 시작했다. 밤새도록 노인의 안위를 지키며, 고드름처럼 덜덜 떨어대던 최 총무는 입을 벌린 채 그 광경을 지켜보아야 했다.

아무리 붕어라도 이건 너무한 일이었다. 지성이면 감천이고, 노력 끝에 성공이며, 실패는 성공의 어머니, 공든 탑이 무너지지 않는다는 말도 죄다 거짓말이다. 밤새도록 낚싯대를 지킨 인간은 공을 치고, 코를 골며 잠을 잔 인간에게는 자살이라도 하듯, 바늘에 주둥이를 가져다 대고 날 잡아 가슈, 하는 붕어들의 심사를 그는 도무지 용납하기 어려웠다.

"밑밥은 누가 주고, 고기는 엄한 사람이 다 잡아가십니다 그려."

밤새도록 추위를 참아가며 밑밥을 던져 놓은 자리에, 바싹 코를 대고 낚싯대를 편 채 재미를 혼자 보는 노인이 얄미워 볼멘소리를 던졌다.

"밑밥을 얼마나 주었간디?"

"하루 낮 하룻밤을 줬습니다."

노인은 슬며시 웃음 띤 얼굴로 최 총무를 돌아보았다. 깊이 주름이 잡힌 얼굴에는 도가도 비상도道可道 非常道 무어라 말로 짐작할 수 없는 오랜 풍상의 이력들이 겹겹이 쌓여 있음을 직감하게 하여, 최 총무는 막 입 밖으로 튀어나오려던 '죽 쒀서 붕어 주었다'는 말을 입속으로 집어 삼키고 말았다.

"나는 삼십 년 째 주었시오."

다음날은 근처의 수심 깊은 매 바위 앞으로 옮겨 앉았다.

삼십 년 동안 밑밥을 준 노인 따위는 다시 만나고 싶지 않았다.

매와는 전혀 닮지도 않은 바위 하나가 물 위로 비죽 삐져나온 강가에는, 시퍼런 물이 유난히 깊어서 네 칸대로도 모자라 덧줄을 달아야 겨우 찌가 서는 자리였다. 큰 고기는 깊은 물에 논다는 말도 있고, 한 마리를 잡더라도 악어나 상어만한 대물을 꼭 만나고 말겠다는 오기가 최 총무를 그 자리로 옮겨 앉게 했다. 앉을 곳도 만만찮아 낭떠러지 끝에 앉아 보는데 해가 지자 바람까지 불어, 몇 남지 않았던 꾼들도 주섬주섬 대를 걷는다. 어떻게 나선 낚시인가. 오기로 버틴다. 그만 남는다.

밤이 되자 시퍼런 물은 불쑥 무언가 튀어나와 낭떠러지에 앉은 그를 끌고 들어갈 것만 같다. 수심을 가늠할 수 없는 강물은 유리처럼 미동도 않고 잔잔했다.

그런데 꽹꽹 무슨 쇠 치는 소리가 난다.

이 밤중에 무슨 일인가. 잠시 후 여자의 목소리가 들리는데, 뒤돌아 보니 산자락에 불빛이 하나 깜박였다. 무당집이었다. 굿을 하는 모양이었다.

무어라 한참 떠들던 무당이 갑자기 노래를 하는데, 나훈아의 '녹슬은 기찻길' 였다. 길다면 길다 할 수 있는 그의 평생에 '왔구나아, 배뱅이가 왔구나아' 하는 무곡은 들어 봤어도, '녹슬으은 기차앗길아' 는 처음이었다.

잠시 후, 무녀의 나레이션.

아이고, 어머니, 내가 어머니를 두고 어떻게 떠납니까.

거의 남자 목소리다. 이건 웬일인가. 요즘 무당은 남녀 혼성 듀엣으로 하는가. 가만히 들어보니, 바로 그곳에서 빠져 죽은 청년의 혼백이 무녀에게 들어간 모양이었다.

무당이 밖으로 나오는데, 촛불이 실린 종이배를 그의 곁에서 띄우기 시작한다. 아이고, 저 불에 닿기만 하면 낚싯줄은 댕강이다. 불을 켠 배가 지나갈 때마다 그는 장대 같은 네 칸 낚싯대를 들어올리느라 정신이 없었다. 그러더니 이번엔 무슨 함지박을 강물에다 뒤엎는데, 푸드덕거리는 소리가 나서 돌아보니 손바닥만 한 붕어들이 아닌가.

'붕어님들, 다시는 못된 인간들 손에 잡히지 말고, 용궁에 돌아가 용왕님께 불쌍한 넋 하나 잘 살펴 주시고, 좋은 데로 천도하도록 고해 주십시오오.'

한쪽에선 고기 풀고, 한쪽에선 고기 잡고 잘하는 짓이라고 최 총무는 혀를 찼다. 그런데 풀려난 붕어들이 용궁에 가서, 자신에 대해선 무어라 보고를 할지 조금 걱정이 되었다.

이윽고 무녀가 들어가고 나니 밤은 칠흑같이 어둡고, 물은 더욱 시퍼렇게 질려 흐르는데, 돌연 거세진 바람에 낚싯대를 두 손으로 붙잡고 있기조차 힘들다. 순전히 오기로 버티며, 가만히 시퍼런 강물을 바라보니 무언가 그 물 속에서 슬그머니 낚싯대를 잡고 머리를 내미는 듯한 착각에 온몸에 소름이 돋기 시작한다.

'아이고, 녹슬은 기찻길아 부르던 청년인가 보다.'

인적이라곤 없는 강가에서, 며칠 전 물에 빠져 죽은 청년의 넋이 물끄러미 등 뒤에서 쭈그리고 앉아 낚시하는 자신을 지켜보는 착각에 오기고 뭐고, 최 총무는 낚싯대를 버려둔 채 자동차로 달아나고 말았다.

마지막 밤이다.

삼십 년 밑밥 노인과, 녹슬은 기찻길아 청년을 피해, 최 총무는 솔밭이 있는 강가에 대를 폈다. 역시 혼자 낚시를 하는데, 밤이 깊어져서 자정이 가까운 시각—한국의 귀신들은 자정은 어떻게 귀신같이 알고 때 맞춰 나타난단 말인가—이었다.

올해의 낚시도 오늘 밤이 마지막이었다. 내일이면 다시 사무실로 돌아가 모래 같은 날들을 입 안 가득 비벼 넣어야 한다. 오늘은 무슨 일이 있더라도 상어는 못 될망정 가물치만한 붕어 한 마리는 걸어야 한다.

그렇게 비장한 다짐을 하고 있는데, 까물거리며 남아 있던 불빛이 하나둘 꺼져갈 무렵이었다. 바로 건너편 강가에서 여자 우는 소리가 들려온다. 그것도 거의 '전설의 고향'에 나오는 처녀귀신 울음소리였다. 그것은 안개 낀 강가를 건너, 처절하게 이어졌다. 그래도 강 건너 일이라 태연히 앉아 있으려 했지만 자꾸 뒤가 켕겼다. 시커먼 소나무가 가득 찬 뒷산은 먹물처럼 어둡고, 야심한 시각에 혼자 강물을 바라보고 있던 최 총무는 누군가 자신을 지켜보고 있는 듯한 착각에 자꾸 뒤를 돌아보았다. 앞에서는 '월하의 공동묘지'에 나오는 여자의 곡성이 스테레오로 들려오고, 등 뒤에서는 누군가 지켜보고…….

그런데 삼십 분쯤 들려오던 그 울음소리가 멈추고, 얼마 지나지 않아, 무언가 시커먼 게 강을 건너온다. 처음에는 강물에 떠내려 오는 축구공인 줄 알았다. 그런데 그것은 떠내려 가는 게 아니라 강을 가로질러 일직선으로 건너오는 것이었다. 강을 절반쯤 건너 왔을 때, 그는 그것이 정확히 자신을 향해 다가오는 걸 알았다. 무언가 둥근 것이 사람의 머리 같았다. 누군가 이 시각에 강을 헤엄쳐 건너온단 말인가.

그것이 30미터쯤 앞에 이르렀을 때, 최 총무는 여차하면 낚싯대고 뭐고 팽개치고 들입다 도망칠 준비를 하느라 엉덩이를 반쯤 뒤로 뺀 채 그것을 바라보았다.

최 총무 쪽으로 정확히 다가오던 그것은, 기가 막히게도 10여 미터쯤 근접한 지점에 우뚝 멈추었다. 손에 돌멩이를 쥐었지만 던질 용기마저 잃었다. 사람의 머리 같은 그것은 서서히 방향을 틀어 그의 옆쪽으로 이동하다가 시커먼 물 속에서 서서히 머리를 내밀고 일어서기 시작했다. 도망갈 기력도 잃은 채, 그는 거의 심장이 멈출 것 같았다. 물소리가 선명하게 들릴 정도로 가까운 거리에서, 철벅거리며 걸어나온 것은, 시커먼 개였다.

넋을 잃고 바라보는 그를 무시한 채, 개는 온몸을 흔들어 푸두둑 물을 털어내더니, 아무 일도 없었다는 듯이 솔밭 사이로 올라갔다.

최 총무는 지금도 그 개가 왜 야심한 시각에 강을 건너왔는지, 그리고 그 강가에서 어떤 여자가 그리 슬프게 울었는지 알지 못한다. 다만 낮에는 여자가 되었다가 자정이 넘으면 개가 되는 어느 기구한 존재가, 보이지도 않는 붕어에 미쳐 낮이면 잠을 퍼지게 자고는 밤이면 기어 나와, 삼십 년 밑밥과 녹슬은 기찻길아 청년의 산 귀신, 죽은 귀신들과 꼬박 날밤을 새우며 이슬에 젖는 이 기구한 인생을 심동모이心同貌異의 심정으로 찾아왔는지도 모른다고 생각했다.

890만 번 주사위 던지기

철학과 조교인 정기철이 일찍이 학문에 뜻을 두고 고등학교에 다니던 시절에 공통수학이라는 단원을 접하여, 얼마지 않아 이내 책을 조용히 접고, 사르트르나 까뮈의 책을 통독한 데는 다 합당한 이유가 있다.

공통수학 첫 머리에 등장하던 확률이라는 것을 공부하면서, 기철은 언제나 답이 똑 떨어진다던 수학이라는 학문에 대해 심각한 회의에 빠져 들었다. 주사위를 던져서 3이라는 숫자가 나올 확률은 6분의 1이라고 했다. 배운 사실은 반드시 확인을 하는 습벽을 지녔던 그는, 책상 위에 주사위를 던져 3이라는 숫자가 과연 여섯 번 만에 나오는가를 실험해 보았다. 왜 그날 따라 그 흔한 3이라는 숫자는 한 번도 나오지 않고, 엉뚱한 2가 두 번이나 나온단 말인가. 모르는 것이 있으면 그냥 넘어가지 말고, 반드시 선생님께 질문하라는 대한민국 부모들의 강력한 가정교육에 따라—그는 수업이 끝나자마자 화장실로 들어가는 수학 선생을 따라갔다. 소변기 앞에서 무언가 심각한 자세로 볼일을 보던 수학 선생은 그의 불타는 향학열에 감복한 탓인지, 제대로 마무리 작업도 않은 채 질문에 답했다.

"그라몬 열두 번을 던져 보거래이. 그라몬 3이 두 번 나올끼다. 12분의 2가 되몬, 그기 그기다."

아항, 주사위란 놈은 밀렸던 외상값을 한꺼번에 갚는 법도 있구나. 꾸벅 절을 하고 돌아서려는 그에게 수학 선생은 '그라도 안 나오몬 열여덟 번, 그라도 안 나오몬 스물네 번 던져 보구래이.'

석연찮은 뒷맛이 남았지만, 기철은 그날, 쉬는 시간마다 주사위를 책상 위에 던져댔다. 그런데 애석하게도 육면체의 주사위에 적힌 3이라는 숫자는 열두 번에 세 번, 열여덟 번에 네 번, 스물네 번에 여섯 번…… 도무지 어떤 수열로도 감을 잡을 수 없는 비규칙성의 답들을 내어 놓았다. 온종일 주사위를 던지며 노트에 새카맣게 적어 본 결과, 아주 드문 경우이긴 하지만 정확히 여섯 번에 한 번이 나온 적도 있긴 했다. 그러나 얼토당토않게 건너뛰거나, 곱빼기로 쏟아져 나오는 경우가 더 많았다.

그런데 더 기가 막힌 것은 그 다음 수학 시간이었다.

'주사위를 여섯 번 던져서 특정의 숫자가 한 번도 나오지 않는 경우의 확률'에 대한 이야기를 듣고서였다. 무슨 놈의 수학이 이렇단 말인가. 여섯 번 던져 한 번이 나온다면, 죽었다 깨어나도 정답은 6분의 1이어야 하지 않은가. 조금 양보해서, 공교롭게 여섯 번 던져서 한 번도 나오지 않는다면, 열두 번 던지면 정확히 두 번이 나오던지, 내친 김에 더 양보하여 서른여섯 번을 던지면 여섯 번이 나와야 하지 않는

단 말인가.

무슨 놈의 여섯 번 던져 한 번도 나오지 않는 확률은 또 뭐고, 한 술 더 떠, 열두 번 던져 한 번도 나오지 않는 확률은 또 무어란 말인가. 그렇다면 8만 9천5백6십7번을 던져도 3이라는 숫자가 한 번도 안 나올 확률도 있다는 말이 아닌가.

그날 저녁, 비장한 눈빛으로 찾아가 따지듯 질문하는 그를 돋보기 너머로 지그시 바라보던 수학 선생은 말씀하시기를,

"얼라야, 세상에 어디 정답이 있노? 사는 기 다 정답인기라."

멀거니 돌아서는 그에게, 희랍의 철학자 같은 눈빛으로 수학 선생은 다음 말을 덧붙였다.

"8만 9천5백6십7번이 아이라, 890만 번을 던져도 니 3이라는 게 한 본도 안 나온다면, 그기 답이지 우야겠노? 근데, 니 설마, 주사위 붙잡구 890만 번 던지고 있을라는 건 아니겠제?"

그날 저녁, 기철은 심각한 인생 최대의 고민에 빠졌다. 책상 앞에 앉아 890만 번 주사위를 굴릴 것인지, 아니면 그렇거니 하고, 공통수학을 넘어 정통수학1, 수학2의 정석까지 따라가야 할 것인지를 890만 번쯤 머릿속으로 고민했다. 그리하여 그가 얻어낸 답은, 조용히 수학책을 덮고, 사람의 삶이라는 것이 필연적인 합리성보다는 우연에 바탕을 두었으며, 인간은 삶의 실존 속에서 의미를 찾아야 한다는 까뮈나 사르트르의 책들을 읽기로 마음먹게 되었다.

기철은 지금도 공통수학의 뒷부분이 무슨 내용으로 채워져 있는지

알지 못한다. 소련이 미국보다 한 발 앞서 지구 밖으로 인간을 우주선에 실어 보낸 데 충격을 받은 미국 교육학자들이 그 원인을 조사한 결과, 미국의 수학 교육과정에는 없던 '확률'이라는 개념 때문이라는 결론을 얻어 부랴부랴 집어넣었다는 그 첫 관문을 그는 유감스럽게도 무사히 넘어서지 못했다. 앞산 소나무에 미제 삐삐선을 연결해 광석라디오를 듣던 시절의 우리나라가, 소련의 유인우주선에 덩달아 충격을 받은 것은 아니겠지만, 그는 지금도 그 풀리지 않는, 입증되지 않으며, 어쩌면 영원히 입증될 수가 없는 '확률'이라는 가설과 명제의 증명 과정을 왜 고등학교 1학년 수학책 속에 부랴부랴 집어넣었는지, 지금도 그 오묘한 답을 얻어낼 수가 없다. 혹시 그만 빼고 대한민국의 전 국민이 모두들 그 확률의 개념을 다 이해하고 있다 해도, 그만 모른다면 그게 정답인 것이다. 5천만 분의 1이라는 확률 말이다.

여름이었고, 일요일이었다.

외출을 나간 한 무더기 부대원들은 뒷병들이 월경 소주를 잔도 없이 돌려가며 마시고, 미지근한 바위에 빨래처럼 누워 있었다. 그 곁에서 꽁지가 하얀 물새들이 하품을 하는 나른한 여름 낮이었다.

그런데 제대를 두어 달 남겨둔 말년고참 김 병장이 기념사진을 찍자고 했다. 지난주에 가족들이 면회 왔을 때 가 보았다는 개울 건너 절벽이 사진 찍기 좋다고 했다. 한 무더기 병사들은 하나님보다 더 지엄한 고참의 명령에 따라 허벅지까지 오는 개울에 들어가 하마처럼 어슬렁어슬렁 건넜다. 미지근하고 탁한 개울물은 물살도 세지 않아 느릿느릿 흘렀다.

모두들 건너와 경치 좋다는 절벽이 어디냐고 말년고참에게 물어 보았지만, 대답이 없었다. 둘레둘레 살펴보아도 분명 조금 전까지 함께 건너오며, 제대하면 일주일쯤 밤낚시를 하러 오겠다며 천막 칠 자리까지 둘레둘레 살피던 김 병장이 감쪽같이 사라진 것이다. 병사들은 소풍 나온 돼지처럼 서로의 머릿수를 헤아리기도 하고, 장난하지 말라고 큰 소리로 말년고참을 부르기도 하였지만, 끝내 나타나지 않자 얼굴빛이 변하기 시작했다.

그리고 모두들 흙탕물로 흐린 개울물로 뛰어 들어가, '진주조개 잡는 아가씨' 들처럼 허리를 구부린 채 개울 바닥을 더듬기 시작했다. 갓 들어온 이등병짜리가 엉엉 소리를 내면서 울기 시작하자, 모두들 울면서 화창한 여름날의 개울바닥을 더듬었다.

김 병장은 얼마지 않아 발견되었다. 푸르스름한 그의 군복이 물 속으로 채 다 잠기지도 않을 만큼 깊지 않은 여울목에 그는 얌전히 엎어져 있었다.

바로 그 비슷한 시각에, 부대 안에서는 또 다른 죽음의 주사위가 굴려지고 있었다.

외출을 나갔다 만취가 된 채 돌아온 영선반 주 상병이 아무런 말도 없이, 부대 안에 설치된 전신주로 기어올라간 것이다. 말릴 틈도 없이, 그는 지극히 자연스럽고 능숙한 솜씨로 전신주 꼭대기까지 기어올라가 두 손으로 고압선을 움켜쥐었다. 펑 소리와 함께 그는 튕겨져 땅바닥으로 떨어졌는데, 주변 사람들에게 '나, 괜찮니?' 라고 물을 만큼 멀쩡했다. 강원도 산골에서 유일하게 여군이 있다는 야전의무부대로 긴급히 후송된 주 상병은 발바닥이 터져서 소독약과 지혈제를 바르고, 붕대를 감은 뒤 엉덩이에 약간 아픈 항생제 주사를 맞은 뒤, 눈부시게 흰 시트가 깔린 침대 위에 누워 간호장교들의 보살핌을 받고 있다 했다.

뒷이야기를 말하자면, 김 병장은 영현처리부대로 시신이 옮겨졌고, 일주일 전에 면회를 다녀간 부모들은 전보를 받고 달려와 도무지 믿기지 않는, 890만 분의 1보다 더 희귀한 죽음의 확률을 접한 채, 기철이 공통수학 책을 덮던 날 아침의 얼굴 표정을 지었다 한다. 일부러 죽으려고 작정했던 영선반 주 상병은 일주일 입원 뒤, 상관에게 사전보고 없이 무단히 죽으려 했다는 이유로 헌병대로 넘겨져 영창 2주일에, 온종일 연병장 둘레를 터덜터덜 걷는 군기교육을 일주일쯤 받았다.

사족 : 멀쩡한 청년이 겨우 무릎을 넘는 개울을 건너다 물에 빠져 죽을 확률은 얼마나 될까? 890만 분의 1이라고 하자. 그렇다면 무사히 개울을 건널 수 있는 확률은 890만 분의 889만 9천9백9십9가 되는데, 과연 그 확률의 수치들이, 사랑하는 아들을 잃은 부모에게 어떤 의미를 가질까. 890만 분의 1이라고는 희소한 확률이라 해도, 아들을 잃은 부모에게는 890만 분의 890만, 890만 분의 억만보다도 더 확실한 '사실'일 뿐인 것이다.

하나는 죽음의 확률이었고, 하나는 기적 같은 삶의 확률이었지만 기철은 삶과 죽음 사이에 존재한다는 그 확률이라는 걸 지금도 신뢰

하지 않는다. 우리가 매일 만나고, 만지고, 살아가는 삶, 그리고 그것이 궁극적으로 만나게 되는 또 다른 삶의 환승역인 죽음은 매 순간순간이 확률이 아니라 사실로 다가온다. 그것은 890만 번 던지는 주사위를 단숨에 무력화시키며, 우리들 눈앞에 하나의 엄연한 '사실'로 다가올 뿐이다.

그런데 삶과 죽음 사이에는 무엇이 있을까. 아무 것도 없을 확률은 얼마나 될까.

오래 전, 수학 선생의 말씀이 생각난다.

"얼라야, 세상에 어디 정답이 있노? 사는 기 다 정답인기라."

현장성 現場性

경찰관을 지칭하는 속어나 은어는 무척 많다.

우리나라에서 부르는 짭새, 짜바리, 곰, 쌔리, 도둑놈─죄송합니다. 경찰관과 도둑업에 종사하는 모든 분들께─서양의 푸른 병(blue bottle), 청파리, 사냥개, 팔뚝, 팔꿈치(군중을 팔꿈치로 밀어 붙인다고 해서), 혐의자에게 저돌적으로 달려드는 자세 때문에 생긴 개구리나 황소(bull)에 이르기까지 나라마다 매우 다양하다.

그 가운데서도 가장 많이 쓰이는 경찰관의 별호는 '캅(cop)'인 듯하다. 갈수록 흉포해지는 범죄자들을 제압하기 위해 초능력의 로봇 경찰관을 등장시키는 '로보캅'이라는 영화로도 잘 알려진 말이다. 캅이란 말은 고대 영어에서 '잡고 붙든다'는 동사의 의미에서 기인된다는 설도 있고, 19세기 런던의 경찰 제복에 달고 다니던 구리 단추를 뜻한다는 설도 분분하다.

그만큼 경찰관이란 일반 사람들에게 다가서기 껄끄럽고, 말 붙이기 어려운 존재로 느껴지나 보다. 그러나 세상에는 다행스럽게도 언제나 예외가 있게 마련이고, 그런 예외율에 따라 세상에는 예외적인 경찰관이 있게 마련이다.

　경찰관이 세 명밖에 안 되는 시골 파출소에 새로운 소장이 부임하였다.

　해동약국 약사이며, 신복리 자율방범대장인 김평수가 그를 처음 만난 것은 초등학교 앞에서 애들에게 떡볶이나 쫄면 같은 걸 파는 코딱지만큼 좁은 분식집 안에서였다. 대낮에 들른 그 코딱지만한 공간 속에서, 후루룩 콧물 들이마시듯 쫄면을 입 안으로 진지하게 빨아들이는 코딱지만한 아이들 틈에 끼인, 엄청난 체구의 중년 사내를 발견하였다. 그는 그것도 제복이라고 말한다면 어쩔 수 없지만, 윗단추를 서너 개쯤 풀어헤친 경찰 제복을 입은 채, 머리는 지극히 개성적인 스타일—거의 이상의 『날개』에 등장하는 상고머리형에다가 우금치에서 패하여 압송되던 동학교주 전봉준의 봉두난발을 얹은 모양을 연상하면 될 것이다—로 마구 흐트러뜨린 채, 발정기의 황소처럼 연신 거친 숨을 헐떡이고 있었다. 눈이 마주치는 순간, 분지에 가로막힌 이 조용한 시골마을에 무언가 심상찮은 변화가 혁명처럼 다가옴을 직감적으로 느끼게 되었다.

　백주대낮부터 얼큰히 한잔 걸친 이 개성적인 경찰관은 대학에서 문예창작을 전공했다 한다. 별로 묻고 싶지는 않았지만 꼭 물어야만 할 그의 표정에 못 이겨, 어쩐 일로 소설가나 시인이 되지 않고 경찰이 되었느냐 물으니, 그는 단 세 마디의 어휘로 답하였다.

"현장성!"

무언가 현장성이 있어서 좋았다는 말이었다.

그 말을 남기고, 그는 또 다른 현장을 찾아 자리에서 일어났는데, 백주대낮에 얼큰히 취한 신임 파출소장께서는 좀더 강렬한 현장성을 만나려는 듯, 풀어헤쳐진 제복을 벗어 들어 머리 위로 빙글빙글 돌리며 대로를 활활히 걸어갔다. 이따금 전신주나 가로수 뒤로 민첩하게 몸을 숨기기도 하면서…….

그런데 유감스럽게도 그 뒤로 이 파출소장의 모습을 목도하기 어려웠으니, 나중에 전해 들은 바에 의하면, 불행하게도 그날의 이 활활대오한 파출소장의 현장성을 미처 이해하지 못한 일부 몰지각한 주민들이 경찰서장실로 친히 목격한 사실을 읍소한 결과, 그는 며칠 후 긴급히 경찰서장 앞으로 불려가 '일체 밖으로 나돌지 말라'는 명을 받고, 한 달여를 파출소 안에서 한 발짝도 나가지 않은 채 근신중이라 하였다. 끝내 그는 내근직으로 발령을 받아 파출소를 떠났고, 그가 오매불망 그리던 현장성과는 격원한 사무실 안에 갇혀 지낼 것을 생각하면 김평수는 지금도 가슴이 턱턱 막혀왔다. 경관을 지칭하는 온갖 좋지 못한 별호에도 불구하고, 백주대낮에 제복을 봉두난발한 머리 위로 휘휘 내저으며 걷던 그의 모습은 김평수에게 감동적인 경찰관의 모습으로 남게 되었다.

첨언하건데, 술을 유난히 좋아한다는 그 파출소장은 '내가 이곳에 있는 동안은 음주운전 단속은 일체 하지 말라' 하였다는 말을 남겨, 지금도 이 나라의 수다한 주당들과 음주운전자에게 엄청난 감명을 주고 있으니, 이 이야기를 들은 어떤 음주운전 상습자는 그의 이 교시를 칭하여, 충무공이 적탄에 쓰러지며 남긴 '나의 죽음을 적에게 알리지 말라'는 말보다 더 비장하고 감동적인 어록이라며, 송덕비에 새겨 후대에 전하려 벌써 몇 해째 성금을 모으고 있다 한다.

안녕하세요, 하나님

— 부조리하므로 나는 믿노라

우리나라 근대화는 예배당에서 이루어졌으며, 그 예배당의 부흥은 검은 가방을 든 여권사님들 덕에 이루어졌다 한다. 서도지방에서 점화된 야소교나 서교의 뜨거운 불길은 삼천리 방방곡곡으로 번져나갔고, 예수님 고국이나 그 제자 바울 사도의 조국보다 더 열렬한 성령의 역사를 불러일으켰다.

이 나라에 전파된 개신교와 천주교는 일찍이 육영사업에 뛰어들어, 봉건적 구습을 타파하고 근대화된 서구 문물을 받아들이는 데 앞장섰으며, 아울러 근대화된 사회를 일구어 나갈 젊은 동량들을 길러내는 데 전력을 기울였다.

일제 치하에서 적잖은 교회들이 천황과 그의 집안 신령들에게 무릎을 꿇고, 어떤 하나님의 계시를 받았는지, 일부 목사는 머리에 일장기를 두른 채 신사까지 뛰어가 참배를 드리기도 했지만, 여전히 검은 가방을 든 서북의 신도들은 대동강가에서 울며 회한의 날들을 보낸 끝에 해방의 날을 맞이하였다.

한때 조선의 예루살렘으로 불리던 서도지방이, '믿더라도 조선의 하늘을 믿으라' 는 김일성—그이가 한때 개신교회 유치부 교사까지 지냈다는 건 익히 다 알려진 사실이다—과 어긋나 많은 신도들이 메이플라워호 대신 눈보라 날리는 피난열차를 타고 낯선 남녘으로 출애굽하였다.

부산 영도다리 밑에서 삼팔따라지 소리를 듣기도 하고, 청계천 판자촌에서 고무줄이나 구공탄 배달을 하며, 그들은 신대륙에 도착한 청교도들이 풍토병과 혹독한 겨울과 맹수들에게 시달린 것보다 훨씬 더 혹독한 타향살이의 고초를 겪으면서도, 때 묻은 성경을 손에서 놓지 않았으니, 날이 흘러 해방촌이라 불리던 월남민 정착촌에도 어느덧 돈이 모이고, 그 모인 돈을 모아 그들은 또다시 낯선·땅에 복음을 전할 학교들을—요새는 명문대학에 많이 합격시키는 것이야 말로 복음이라고 주장하는 미션스쿨이 많지만—세우기 시작하였다.

대체로 우리나라의 사립학교들이 개신교나 천주교 재단에서 세운 것들이 많으니, 이렇게 세워진 학교들을 흔히 미션스쿨이라 한다.

체육 교사인 김철중은 믿음이 독실한 개신교 장로가 세웠다는 미션스쿨에서 교직의 첫발을 내디뎠다.

교회라고는 어렸을 때, 미제 구호물자나 탈지분유를 타 먹으러 옆집 무당 딸과 함께 유치부에 잠시 다녔던 게 고작이었던 김철중 선생은 채용 면접에서 그의 신심을 설복하여야 했다. 대학을 졸업한 뒤, 일 년을 꼬박 백수로 지냈던 그는 어떻게든 교사로 채용되어 부모님

눈총에서 벗어나 결혼도 해야 했다.

교회에 다니느냐는 물음에, 그는 태연히 그렇다고 거짓말을 했다. 세례는 받았느냐는 물음에 일단은 그렇다고 대답했다. 세례를 무엇으로 받았느냐는 말에 그는 조금 당황했다. 어디선가 주워들은 바는 있어서, 물로 받았다고 했다. 물로 어떻게 받았느냐는 물음에 그는 그냥 물로 막 주더라고 답했다. 다니는 교회 이름이 뭐냐고 했다. 그는 마을 한복판에서 새벽마다 엄청난 앰프로 찬송가를 틀어 주어, 몇 번인가 항의하러 가 보았던 교회 이름을 댔다. 교회 목사님이 누구시냐는 물음에 그는 당황한 끝에, 며칠 전부터 눈이 빠지게 기다리던 페더급 타이틀전의 한국 챔피언 이름을 댔다.

무언가 미심쩍은 눈치를 보이던 면접관들은 그를 믿어 주기로 마음먹었다. 그리고 며칠 뒤, 채용 통고를 받고서 달려간 학교에서 김철중 선생은 다음과 같은 서약서에 서명을 해야 했다.

1. 술을 마시지 않는다.
2. 담배를 피우지 않는다.
3. 대마초를 피우지 않는다.

이렇게 시작된 김철중 선생의 학교생활은 파란만장했다.

매일 아침마다 치러지는 교직원 회의에 앞서 예배를 보는데, 돌아가며 기도와 찬송을 해야 했다. 그는 교회 다니는 친구를 불러내 맥줏집에서 거하게 술을 산 뒤, 찬송가 434장을 배우고, 비키니 입은 여자가 그려진 호프집 달력 뒤에다 친구가 적어 준 기도문 한 장을 긴급히 입수했다.

한 달에 한 번 정도 돌아오는 기도 인도가 그에겐 천근보다 무거웠다. 일주일 전부터 그는 자다가도 벌떡 일어나 무릎을 꿇고, 기도문을 외우고, '나의 갈 길 다가도록 예수 인도하시니' 하는 찬송가를 불렀다.

조금 떨리긴 했지만 두어 차례 예배를 그는 무사히 치렀다. 그런데 날이 본격적으로 더워지던 여름 어느 아침, 그는 세 번째 예배 인도를 하게 되었다. 어느덧 입에 익숙해진 찬송가를 당당히 부르고—약간 트로트풍이긴 했지만—여유만만하게 그는 책상 위에 조금 나달나달 해지기 시작하는 기도문 한 장을 올려놓았다.

"사랑하는 하나님. 오늘 하루를 찬송으로 시작하게 하심을 감사드립니다아……."

그렇게 유창하게 기도문을 읽던 그에게 느닷없는 변고가 다가왔으니, 누군가 틀어 놓은 선풍기가 회전하며 그의 책상에 놓여 있던 기도문을 팔랑팔랑 허공으로 날려 보내는 초유의 사태가 발생하였다. 당황한 그는 날아가는 기도문을 잡으려 허둥댔지만, 이미 그것은 창밖으로 유유히 사라진 뒤였다. 그의 기도는 결국 거기서 멈춰지고 그의 충격과 절망은 실로 깊었다.

화불단행이요, 엎어진 놈 위에 백두급 씨름선수가 덮친다고 그에게 하나님의 시험은 멈추지 않았으니, 그가 요즘 술을 마시고 돌아다닌 다는 소문이 돌고, 급기야 김철중 선생은 교장실로 불려갔다.

"김 선생, 술 마십니까?"

"아닙니다. 안 마십니다."

"어제, 중화동 네거리에 있는 맛나니 호프집에서 술 마셨지요?"

"아, 그게…… 그냥 안주만 먹었습니다."

"거기서 오백씨씨 호프 세 잔 먹었지요?"

결국 그는 자백을 해야 했다. 그것은 더 큰 재앙의 예고편이었다.

며칠 뒤, 운동장에 전체 학생들이 모여 드리는 예배시간이었다. 앞 자리에 앉아 있던 그는 축도를 마친 교목의 입에서 청천벽력과 같은 소리를 들어야 했다.

"오늘 기도는 김철중 선생님께서 나와서 해 주시겠습니다."

비장의 기도문을 교무실 책상 서랍에 넣어 둔 김철중 선생은 거의 사색이 된 채 예배단 앞으로 나아갔다. 운동장에는 수백 명의 학생들이 고개를 숙인 채, 그의 기도를 기다리고 있었다. 아, 하나님…… 김철중 선생이 그처럼 절실하게 하나님을 불러본 적은 없었다. 오, 주여, 굽어 살펴 주시옵소서.

등을 타고 진땀이 줄줄 소리를 내며 흘러내렸다. 머릿속에서는 왕탱이벌들이 가득 찬 것처럼 웅웅거리며 아무 생각도 나지 않았다. 학생들은 무슨 일인가 하고, 이따금 고개를 들고 힐끗거렸다. 무어라 기도를 드리긴 드려야 했다.

"하나님, 안녕하세요……."

그날 이후, 그의 별명은 '하나님 안녕'이 되었다.

그리고 그는 학교 측의 배려로, 체육과에서 종교과로 자리를 옮겼다. 매주 전체 학생 예배를 주관하는 일이었다. 그는 사표를 낼까도 심각하게 생각해 보았다. 그러나 오기로 끝까지 버티기로 마음먹었다. 도대체 하나님이 누구길래, 이렇게 사람 꼴을 개차반으로 만든단 말인가. 그는 하나님이 성령으로 푼 썰을 기록했다는, 겉은 까마귀 가죽처럼 검고, 속은 수박처럼 벌거죽죽한 성경책을 들춰 보기 시작했다.

어느덧, 그의 머리에는 희끗희끗 서리가 내렸다. 손때 묻은 성경책을 펼치며, 그는 이번에 새로 들어온 새내기 영어 교사가 처음 인도하는 기도를 위해 눈을 감았다.

"하나님…… 오늘도 저희 불쌍한 중생들을 살펴 주시고……."

한꺼번에 터져 나오는 웃음소리에 벌겋게 달아오른 얼굴을 어쩌지 못하고, 책상만 문지르는 영어 교사를 그는 잔잔한 미소로 돌아보았다. 그리고 조용히 자리에서 일어나, 어쩔 줄 모르는 후배 교사를 대신해 기도를 이끌어갔다.

"하나님, 안녕하세요. 처음이라 서투르지만, 나중은 더욱 창대해질 우리 새내기 선생님과 함께 기도드립니다……."

세월은 흘러, 검던 머리가 반백이 된 김철중 교목의 기도는 여전히 '하나님, 안녕하세요'로 시작되고 있지만 이제는 누구도 웃지 않게 되었다.

최근의 김철중 교목님 기도문

하나님, 안녕하세요. 하나님께서는 생판 처음 보는 우리 죄를 갚아 주시려고, 피아노나 에어컨 새로 사들이라 하지도 않고, 각서도 쓰라는 말씀도 없이, 사랑하는 외동아드님을 십자가에 못 박히게 하여 우리 대신 죽게 하셨습니다. 이제 하나님을 믿는 우리나라의 많은 교회들과 미션스쿨들도 그들의 신자와 교사와 제자들에게 그렇게 자신을 내어 놓고, 사랑하고, 서로를 자유롭게 하기를 바랍니다. 우리가 십자가만 보면 하나님께 진 빚을 생각나게 하듯이, 우리 모두가 하나님 앞에서는 너나없이 죄다 빚진 자일뿐이니, 높은 이나 낮은 이나 죄다 도토리 키재기입니다. 그러니 같은 도토리 처지에 제발 광장에 모여 전교조 죽여라, 빨갱이 모가지 짜르라 외치지 좀 말고, 우리가 하나님께 진 빚을 서로에게 사랑으로 대신 갚으며 살게 해 주세요. 그럼, 하나님만 믿고 있을게요. 안녕히 주무세요. 하나님.

프로레슬링 pro wrestling

 1986년 1월 28일, 미국 현지 시각 오전 11시 38분. 미국의 챌린저호가 플로리다 케네디 우주센터의 발사대를 떠나는 순간, 그것을 지켜보는 지구인들 가운데는 상당수의 어린이들이 포함되어 있었다. 어린이들은 카운트다운을 마치고, 거대한 불 구름을 일으키며 서서히 발사대를 벗어나 이제 막 원대한 우주를 향해 솟구쳐 오르는 우주비행선을 경이로운 눈으로 바라보았다. 그리고 하늘로 솟구친 우주비행선이 75초 만에 화염에 휩싸여 폭발하는 장면까지도 놓치지 않고 지켜보았다.

 미국은 이 불행한 사고를 지켜본 미국의 어린이들이 겪었을 좌절과 충격의 심리적 후유증을 우려하여 정신의학자와 심리학자를 동원하여, 심리치료와 상담을 실시하는 거대한 프로젝트를 준비했다.

 어린이들의 가슴 속에는 어른과 달리, 주먹만한 심장과 복잡한 혈관과 신경세포들 말고도 무엇으로도 대체될 수 없는 중요한 신체장기가 들어 있었다. 그 장기의 이름은 '꿈'이라 불리는 것이었다.

　국민학교 앞 만화가게에 흑백 텔레비전이 들어온 것은 프로레슬링 열기가 뜨겁던 시절이었다. 아버지가 국민학교 선생인 철구네 집이 먼저 들여 놓긴 했지만, 강춘이는 프로레슬링 중계가 있는 날이면 마루 가득 들어찬 동네 어른들 틈에 끼어들 재간이 없었다. 게다가 지난번, 저녁도 굶은 채 철구네 대문 앞에 죽치고 앉았다가 겨우 마루에 올라설 수 있었지만, 철구에게 발 안 씻고 왔다는 핀잔을 듣고 얼굴만 벌게진 채 돌아와야 했다. 더운 여름에 맨발로 고무신을 끌고 다니다 보면 시커머니 땟국물이 흐르게 마련일 터에, 사람 많은 데서 남의 발에 코를 들이대고 사냥개처럼 킁킁거릴 건 뭐인가. 막상 제 아버지도 가만히 있는데, 볼따구니가 불거지도록 눈깔사탕을 물고는 유세를 부리는 꼴은 어린 눈에도 치사하기 그지없었다.

　발의 땟국물이야 나중에 온 명석이며, 종호며 매일반이건만 유독 그를 손가락으로 꼭 집어낸 건 또 뭐란 말인가. 순전히 학교가 파하고 돌아올 때, 벌에 쏘인 손가락이 퉁퉁 부어 그가 들어달라는 가방을 모른 척한 결과라고 여기고 나니, 참으로 분하기 그지없었다. 그날 이후로, 강춘이는 담장 너머로 어렴풋이 들려오는 레슬링 중계 소리를 들으면 들었지, 그 집 대문 안으로는 발도 들여놓지 않았다.

　그런데 드디어 만화가게에도 텔레비전이 들어온 것이다. 압박과 설움을 떨쳐내고, 마음 놓고 프로레슬링을 볼 수 있게 된 것이다. 물론 십 원이라는 시청료가 있었지만.

　어쩌다 장롱 밑이나 길에서 눈먼 일 원짜리 동전 하나를 주우면 만화가게로 달려갔다. 열 권을 볼 때마다 텔레비전 표—만화가게 아저씨의 도장이 찍힌—를 주는데, 그걸 열 장 모으면 공짜로 텔레비전을 볼 수 있었다. 그러나 열 장이 모여지려면, 만화책 백 권을 읽어야 하는데 그것은 참으로 길고도 지난한 일이었다.

판잣집 담벼락이나 전신주에 두 팔을 위로 꺾어 올린 레슬러들이 박힌 따블유씨에이 챔피언 태그매치 포스터가 붙으면, 동네 아이들은 그동안 피땀 흘려 모은 딱지표를 헤아렸다. 언제나 그놈의 딱지표는 모자랐고, 빈 주머니의 먼지를 털며 아이들은 절망했다.

그러나 어찌 장영철이 로프줄 위를 훨훨 나르며, 두 발 당수를 날리는 프로레슬링 구경을 포기할 수 있으랴. 중계가 있는 날, 비장의 일원짜리 동전을 들고, 만화가게로 달려가 일찌감치 자리를 잡는다. 만화가게 아저씨가 허구한 날, 틈만 나면 아줌마 콜드크림을 발라 반짝반짝 빛이 나도록 닦아 놓은 텔레비전장의 문이 열리고, 지지직거리며 수신되는 잡음이 들릴 때면, 강춘이는 벌써 가슴이 울렁거렸다.

"만화책 한 권을 몇 시간이나 잡구 있냐? 빨리 보구 가."

비장의 무기인 파리채를 휘날리며, 만화가게 아저씨는 돋보기 너머로 서슬 퍼런 눈을 번쩍이지만, 그에 굴할 강춘이 아니었다. 벌써 네댓 번은 본 만화지만, 거꾸로도 보고, 옆으로도 보고, 뒤집어서도 보고, 온갖 수단으로 버티며, 프로레슬링이 시작되기만 기다릴 뿐이다.

드디어 연탄 배달 송 씨도 오고, 쌀집 할배도 마른 기침소리와 함께 등장할 때면, 어느덧 텔레비전 앞의 로얄석은 입추의 여지가 없이 가득 찬다. 강춘이 로얄석까지 바랄 만큼 염치가 없는 건 아니다. 그저 만화 보는 틈틈이 게눈처럼 비스듬히 텔레비전을 훔쳐보겠다는 것뿐이다. 텔레비전이라는 게 쳐다본다고 닳는 것도 아닌데, 어찌하여 만화가게 아저씨는 잠시도 감시의 눈을 거두지 않고, 만화를 보는 애들을 노려보다가 행여 조금이라도 눈이 돌아간다 싶으면 바로 파리채로 보기 좋게 볼따구니를 후려갈기는 것이냔 말이다.

"두 번째다. 한 번만 더 걸리면…… 알지?"

벌써 두 차례나 볼이 뻘게지도록 파리채로 맞은 강춘은 마지막 남은 한 번의 기회를 놓치지 않으려고 무던히 애를 쓴다. 만화가게 아저씨도 인간인지라 틈은 있었다. 장영철이 상대의 반칙으로 땅바닥에 쓰러져, 카운트 완, 투……까지 가는 긴박한 순간에는 그의 파리채도 힘을 잃고 잠시 감시의 눈길을 거둔다. 심판 모르게, 팬티 속에서 쇳조각을 꺼내 한국 선수 이마를 때리던 야비한 일본 선수가 장영철의 두 발 당수에 보기 좋게 넘어가는 순간, 그동안 이를 부득부득 갈며 벼르던 울분과 분노가 한꺼번에 함성으로 터져 나올 때면, 아저씨도 두 팔을 불끈 쥐고 허공에 스트레이트를 날리며 "죽여, 죽여"라고 외칠 때만큼은 강춘도 마음 놓고 텔레비전을 구경할 수 있었다.

강춘에게 꿈이 있다면, 로얄석에서 파리채의 공포도 없이 마음 놓고 프로레슬링 시합을 보는 것이었다. 오징어 다리까지 씹는 호사를 부릴 마음은 먹지도 않았다. 팬티만 입고, 나무 덩굴에 매달려 아아아아 외치는 타잔을 못 보아도 좋다. 몇 달 걸러 한 번, 모처럼 찾아오는 프로레슬링만 볼 수 있다면, 강춘은 더 바랄 게 없었다.

그게 어디 강춘 만의 꿈이랴. 산동네 아이들이면 모두가 파리채를 맞아가며, 게눈으로 텔레비전을 훔쳐보는 신세였다. 레슬링이 끝난 다음 날, 학교에서는 일제히 어제 본 프로레슬링의 시연장이 된다. 복도에선 벌써 여러 패들이 방게처럼 마룻바닥에 나동그라져 버둥거리고 있었고, 교탁 위에서 이제 막 장영철을 흉내 내는 아이가 허공을 날아올라 보기 좋게 두 발 당수를 하고는 요란한 소리를 내며 교실 바닥에 추락하고 있었다.

"아니다. 왼팔을 이리 올리구, 다리깽이를 이리 돌리면서……."

그것은 거의 검투사들의 훈련장을 방불케 했다. 어제 본 레슬링 장면을 재연해 보면서, 아이들은 가슴 속에 울렁이는 꿈을 키웠다.

그런데 어느 날인가. 박치기가 명수인 김일 선수가 등장했다. 혜성같이 나타난 김일은 역도산의 제자라는 풍문과 함께 가뜩이나 뜨겁던 프로레슬링 시합에 풀무질을 해댔다. 턱수염을 기른 장영철이 누비고 다니던 사각 링 안에서, 홀연히 나타난 김일은 혹시 평안도가 고향인지, 상대 머리를 들이박는 박치기가 주특기였다. 아무리 덩치가 큰 노랑머리 외국 선수들일지라도, 그의 박치기에 한 번 당하고 나면 머리를 쥐어 싸고 어쩔 줄을 몰랐다. 대개는 박치기 두세 번이면 상대는 비틀거리다가 링 위에 대자로 눕게 마련이고, 그리고 통쾌한 완, 투, 쓰리…… 케이오 승이었다.

그동안 로프 줄 위를 뛰어다니며 제비차기로 일세를 풍미했던 장영철이 지는 해라면, 박치기 김일은 뜨는 해였다. 장강의 뒷 물결이 앞 물결을 친다고, 어느 결에 김일은 전 국민의 환호를 받으며 새로운 지존으로 자리 잡아갔다.

그러던 어느 날, 당수가 특기인 천규덕 선수와 김일, 그리고 장영철 선수와 또 누군가가 태그매치를 벌이던 날로 기억된다. 강춘은 여전히 파리채로 볼따구니를 맞아가며 그 열띤 경기를 훔쳐보고 있었다.

그런데 턱수염 장영철 선수가 경기 도중 갑자기 어느 누구도 예상치 못한 말을 외쳐댔다.

"프로레슬링은 쇼다!"

그것은 펄펄 끓다 못해 비등점에 다다랐던 프로레슬링의 열기에 갑자기 끼얹혀진 찬물이었다. 전 국민은 충격에 휩싸여 입을 벌린 채 말을 잃었다. 그 가운데서도, 지지리 못 살고 배고프던 시절에 프로레슬링만이 삶의 위로이며, 유일한 꿈이었던 대한민국의 어린이들이 받은 충격은 아폴로 13호가 눈앞에서 폭발하는 것을 바라본 미국 어린이보다 몇 배, 몇십 배나 강한 것이었다.

강춘은 그 뒤로 프로레슬링을 보지 않았다. 승패를 미리 서로 짜고 한다는 내밀한 비의가 드러난 프로레슬링은 금박이 벗겨진 싸구려 장난감이나 다름없었다. 아이들은 더 이상 복도에서 풍차 돌리기며, 두 발 당수를 연습하지 않았다. 누구도 프로레슬링 이야기를 입에서 꺼내지 않았다. 아이들은 그렇게 꿈을 잃고, 말수가 줄어들었다.

꿈은 없어도 세월은 흘렀다. 강춘은 다른 아이들처럼 키도 크고, 코 밑에 수염도 돋았다. 꿈이 없어도 사람의 몸은 여전히 자라고, 살아나간다는 게 놀라웠다. 그런데 이렇게 여린 영혼에 큰 충격을 받은 아이들에게, 대한민국도 적절한 치료 방안을 마련하였다. 정신과 전문의의 상담이나 심리치료 프로그램보다 훨씬 실용적이며 대대적인 프로젝트였으니, 그것은 면역요법이었다. 독사나 광견에 물린 사람들에게, 독사나 광견의 독을 주입하여 스스로 체내에 면역기능을 살려내는 고도의 의학적 처방이었다.

프로레슬링의 강력한 충격에서 벗어나지 못한 채 비틀거리던 대한민국의 아이들에게, 그보다 몇 배나 강한 충격들이 면역처방처럼 주어졌다. 아닌 밤중에 지붕이 뚫어지며 무장공비가 안방으로 떨어지고, 국모가 총에 맞아 쓰러지는 모습을 생생한 텔레비전 중계로 보아야 했고, 총통이나 다름없던 이 나라의 지존이 심복의 총탄에 맞아 절명하는 사건도 겪었으며, 눈앞에서 갑자기 내려앉는 한강 다리와, 맥없이 무너지는 백화점 건물, 가스폭발, 지하철 화재…….

면역요법의 효과는 실로 대단했다. 어느 나라도 이와 같은 대대적인 심리치료 프로그램을 성공시킨 적이 없었다. 그 덕분에 강춘을 비롯한 아이들은 어느덧 어른이 되어, 웬만한 충격에는 조금도 흔들림이 없는 꿋꿋한 국민으로 잘살아가고 있었다.

벤처 venture

　국가 부도 사태라는 IMF가 온 나라를 휩감았을 때, 이 나라의 지도자가 내놓은 해결책 중의 하나가 바로 벤처기업의 육성을 통한 일자리 창출이었다. 구체적으로 몇만 개의 일자리를 만들겠다는 계량화된 수치까지 내세웠으니—과연 그걸 나중에 무엇으로 헤아릴 수 있을지 그게 더욱 궁금했지만 국가적 위기상황이라는 비장한 분위기 속에서 손을 들어 질문을 할 용기가 나지 않았다—졸지에 명예로운 퇴직을 당하고, 공원이나 지하철에서 백수 신세가 된 수다한 사람들에게 희망의 단비를 뿌려 주었다.

　그때, 대표적인 벤처기업을 선도하는 것이 바로 IT 산업이었는데, 그게 구체적으로 어떤 것이고, 어떻게 밥 벌어먹을 일자리를 창출해 내는지 서민들의 입장에서는 감감하기만 했다. 시간은 흘러, 드디어 IT 벤처사업이 어떻게 그 탐스런 항문으로 황금 알을 낳는지, 조금씩 알게 되었으니, 그야말로 그것은 문화적 항문과 직결된 배설산업의 정수였다.

일본의 가라오케로 촉발된 골방문화는 삼천리 방방곡곡에 비디오방, 만화방, 컴퓨터방으로 불리는 골방을 마련케 하더니, 종국에는 찜질방까지 들어서게 되었다. 칸칸이 차폐된 골방 안에서 어떤 일이 일어나는지는 모르겠지만, 노래방이라는 골방에서 회식을 하러 간 남편은 부업전선에 나선 자신의 아내를 도우미로 만나야 하고, 비디오영화를 세상에서 가장 편한 자세로 보려는지 물침대, 회전침대까지 구비한 비디오방이 등장하더니, IT 강국답게 요즘은 모텔마다 최신형 컴퓨터 완비라는 광고판을 내걸고 있다. 사업상 촌각을 다투는 회사원들이 출장 중에도 수시로 자료를 검색하고, 분석하고, 이메일을 주고받아야 하는 업무상 숙소인 모텔에서도 컴퓨터가 필요한 모양이라고 생각하는 편이 속 편하고, 국가의 국제적 신인도에도 좋을 듯하다.

대한민국의 창업 정신은 신화적이다.
천생이 죄다 곱슬머리인 아프리카인들을 상대로도 미용실을 차려 성황을 이룬다 하는 이야기는 이 바닥에서는 고전에 속한다. 파마는 어머니 뱃속에서부터 하고 나온 아프리카인들에게 한국인 미용사는, 그들의 머리가 아니라 오랫동안 맨발로 다니느라 굳은 발바닥의 각질 제거라는 세계 최초의 일자리를 창출해 냈다.
아랍인들이 장악한 뉴질랜드의 잡화점들도 속속 한국인들 손에 넘어오고 있다 한다. 뉴질랜드에서는 회사건 가게건 해가 지면 문을 닫는 게 관례였는데, 이민 온 한국인들에 의해 그것은 손쉽게 무너졌다.

한국인이 누군가. 그동안 국내의 슈퍼마켓에서 단련한 불철주야의 정신, 돈이 된다면 라면 한 봉지라도 15층 아파트 문 앞까지 배달하고, 커피 두 잔이라도 읍내 다방 미스 리는 오토바이를 타고 모내기하는 논두렁으로 달려가는 나라 아닌가. 밤늦게까지 불을 켜고 가게를 지키는 이 근면성실한 상인 앞에, 아라비아 신화에 단골로 등장하는 아랍 상인들도 속수무책 문을 닫거나 밤중까지 장사를 해야 했다.

　이런 사람들이 한군데 모여 살면 어떤 일이 일어날까. 밤잠이 무엇인가. 밤에 잠을 자고도 먹고살 수 있단 말인가. 그렇다고 사람이 안 자고 살 수 있단 말인가. 도무지 밤에도 잠을 자지 않으려는 사람들로 인해 이 나라에는 또 새로운 일자리들이 만들어졌다. 야근을 하는지, 술을 먹는지, 아니면 그 곁에서 술을 따라주는지, 아니면 밤중에 사람들이 무얼 하나 조사하러 다니는지, 하여간 도무지 밤이 되어도 잠을 자려고 하지 않는 사람들로 인해 야식 배달, 24시간 편의점, 심야극장, 야간택시, 야간경비라는 일자리가 생겨났다.

　이렇게 먹고사는 이들이 있으면, 또 한쪽에선 그로 인해 생업에 지장을 받는 이도 있게 마련이다. 야심한 시간에 취침에 든 이웃들의 집을 순회하며 그 가진 것을 덜어내는 나눔의 실천가들이 있으니, 절도업자들이 그러하다. 들리는 말로는 이 나라의 절도업자들이 날로 위협받는 생업의 활로를 찾기 위해 서울시경 건너편 중국집에 모여서, 비상대책위원회를 구성하여 '국민 철야 사태에 따른 절취업의 향후 진로 및 대책'이라는 주제를 내걸고 심사숙고한 결과, 세태가 이러하거늘 우리라고 팔자 좋게 밤낮을 골라가며 일할 수 있겠느냐며 크게 분발하여 영업시간을 낮으로 옮기게 되었다 한다. 대한민국 절취인협회 절도분과 경인지회의 중책을 맡고 있는 이와 면담을 해 보니, 그들의 불만도 한두 가지가 아니었다.

"뭣두 모르는 인간들이 우리 보구 땀 안 흘리구 먹구사는 도둑놈이라고 하지만, 왜 우리가 땀을 안 흘린대유? 우선 작업을 들어가려면 뭐 마려운 강생이맨시루 왼종일 동네를 새빠지게 돌아봐야지유. 그것두 그냥 건성으로 본대유? 출입은 용이한가, 비상시 대피로는 확보되었는가, 사나운 개는 없는가—요새는 개뿐이 아녀유. 어떤 놈의 집에서는 팔뚝만한 구렁이에다, 악어까지 기르는 숭칙맞은 인간들이 있어서 여간 애로사항이 있는 게 아니라께유. 돈 지랄이쥬, 뭐. 그것뿐이냐구유? 그러믄 양반이게유. 경우에 따라서는 오층이구, 육층이구 배트맨인가 슈퍼맨인가처럼 배람빡을 타구 기어올라가야쥬. 솔직히 우리만큼 땀 흘리는 사람 있으면 나와 보라구 그려유……. (조그만 소리로) 때밀이 말구유."

"근디 뭔 놈의 인간들이 밤에도 잠을 안 잔대유. 아이엠에프 때라구, 그나마 집에 있던 금붙이들을 죄다 갖다 바치는 바람에 우리야 말루 진짜 아이엠에프 오방지게 맞았시유. 게다가 이것두 엄연헌 직업인데, 직장 다니다 떨려나면 개나 소나 이 길루 나서겠다고 껍적거리니, 생각을 해봐유. 먹을 건 적구, 처먹을 아가리들은 늘었으니, 어디 살갔슈? 그러구 거 뭐여유? 빨간 악만지, 빨갱인지, 월드컵이다 뭐다 해서 가뜩이나 잠 안 자는 인간들이 아예 날밤을 까대니……. 뭐라구유? 빈집 터는 재미는 봤잖냐구유? 그야 가뭄에 콩 나듯, 그런 이들두 있었지만 어디 그게 그래유? 아무리 밤일이 업이라지만, 우리두 엄연히 대한민국 국민인디, 온 나라가 뒤집혀 대~한민국 짜짜작 짝짝, 손바닥이 홀라당 까지도록 박수를 치는데, 우리두 볼 건 보구 해야지유, 암만유, 우리두 눈 달린 건 마찬가진데, 아, 그 누구여? 눈 짝 째진……. 그려, 박지성인가, 걔가 이태리 놈들 골망에다 골 처넣을 때 말이유. 그땐 정말 밤일이구 뭐구 없었시유. 그래 협회에서두 얘기가 나왔시유, 월드컵 기간 중에는 우리두 일시휴업을 하자, 여름 피서 때는 돌깍쟁이 남대문 장삿꾼들두 집단으루 가게 문을 닫고 바닷가루 피서를 떼루다 가는데, 전체지부장회의 때 그렇게 결정이 났지유. 근데 사람 사는 데 어디나 꼭 그런 인간 있잖아유. 저만 살겠다고 하는 놈들, 우리 지부에서두 신림동인가 개봉동인가 그런 인간이 하나 있어서 자체 징계를 했지유. 아마 영업 정지 삼십 일 먹었을 걸유. 그럼유, 우리두 대한민국 국민인데, 짜짜작 짝짝이지유."

"그래서 요샌 주로 낮일을 나가는데유, 그게 밤일 때보다 여간 신경 쓰이는 게 아녀유. 아무러캐두 주변에 사람 눈이 많으니께유. 지하철 같은 데는 전문가들이나 하는 거지유. 그럼유, 그걸 하려면 적어두 절도기능사 2급은 따야 되유. 그게 아무나 하는 게 아녀유. 자격증두 있어야 하지만 뭐니 뭐니 해두 기술이 좋아야 혀유. 술 취한 이들 상대루 하는 건 3급짜리들이구유, 무자격자들두 많아유. 보통은 안주머니나 뒷주머니를 필이라구유, 수술할 때 쓰는 매쓴가 하는 도루코날루 다 따는 거지유. 진짜 1급짜리들은 여름에 홑와이셔츠 주머니를 째는데유, 예술이지유. 나두 한 번 연수 들어가서 우리나라에선 최고라는,

절도기능 무형문화재 양반이 나와 시범뵈는 걸 봤는데유, 그냥 입이 떡 벌어져서 닫혀지질 안 혀유. 근데 나중에 들으니, 그게 그냥 되는 게 아니랍디다. 아무리 기술이 좋은 이두 손바닥에 굳은살이 배기면 감각이 무뎌져 실수를 한다는 거예유. 그래서 노상 손바닥을 공구리 바닥에 문지른다는군유. 그렇지유, 살껍질을 싹 벗겨내는 거지유."

"세상에 꽁밥이 읎다구, 다들 이렇게 피눈물 나게 노력해야 먹구사는 법이지유. 남들 보기엔 거저먹는 거 같지만, 우리두 엄청 땀 빼구, 죽을 둥 살 둥 기를 쓰구 사는 거유. 근디 말끝마다 도둑눔 도둑눔 허는디, 왼종일 돌아다녀 노인네 쌈짓돈이나 얻어 걸리거나, 아니면 까마득한 고층 아파트 배람빡을 기어올라가서 노가다 하루 일당도 안 되는 푼돈 들구 나오는 날두 허다한데, 거시기, 전대머리 홀러덩은 몇 백 억, 몇천 억을 해 먹구두 여지껏 골프채나 휘두르구 다니는 건 또 뭐래유? 기막히다 펄쩍 뛸 일은 그런 날강도 같은 놈 누가 해꼬지할 까 봐 나랏돈 처들여 경비꺼정 세우구, 쫓아댕기며 경호까지 해 준다니, 참말루 누가 도둑눔인지 어디 한 번 말혀 봐유. 솔직히 정치하는 인종들이야 말루, 주둥이 하나루 여기저기 긁어내구, 마빡쳐서 뜯어내는디, 어디 땀 한 방울이라두 흘리면 내가 절이라두 하겠슈. 근디 그런 진짜 도둑눔 원조들은 내버려 두구, 잔돈푼이나 맨지는 우리덜만 잡아 죽이려구 난리니, 이게 워찌 올바른 시상이유? 그것두 업이라구, 경찰서 말뚱부터 동네 파출소 잎사귀들까정 때만 되면 을러대며 떡값, 술값, 기집질 팁까정 뜯어내면서 그 아가리루 민생사범 단속이니, 범죄와의 전쟁이니 하면서, 눈 부라리구 달려들 때 보면 워낙 없던 정이지만, 정말이지 정내미가 뚝 떨어져유."

"결론적으루 말혀서, 하여간 가이새끼건, 그 부지런한 달구새끼건 밤이 되면 잠을 자는 법인디, 이 나라 인간들은 워쩌서 밤늦도룩 야밤에도 죄다 자율방법대 노릇을 허는지, 도통 잠을 안 자고 날밤을 까냐이 말이유. 아, 글씨, 야밤에 압구정동이구 홍대 앞이구 나가 봐유. 외려 낮에는 퍼질러 자는지, 헐렁하던 거리가 밤만 되면 버글대며 용왕님 궁궐처럼 여기저기 번쩍거리는디, 야밤에 자빠져 잠이나 잘 것이지, 뭔 지껄이를 한다구 싸우나에 찜질에 안마질을 헌대유. 그라구, 그 놈의 안마는 왜 꼭 빨가벗은 기집헌테만 받는디야. 엄한 짓 하자니, 배지가 고플 거이구, 또 그 배지 채워주는 인간들이 오토바이 몰면서 김밥에 햄버거에 피자에 날라대며 벌어먹구, 어디 밥만 먹는감유. 술두 먹구, 먹었으면 또 싸야 되구······. 하여간 오살헐 나라는 심두 좋구, 부지런하다 못혀 죽을 틈두 읎는 인간들만 바글거리는 나라라니께유. 허다 못해 오입질만 혀두 그 짓으루 밥 벌어먹구 사는 인간들이 수백만은 될 꺼유. 암만유. 전번에 여의도광장에 사꾸라 필 때, 화류업연합횐가 뭔가 하는 디서 춘계단합대회인가를 혔는디, 그 넓은 광장이 가득 차구두 자리가 읎어 되돌아가는 이가 부지기수였다는 말두 못 들었남유. 화류업두 원체 분과가 많지만, 오입질 하나만 봐유. 오입질하려는 놈들 꼬여 오는 놈, 오입질하러 온 놈 구두 닦아주는 놈, 똥깐 갔다 올 때 향수 뿌려 주는 놈, 오입질허라구 방 빌려 주는 놈, 오입질 재밌게 허라구 새끈달끈한 비됴에 씨딘가 뭔가 만드는 놈, 팔아먹는 놈, 보여 주는 놈, 오입질허다 병 걸린 놈헌티 야매루 고쳐 주구, 약 지어 주는 놈, 오입질에 심쓰라구 보약 정력제 지어 파는 놈, 오입질 더 잘허랴구 멀쩡한 낯짝 뜯어고쳐 주는 놈, 오입질 걸리지 말구 잘 들어가라구 문앞에서 자동차 대구 기다리는 놈……. 하여간에 대한민국에서 직업 읎어 죽었다는 놈은 말짱 거짓말이여. 여기는 굶어 죽을래야 죽을 수가 읎는 나라여유. 뭐시유? 근디 경인지회 사람이 워째 시골 사투리를 쓰는 거냐규? 시골이 어디 사람 살 데유? 충청도건, 전라두건, 경상두 보리문딩이건 대한민국에서 살아남으려면 으쨌거나 서울에 붙어서, 똥투간 문앞에서 향수라두 뿌려주며 살아야쥬, 별수 있간? ……근디 이거 편집은 안 허는 거쥬? 몇 시 뉴스에 나온다규?"

신동 神童

조선의 신동으로 알려진 매월당 김시습은 태어나 말을 배우기 전에, 그 외조부로부터 천자문부터 배웠다. 두 살 나던 해(1436년 병진), 외조부가 그에게 화소함전성미청花笑檻前聲未聽이라는 구를 불러주니, 시습은 병풍의 꽃을 가리키며, "어어" 하는 옹알이를 했다. 이어 조제임하누난간鳥啼林下淚難看이라 하니, 시습은 역시 "어어" 하며, 병풍에 그려진 새를 가리켰다. 꽃이 난간 앞에서 웃지만 그 소리는 들리지 않는다는 시구와, 새가 숲 속에서 울지만 눈물이 흐르는 것은 보이지 않는다는 시구를 듣고, 그림 속의 꽃과 새를 가리켜 그 오묘한 시의 뜻을 이미 꿰뚫었다는 것이다.

가히 오세신동이라 하여, 세간에 열경이니 매월당보다는 오세로 불리었던 김시습의 천재성을 잘 보여 주는 일화이다.

그런데 말이다. 이 때, 말도 못하는 어린 아이에게 한자를 가르치겠다고 나선 최치운도 그러하고 외조부도 막무가내이지만, 말을 못하는 아이가 한자의 뜻을 익혔다고 단정내린 근거도 막연하다.

　개에게도 일정한 훈련을 시키면 주인이 말하는 숫자나 단어들을 물어 오기도 하지만, 말도 안 통하는 아이에게 일찌감치 한자를 반복적으로 익히게 하여, 그 문자가 무엇을 가리키는지 알게 되는 것까지는 주변에서도 어렵잖게 볼 수 있다. 대개 그런 경우, 아이의 영민함보다는 영민하기를 바라는 어버이의 간절함과 그 정성에서 비롯됨직한 일이다.

　한시의 화花라는 말을 듣는 순간, 병풍의 꽃을 가리키고, 조鳥라는 말을 듣는 순간, 병풍의 새를 가리키는 것 정도는 수긍할 수 있겠다. 다만 소리 없는 새와 향기 없는 꽃의 잠의를 꿰뚫었다고 보는 것은, 말도 못하여 "어어"하는 두 살배기에게는 무리한 기대로 뵌다.

　그것은 세 살 되던 1437년 정사년 봄에 외조부에게 시 짓는 법을 물어, '일곱 글자를 나란히 잇고, 평측을 맞추고 대우와 압운을 하는 것이 시란다'는 설명을 들어 '춘우신막기운개春雨新幕氣運開'라는 시를 지은 것보다 더 어이없게 하는 일화일 뿐이다.

　오세신동 김시습 외에도 팔 세 때 대구를 지어 보인 이인로라든가, 세 살 때 물새를 보고 오언절구를 지었다는 고려조의 정지상, 열한 살 때 대장을 이루는 연구를 지은 고려조의 대문호 이규보 등의 기라성 같은 신동들이 쟁쟁하다.

　그런데 대체로 이런 이들은 출퇴에 관계없이 성인이 된 뒤에도 일가를 이루어 후대에 이르기까지 그 명성을 드날리고 있지만, 요즈음의 신동은 열화와 같은 매스컴의 조명에 휘둘렸다가는 봄날의 눈석임처럼 사라져 이후의 행적이 묘연해지는 경우가 대부분이다. 촌각을 다투는 현대사회에서, 한 사람의 기이한 행적을 두고두고 살피며 이야기꽃을 피울 만큼 한가롭지 못한 때문일까.

신동이라 불리던 동주는 장판리를 넘어 서울의 라디오며, 당시로서는 보기 드물던 흑백 텔레비전 방송국에서 하던 장학퀴즈까지 출연하여 그 천부적인 재간을 선보인 바 있다.

장판리의 주산 격인 매봉산이 남으로 비스듬히 누워, 옆으로 보면 흡사 거대한 사람이 하늘을 보고 누운 듯한 산 능선에서, 그 머리 격인 벼룻골에서 태어난 동주가 다섯 살부터 천자문을 떼고, 구구단이며, 조선의 파란만장한 임금들 이름을 줄줄이 엮어 꿰면서 그를 가리켜, 오래 전부터 풍수쟁이들이 예언한 신동의 대학자가 출현하였다 소문이 자자하였다.

남들보다 한 해 먼저 국민학교를 들어간 동주는 한 번도 일등을 놓친 적이 없을 뿐만 아니라, 전 과목 만점인 올백이 부지기수였고, 성적표마다 수수수수수…… 특수라는 것이 없는 게 유감일 뿐이었다.

당시의 공부라는 것이―지금도 별로 달라진 바가 없지만―토씨 하나 빠뜨리지 않고 외우는 것이었으니, 국사를 예로 들자면, '신라가 삼국을 676년에 통일하였다' 라는 교과서를 몇 번이고 소리 내어 읽고는, 저마다 가지고 다니던 까만 색연필로 '신라, 삼국, 676, 통일' 이라는 명사들을 사정없이 지우고 나서, 호명하는 대로 일어나 그 지워진 검정 칸들을 채우며 읽는 게 공부의 전부였다. 선생이란 이가 가르치는 것은, 더듬거리는 아이의 머리를 쥐어박는 게 일이었다. 그게 숙달되면, 아예 책을 덮어 놓고, 처음부터 교과서의 내용을 줄줄 외우는

데, 산수며, 심지어 음악도 다름이 없었다.

'다음 문제를 읽고 물음에 답하시오. 1. 한 마리의 염소가 일 미터의 목줄을 맨 채, 주변의 풀을 뜯어먹을 수 있는 넓이는 얼마나 될까요?'

음악 공부라는 것은 주로 시험에 출제되는 음계와 박자를 외우는 것이었는데, 그를 기억하기 위해 노래 가사 대신 계명과 박자를 붙여 외워야 했다. 그런 까닭에 학생들은 노랫말은 기억 못해도, 박자와 계명은 줄줄 외우고 다녔다. 6학년 음악교과서 맨 처음에 나오는 노래의 경우, "미도솔 도레미도 파미레도 솔…… 244 5844 44443" 이런 식으로 줄줄 꿰어내면서도 막상 그 노래 제목조차 알지 못하니, 이것은 노래 제목이나 노랫말은 시험에 나오지 않는 까닭이었다.

시험이란 것도 별 게 아니었다. 하나에 2점씩 하는 ( )가 50개 나오는 속칭 괄호 넣기라는 시험이었는데, 예를 들자면 '( )가 ( )을 ( )년에 ( )하였다' 와 같은 문제로, 해당 범위와 가리키는 내용을 알지 못한다면, 대학 교수 아니라 그 할아버지가 단체로 와도 도저히 풀 수 없는 문제들이었다.

국민학교 동창회를 한다는 소식을 들었을 때, 재호의 머리에 가장 먼저 떠오른 것은 신동 동주였다. 과연 어려서부터 신동으로 불리어, 서울의 대학 교수네 집으로 공부하러 들어간다며 이사를 간 뒤로 소식이 끊긴 그의 안부도 궁금했지만, 과연 비범한 재능을 지닌 그가 지금 어떻게 살고 있는지, 세상은 그를 어떻게 바꾸어 놓았는지 자못 궁금하였다.

낚시나 가자는 직장 동료들의 꼬임도 마다하고, 아침 일찍, 내세울 것은 운동장 한 귀퉁이의 오백 년 묵은 느티나무와 오랜 역사밖에 없다는 고향의 국민학교를 찾은 것은 오로지 신동 동주를 볼까 하는 기대감이었다.

"죄다 동준지, 동동준지를 찾아싸서, 최 과장 아는가? 솔골 살든, 그 얼굴에 바둑이 새끼마냥 얼룩 점 있던 애 말여. 기가 지금 영등포서 정보과장이거든. 특별히 부탁혀서, 동주 주소를 알아낸 거 아녀. 츰엔 바쁘다구 뭉그적거리는 걸 동창들 죄 눈 빠진다니께 마지못해 내려오겠다 하드만."

어릴 때, 반장을 맡았다는 이유 하나로, 졸지에 총무가 된 도연이 전화로 전해 준 말이었다. 머리 허옇게 되어 기껏 내 놓을 거라곤 쪼그랑 주름보따리에 자식 자랑, 손자 자랑밖에 없는 할배, 할매 처지에 무슨 동창회인가 싶어 안 가려다가, 신동 동주가 온다는 말에 한번 가 보기로 했다.

애들이 줄어서 지금은 비워 두고 있다는 교실 안에, 일찌감치 차려진 술상 앞에 앉아서, 너나없이 늙어버린 얼굴들을 쳐다보며 혀를 차던 매봉 국민학교 19회 동창생들은, 화제가 동주에 이르자 누그러졌던 목소리를 높이며 활기를 되찾았다.

"그래두 동주가 매봉 학교서는 인물이직. 아, 그 시절에 테레비 나오는 게 여간헌 일이간."

"모르긴 혀도 대학 교수쯤은 해 먹구 있을 틴디, 즈 아무리 바빠도 고향인디, 워째 그리 소식이 무심혀댜?"

"요새 흔해 자빠진 게 교수요 박산디, 총장이라면 몰러두. 차관 한 자리는 꿰찼을 거여."

"암만. 봉구리, 개서방 철두 있잖여? 왜, 매일 공부 못혀서 종아리 맞구, 가방 싸들구 달아나다 뫼뚱에 기올라가 선생들헌티 감자 먹이던 늠, 철두 말여. 갸두 국회의원 배지 달구, 장거리가 뻐개지도록 가슴태기를 뻗치구 다니는 판인디, 말혀면 뭘혀."

얼큰히 술도 오르고, 느지막이 양산을 받쳐 들고 코를 찌르는 분 냄새를 풍기며 여자 동창들까지 등장하여, 이리저리 손을 맞잡고 교실 복판을 뺑뺑이 돌 무렵까지 신동 동주는 나타나지 않았다.

무언가 뭉그적거렸다는 도연의 말이 개운찮았다. 그때, 멀리서 차가 달려오는 먼지가 뽀얗게 일었다. 술잔을 부딪치기 바쁘던 이들이 죄다 창가에 달라붙었다.

요란한 소리를 내며, 철망이 잔뜩 실린 화물차에서 내린 것은 동주가 아니라, 그와 단짝이었던 눈 깜박이 범수였다.

"워째, 오라는 이는 안 오구, 팔자 없는 개장순 겨."

장판2리 이장인 도연과 더불어 고향을 지키는 동창 가운데 하나인 범수는, 읍내에서 개소주 중탕집을 하고 있다 했다.

"개장수가 뭐여? 건강 보양업자라니께……."

"개 풀 뜯는 소린…… 개 삶아 파능게 개장사지, 건강업이라믄 좀 낫나베?"

말은 그리하면서도 범수가 차에서 김이 무럭무럭 나는 개 내장이며, 양념에 버무린 살코기들을 내어 오자 희색이 만연하여 그 주변에 모여들어 반가이 손을 쥐기 바빴다.

"근디, 누굴 지달리길래 개구락지처럼 죄다 창문에 달라붙어들 있능 겨?"

"누구긴, 동주지, 신동 동주 말여."

"동쥐?"

"그려, 자넨 단짝잉게, 뭔 소식 좀 들었는가?"

뜨거운 개 간을 말없이 썰어내던 범수가 술 한잔을 종이컵 가득 따르라 해서, 한 번에 털어넣더니 동창들을 둘러보았다.

"그인 안 올 거니께, 공연히 눈심 빼지들 말어."

"먼 연락이라두 받았는가?"

"동쥐, 올 형편이 아녀. 그렇게만 알어들."

"감질만 나게, 근드렸으믄 속 시원히 털어놔야지. 먼 야그를 그리 헌댜?"

모두들 이렇게 개장사 범수를 다그치니, 연거푸 술잔을 비운 그가 동주의 소식을 전해 주었다.

"내두 볼려구 본 게 아니여. 성남인가루 개를 사러 갔다가, 우연히 장에서 만난 거여."

"그래, 뫌 헌댜?"

"자네들두 보면 몰라볼 겨. 옛날 모습은 한나두 안 남구, 앞니두 싹 빠지구, 머리털두 읎어."

"어디, 나쁜 병이라두 들었댜? 아님 평생 공불 넘 혀서, 이빨이구 머리털이구 싹 빠졌단 말인 겨?"

"모란시장에서 국밥집을 허는디, 허는 소리루는, 성남서 개를 대규모루다 키우다 큰 손햏 봐서, 아는 이와 개장국을 팔구 있다는 겨."

번쩍거리는 세단을 몰고 동주가 나타나면 죄다 일어나 삼십 년 전, 볼 것 하나 없는 시골마을에서 신동이라 불리어, 동창들뿐이 아니라

장판리 일대, 매봉산자락의 네댓 마을 사람들 어깨를 떡 벌어지게 하던 이를 이제 기립하여 맞을까, 품에 안고 껴안을까 그 고민만 하던 백발의 동창들은 하나같이 말을 잃고, 어떤 이는 선 채로, 어떤 이는 앉은 채로 범수의 다음 말만 기다렸다.

"신동이라구 세상에 양명허던 이가 워째 팔짜 읎는 개장사냐구, 내두 기가 맥혀 재처 물었더니, 풀풀 웃고 말대."

"필시 먼 사정이 있는 겨. 워디 천하신동이 개장사여? 그기 말이나되는 겨?"

"바쁘다구 대구 가게 안으루 숨는 걸, 대폿집으루 데리고 가, 몇 잔넴기더니 츤츤히 사정 얘기가 나오두만."

"그랴 뭐랴?"

"긔가 서울루 이살 가서, 어느 대학 교순가 밑에서 시험을 보겼다는구만. 근디 그이 말이 암기력은 비상허게 뛰어난디, 그것만으루는 천재라구 딱 말헐 수 읎다는 말에, 긔 부모가 고향 논밭이며, 내중에는 선산까정 죄다 팔아서 영잰가 거신긴가 하는 공부를 시켰댜."

"그려, 내도 그런 야그는 들었어."

"근디 워쩐 일인지, 돈은 잿불 꺼지듯 사라지는디, 중핵교 검정고신가를 이태만에 간신히 붙어서 고등핵교 차렌디, 그때부턴 신기 떠난 무당맨치, 도통 신빨이 서질 않구, 초롱초롱하든 총기가 맥읎이 사라지니, 그동안 선산 판 돈꺼정 꿀물 빨 듯 뽑아먹은 영재연구손가 허는 디서두 슬그머니 손을 떼구, 일반 핵교루 들이보내라 하였디야."

"오살을 허다 똥물에 튀길 넘들, 그저 돈만 빨아먹구 말었구먼. 그랴, 돌아오지두 못헌거구만."

222

"올라혀두 워디 모 하나 꽂을 밭때기라두 남았어야지. 남새스럽기두 허구, 자식 하나 믿구 살었는디, 하늘이 무너진 거지 뭐여. 홧병으로 누운 긔 선친은 몇 해 못 가 돌아가시구, 살길이 막막혀진 모친이 생선 다라를 이구 댕기며 행상을 혀서 먹구살았댜. 행편이 그러니 공부나 지대루 되여? 중핵교두 다 못 마치구, 모친 따라 시장바닥에서 장사를 했다는 겨."

"즈런, 즈런…… 천하의 신동 동쥐가?"

"천하신동 아니라 모래두 배에서 쪼록 소리 나는디 벨 재간 있댜? 메칠 굶구나니께 뵈는 게 읎드라든디. 그렇게 생선장수, 야채장수, 연탄 배달에 구루마까지 밀구 다녔다니 그 고생을 말혀 모혀. 한시라두 돈 벌어, 고향으루 돌아가 속편히 살것다는 일심으루다가, 어금니 꽉 깨물구 살었다는디, 아따, 그 이야길 혀면서 워찌나 우는지, 내두 부둥켜 안구 울었지, 뭐여."

벌써부터 손수건을 꺼내 지물거리던 여자 동창들이 쿨적거리며 본격적으로 울기 시작했다.

"근디 말여. 대핵 교순지 사기꾼인지 허는 작자들은 모르것지만, 내가 그날 보니, 긔가 총기는 여전허대. 아, 글씨, 우리가 국민핵교 때 배운 것들이 발써 은제여? 그걸 아즉두 줄줄 외어대고 있드라니께."

"그려?"

"술 헌잔 먹은 김에 넌지시 떠 보니, 긔가 줄줄 엮어꿰는디, 제갈공명 출사표가 저리 가라여. 고려가 나라를 세운 때는 918년, 병자수호조약이 1876년, 갑신정변이 1884년, 조선이 망한 때는 1910년 8월 9

일…… 꼭 옛날 선생 앞에 일어나 또릿또릿 책을 외던 때와 천연이여. 시장판을 돌면서두 콘사이즌가 뭔가 허는 영어책을 몽땅 외우구, 염생이처럼 책 한 권을 몽땅 씹어 삼켰다는디, 하여간 긔가 보통은 아니여. 시절을 잘못 만나구 사람을 잘못만나 그리 된 거이지만, 사오십년 전, 긔 재주가 여간이간. 한때는 긔가 전화국에 댕기면서, 교환원인가 안내원인갈 했댜. 그때가 긔에겐 젤 호시절이얏되는디, 기계환지 자동환지 들여오며 그 좋은 직장을 잃구 말었다지 뭐여."

그날, 끝내 신동 동주는 오지 않았고, 해가 저물 무렵이 되어 매봉국민학교 19회 동창생들은, 너나 할 것 없이 술에 취해, 일부는 교실 바닥에 누워 잠이 들기도 하고, 일부는 바람이나 쐰다며 뚝방에 나가, 이제는 커다란 다리가 놓인 저녁 강을 하염없이 쳐다보기도 했지만, 그날 이후로 매봉 국민학교 동창들 누구의 입에서도 신동 동주의 이야기는 나오지 않게 되었다.

매봉산 뒷자락 옹골 기봉이 큰아들이 고시공부를 하다, 머리가 돌아 이따금 장터에서 만날라치면 히죽거리며 귀신 씨나락 까먹는 것처럼 영어 단어를 뇌까리는 걸 볼 때면, 불현듯 장판리 신동 동주를 생각하곤, 붙들어다 국밥도 먹이고 혀도 차 보지만, 정작 누구의 입에서도 동주 이야기를 꺼내는 이는 없게 되었다.

내기

세상에서 가장 내기를 즐기는 사람들은 영국인이라 한다.

오랜 전통과 보수적인 사회구조를 지닌 영국인들에게, 미래란 것은 이미 손 안에 쥐어진 동전처럼 빤히 내다보이는 확정적 사실로 받아들여진다. 기껏 해야 오차범위 5를 넘지 못할 듯한 자신의 운명을 한 번에 역전시킬 수 있는 방법으로는 단연 도박이 으뜸이다.

귀족들이야 그 앞날의 변화가 실로 무쌍하겠지만, 컴컴한 토굴에서 석탄이나 캐내는 광부들이거나, 산업혁명 이후 넘치는 도시 노동자들 입장에서 보자면, 앞날이란 것은 그들이 매일 들어가 만나는 막장만큼이나 어둡고, 그들의 사랑하는 자녀들 운명 또한 일찌감치 그렇게 막막하다는 것이 자명한 사실이었다.

영국의 서민들이 즐겼던 도박 가운데 불벳이라는 것이 있다. 나라마다 짐승들의 싸움을 부추겨 그 승패에 돈을 거는 도박이야 흔한 일이다. 영국의 서민들은 귀족들이 즐기는 투우를 할만한 오락 공간도 적었고, 그만한 재력도 없으니 성난 소에다 개들을 붙였다. 여러 마리의 용맹한 개들이 출전하여 과연 어느 개가 소를 쓰러뜨리는가에 대한 도박이었다. 아무리 사나운 개도 소가 한번 뒤흔들면 여기저기 나가 떨어져 갈비가 부러지고, 뿔에 받혀 내장이 터져 나올 지경이니, 쓰러뜨리기보다는 얼마나 오래 매달려 있는가가 관건이었을 법하다. 요즘으로 치자면 로데오 경기 격이라고나 할까. 영국인들은 성난 소의 휘두름에도 나가떨어지지 않을 개가 필요했는데, 그러자면 한번 물으면 절대 놓치지 않을 만큼 강한 턱이 필요했고, 나대는 소에게 찰싹 달라붙어 떨어져 나가지 않을, 안으로 굽은 다리가 필요했다. 그들은 끈질기고, 턱 힘이 강한 불테리어에 주목하여, 그를 개량하여 만든 개가 불독이다. 불독의 특징은 아랫니가 돌출되어 있어 한번 물면 놓치지 않으며, 다리가 O자형으로 굽은 안짱다리인지라 끌어안고 매달리기에 유리했다.

이렇게 불독이 등장하여 사나운 소의 목에 매달려 급소라 할 수 있는 코를 물어대어 쓰러뜨리는데, 그 양상이 지나치게 잔인하여 나라에서는 법률로 금하기에 이르렀다 한다. 쓸모를 잃은 불독을 영국인은 당시 세계적인 이목을 집중시키던 처칠과 그 생김새가 닮았다는 점을 활용하여 귀부인들이 끌고 다니는 애완견으로 개량했다.

전매청에 다니며 착실히 봉급생활을 하던 백정만이 어느 날, 감자탕 먹자골목 안에 팡팡 성인오락실을 열던 날, 봉투 들고 찾은 친구들에게 들려준 이야기이다.

내가 아는 가장 황당한 내기는 동전 던지기이다.

미국을 하나의 연방으로 묶어 보려던 링컨의 야심찬 계획은 남부의 반대로 제동이 걸렸다. 링컨은 자신에게 대드는 남부의 힘을 뺄 필요가 있었다. 남부의 돈줄은 목화밭이었고, 거기서 힘이 나왔다. 그런데 손이 많이 가는 목화밭은 흑인 노예들이 아니면 감당할 수가 없었다. 링컨은 하나님과 성경을 들이대며, 노예도 하나님이 지으신 엄연한 인간이며, 인간이 또 다른 인간을 짐승처럼 다룰 수 없음을 상기시켜, 노예를 해방시키자고 목소리를 높였다. 당연히 남부는 반대하였다. 링컨이 남부에 내건 내기는 자신을 지지하는 북부의 노예들은 놓아둔 채, 남부에만 노예들을 풀어 주라는 조금은 어처구니없는 내기였다.

어느 남부의 백인 농장주가, 링컨의 말을 주워듣고 보따리를 싸든 채 현관 앞에 몰려든 흑인 노예들에게 말했다.

"좋다. 너희들을 해방시키는 것이 하나님의 뜻인지 아닌지 하늘에 물어 보자."

"어떻게 말입니까? 주인님."

"동전을 던져서 내기를 하자."

조금은 무모한 일이었지만, 노예는 다시 한 번, 하나님께 모든 걸 맡기기로 했다.

"좋습니다."

"그러면 내기 규칙을 말해 주마. 동전을 하늘 높이 던져서, 이쪽으로 누우면 내가 이기고, 반대쪽으로 누워도 내가 이긴다."

"아니, 그러면……."

"동전이 똑바로 서 있는 경우에는 네가 이기는 것이지."

내가 아는 가장 교묘한 내기는 벼룩시장에 있다.

황학동은 벼룩이 정말 탁탁 튀어나올 만한 고물들은 죄다 모여 있는 곳이다. 자고로 야바위꾼들은 시장에 벼룩처럼 붙어서 먹고살았다. 노점상들 틈에 제대로 끼지도 못한 채, 골목 모퉁이에 허름한 양복을 차려 입은 사내 하나가 앉아 있다. 무언가 보자기로 싼 물건을 발 앞에 내려놓고 있는데, 제대로 아물려지지 않은 보자기 사이로 외제 오디오제품이 얼핏 내보인다.

사내는 연신 사방을 살피며, 여차하면 골목 안으로 달아날 듯 비스듬히 몸을 뒤로 빼고 있었다. 사내의 그런 모습은 단번에 이목을 끌었다. 조금 꾀죄죄하긴 하지만, 넥타이까지 맨 것이며, 시종 불안스레 돌리는 눈동자며, 제대로 풀지도 않은 채 보자기에 덮여 있는 전축이며…… 한눈에도 그 물건이 심상찮은 것임을 알 수 있다. 심상찮은 물건이니, 그 앞에서 머뭇거리기만 할 뿐, 제대로 물어볼 틈이 없다. 이럴 때, 어느 사람 하나가 나타나 물건의 정체를 묻는다. 주인은 머뭇거리며, 조심스레 보자기를 풀어 그게 꽤 알려진 명품 전축임을 살짝 내보인다.

쓰레기나 다름없는 고물 틈에서 단연 그것은 귀한 명품임에 틀림없다. 그런 명품이 어떻게 이런 허름한 저잣거리에 몸을 팔러 나왔는가, 사람들은 그것에 눈을 빼앗긴다. 이런 걸 횡재라고 하는 것이다.

조금 눈치 있는 사람이라면 그것이 온당치 못한 물건임을 짐작한다. 어디선가 훔쳐낸 물건을 급히 팔려는 것이리라. 앞서 나타난 이는 주인과 흥정을 벌인다. 고물시장에서는 감당키 어려운 금액이 호가되지만, 그럴수록 사람들 눈에는 그것이 길바닥에 떨어진 금덩이로 뵌다. 조금만 더 깎아 달라는 흥정이 뜨겁지만, 주인은 불안스레 주변만 살필 뿐 더 이상 물러서지 않는다. 그런 와중에 어떤 마음 급한 이가 주머니 깊이 넣어둔 지갑을 꺼내 들고, 새로운 흥정에 나선다. 앞서 흥정을 붙인 이는 눈을 부라리며, 남의 흥정에 끼어든 그이를 원망한다. 그럴수록 나중에 끼어든 이는 서둘러 흥정을 끝내고 지갑을 연다. 주인은 마지 못해 조금 물러선 가격으로 보자기 속의 명품 전축을 넘겨준다. 먼저 흥정을 붙인 이의 부러움과 원망 섞인 눈길을 뒤로 하고, 나중 이는 누구에게 빼앗길까 무서워 그 명품 전축을 들고 총총히 집으로 돌아간다.

아다시피 그 전축은 소리가 나지 않는다. 이리저리 움직여 보아도 먹통인 전축을 수리상에 보내면, 대개는 비싼 부품이 빠져 있거나, 아예 텅텅 비어 있는 경우도 있었다.

내가 아는 가장 지난한 내기는 박보 장기라는 것이 있다.

대체로 상이나 차, 졸 몇 개만 남겨 두고, 호위병 하나 달랑 거느린 초나 한의 왕을 굴복시키는 식의 내기이다. 허름한 노인 하나가 돗자리를 깔고, 그 위에 장기판을 펼쳐 놓고 앉아 있다. 앞에 놓인 상이 움직여 장군만 칠 수 있다면, 초왕은 꼼짝없이 무릎을 꿇을 외통 격이다. 머릿속으로 이리저리 상을 움직여 보지만 혼미하기만 하다. 슬그머니 장기 알에 손을 대어 실제로 움직여 볼라치면, 노인은 돈을 걸지 않는 이에게는 손끝 하나 대지 못하게 호령한다. 그때, 이상한 점이 보인다. 장기 알을 담아 놓는 상자 뚜껑이 궁 밑의 자리 하나를 슬그머니 가려 놓았음에 눈이 간다. 그 자리로 상이 들어갔다 돌아나온다면, 지금껏 뵈지 않던 길이 환히 내보인다. 그때, 누군가 나서서 손으로 그 자리를 가리키며 무어라 훈수를 하려다가 노인의 호통소리에 놀라 쩝쩝 입만 다신다.

돈만 있으면 당장에 이길 수 있다고 통탄해 하는 그의 수작에 아까부터 그 앞에 쪼그리고 앉아 있던 이가 드디어 지갑을 연다. 만 원을 걸고, 이기면 오만 원을 준다는 오곱의 박보 장기가 시작된다. 돈 건 이는 자신 있게 가려진 상자 뚜껑을 밀어내고, 그 자리로 상을 움직인다. 그러나 그 자리야 말로, 결코 이길 수 없는 자리이다. 박보 장기는 자신이 이길 수를 대야 하는데, 초왕이 어떻게 움직이느냐에 따라 그 수가 변하게 되어 있다. 즉, 어떻게도 이길 수 없는 내기이다. 이따금 바람을 잡으러 끼어드는 패거리가 주위 사람들 넋을 빼놓을 만큼의 큰돈을 따 가는 경우를 제외하고는…….

내가 아는 가장 얌통머리 없는 내기는 국민학교 앞 야바위들이다.
화투짝을 이리저리 뒤섞어 한 짝을 찾아내게 하는 내기가 그러한데, 진관사로 소풍을 갈 때 수상한 아저씨들이 아이들 뒤를 따라왔다. 소풍지에 다다르자마자 그들은 자리를 펴고 화투짝을 꺼내 들었다. 빤히 눈에 보이는 화투짝을 건성으로 들어 보면, 쉽게 제 짝을 찾아낼 수 있었다. 십 원을 걸면 백 원을 준다는 말에 혹하여 결국 그날, 모처럼 얻은 용돈을 탈탈 털리고 허탈히 일어서는 내게 그 아저씨는 선심이라도 쓰는 듯이, 배낭 속의 김밥이며, 과일을 얼마쯤 쳐줄 테니 해

보라고 권했다. 결국 나는 그마저 죄다 털리고 점심을 먹는 친구들 주변을 쪼르륵 소리가 나는 배를 움켜잡고 얼쩡거려야 했다.

내가 아는 가장 양심적인 내기, 방게 집 찾기가 있다.
물을 채운 함지박에는 일련번호가 적힌 칸막이가 쳐 있고, 그 위에 담배며, 과자며, 장난감을 마음대로 자기가 원하는 번호에 배치해 둔다. 그리고 방게를 한복판에 있는 다이빙대 같은 곳에서 빠뜨린 뒤 방게가 찾아가는 번호에 놓인 물건을 갖는 내기였다. 대체로 아무 물건도 없는 꽝의 번호가 많은데, 어떤 교육을 받았는지 방게는 그런 곳만 찾아가서 아이들 애를 태우곤 하였다. 나중에 나는 카지노장에서 뱅글뱅글 도는 '룰렛'이라는 도박이 바로 방게 노름과 다름없음을 알게 되었다.

내가 아는 가장 뻔뻔스런 내기는 국가가 발행하는 복권들이다. 합법을 가장한 오곱과 같은 야바위의 지존이다. 무언가 큰 공사를 벌이거나, 감당키 어려운 행사들을 끌어들인 정치가들은 부족한 예산 문제가 나올 때마다 복권이라는 단골 처방을 내놓는다. 결국 국민들 상대로 오곱 판을 벌여 큰 행사를 치르고, 생색은 자신들이 내려는 짓이 아닌가. 그거야 말로 가장 야비하고 교묘한 야바위가 아닐 수 없다. 야바위에 바람잡이가 빠질 리 없으니, 큰 행사를 벌일 때마다 북을 치고 장구를 치는 신문이나 방송이 그들 아닐까.

내가 아는 가장 지저분한 내기는, 방귀를 뀌는 사람의 엉덩이에 가스라이터를 켜면 과연 불이 붙을 것인가, 아닌가 하는 것에 내기를 걸자고 남의 엉덩이를 뒤집어 놓고, 가스라이터를 들이대는 내기였다. 자신의 궁둥이에 불을 붙인다면 모를 일이지만, 사실 그런 지저분한 내기도 야바위나 다름없다.

　내가 아는 가장 슬픈 내기꾼은 소룡이었다.

　그의 본명이 무엇인지는 모르지만, 이소룡의 무술영화를 보고 온 뒤로 시도 때도 없이 괴성을 지르며, 길을 가다가도 한쪽 다리를 치켜올리며, 고양이 눈을 뜨고 노려보는 바람에 사람들은 그를 소룡이라고 불렀다.

　소룡은 조금 모자라는 친구였다. 그러나 이 세상을 살아가기에는 충분히 정직하고 성실한 인간이었다. 배운 게 없던 그는 타고난 체력을 바탕으로 날품을 팔거나, 구루마를 끌고 다니며 야채 행상을 벌이기도 했다. 그와 한 번이라도 행상을 다녀온 친구들은 넌더리를 치며 다시는 그와 동업을 하려 하지 않았다. 어찌나 구두쇠인지 담배 한 개비, 음료수 한 잔 사 먹는 법이 없이 노상 얻어만 피우고, 마실뿐더러, 의심은 어찌나 많은지, 하루 번 돈을 두 몫으로 나눌 때, 볼펜으로 골판에 적어가면서 나누기 계산을 보여 주어도 도무지 믿지를 않았다. 소룡은 이 세상이 그런 얄팍한 숫자들로 공평히 나눠지지 않는다는 걸 일찌감치 체득하고 있었다.

　그는 만 원을 벌었으면 천 원짜리로 바꿔다 둘이 마주 앉아, 너 하나, 나 하나 식으로 눈에 보이게 나누었다. 천 원이 남으면 백 원짜리 동전 열 개로 나누었고, 백 원이 남으면 통 크게 빙과를 하나 사서 둘로 쪼개 먹었다.

그런 소룡이 술자리에 모처럼 나타났다. 술추렴에 낀 적은 없었지만, 곁다리로 안주를 축내는 데 빠진 적 또한 없었다. 돼지껍질을 들들 볶아 소주잔을 기울이던 패거리들은 소룡을 보고 퇴박을 놓는데, 누군가가 소주병을 집어 들고 그에게 농을 걸었다.

"소룡이가 소주병을 이마로 깰 수 있을까?"

"물론이지, 소룡이가 누군데, 무술도사인데, 그걸 못 깨나?"

수작을 부리던 패거리들은 소룡을 부추겨 내기를 걸었다. 소주병을 이마로 받아서 깰 수 있으면 공짜로 술을 사 주고, 못 깨면 술값을 내라는 내기였다. 모두들 붕붕거리고 바람을 잡고, 번철에서 지글거리는 돼지껍질에 눈을 빼앗긴 소룡은 선뜻 대답을 하지 못했다. 그리고 잠시 후, 소룡이 술집 밖으로 나갔다. 돌아온 소룡의 이마에는 피가 흐르고 있었다.

"좋아. 내기해."

깰 수 있을지 확신이 서지 않던 소룡은 슬며시 밖으로 나가 소주병을 이마로 들이받아 시험을 해 본 뒤였다.

여름내, 아파트 공사장에서 날품을 팔던 소룡에게 누군가 바람을 집어넣었다. 고생을 하지 않고 큰돈을 벌 수 있는 방법을 가르쳐 준다는 말에 소룡의 귀가 솔깃해졌다.

"미쳤다구 땡볕에 노가다 뛰냐? 그 고생하려면 차라리 지나가는 자동차에 슬쩍 부딪치라구. 여름내 에어컨 시원하게 나오는 병원에 누워서 큰돈 벌게 되니까."

의심 많은 소룡이지만, 땡볕은 너무 싫었다. 소룡은 이왕이면 벤츠 같은 비싼 차에 부딪쳐야 큰돈을 번다는 말에, 이튿날부터 벤츠를 찾아다니기 시작했다. 그런데 제비처럼 까맣고, 번쩍거린다는 벤츠는 온종일 눈이 빠지게 기다려도 나타나지 않았다. 하루가 지나고, 이틀이 지나고……

소룡은 만나는 사람들마다 벤츠를 물었다.

"아직두 못 봤어, 난 어제두 봤는디. 니가 앞만 보구 다니니께 모르는 겨. 뒤로 슬며시 지나가두 모르지. 이제는 뒤를 돌아다 보구 다니라구."

그 말에 소룡은 고개를 뒤로 돌린 채, 거리를 헤매고 돌아다녔는데, 어느 날, 그가 마주오던 골재 트럭에 치어 죽었다는 소식이 들려왔다.

그동안 그를 부추기고, 놀려 먹던 이들은 죄책감을 느끼며 죄다 나서서 장례를 치르게 되었다. 벽제 화장터로 향하는 장의차에서 누군가 소리쳤다.

"벤츠다."

그토록 소룡이 찾아 헤매던 벤츠 한 대가 새카만 몸체를 번쩍이며 장의차를 뒤따르더니, 이내 앞질러 지나가고 있었다.

삼위일체 三位一體

사람이 지갑을 여는 경우가 셋이 있다.

하고 싶은 일을 할 때, 하기 싫거나 힘든 일을 해야 할 때, 할 수 없는 일을 해야 할 때가 그것이다. 서로 상대적이며, 배반적이기도 한 이 세 가지 경우들이 절묘하게 조화를 이루며, 어떤 일을 도모하기도 한다.

동막은 댐에서 흘러내리는 물이 이리저리 에돌아, 예부터 물이 깊고 잔잔한 모래가 깔려 견짓배를 띄우고 씨알 좋은 누치를 건져 올리거나, 강가에 자리 잡은 어부들이 끓여 내는 매운탕 맛을 보려는 사람들이 이따금 드나드는 한산한 강마을이었다.

그런 동막이 하류 쪽에 아파트가 들어서고, 시내로 들어가는 도로가 넓혀지면서, 여름이면 물놀이 나온 사람들로 들끓기 시작했다. 그러면서 동막에는 매년 상당수의 익사 사고가 일어나곤 했다. 겉으로 보면 유유한 물길이 막상 물속에 들어서면 생각보다 빠르고 급한 데다, 여기저기 골재선들이 파놓은 모랫구멍이 널려 있어 한번 그곳에 휘말렸다가는 헤어나기 어려웠다. 한구석에 수영금지라는 팻말이 붙어 있긴 하지만, 물놀이하는 이들이 그 위에 젖은 옷을 걸쳐 놓고 말릴 때에나 쓰이곤 했다.

언제부터인지 알 수는 없으나, 그런 동막에 수중구조대, 무당집, 장의사집이 스레트 지붕을 함께 이고 가지런히 어깨를 잇대고 자리를 잡았다. 나중에 이 기묘한 한지붕 세 가족의 내밀한 사정을 그곳에서 매운탕집을 하는 어부 김 씨를 만나 듣게 되었다.

"그렇쥬. 한철 장사인디, 그게 적잖이 솔찮어유. 아, 그러니께 화로 밑에 삼발이처럼 달라붙어 있쥬."

"수중구조라는 게 뭔 일을 하는 덴가요?"

"그기 산소통을 달구, 물속 깊이 들어가 허는 건디, 첨엔 스킨수쿠반가 뭔가 취미루다가 자맥질을 허러 오는 이들, 장비두 빌려주구 뫼여서 놀기두 허던 데유. 여가 쏘가리가 워낙 흔허니께 작살을 들구 들어가 괴기두 잡구, 그때만 혀두 물이 맑아서 그냥 물속 귀경두 좋았거든유."

"츰엔 스킨수쿠바 그이들만 있었슈. 그러다가 언제부턴가, 물에 빠져 죽은 이들이 늘면서, 그걸 건져내야 하니께, 긔들헌티 부탁을 허게 된 거지유. 장의사허구, 무당집은 거의 비슷허니 들어섰구유. 어채피 물에 매칠 빠진 이덜은 상태가 안 좋아서, 워디 옮겨갈 행편두 못되구, 객사를 혔으니 여서 바로 염을 허는디, 열에 아홉은 긔들이 맡아서 허지유. 무당집유? 아, 새파란 처녀 무당이라는디, 물에 빠져 죽은 이들 살을 푸는 굿을 허쥬. 웬간헌 이덜은 넋이라두 달래자구 열에 아홉은 굿을 허구유. 돈깨나 있는 이들은 메칠씩 대굿을 벌이니께 아마 벌이가 젤 날 거유. 동니 사람들유? 아, 허다 못해 푸성구 하나라두 팔어먹구, 내만 해두 굿판이 벌어지면 매운탕이니, 국밥이니 한바탕 오지게 팔아먹으니께, 그 덕을 보는 셈이쥬. 솔직히 동니 체면이야 좋을 건 읎지만, 요새 뭐, 그딴 걸 따지나유. 한푼이라두 돈이 생기면 그기 인심이구, 체면이쥬."

"근디 말이쥬, 내가 본 거는 아니지만, 아휴, 관둬유. 공연히 분란 일으킬께 무서워유. 그냥 맥읎이 흔소리루 여겨유. 아, 글씨 내두 보진 못헛대니께유. 그러믄 혼자만 듣구 그런가부다 허구 기셔유, 어서 들었단 말두 말구. 야그가 원체 숭측스러서 그류."

"긍께, 사람이 물에 빠져 죽으면 남자는 엎어지구, 여자는 천장을 보구 드러누웠다는디, 그려다 하루 스물너이 돌 만에 한 번 떠오르는 디, 그때 건지지 못허면 잼겨서 찾기가 심들다디유. 그런디 물살이 워낙 쎄니께, 흘러가다 돌 틈바구에 끼면 돌 만이래두 영 뜨질 않는 거유. 가족들이야 오죽허것슈, 생떼 같은 자식이구, 딸이구 빠져 죽었는디, 시신마저 못찾으면 극락영생길마저 맥혀 물괴기 밥이 되겠다 생각허면 기맥힌 노릇이지유. 그랴 허겁지겁 수중구조대를 찾는디, 그기 하루에 백만 원 가차이 든대네유. 쉽게 찾음 하루맨에두 바루 찾지만, 물이 탁허구 빨라서, 메칠씩 걸리는 겡우두 있대유. 그러자니 읎는 사람은 그두 딱한 일이지유."

"근디 누가 그러는디, 일부러 돌틈에다 끼겨 둔단 말이 있시유. 설마 그럴 리야 옰겠지만, 돈이라면 죽은 이두 살려내구, 산 이두 쥑이는 시상인디, 뭔 짓은 못허것시유. 말루는 잘사는 이들 겉으면 이레구 아흐레구 강바닥 어디다 숨겨 놓구 한 몫 단단히 챙겨낸단데유."

"상이란 것이 원래 사흘장, 좀 크다 싶음 오일장인디, 그걸 넘기믄 경비두 경비지만, 객귀가 된 원혼을 달래어 좋은 디루 천도하라구, 푸닥거리며 살풀이며 굿판을 벌려야 헌대유. 그라니, 장의두 좋구 무당두 좋구, 하루에 따박따박 백만 원씩 받아챙기는 수중대야 두말허믄 잔소리쥬. 참말인지는 내두 몰러유. 기냥 말 좋어허는 이들이 입초사를 놀린 소리들이니께. 여름에 그런 큰 손님 두엇만 받으면 한 해 놀구지낸다는 말두 있슈. 우리유? 그야 사람들 벅적거리믄 암만혀두 낫기야 낫쥬. 허다 못해 상여꾼들 술국두 팔구, 밤샘허는 이들 안주꺼리루다 매운탕두 팔아먹으니께. 허지만 우린 댈 것두 아녀유. 잔챙이쥬, 뭐."

오리개 식당 오리개 食堂

 대학원에서 지명에 따른 우리말 어휘의 변이 과정을 가르치는 서삼수 교수가 도심에서 살던 아파트를 팔고, 근교의 허름한 농가로 이사한 것은 올 봄의 일이었다.

 처음 이사를 올 때, 서투르게 페인트로 써 놓은 '오리개 식당'이라는 간판이 가장 먼저 눈에 들어왔다. 예비군 훈련장 들어가는 길목에 자리 잡은 허름한 식당이었다. 그 밑에는 '롱개'라는 좀 작은 글씨가 적혀 있었다. 예부터 전해오는 지명인 듯하였지만, 정확히 그 어원을 알아내지는 못했다. 그가 태어난 고향에도 소지개라는 지명이 있고, 서울에도 두물개니 배우개라 하는 옛 지명들이 남아 있어서 자연스레 유추가 되었다. 뜻은 알 수 없지만, 그 어감이 시골 같은 정감을 느낌을 주어 양정리라는 재미없는 행정 명칭 대신에 '오리개'라는 이름을 즐겨 썼다.

 집들이를 오겠다는 서울 친구들에게 위치를 일러 줄 때도, 마죽행

버스를 타고 오리개에서 내리라는 식이었다. 중국집에 자장면을 시킬 때나 가스배달을 시킬 때도, 오리개로 오라고 하였다. 처음엔 '오리개요?' 하고 반문하다가 그들은 이내 오리개 식당 있는 곳이라면 제대로 알아듣고 잘도 찾아왔다.

나중에는 우편물이나 집 주소를 밖으로 알릴 때에도, '양정리 186번지 오리개 서삼수'라는 식으로 이 정감어린 지명을 되살려내는 데 미력이나마 보태려 애썼다.

연말쯤이다. 도시에 사는 지인들이나, 학회에서 보내오는 우편물과 안내장들이 한꺼번에 몰릴 무렵이었다. 도착할 우편물들이 오지를 않아 전전긍긍할 무렵, 웬 낯선 아줌마가 한보따리 우편물들을 들고 찾아왔다.

"아, 으째 이 집 핀지들이 죄 우리께루 온디여?"

"그래요? 아마 새로 이사 와서 우체부 아저씨가 집을 못 찾나 봅니다."

"근디, 으째서 핀지마다 울 식당 이름은 붙이셨댜?"

"아, 오리개요? 그게 우리 마을 이름이잖아요."

"옴마. 오리개가 먼 마을이댜? 우리 식당 이름이구먼."

"아니, 그 식당 있는 곳이 옛날에 오리개라 불리지 않았나요?"

"내가 칠십 게우 살아서 옛날은 모르겄구, 아무튼 긔서 이십 년 개장국 말아 팔았는디, 그런 소린 못 들었슈."

"개장국요?"

"아, 우리 식당이 오리허구, 개허구 전문이여, 슨상님두 시간 내면 꼭 들러봐유. 맛있어유."

"그러면 롱개라는 것은?"

"롱개라니여?"

"오리개 밑에 좀 작게 써놓은 롱개⋯⋯."

"아, 그기 우리 냄편이 쓴 거인디, 글짤 잘못 적어 놔서, 긔를 볼 적마다 곤치라 곤치라 노래를 불러댔건만 여즉히 버려 둬서, 울매나 남새스러분지 몰라여. 긔 롱개가 아니라 통개여. 개를 통째루 삶는 거 말이유."

부부 夫婦

(병자호란 때 윤선거가 그의 부인 이 씨와 아들 윤증을 데리고 강화도로 피난하였는데,)
일이 급하면 아내와 더불어 함께 죽기를 약속하기에 이르렀다.
강도(강화도)가 함락되자…… 윤선거는 그 아내 이 씨를 몰아서 스스로 목매게 하였으나
윤선거는 죽지 못하였다.
— 숙종실록 재위 10년 5월 13일 기사 중 일부

스코트 니어링은 헬렌과 결혼하여, 버몬트 숲 속에서 살기를 백 세에 이르렀다.
이쯤이면 넉넉히 살만큼 살았다 여겨, 곡기를 끊고 스스로 남은 삶을 마감하였다.
김백선에게서 그 이야기를 가만히 듣던 그의 아내는
부지런히 돌리던 맷돌질을 잠시 멈추고, 혀를 찼다.
'그 여편네두 참 독허네. 아무리 냄편이 그만 살겠다 혀두,
강제루 입을 벌려 미음이라두 떠넘겨야 헐것이지…….'
— 가곡리 책대여점 김백선 씨 부부의 이야기

김천수 노인은 지극히 얌전했다. 하루에도 서너 번씩 큰소리가 나
고, 머리를 쥐어뜯으며, 세상의 온갖 악담과 욕설이 난무하는 시장 골
목에서도, 그는 남들에게 눈 한 번 치뜨지를 않는 사람이었다.

아침이면 남들 잠이라도 깰까 봐 살며시 함석 문을 열고, 금붕어가
든 어항을 한 손에 든 채 장사를 나갔다가 저녁이면 행여 발소리에 남
의 비위라도 상할까 봐, 고양이보다 더 조용한 걸음으로 들어갔다. 그
것이 이 골목에서 그가 내는 인기척의 전부였다. 그는 말이 없고, 눈
빛도 그렇게 조용했다.

이상은 그가 술에 취하기 전의 사항이다. 법 없이도 살 수 있다는 천사표 김 노인이 술만 취하면 전혀 다른 사람으로 변하는 데 문제가 있긴 했다.

일단 술에 취하면, 김 노인은 목소리가 전혀 다른 사람의 것이 되었다. 군대식 구령을 외치며, 두 팔을 쉴 새 없이 치켜 올리고, 복잡한 시장 한복판에 서서 오가는 사람들을 이리저리 삿대질로 가리키며 교통순경 시늉을 내는 것이었다. 그렇다고 시비를 걸거나, 욕설을 하는 것은 아니었다. 입속으로 중얼거리거나, "앞으로잇 갓. 하낫, 둘, 서이, 너이……" 큰소리로 하늘을 향해 구령을 붙이긴 했지만, 그런 소리가 누군가를 향하는 것은 아니었다.

혹 술집 골목에서 취객들과 눈이 마주치며, '앞으로잇 갓' 소리에 시비가 붙어 멱살을 잡히거나, 뺨을 후려 맞는 경우도 있었지만, 김 노인은 아무런 저항도 없이 맥없이 맞아주고는 여전히 발을 돌려 "앞으로잇 갓"을 외치고 씩씩하게 행진을 계속했다.

그런데 김 노인의 아내는 표독스럽기 그지없는 여자였다. 바짝 마른 얼굴에 희끗희끗한 머리를 긁적거리며 그녀는 욕을 입에 달고 다녔다. 대개가 김 노인에게 퍼붓는 욕들이었지만, 한마디 대꾸도 않고 운명처럼 받아들이는 김 노인 탓에 큰 소리가 나지는 않았다.

문제는 김 노인이 취한 날이었다. 그런 날이면, 두 사람 사이에 쫓고 쫓기는 한바탕 소동이 벌어졌다.

이른 봄이었다. 김 노인은 초등학교 앞에서 금붕어 대신 올챙이를 팔았다. 자연생활인가 하는 시간에, 올챙이가 뭔지 그림책으로만 본 도시 아이들에게 선생은 올챙이를 구해 오라는 숙제를 내 주곤 했다.

용케 그런 정보를 알아낸 김 노인은 기차를 타고 금촌까지 가서 올챙이를 한 동이나 잡아 왔다. 그는 원가가 비싼 금붕어 대신 거저 잡은 올챙이로 제법 재미를 보고 있었다.

"올챙이 사시오. 다리 안 나온 건 오 원, 뒷다리만 나온 건 십 원……."

모처럼 술 한잔 걸친 김 노인은 구령 대신 그 말을 외쳐 대며, 시장 바닥을 휘젓고 다녔다. 그리고 여느 때처럼 그의 악처가 나타났다.

"이놈의 영감탱이, 일루 안 와."

빗자루를 든 그의 아내는 두 팔을 걷어 부치고, 김 노인의 뒤를 쫓기 시작했다.

"올챙이 사려어. 다리 안 난 놈은 오 원……."

"이 오살헐 인간. 새알 떠끔 번 돈 술루 다 처 먹구, 잘 헌다. 일루 안 와."

"올챙이 사려어."

"그래, 오늘 니 눔 장삿날이다. 그렇게 약 올리다가 지 명에 못 살구 말지."

빗자루를 팽개치고, 부삽을 집어 든 그의 아내는 신발이 벗겨지는 것도 마다 않고, 그의 뒤를 맹렬히 쫓기 시작했다. 이제 김 노인도 끝장이 날 판이다. 시장 사람들은 말은 하지 않았지만, 그가 잡히지 않기를 마음속으로 빌었다.

드디어 뒷덜미를 잡힐 찰나에 김 노인은 집 옆에 세워둔 사다리를 타고 지붕으로 올라갔다. 뒤미처 쫓아온 그의 아내가 사다리를 오르려는 순간, 김 노인이 사다리를 밀어 젖혔다. 뒤로 나자빠진 그의 아내는 눈에서 파란 빛이 돋을 정도로 독기를 부렸다.

"너, 이 새끼. 안 내려와. 이 개가 뜯어먹다 트림할 늠, 넌, 오늘 내 손에 장사치루구 말 줄 알어."

"올챙이 사려어, 다리 안 난 놈은 오 원, 뒷다리만 난 놈은 십 원……."

"베라먹다 뒤질 놈 같으니, 아가리 닥치지 못혀. 다리 몽댕이 뿐질러 놓기 전에 빨랑 안 내려와."

결국 날이 어두워질 때까지 그의 아내는 세상의 온갖 욕들을 죄다 사용하고, 두 번씩이나 재활용을 한 뒤에야 제 풀에 지쳐 집으로 돌아갔다. 술이 깰 때까지 올챙이 타령을 늘어놓던 김 노인은 비둘기와 함께 지붕에서 잠이 들었다. 골목 건달 하나가 보기 안 됐는지, 지붕에 살며시 올라가 노인을 데리고 내려왔는데, 술이 깬 노인은 허리도 펴지 못한 채 겁에 질려 온몸을 사시나무 떨 듯 했다.

"아, 긍께 대책두 읎으면서, 으쩌겄다구 마나님헌티 엉까여? 그러다 증말 초상치를라요? 마누라가 패 죽이는 건 살인죄두 아니랑께. 객사보더 무서운 가정사란 말이시. 아따, 떨기는 드럽게 떨고마. 꼭 울 아부지 닮았소잉."

건달이 제 고향집의 늙은 아비 생각이 났는지 포장마차로 데려가 소주 한 병 받아 주었지만, 노인은 어찌나 몸을 떠는지 제대로 술잔을 비우지도 못했다.

그런 일이 있고난 날이면, 으레 밤마다 김 노인 집에서는 벽 치는 소리가 쿵쿵 울리곤 했다. 옆집 사는 사람 말로는 그게 김 노인 머리가 담벼락에 부딪치는 소리라 했다. 그의 아내가 김 노인 목덜미를 잡고는 있는 힘을 다해 벽에다 머리를 박아대는데, 그 소리는 이따금 김 노인의 신음소리와 뒤섞이며 밤늦도록 이어진다고 했다.

"닝기미, 어데 무서워서 장가나 가것나. 다리에 힘 빠지구, 물건 션찮으면 대굴빡에 구멍이 나서 죽을 티니, 으메, 난 장가 안 갈런다."

"드런, 명색이 사낸디, 맞구 살어? 가운데 추는 폼으루 달구 다닌다? 무게 중심 빡 잡으라구 삼신할매가 달아준 거인디, 으뜨케 앉어서 오줌 싸는 것덜헌티 맞구 살어?"

"안 살믄 워쩌라고? 늙으면 도수 읍는 거시여? 심 있을 땐 남자가 큰소리쳐두, 늙으면 맥 못 쓰는 거여. 아, 저 노인은 맞구 싶어 맞간디? 심 읎응께 맞는 거이지."

"여자가 뭐시여? 가운데 도끼루 빡 쪼갠 자국이 달래 있는 줄 알어? 태어날 때부텀 읎어맞게 살기루 되어 있는 거여."

"그나즈나, 저러코럼 담뿌락에 헤딩허구, 대굴빡이 성치 않을 틴디, 으짜믄 좋을까잉."

좌판에 앉아 소주잔을 노닥이던 건달들이 혀를 찼지만, 이튿날이면 김 노인은 언제 그랬냐 싶게 얌전히 함석문을 밀고, 어항에 담긴 금붕어나 올챙이를 팔러 나갔다.

그러던 김 노인이 며칠 바깥출입을 하지 않았다. 이따금 콜록거리는 기침소리만이 새어 나올 뿐이었다. 그의 아내 말로는 감기에 걸렸다고 했다. 기침 소리마저 멎은 지 일주일쯤 지나서, 김 노인이 죽었다는 소식이 들렸다.

"펄진나게 감기약 지어다 먹였는데, 맥을 못 쓰고 자꾸 늘어지더니만, 갔어."

그의 아내는 이마에 내 천 자를 그리며 이웃들에게 남편의 죽음을 설명했다. 노인이 팔다 남은 금붕어를 싸게 주겠다며 술집 아가씨들마다 붙들고 흥정을 벌이는 그녀를 보며, 어지간하다고 뒷공론이 많았다.

김 노인이 장례도 없이 몇천 원짜리 종이 관에 실려 벽제 화장터에서 불살라진 뒤, 골목에는 한동안 말이 많았다. 머리를 벽에 부딪친 게 만성 뇌출혈이 되어 죽었다느니, 감기에 걸려 자리에 누운 걸 일주일씩이나 밥을 주지 않아 굶어 죽었다느니, 흉흉한 소문이 나돌았지만 막상 김 노인의 아내는 태연했다.

목포집에 금붕어 사라고 들른 그녀에게 마침 술 한잔 얻어 마시고 있던 건달 하나가 딴죽을 걸었다.

"오매, 이젠 아줌씨가 영감님 대신 금붕어 폴러 다니게라우. 으쩌면 쓸까잉. 고것 폴아서 영감님 지사라두 디리게라?"

"배부른 소리. 화장했으면 끝난 것이지, 뭔 팔자에 따루 제사야? 산 입 채우기두 막막한데……."

"참, 아줌씨두 혀두 넘 혔소. 아무리 미워두 한이불 뒤쓰구, 도하기 빼기 다 해번진 처지에 그리 박절허믄 안 되지라?"

"한 이불인지, 각 이불인지 웬 참견이래. 쓰잘데기 없는 소리말구, 금붕어나 팔아주."

"증말 징하네, 이 판국에 말라비틀어진 금붕어가 문제랑가? 아줌씨, 살아서 영감님 대굴빡이나 처박으믄서, 가슴에 못 겉은 거이 콱 찔러배키지 않소? 나두 먹구살자니 엄헌 놈 옆구리에 사시미 담근 즉두 솔찮게 있지만, 가끔은 가심이 찔러오는디, 아줌씨는 괘안허여?"

"대굴빡은 뭐고, 가슴에 못 박는 건 또 무슨 소리래?"

옆에서 손톱만 다듬고 있던 미스 양이 보다 못하겠다는 듯 입을 비죽거리며 끼어들었다.

"알 사람은 다 아는 소린디, 젤 가까운디 기신 분이 모른디야. 솔직히 인간적으루 넘혔지, 뭘 그랴."

"뭘 너무해?"

"아줌마가 아저씨헌티 너무했지, 뭘 그랴. 아픈 양반 요새 흔헌 것이 병원이구, 기침만 콜록해두 달려가는 디가 병원인디, 엎어지믄 코 닿을 데 있는 병원 한 번, 안 모셔가구, 그냥 보낸 거이 솔직히 넘헌 거 아녀?"

"남 모르면 국으루 입 다물구들 있어서. 영감이 겉으룬 순해 보여두, 어찌나 고집이 센줄 알어? 황소고집야. 내가 지발 병원엘 가자 해도 들은 척도 않고 약만 사오라는 거야. 그저 감기거니 여기구 며칠 누워 있으면 틸구 일어날 줄 알았지 뭐야."

"담벼락에다 쿵쿵 머리 박는 소린 뭐당가? 옆집서 다 들었다든디?"

"머릴 박다니, 누구 머리를?"

"누구는 누구여, 아저씨 머리지."

"기가 막혀 말이 헛나오네. 시방 그럼 내가 우리 영감 머릴 벽에다 갖다 박었단 소리야?"

"암만."

"어떤 잡것이 그딴 소릴 해? 주둥배기를 짓쪄 놀려. 터진 아가리라구 함부루 지껄여도 되는 거야?"

"오매, 무서워라. 난 아니오. 내 입 찢을라? 그럼, 아녀?"

"죽네 사네해도 내 영감탱이야. 젊어서 알콜 중독으루 알량한 재산 다 까쳐먹구, 자식 하나 있는 거 돈만 있음 병두 아닌 폐병으루다 잡어 먹구, 이렇게 시장바닥에 나앉아 근근히 살아가는데, 그 원수 같은 술 지겹지두 않는지, 잊힐만허면 또 입에 대구, 밤새 끙끙 앓는데, 어느 기집이 좋다 하겠어? 내 입 걸다 하지만, 그런 입장이 되 봐. 내보다 더하면 더하지, 덜은 않을 걸."

"그럼, 그 소린 뭐랴? 밤마다 쿵쿵 담벼락 무너지는 소리가 났다는디……."

"염병할, 밤에 처자빠져 자지 않구, 남의 집 담벼락에 귀때기 붙이구 살았대? 영감탱이가 속을 베려놔서, 술 퍼마신 날 아침이믄, 밥 한 톨 넘기질 못해. 그래, 속 풀라구 방맹이루 북어 두딜긴 거다. 왜? 그것두 안 돼?"

라이벌 rival

누가 연구하여 발표하였는지는 몰라도, 달리기를 할 때 혼자 달리는 것보다 둘이 달리는 것이 더 좋은 기록을 낳는다고 한다. 사람들은 이것을 경쟁에 의한 결과라고 칭송하며, 흔히 사회주의 국가의 몰락을 이야기할 때마다 몇 번이고 되새김질한다. 그런 논리를 순순히 받아들이자면, 두 명보다는 세 명이, 세 명보다는 수백 명이 달리는 것이 더 좋은 기록을 내야 할 것이며, 어떤 육상경기나 마라톤대회도 참가인원수에 비례하여 기록이 좋아져야 한다. 과연 그러한가?

대체로 경쟁은 자연발생적인 경우도 있으나, 누군가가 이간질을 하고, 싸움을 부추겨서 머리가 터지도록 쌈질을 벌이게 되는 경우도 있다. 정작 미워할 이는 그런 자이건만, 사람들은 눈앞의 경쟁자만 미워할 뿐 등 뒤에서 느긋이 싸움을 즐기는 자에 대해선 알지 못하더라.

70년대에 우리나라 가요계에는 두 개의 태양이 있었다.

영남 지방을 대표하는 나 가수와, 호남 지방을 대표하는 남 가수가 그들이었다. 둘은 등장 시기도 비슷하였고, 연배도 비슷하여 라이벌이 되기에는 이상적인 조건을 갖추고 있었다. 조건은 엇비슷하더라도 대립각이 있어야 라이벌이 되는 것인데, 생김새나 창법이 그러했다.

나 가수는 남성미 넘치는 큰 얼굴과 큰 입을 지니고, 지게 작대기 두드리는 머슴처럼 투박하고 구수한 목소리를 지닌 데 비해, 뺀질뺀질한 용모에 가느스름한 눈웃음을 시도 때도 없이 아무 데나 날리는 남 가수는 입을 벌리는지, 오므리는지 분간이 안 될 정도로 신음소리 내듯 웅얼거리니, 그들을 추종하는 팬들도 둘로 나뉘게 되었다.

남북으로 나뉜 국토를 다시 동서로 쪼갠 이 트로트 군단은 예하의 열렬한 팬들을 거느리고 두 개의 태양처럼 사정없이 떠올라 밤이고 낮이고 가릴 것 없이 나라 안을 들끓게 했다.

당시의 트로트라는 게 공장에 다니는 노동자들이나 듣는 노래라 하여, 기초영문법을 들추기 시작하는 중학생만 되어도, ‘별이 빛나는 밤에’라는 심야 라디오 프로그램을 들으며 팝송이라는 서양 노래에 빠져 트로트 알기를 우습게 알았다. 이런 풍문을 접한 두 태양들은 급기야 무대 위에서 간간이 팝송을 부르기 시작했다. 그걸로도 성이 안 찼는지, 급기야 이들은 서양의 가수 흉내를 내기에 이르렀다. 야성미 넘치는 나 가수가 톰 존스라는 서양 가수 행세를 하며, 이따금 표범 우는 소리를 내지르며 시커먼 눈썹을 꿈틀거릴 때, 호남의 남 가수는 엘비스 프레슬리라는 서양 가수 행세를 하며, 번쩍거리는 쇠단추가 무수히 박힌 옷을 입고 무대에 올라와, 두 다리를 쩍 벌리고 풍 맞은 이처럼 그 다리를 사정없이 후들거리기 시작하였으니 그때마다 무대 밑의 팬들은 괴성을 지르며 혼절하기에 이르렀다.

70년대 초, 고등학생이던 규만은 언제나 남 가수의 노래만 불렀다. 중국집에서 시계를 맡기고 자장면에 빼갈이라도 한두 잔 먹고 나면, 돌아가며 노래를 부르는 게 일이었는데, 그때마다 규만은 '저 푸른 초원 위에'를 불렀다. 그에 비해 유성은 나 가수의 '울긴 왜 울어'를 열창했다.

둘 다 음치에 가까워, 노래보다는 그들의 엉터리 음감과 제멋대로인 박자가 요절복통을 일으키곤 했지만, 둘은 가수의 손짓이며 표정까지 흉내 내며 진지하게 2절까지 노래를 불러야 자리에 앉았다. 그들이 모든 자리에서 노래를 자청해서 부르는 것은 아니었다. 그러나 둘 중의 어느 하나가 부르면, 이에 질세라 남은 하나도 자리에서 일어섰다.

둘이 친구이긴 해도 좀 묘한 데가 있었다. 뭐랄까. 상대가 혹 자신이 없을 때, 혼자 잘난 체 할까 봐 감시하기 위해 따라다니는 사이라고나 할까. 학교 끝나면 쓸데없이 거리를 몰려다니는 게 일이었던 패거리에 그들이 어떻게 끼었는지는 몰라도, 규만이 있는 곳이라면 으레 유성이 있게 마련이었다.

처음부터 사이가 나빴던 건 아니다. 좋아하는 가수가 다르다는 점을 제외하고는, 특별히 둘 사이에 틈이 벌어질 일은 없었다. 우연히 중국집에서 돌아가며 노래를 부르게 되었을 때, 둘이 잇달아 부른 노래가 당대의 라이벌이었던 두 가수의 곡이었다는 점에 착안한 어느 친구가 기회 있을 때마다 둘을 부추기기 시작한 데서 그들의 사이는 악화되기 시작했다.

"야, 날씨도 구중중한데, 노래나 한 자락 쫘악 뽑아봐라. 근데 노래라면 아무래도 규만이가 최고지? 전번에 그거, 저 푸른 초원 위에…… 춤도 좋고, 최고야, 최고!"

이 정도만 해 놓으면, 그 다음은 동전 먹은 쥬크박스처럼 자동이었다. 규만이 눈썹을 찡긋거리며 개다리춤을 흔들어대고 나면, 유성은 누가 시키지 않아도 몸을 뒤로 자빠뜨리며 '울긴 왜 울어'를 불러댔다. 모처럼 포복절도할 여흥거리를 찾아낸 패거리들은 적당히 둘로 나뉘어, 규만과 유성을 엇비슷하니 응원하고 나서면서, 둘은 바야흐로 트로트계의 두 태양이 벌이는 인기 경쟁의 대리전을 본격적으로 펼치기에 이르렀다.

그들이 대화를 주고받는 경우는 다툴 때 아니면 별로 없었다. 그들은 아예 말을 안 하거나, 했다 하면 누가 옳은가 우기며 다투거나, 둘 중의 하나였다.

"그러니까, 니기 시방 헌 말이, 달나라에 암스트롱이 간 거이가 순전히 구라다 이거 아니냐?"

"순전히 구라다커는기 아이라, 일부 의혹이 있다카는기다. 와, 내 말이 틀렸나?"

"가만가만…… 그 말이 그 말 아닌가? 의혹이 있다허는 거슨, 무언가 구라가 섞였다, 이 말 아닌가?"

"와, 죽갔네? 니 귀때기는 우예 생기묵길래, 사람 말을 그리 몬 알아 듣노? 얼라야. 보그라. 구라라커는 것은 말이다……."

"오매, 사람 팔짝 뛰다 까무라쳐 부리것구만. 지 주둥치 밖으루 새

나오는 말이 거시기헌 건 모루구, 남 귀한 귀만 탓허야?"

대강 이런 말들이 한번 시작되었다 하면, 자장면이 퉁퉁 불어서, 면
발이 손가락만 해지고, 지켜보다 못해 성미 급한 친구가 팔목 시계를
풀어 주인에게 영수증 한 장 받고는 우르르 일어설 때까지, 누구 하나
먼저 그만두자는 말을 하지 않았다.

그런데 이 둘의 다툼이 절정을 맞은 것은 고등학교 졸업을 앞둔 크
리스마스 이브날이었다. 교복 시절의 마지막 크리스마스를 무언가 의
미 있게 보내자고, 바람둥이 영래가 어디선가 엮어온 여학생들과 올
나이트 파티를 하기로 했다는 것이다.

장소는 중랑천 주변의 허름한 홍콩반점—왜 그 시절의 고등학생들
은 일제 시대, 독립운동가들처럼 중화요릿집 골방에서 은밀히 모였는
지 모르겠다—이었다. 영업이 끝난 시각의 중화요릿집을 아예 통째
로 빌리기로 하였다니, 얼마나 신나는 일인가. 게다가 꽃다운 여학생
들까지 짝을 맞춰 온다니, 참으로 거룩한 성탄 전야였다.

여학생들과 짝을 정하고, 손바닥으로 무릎을 치며 상대 번호를 부
르는 삼박자 게임인가 뭔가를 하는데, 틀린 사람은 벌로 노래를 부르
기로 했다. 먼저 덧니 난 여학생이 걸려서 '투데이' 라는 팝송을 불렀
고, 이어서 일부러 노래 부르고 싶어서 걸린 게 틀림없는 바람둥이 영
래가 '예스터데이' 라는 비틀즈 노래를 멋들어지게 불렀다. 당연히 노
래는 팝송으로 이어지는 듯했건만, 다음 차례에 규만이 걸리고 나서
문제가 벌어졌다.

규만은 자신의 18번 '저 푸른 초원 위에' 를 모처럼 마신 빼갈 취기
에 힘입어 개다리춤까지 추어가며 2절까지 불러댄 것이다.

"저 푸른 초원 위에. 지랄하고 자빠졌네, 그림 같은 집을 짓고, 지랄하고 자빠졌네……."

여학생들은 얼굴에 침이라도 묻은 것처럼 두 손으로 입을 가린 채, '어머, 어머' 소리를 연발하며 심히 불쾌한 표정을 지었다. 급기야 규만의 짝이었던, 갈래머리 여학생이 자리에서 발딱 일어나, 집에 가겠다는 선언을 하기에 이르렀다. 그걸 바람둥이 영래가 쫓아나가 어떻게 구워삶았는지 간신히 다시 데려 왔는데, 모두들 노래 부르기 반칙은 없애기로 하였다. 왜냐하면 규만이 다음에 짝으로 이어지는 유성의 '울긴 왜 울어'가 일으킬 파장을 모두 두려워했기 때문이다. 분위기를 제대로 파악했는지, 유성은 다른 날과 달리 규만이 노래를 했으니 자신도 해야 한다고 고집을 부리지 않았다.

그런데 밤이 깊어지자, 바람을 쐬자고 저마다 짝을 데리고 으슥한 개울 뚝방길로 나섰다. 말로는 산책이지만, 무리에서 벗어난 짝들이 어떤 행각을 벌이는지는 순전히 그 역량에 맡겨진 일이었다. 그렇기 때문에 남학생들은 서로에게 눈짓을 주며 행여 도중에 서로 마주치는 일이 없도록 뿔뿔이 저마다 다른 방향으로 걷기 시작했다.

규만도 토라진 여학생을 온갖 감언이설로 꾀어, 개울에 비친 별빛을 보자며 뚝방 아래로 걸어 내려갔다. 그리고 낮에 보면 쥐약 먹고 죽은 쥐들이 악취를 풍기며 썩어갈 것이 분명한 중랑천 가장자리에 앉아, '물소리가 겁나게 아름답네요. 쩌기 뵈는 별이 내 별이고, 그 가차이 있는 것은 누구 별일까요……' 하니, 토라졌던 여학생도 수줍게 웃음을 짓는데, '저그 비친 별들이 내 마음인디, 그 별빛이 희미해질수록, 거그가 사랑허는 맴두 희미해진다면, 나는 이 별빛이 사라지는 날 거그를 차라리 잊어번지겠습니다아……' 하는 대목에 이르러, 슬며시 목화솜 같은 여학생 손을 꼬옥 움켜쥐는 순간이었다.

바로 그 순간, 규만의 뒷전에서 낯익은 목소리가 들려왔다.

"니 말이다, 아까 부른 그 노래 말이다, 그기 참말 학생이 부를 노래라구 생각카나?"

언제 왔는지 유성이 두 사람 바로 뒤에 쭈그리고 앉아 있었고, 그 짝이 되는 여학생은 몇 걸음 뒤에 서서 볼이 잔뜩 부어 있었다.

"오매, 징혀라. 그기 궁금혀서 여까지 따라왔냐? 그려, 오늘 아조 어떤 놈의 노래가 진짠지, 뿌리를 뽑드라고잉."

성탄 전야라고 분위기 맞추어 하늘에서는 눈까지 뿌려주는데, 이 징그러운 청춘들은 화이트 크리스마스의 아침이 밝을 때까지, 냄새나는 중랑천 언저리에 쭈그리고 앉아, 나 가수와 남 가수 중에 누가 진짜배기 노래를 부르는 명창인지 답이 나오지 않는 말싸움을 벌였고, 소박맞은 색시처럼 뒷전에 팽개쳐진 여학생 둘은 입이 닷 발은 나와서 일찌감치 집으로 돌아가고 말았다.

삼십 년 만에 강남 모 호텔 스카이라운지에서 열린 J고등학교 67회 동창회에 나갔다가 들은 소리로는, 규만과 유성은 서울의 무지개 아파트에, 그것도 같은 단지 같은 동에 살았다고 한다. 직장에서 퇴근하면, 누구 하나 반기지 않건만 번갈아 가며 서로의 집을 찾아가, '그러니까 시방 니가 허는 말이'와 '니 귀때기는 우예 생겨 묵었노'로 시작되는 대화를 끝없이 이어나갔다고 한다. 내 주장이 강한 유성의 처가 도저히 이렇게는 못 살겠다고 우격다짐을 벌여 간신히 다른 아파트로 이사를 갔지만, 규만네도 얼마 후에 그 아파트로 따라갔다 한다.

그렇게 사십 줄을 넘기도록 아웅다웅 붙어 지내던 두 사람은, 제자리서 깡충깡충 뛰는 스카이 콩콩이라는 완구의 유사품을 만들어 떼돈을 번 규만이 주변의 재경 호남향우회 사람들의 부추김으로 구의원 선거 후보로 나서면서 또 한 판 승부를 벌이게 되었단다. 유성은 아무런 대책도 없이 구의원 선거에 무작정 입후보하였는데, 모두 여섯이나 나선 그해 구의원 선거에서 오로지 서로에게만 눈에 힘을 주고, 경쟁을 벌인 두 사람은 함께 낙선의 고배를 마시고 말았다 한다.

미국으로 뒤늦게 이민을 가게 된 규만의 송별 자리에, 청하지도 않은 유성이가 찾아가, 축하한다고 '울긴 왜 울어'를 부르자, 규만이 머리를 흔들며, '오매 징헌 것, 니가 허면 나두 허재'라며 '저 푸른 초원 위에'를 헐렁한 한복 바짓단을 마구 흔들거리며 개다리춤까지 추었다는 이야기가 전설처럼 전해오는데, 혼자 남은 유성이가 요즘 열심히 영어 공부를 하며 이민 준비를 한다는 말이 있다.

생의 본능 生의 本能

남들 출근할 때 섬진강 청둥오리 떼와 더불어 물수제비를 날린다.
남들 머리 싸매고 일할 때 낮잠을 자다 지겨우면 선유동 계곡에 들어가 탁족을 한다.
미안하지만 남들 바삐 출장 갈 때 오토바이를 타고 전국 일주를 하고,
정말이지 미안하지만 남들 야근할 때 대나무 평상 모기장 속에서
촛불을 켜놓고 작설차를 마시고,
남들 일 중독에 빠져 있을 때 나는 일없어 심심한 시를 쓴다.
가끔 굶거나 조금 외로워하는 것일 뿐, 사실은 하나도 미안하지 않지만
내게 일이 있다면 그것은 노는 것이다.
일하는 것이 곧 죄일 때 그저 노는 것은 얼마나 정당한가!
스스로 위로하며 치하하며 섬진강 산 그림자 위로
다시 물수제비를 날린다.
이미 젖은 돌은 더 이상 젖지 않는다.

— 이원규의 시 「독거」

인생에는 세 가지 나눔이 있다 한다.

사느냐 죽느냐, 영육의 이합과 관련된 생명이 있고, 밥 벌어먹고 살아가는 방편으로서의 생계가 있고, 그 틈을 어떤 식으로 채워나가느냐 하는 생활이란 것이 있다.

자전거에 비유하자면, 끊임없이 발을 굴려 패달을 밟아나가는 것이 생계라면, 자전거를 타고 먼 논의 물꼬 보러 가거나 휘이휘이 무르익은 가을 들판을 구경하는 것이 생활이라 하겠다. 그리고 생명은 안장

에 편히 앉아 제대로 굴러가는지, 도랑에 곤두박질쳐 자전거에서 튕겨나가는지 하는 것이 아닐까.

맞은편에서 달려오는 자동차가 무서워, 엄마를 찾으며 스스로 자전거에서 뛰어내리는 경우도 있고, 가파른 언덕배기 타고 오르기가 버거워 자전거를 질질 끌고 오르는 경우는 무어에 해당할까. 자진 반납된 인생이거나, 살아도 산 것이 아닌 반쯤 죽은 삶이라고나 할까.

한벽 금융 김팔중 대리가 사표를 던지고 표표히 지리산으로 기어들어갈 때만 해도, 동료직원들은 드디어 한 인생이 스스로 자전거에서 뛰어내리거나, 무거운 자전거를 질질 끌고 가거니 여기며 혀를 찼다.

국가 부도 사태가 터지고, 본사에서 지점별로 살생부가 내려왔다는 소문이 흉흉할 무렵, 전 같으면 아침에 출근하여 국내에서 발간되는 온갖 신문들을 광고면까지 이 잡듯 훑고 나서는 지난밤에 과하게 치른 회식의 숙취를 핑계로 사우나탕으로 달려가던 직원들이 하나같이 책상 깊숙이 머리를 처박고 지나치다 싶을 정도로 일에 몰두하였지만, 이미 발등에 떨어진 불이요, 호구에 들어간 토끼 머리였다. 사십 대 부장들이 우르르 명퇴금을 받고 쫓겨나더니, 구조조정이라는 된바람은 삼십 대 과장이며, 말년 대리들까지 솎아내기에 이르렀다.

아침에 보았던 동료들이 저녁이면 짐을 싸들고 사라졌다. 복도에서 마주치는 얼굴들은 이미 산 사람의 그것이 아니었다. 혼백을 놓친 육신들끼리 허정허정 돌아다니다 물끄러미 서로의 핏기 없는 얼굴들을 여간 걱정스럽지 않게 들여다 볼 뿐이었다.

한동안 버스 운전석 앞에 내걸렸던 '오늘도 무사히' 라는 패찰이 퇴근길마다 가슴에 와 닿았다. 잠시 굵은 비만 피하면 되리라는 희망을 가슴에 새기며, 어금니를 아프도록 깨물어야 했다. 물가에 모인 영양 떼가 굶주린 악어의 배를 누군가 채워 주기를 기대하는 눈빛으로 서로를 바라보는 참담한 날들이었고, 짐을 싸서 떠나는 동료들을 볼 때면 동정과 함께 안도의 한숨을 내쉬었다. 송별식 자리마다 '하필이면 왜 나냐'고 울부짖는 동료의 어깨를 부둥켜 안으면서도, '그러면 나냐?'고 속으로 숨죽여 반문하는 날들이었다. 쫓겨나지만 않을 수 있다면, 악마 아니라 악마 증조부에게라도 영혼을 팔 준비가 되어 있었다. 그것은 피차 마찬가지였다. 몸이 아프더라도 행여 누가 알까 봐 무서워 새벽부터 회사에 달려 나왔고, 시키지 않은 야근에 일요일 특근도 빠지는 이가 없었다. 이제는 그런 동료들이 서로 무서울 지경이었다. 모두들 눈에서 빛이 났고, 입에서 독기가 새어나왔다.

김 대리가 부장 앞에 사직서를 내밀 때만 해도, 모두들 그것이 권고사직이겠거니 여겼다. 건성으로 위로의 말을 전하고, 앞으로 먹고살 방편을 걱정해 주었다.

"좀 있으면 나아지겠지. 오래 걸리지 않을 거야. 그때 다시 만나자구."

부장의 말에 그는 가만히 웃었다.

"그동안 너무 열심히 일만 했어요. 이젠 좀 제대로 살려구요."

제대로 산다?

"사실 십 년만 다니려구 했는데, 벌써 이 년이나 넘겼어요."

그동안 김 대리가 변두리 아파트 전세로 살고 있으며, 자동차 할부도 간신히 부어 나가는 걸 알고 있던 사람들은 혹 그에게 숨겨진 재산이 있거나, 아니면 복권이라도 맞았는가 순간적으로 생각했다.

"좀 줄여 써야지. 산속으로 들어가 초막 하나 짓고 살면 뭐, 많은 돈이 들진 않을 거야."

호프집에서 송별식의 장렬한 최후를 맞이할 무렵, 몇 남지 않은 동료들에게 남긴 말이었다.

모두들 그가 너무도 큰 충격에 인생을 포기하거나, 일시적 공황 상태에 빠졌다고 생각했다.

그러나 얼마 후, 그는 양지아파트 5동 302호 전세금을 뽑아서 웃으며 지리산으로 들어갔다. 아침마다 젖을 짜 먹겠다며, 시장에서 산 염소 새끼 한 쌍을 앞세우고…….

그리고 몇 달이 지나, 김 대리는 궁금해 하는 사람들에게 자신의 근황을 알리기라도 하듯, 불쑥 회사 앞 호프집에 출몰했다. 더부룩한 머리에 인동덩굴 같은 걸 묻히고 오긴 했지만, 그는 산벚처럼 화사한 웃음을 만면에 담고 있었다.

"아니, 어떻게 지내?"

"행복하게 살어."

"행복?"

까딱했으면, 그게 뭔데라고 물을 뻔했다.

"뭐가 행복해?"

"뭐, 다 행복해. 아침에 헐레벌떡 일어나지 않아도 되고, 밤늦게 야근 안 해도 되고, 높은 사람 눈치 안 봐도 되고, 먹기 싫을 땐 술 안 마셔도 되고, 마시고 싶을 땐 마시고……."

"근데 뭘 먹구살어?"

"밥두 먹구, 산나물두 먹구, 가끔 굶기두 하고……."

"배 안 고파?"

"졸면서 배 터지는 거보단 훨씬 낫던데."

"생활비는?"

"쌀값만 들어, 반찬은 텃밭에서 나구……."

"공과금은?"

"없어. 우물물 먹으니 수도값두 없구, 전기가 없으니 테레비며 전깃세며 그런 거두 없구. 구들방에 장작 때니까 기름값두 없구."

"병이라도 나면?"

"높은 산에는 병균두 없나 봐."

"애들 공부는?"

"학교 다니지. 벌이가 없다구 생활보호자로 학비두 안 받던데……."

"학원은 어쩌구, 대학 안 보낼 거야?"

"대학은 뭐 하게? 회사 들어가서 죽도록 노새처럼 일하다가 가죽 벗겨져 팽개쳐지라구?"

모두들 어이가 없어 입만 벌렸다. 이제 그가 물었다.

"어떻게 지내? 행복해?"

"행복은 무슨…… 언제 우리가 행복하려구 살았나?"

"그럼, 뭐 하러 사는데?"

"그야, 뭐, 안 하면 살 수 없으니까, 죽지 못해 사는 거지."

"근데 왜 그렇게 살아?"

그는 이따금 산에서 내려와 동료들의 행복을 검사했고, 그때마다 그들은 더욱 불행해지고, 그는 언제나 행복했다. 그러면서 봉급쟁이들은 그가 정말 행복하고, 그들은 행복하지 않다는 사실이 사실임을 알게 되었고, 도대체 왜 그들이 이 행복하지 않은 삶을 생명줄처럼 붙들고 있는지 궁금해 하기 시작했다.

"놓으라구. 당장 놓으면 죽을 것 같아서 있는 힘을 다해 쥐고 있는 그게 자기들 목을 조이는 올가미인 거 몰라?"

김 대리는 고등학교 때, 다른 학교 여학생들을 만날 수 있다는 꾐에 빠져 산악부에 들어간 적이 있다. 난생 처음 올라가 보는 박쥐 코스며, 표범 코스니 하는 기암절벽을 기어오르게 되었다. 앞사람만 보고 따라 오르다 밑을 보는 순간, 온몸의 힘이 일시에 빠져 그는 크랙이라고 부르는 바위 틈새에 달라붙은 채, 한 발자국도 움직일 수가 없었다. 그때, 선배들이 바위에서 몸을 떼어 뒤로 젖히라고 소리쳤다. 몸을 뒤로 젖혀 바위 밑에 넣은 두 팔을 지렛대 삼아야 밑으로 미끄러지지 않는다는 설명을 차근차근 일러 주었다. 듣고 보니, 일리가 있는 이야기였다.

바위에 몸을 붙일수록 틈새에 넣은 두 팔은 번갈아가며 빠져나와 자꾸 밑으로 미끄러졌다. 그렇다. 달라붙은 바위에서 몸을 떼어야 한다. 그의 생각은 그렇게 스스로를 설득하고, 머리도 그 사실을 인정하고 순순히 받아들이기로 했다. 그러나 그의 몸은 바위에 달라붙은 채 도무지 꼼짝을 하려 하지 않았다. 보다 못한 선배들이 다가와 그의 팔을 잡아 당겼지만, 그것은 바위에 들러붙은 것처럼 꿈쩍도 하지 않았다. 그는 그때 비로소 사람의 몸과 머리는 따로따로 움직이는 별개의 존재임을 알게 되었다.

봉급쟁이들은 네 번째 산에서 내려온 김 대리의 행복론을 듣고서 비로소 눈이 뜨였다. 그렇다. 사람이 산다는 게 뭐냐? 일하고 싶을 때 일하고, 쉬고 싶을 때 쉬고, 그것이 행복이고 인생의 바른 길이다. 죽어라고 일해서 돈을 천정까지 쌓아 두면 뭐하랴. 돈 쓸 시간마저 없을 지경으로 새벽부터 야밤까지 일에 파묻혀 지내는 게 말이 되는 일인가.

비단 옷에 향낭을 찬들 야밤에 누가 보고, 새벽에 누가 그 향기에 탄복하겠느냐. 평생 돈다발, 일보따리에 깔려 허우적대다가 단물 다 빠지면 껌처럼 길바닥에 동댕이쳐지거나, 두 다리에 힘 빠져 자리에 누워 벽에다 똥칠이나 하면서야 억만금이 무슨 소용이겠느냐. 머루나 다래를 따먹고, 나문재에 구조개를 주워 먹을지라도 맘 편하게 살아가는 것이 행복이로다.

아침나절 텃밭에 나가 상추를 심다가, 배가 고프면 코앞에 흐르는 개울 바닥에서 가재를 잡아 국수에 끓여 먹고, 달 밝은 밤이면 머루로 담근 술에 얼큰히 취하며 마당에 내려앉는 산벚 꽃잎을 바라본다는 김 대리의 이야기에 빠져 넋을 놓고 듣던 이들은, 기필코 모두들 짐을 싸서 산으로 오르자고 다짐을 하기에 이르렀다. 외진 곳에 혼자 들어가면 외로우니, 말 나온 김에 적당한 땅을 사서 함께 모여 살자고 의기투합하여, 호프집 메모지에 볼펜으로 장차 그들이 지을 토담집 모양을 그리고, 굳이 양옥집을 짓겠다는 총무부 백 과장을 설득하느라 입씨름을 벌이기도 하였다.

이윽고 다음날. 공동으로 작성한 사직서를 살쾡이 같은 박 부장 면상에다 보기 좋게 내던지자며 폭탄주로 몇 번이고 다짐을 했던 한벽금융 영업부 직원들은 하나같이 책상 깊숙이 박은 머리를 들려 하지 않은 채, 야근 신청서에 빠짐없이 사인을 하기 바빴다.

봄이 지나 여름이 무르익을 무렵, 오랜만에 생선을 사러 산에서 내려왔다는 김 대리를 보러 호프집에 모인 그들의 입에서 나온 말은 다음과 같았다.

"인생이란 게 뜻대로만 되지 않더라구. 분명 생각도 있고, 마음도 있는데 어찌된 인생이 제자리에 달라붙어 도무지 꼼짝을 하지 않네."

쌔구 四九

최저생계비라는 것이 있다.

그런 뉴스를 들을 때마다, 도대체 그 최저생계비는 어떻게 산출해내는지 궁금했다. 말 그대로 사람이 사람으로서 살아가는데 소요되는 최저의 비용을 말한다 쳐도, 도대체 어떤 사람이 어떤 식으로 살아가는 비용인지 애매하긴 마찬가지였다. 굶어 죽지 않을 정도의 비용이라면, 하루 세끼 먹을 쌀값에 곱하기 삼십을 한 비용을 말하는가. 아니면, 라면이나 국수를 기준으로 하였는지, 사람이 맨밥만 먹을 수 없으니, 소금이나 간장, 김치 정도는 담가 먹을 돈을 더하는 것인지, 가끔은 목욕도 하고, 이발도 하는 비용까지 더하는지 정부의 발표가 있을 때마다 궁금할 뿐이었다. 훨씬 나중에 피씨방에서 인터넷으로 뒤져 보았더니, 다음과 같은 어려운 말들이 쏟아져 나왔다.

―최저생계비(最低生計費)

국민이 건강하고 문화적인 생활을 유지하기 위하여 소요되는 최소한의
비용이다.

―최저생계비의 산출방식

국민의 소득 및 지출수준과 수급권자의 생활실태, 물가상승율을 고려하
여 결정하며, 5년마다 계측조사를 실시한다.

―계측조사(1999년)

계측방법 : 전물량방식(market basket 방식).

일상생활에 필수적인 품목을 선정한 후, 품목별 최저소비량과 가격을 곱
하여 최저생계비를 산출.

이런 복잡한 설명 밑에는 2000년 4인 가구 기준으로 928,398원이라
는 금액이 적혀 있었다. 이 계산에 의하자면 한 사람당 232,099원 50
전이라는 답이 나온다. 하루에 7,736원 65전 꼴이니, 그것을 세끼로
나누면 2,578원 88전이다. 오로지 먹는 식비로만 쓴다 해도, 그것은
정확히 당시 짬뽕도 아닌 자장면 값이 아니겠는가. 아하, 최저생계비
라는 것은 결국 국민의 가장 보편적인 식사로 자리 잡은 청요리 자장
면을 한 달 내내, 90그릇 먹으라고 주는 돈이구나. 그런데 이런 최저
생계비도 안 나오던 시절의 국민들은 무얼 먹으며 최저 생계를 유지
할 수 있었을까.

금방 내다 버린 연탄재가 담긴 쓰레기통을 기호는 신줏단지처럼 끌
어안았다. 아직 남아 있는 불기운에 몸을 녹이며, 통금이 풀리는 사이

렌 소리만 간절히 기다렸다. 벌써 이틀째 밥 구경을 못하고 나니 야방까는 것도 더 추웠다. 곰 형 심부름을 하고, 소주 세 잔과 돼지껍질 안주 몇 점 얻어먹은 게 전부였다. 이럴 줄 알았으면, 밸이 꼴리더라도 동천이네서 견디고 있을 걸 하는 후회가 막심했다.

얼마 전까지도 기호는 시장골목에서 색시 장사를 하는 동천네서 붙어 지냈다. 이따금 술값 가지고 난장을 치는 손님이나, 다른 동네 양아치들이 찍자라도 붙으면 달려가 질서를 정리하고, 빚 떼어 먹고 달아나는 색시들 잡아 오는 게 일이었다. 남들 듣기 좋게 영업부장이라고 비행기를 태우기도 했지만, 사실 머슴이나 다름없었다. 동천이 돈내기 당구를 치러 가면, 따라가 깸돌이도 보고, 잃으면 깽판을 놓아서 얼마라도 개평을 뜯어내고, 따면 개평 안 주려고 깽판을 벌이는 일까지 거들었다. 나중에는 동천이 엄마 대신 장바구니를 들고 안줏거리를 사러 다니기도 했고, 아가씨들 생리대까지 사다 주는 심부름도 했다. 그래도 잔돈푼이라도 우수리가 남는 일이기에, 기호는 입 다물고 고분고분 시키는 대로 했다.

문제는 미스 리 때문이었다. 마천동 가발공장 다니다 돈 많이 벌러 왔다는 그녀는 고향이 가까운 기호와 금세 친해졌다. 몸매도 좋고 얼굴도 반반한데다 붙임성이 있어서, 처음일이라는 데도 얼마 가지 않아 단골이 네댓이나 생겼다. 이차를 나갔다 오면, 미스 리는 김밥을 들고 와 기호와 함께 먹었다. 뚝방에 앉아 고향 얘기도 나누고, 가끔 술도 마셨다. 자기 큰오빠를 쏙 빼닮았다며 미스 리는 기호에게 제 돈으로 술상도 봐주고, 손님이 뜸한 대낮에 골방에서 몸도 풀어 주었다.

그런데 동천이 미스 리와 가깝게 지내지 말라며 주의를 주었다. 손님들이 싫어한다는 것이다. 그래서 일부러 낮거리 손님이 들은 날은 멀리 뚝방에 나가 맥없이 앉아 있다 왔고, 한가할 때 골방에서 같이 육백 치던 것도 하지 않았다. 미스 리는 그런 기호가 자기가 싫어서 그러는 줄 알고 깽판을 벌였다. 낮부터 소주 두 병을 나팔 불고, 면도칼로 손목을 긋고 난장을 친 것이다. 그리고 며칠째 손님을 받지 않고 골방에 틀어박힌 그녀를 구슬린 것도 기호였다.

일이 틀어진 건 아까징끼—속칭 빨간약으로 부리는 머큐로크롬—때문이었다.

인기가 좋아서 하루에 열 명까지도 손님을 받던 미스 리가 도저히 아랫도리가 쓰려서 일을 못하겠다고 하자, 마침 휴가 나온 군바리들이 단체로 들이닥쳐 한 몫 보게 된 동천이 몸이 달았다. 미스 리는 못 믿어하는 동천에게 벌겋게 부어 오른 아랫도리까지 까 보이고 사정을 했다. 그러나 동천은 집에서 쓰다 남은 아까징끼를 발라주고는 그날 밤, 손님을 받으라 시킨 것이다. 옆에서 보다 못한 기호가 한마디 거든 게 화근이 되었다.

"그동안 먹여 주고, 재워 준 것만 해두 감지덕진데, 꼴에 여자 맛은 알어 가지구, 남의 집 영업을 방해해?"

기호는 더럽다고 동천의 면전에 침을 뱉고 그 길로 나왔고, 식음을 전폐하고 손님을 받지 않던 미스 리는 잔뜩 빚이 엮혀 동두천 기지촌으로 팔려 갔다. 기호는 안 가겠다고 발버둥치다가 짐짝처럼 자동차에 실려 떠나던 미스 리의 마지막 모습이 지금도 눈앞에 선했다.

여기 아니면 살 데가 없겠냐며 뛰쳐나와, 여름내 노가다를 뛰던 기호는 노임을 받은 동네 선배가 어디로 발을 놓는 바람에, 그마저도 오래 다니지를 못했다. 집이 없으니 밤마다 찬이슬에 젖고, 끼니마저 듬성듬성 먹고 지내다 보니, 다리에 힘이 풀려 막일도 나갈 수가 없었다.

그래도 동천네서 나온 것은 잘한 일이라고 생각했다.

인간이 아무리 시궁창의 쥐처럼 산다 해도, 먹다 남은 밥이나 던져주면서 그렇게 괄시를 할 수는 없었다. 여태껏 술판이나 기웃거리며 돈 한 푼 모으지 않은 게 후회스러웠다. 지금이라도 기운을 차려서 악착같이 돈을 모을 생각이었다. 우선은 먹어야 기운이 나는데, 그 먹는 문제가 해결이 되지 않았다.

얼마나 떨어댔는지, 기호는 턱이 얼얼하니 뻐근할 지경이었다. 쓰레기통 가장자리에 떨어진 담배꽁초를 몇 개 주워, 그 중 기다란 것에 불을 붙여 입에 물었다. 미스 리 고향집 앞 개펄에 지천으로 널려 있다는 맛이며, 꼬막이 생각났다. 아까 낮에 포장마차에서 사람들이 뜨거운 김을 후후 불어가며 먹던 냄비우동 생각도 간절했다. 배고픔은 추위도 지우지 못했다. 차라리 감방이라도 들어가 있으면, 삼시 세끼라도 먹을 걱정은 하지 않을 텐데. 기호는 별의별 생각을 다 해본다. 감방에 가려도 힘이 없어 못갈 지경이었다. 이대로 가다가는 꼼짝없이 이 겨울을 못 나고, 거리 귀신이 될 판이었다.

통금 해제 사이렌이 불자마자 달려갔지만 벌써 간호대학 병원 앞에는 어둑어둑한 사람 그림자가 길게 줄을 지어 서 있었다.

겨드랑이에 팔을 감춘 채 제자리에서 동동 걸음을 뛰고 있는 화상들을 보며, 기호는 어디서 이 많은 사람들이 몰려 나왔는지 기이하기만 했다. B형이라는 표지판 줄 중간쯤에 선 기호는 앞에 선 사람들 머릿수를 대강 헤아려 보았다. 스물 셋. 운이 나쁘면 앞에서 잘릴 판이었다. 하루를 더 굶고 기다려야 한다는 생각에 눈앞이 아득해졌다.

한참을 떨고 나서야, 윗도리에 분홍 털옷을 걸친 간호원이 서류를 들고 나타났다. 그녀에게 종이를 받아든 곰 형이 '오형 이십 명, 에이형 열둘, 삐형 열다섯. 이상'이라고 외쳤다. 삐형 열다섯이면 오늘도 틀린 것이다. 여기저기 웅성거리며 흐트러지는 줄 사이로 기호는 재빨리 새치기를 했다. 뭐야, 저 새끼. 뒤에서 외치는 소리를 들었지만 기호는 모른 척 앞만 바라보았다. 씨발, 없는 처지는 마찬가진데, 새치기 허는 놈은 뭐여. 꽤 굵직한 목소리가 들려오더니, 이내 우악스러운 팔이 기호의 어깨를 잡아챈다.

"야, 벼룩이 간을 빼먹을 인간아. 누군 좆발났다구 밤새 떨면서 여서 야방 깠는 줄 알어."

돌아보니 그보다 머리 하나는 더 커 보이는 사내가 우락부락한 눈을 부릅뜨고 그를 줄 밖으로 끌어낸다.

"어, 곰 형…… 곰 형."

맥없이 끌려가던 기호가 필사적으로 앞에 선 곰 형을 불렀다. 시장 골목에서 목포집 뒷배를 봐주면서 틈틈이 병원 일도 보는 그에게 도움을 청했다.

"거기, 뭐야?"

"이 새끼가 새치기를 허잖습니까?"

눈치 빠른 곰 형은 우선 사내의 손에서 기호를 떼어 앞줄에 끼어 넣었다.

"너, 어제 예약한 놈이지?"

"아, 예…… 예."

그러자, 우락부락과 그 패거리들이 웅성거렸다.

"아니, 쪼록 허는 디두 예약이 있으야? 지 몸의 피 팔어 밥 먹구사는 인생들이지만, 여기두 엄연히 질서가 있는 법인디……."

"뭐야, 씨팔놈아. 너, 지금 따지는 거야?"

"따지는 기 아니구여, 말이 쪼깨 기렇다 허는 거지유."

"아가리 닥치구 있어. 오늘만 헐 거 아니면……."

한 번에 이 홉들이 소주 두 병쯤 뽑는 핏값은 팔천 원 정도였다. 거기서 줄 세우는 곰 형에게 천 원 정도 떼고, 나머지 칠천 원 정도로 두 달을 버텨야 했다. 채혈을 하고 나면, 검푸르게 주삿바늘 자국이 남는데, 그게 보이면 병원에서는 채혈을 해 주지 않았다. 얼마 전 사고가 났기 때문이었다. 한 푼이 아쉬운 어떤 인간이 채혈 흔적을 숨기고, 여자들 콤팩트 분을 두텁게 발라 한 달에 세 번이나 피를 뽑다가 죽었다는 소문이 있었다.

칠천 원으로 두 달을 먹고 새 피를 만들 때까지 견뎌야 하는데, 멀건 죽만 먹는다 해도 두 달을 버틸 수가 없었다. 없는 집 애들이 먹성이 좋다고, 지난번에 받은 돈도 가문 논에 가랑비 스미듯, 열흘도 못가 바닥이 났다.

먹은 게 없어서 그런지, 팔에 핏줄이 서지 않아 간호원이 애를 먹었다. 안 된다고 가라고 할까 봐, 기호는 주먹에 있는 대로 힘을 주고, 간호원에게 주삿바늘을 깊이 찌르라고 했다. 비닐 관을 타고 채혈봉지로 흘러 들어가는 자신의 검은 피를 물끄러미 바라보며, 기호는 그나마 제 몸에 팔아먹을 것이 남아 있는 게 여간 고맙지 않았다. 가진 게 몸뚱이밖에 없어 미안하다며, 치마를 벗어 아랫도리를 들이대던 미스 리가 생각났다. 가진 게 몸뚱이밖에 없어 미안하다. 기호는 빨려 나가는 자신의 피를 보며, 그렇게 중얼거렸다.

병원에서 나눠 주는 빵을 차가운 우유와 함께 목이 메도록 쑤셔 넣고는 기호는 곰 형에게서 돈을 건네받았다. 너무 자주 하지 말라며 걱정해 주는 곰 형이 고마워 고개를 꾸벅 숙여 인사를 했다.

병원 밖에는 모처럼 돈을 쥔 패들 몇몇이 모여, 몰아주기 한 판을 벌이고 있었다. 어차피 얼마 가지 않는 돈, 한 놈에게 몰아주자며 바람을 잡는 패거리들에 둘러싸여, 몇몇은 두장 보기 한판으로 두 달 걸려 모은 핏값을 걸었다. 꽤 여러 명이 모여 웅성거리는 화투판에는 시퍼런 지폐들이 분주히 오갔다. 한 번에 털어먹은 이들은 선뜻 자리를 뜨지 못하고, 혹 개평이라도 얻을까 뭉그적거리고 앉아 있었다.

울면서 발버둥치던 미스 리가 떠올랐다. 고향 내려가서 꼬막이나 줍고 살자던 말이 한 폭의 그림으로 되살아났다. 어차피 열흘을 넘기지 못할 이 돈이 떨어지면, 또 쓰레기통 옆에서 견뎌야 할 굶주린 겨울밤에 벌써 진저리가 쳐졌다. 수북이 쌓인 돈이 자꾸 그의 눈을 빼앗았다.

"자, 다음 선수……. 돈 먹구 돈 먹기여. 어차피 술 한잔 먹으면 끝날 돈, 한 몫으로 잡아 보라구."

기호 앞에 쭈그리고 앉았던 이가 구오 네 끗을 잡고, 삼사 일곱 끗에 나가떨어졌다. 다섯 명이 둘러앉은 판은 한판에 삼만 오천 원씩 한 사람에게 돌아갔다. 운이 좋아 두 판만 먹어도 칠만 원이었다. 기호는 털고 일어서는 이의 자리에 자신도 모르게 쭈그리고 앉았다.

"헐 거면 월사금을 디밀구."

기호는 품에 넣었던 돈 칠천 원을 꺼내 수북이 쌓인 돈더미 위에 올려놓았다.

"자, 돌고 돌고, 복꼴복여. 누군지 몰러두, 읎는 놈 따슨 밥이라두 퍼지게 먹으라구 적선허는 겨."

기호는 제 앞에 돌아온 두 장의 화투짝을 조심스레 집어 들었다. 크게 숨 한 번 몰아쉬고, 기호는 화투를 째 보았다. 걸쭉한 국진 한 장이 내보인다. 땡까지는 아니더라도, 단풍 한 장 올라와라. 떨리는 손으로 뒷장을 째보는 기호의 눈앞에 난데없이 미스 리의 허여멀건 궁둥이가 어른거린다. 가진 게 몸밖에 없어 미안하다며, 그에게 내밀던 그녀의 하얀 아랫도리, 그 언저리에 덤불처럼 비죽거리며 돋은 꺼칠한 거웃들……

기호는 넋 나간 사람처럼 중얼거렸다. 몸밖에 가진 게 없어 미안해. 누군가 그가 내려놓은 화투짝을 보고 소리쳤다.

"단판에 째구는 읎어, 세 끗 죽구. 다음 선수……"

포위 包圍

종규가 맛이 간 것은 군대 갔다 와서다. 엄밀히 말하면 군대를 간 게 아니라, 갔다 퇴짜 맞고 온 것이다.

종규가 누구인가. 골목에서도 가장 지저분하기로 소문난 잡놈이다. 세상에 해로운 것들이 죄다 그렇듯, 파리나 모기처럼 종규란 잡놈도 번식력 하나는 끝내줬다. 그런 지저분한 인종은 자기 대에서 멈춰줬 으면 지구 평화와 인간 개량에도 도움이 될 텐데, 언제 그런 걸 생각 이나 하는 인간이란 말이냐. 그 크고 넙죽한 머리통에 든 생각이라곤 유일하게 여자들 아랫도리 생각뿐이었으니, 오죽하면 그 짓을 업으로 삼는 색시촌 아가씨들 사이에서도 개의 물건을 지칭하는 별명으로 불 리었겠는가.

이 망측한 별명을 지닌 종규도 나이가 들어, 갑종 일급으로 국가의 성스러운 부름을 받고 군대를 가게 되었다. 같은 또래들이 군대를 안 가려고, 한 달 가까이 밥 대신 소금을 꾸역꾸역 주워 먹고, 라이타돌

영훈이는 설사약을 물처럼 들이키면서 살을 빼고 있을 때, 종규는 어디서 주워온 군복바지 입고 다니며 벌써 군바리 행세를 하고 다녔다.

개성기 종규가 요란스런 송별식을 댓 차례나 받아먹고 군대로 간 뒤로 색시촌 골목은 한결 차분해졌다. 가래침과 지린내로 끈적거리던 골목길도 상쾌해지고, 늦은 밤 돌연히 들려오던 여자들 비명 소리도 잠잠해졌다. 군대도 가끔 좋은 일을 한다고 모두 고개를 끄덕였다.

그리고 몇 달이 지나서 개종규가 돌아왔다. 군복 입은 종규를 보았다는 말에 벌써 휴가를 나왔나보다고 이맛살부터 찌푸렸다.

"군대에 휴가가 뭐여? 드럽게 헐 일두 읎나부네."

"긍게 말여. 그저 삼 년 황새기 젓 담그듯, 푹 잡어놓구 삭혀야 허는디……."

"근데, 워째 코빼기도 안 보인댜?"

"몇 달 굶었응게, 어디서 무르팍 까지두룩 파구 있겄제."

그러나 군복 입은 종규는 며칠이 지나도 볼 수 없었다. 그때쯤, 이상한 소문이 돌았다. 종규가 아프다는 것이다. 평생 남을 아프게 할 줄로만 알았던 그가 아프다는 말에 기함이 나왔다.

"왼종일 방에만 있댜."

"아프문 빙원엘 가야지, 으째 방구석에만 있댜?"

"그기, 좀 이상헌 것이, 보기엔 멀쩡헌디 정신이 드갔다 나갔다 헌댜."

"오매, 돌아번진 거여? 개종규가?"

궁금하기도 하여 또래들이 쥬스 상자 하나 사 들고, 문병 삼아 종규네로 달려갔다. 툇마루에 앉아 한숨만 푹푹 쉬고 있던 그의 모친이 우르르 몰려온 패들을 보자 눈물부터 글썽였다.

"종규야아. 친구덜 왔다아, 내다 보그라."

그러나 굳게 닫힌 방문은 요지부동이었다. 영훈이가 방문을 두들기고, 돌아가며 한마디씩 불러 보았지만 숨소리 하나 들려오지 않았다.

"으째 저런다요? 엄씨, 이거이 먼 일이라요?"

뒤미처 들어온 그의 형, 종운이 말로는, 온종일 방에만 틀어박혀 있고, 식구들하고도 말 한마디 하지 않는다는 것이다.

"물에 빠져두 종규년 조동이만 동동 뜬다 혔는디, 참말 병은 병인갑다. 입이 근질그려서라두 일부러는 못헐 짓이시."

"도지게 빳달 맞았나? 군디서는 뭐라 협디여?"

"머, 피해망승증이라는디, 심헌 건 아니니, 집에서 푹 쉬게 허믄 좋아질 수두 있다대."

"피해망승증이 뭐다냐? 그기 정신병 아니여?"

"뜬금없는 소리만 혀쌋구. 저러다 애 아주 망가질까 걱정이여."

종운 형의 말에 모두 보통 일이 아닌가보다고 걱정이 되는데, 갑자기 방에서 종규 목소리가 들려왔다.

"난, 난, 아니랑께. 일삼칠공 사팔, 일병 김종규, 경비중대 김종규랑께."

"저거시 먼 소리대?"

"자다가두 저 소리뿐여. 앵무새 새끼츠럼 저 말만 되풀이헌당께."

그렇게 달포쯤 지났을 때였다. 광주에 산다는 대학생 하나가 종규네를 찾아왔다. 시장에서 리어카를 끌고 다니며, 과일을 떼다 팔던 영훈이가 팔다 남은 복숭아나 갖다 주려고 종규네 들렀다가 마침 그이를 만났다 한다.

"그이 말루는 종규가 그리 된 거이, 지 땜이라 허대. 눈물꺼정 질질 뽑아대믄서 허는 말이, 데모허다 붙들려 삼청교육대루 끌려갔는디, 마침 종규네 부대라더만. 으찌나 사람을 못 살게 혀는지, 샛바닥을 깨물구 죽을 생각꺼정 혔다는디, 이대룬 억울혀서 못 죽것다, 으떠케든 거기서 빠져나가야 살것다 혔대. 지옥이 따루 읎다두만. 전라도 사람은 광주사태껀두 있응께, 특별히 괴롭혔다는디, 쫄따구 처지에 지 앞가림두 못허는 인간이 또 오지랖은 넓어놔서, 지 딴엔 멀쟎은 고향사람이다 싶응께, 그이를 불러내어 간빵두 챙겨 멕이구, 눈치 봐가며 일시킨다믄서 쉬게두 혀구 혔나봐."

"종규가 기집들헌티두 허기는 사근사근 오죽 잘혔어? 정은 많다닝께."

"근디 이이가 안 되것다, 이대루 있다가는 병들어 죽던지, 맞아 죽던지 지 명 못 채우겄다, 으떠케든 도망칠 방도를 찾아야것다 맘먹구, 종규게 도와 달라 매달렸댜. 때가 어는 때여, 광주서 꾸루미루 사람 잡구두 눈 허나 껌벅 안 허던 때 아녀? 쫄병 처지에 뭘 돕것소만, 이 대책읎이 정만 푸진 인간이, 즈 죽을 줄은 모르구, 즈 보초 서는 시각에 철조망 너머루 넘기줏다는 거여."

"오매, 오매. 잡것 간도 크요."

"도울려면 지대루나 헐 것이지, 깡통줄을 근드려서 비상이 걸려갔구 부대 안이 발칵 뒤집혀졌는디, 싸이렌이 울구 사방 불빛이 번쩍이니께, 덜컥 겁이 났겠제. 대책읎이 철조망을 넘어서는 함께 도망친 건 또 뭐여? 뺑뺑 조명탄은 터지지, 무조건 깜깜한 산 속으루다 냅따 뛴

거여. 정신없이 달아나다가, 매에 쬧긴 꿩새끼츠럼 덤불에다 대가리
박구 숨어 있는디, 저벅저벅 발소리가 둘러싸드니, 중대장인가 뭔가,
마이꾸루 떠들드래."

"뭐시라?"

"꼼짝 마라. 너희들은 포위됐다. 저항하지 말고, 즉시 투항하라. 이
딴 소리 말여. 거기가 철책선에서 가깝구, 총꺼정 가졌응께."

"그려, 으떠캐 되았대?"

"그이가 이대루 가다간 꼼짝읎이 잡히거나, 총 맞어 죽것다 싶어,
종규더러 너는 지금이라두 나가라, 즈는 이미 죽은 목심이니 필사적
으루 달아나것다 혔대. 근디 종규가, 잡히믄 지두 맞어 죽을 거시 틀
림읎다구 도무지 말을 듣지 않더랴."

"아, 설마 쥑이기야 허것어? 그때라두 자술 혀야지, 쯧쯔."

"결국 중대장이, 다시 한 번 말허것다를 세 번은 더 헐 때꺼정 그 자
리서 발이 굳어 납작 엎드려 있었는디, 총질이 시작되더랴. 이젠 죽었
구나 싶은디, 종규가 오줌을 줄줄 싸문서 항복헌다구 막 꽴을 치더
랴."

"그렇겠제. 을매나 겁이 났을까잉."

"거기서 목심은 건졌는디, 그이는 잽혀서 정식 재판으루 넘겨지구,
그이 부친이 자식 허나 살리자구 있는 재산 몽땅 털어다 높은 넘들게
갖다 바치구, 아는 **빽**이란 건 죄다 갖다대이서 교도소서 일 년인가 살
구 나왔다 허대."

"돈으루 안 되는 게 읎다니께. 천하의 전대머리두 돈 앺에는 으쩔
거여."

"불썽헌 건 종규여. 그이가 들은 말루는, 보안대인가 뭐인가루 끌려가서, 근 달포를 조살 받었는디, 거그가 어디여? 전대멀 대통령 맨든 데 아녀? 멀쩡한 사람 전기루 지지구, 허파에 물 집어누쿠 병신 만드는 디 아녀? 아예 그이츠럼 정식 재판이나 받는 거시 훨씬 나은디, 소속이 군인잉게, 군법인가루 넘겨야 되는디, 곱게 넘겨주냐 이거여. 그이가 대학 댕기믄서 데모깨나 혔다니, 엄한 종규만 한패루 몰아서, 군대내 빨갱이 조직을 불라 혀며 으찌나 조자댔는지, 결국 재판두 받기 즌에 정신이 나가뻔진 거여."

종규가 대책 없이 여자를 밝혀서 무단히 참한 규수들 꾀다가 다리 밑에서 망측스런 일을 자주 하긴 했지만, 빨갱이라니 턱도 없는 일이었다.

"씨벌놈들이, 헐말 읎으믄 빨갱이여."

외상술값 안 갚는다고 술집 주인이 빨갱이로 신고한 덕에 삼청교육대에 끌려갔다가 D급 판정 받고 이주 만에 돌아온 전력이 있던 영훈이가 볼멘소리로 투덜거렸다.

"그이가 그러더만, 데모라도 혔으면 으데 아는 이름이라도 불믄 좀 낫게 풀려났을 턴디, 으데 아는 이름이라곤 텍사스 갈보들 것밖에 읎으니, 고냥 즈 넋 나가부릴 때꺼정 곱게 당헌 거시여."

사람이 망가지고 나니, 그때서야 원부대로 풀려났는데, 이미 제정신이 아닌 종규가 군대 생활을 할 수 없자 의병제대를 시켜 집으로 보냈다는 것이다.

그렇게 몇 달이나 제 방에서 꼼짝 않고 틀어 박혀 있던 종규는 결국 사이렌 울리는 정신병원차에 실려 정신병원으로 들어갔다. 그 뒤로 종운이 형 말로는, 병원에서 머뭇거리며 몇 마디 입을 열기도 하는데, 잘 나가다가도 무슨 검은색 지프차가 잡으러 온다고 벌벌 떨며 의자 밑이든, 옷장 속이든 들어가 나오지를 않아 한바탕 소동을 벌인다 했다.

모래시계 모래時計

   경두는 열아홉의 청년이다.

   국민학교를 졸업하고, 중학교 2학년까지 다니다가 집안이 어려워 그만 둔 뒤로 줄곧 천변에 있는 유리공장을 다녔다. 벌건 가마에서 들 끓는 유리물을 빨대로 찍어 올려, 거푸집에 넣고 볼이 미어터지도록 바람을 불어 병이나 유리잔을 만드는 일이었다. 아직 기술자는 못되었지만, 잔심부름이나 하고 가마에 탄이나 나르던 초보 시절은 넘어서, 이제 본격적으로 기술을 배울 나이가 되었다.

   시장 골목 제 또래들이 나이 먹으면서 술 담배부터 배우고, 그것도 모자라 계집질에 빠지거나 날건달 행세를 할 때도 경두는 누이가 싸준 김칫국물 흐르는 도시락을 싸들고, 자전거로 뚝방길을 오로지 땅바닥만 보고 오갔다.

   경두가 요셉이를 만난 것은 얼마 되지 않았다. 뻔히 얼굴을 아는 제 또래들을 만나도 아는 체도 않던 경두가 뚝방에서 패거리들에 둘러싸여 기타를 튕기는 요셉 앞에 우두커니 선 것은 놀랄 만한 일이었다. 솔직히 노래라곤 공장에서 틀어놓은 라디오로나 듣는 것으로 알고 있던 경두에게, 눈앞에서 기타를 치며 노래를 부르는 요셉은 신기한 구경거리가 아닐 수 없었다. 게다가 무슨 뜻인지는 모르지만, 쌀라거리는 영어 노래를 유창하게 읊어대는 요셉을 보는 순간, 경두는 이 칙칙한 시장 골목에서 시궁쥐 같은 인간들 말고, 또 다른 인종이 살고 있다는 사실에 감격했다.

여자처럼 희고 가느다란 손이 이리저리 현을 잡았다 떼어 놓을 때마다, 여름 별들이 우수수 내려앉는 듯 아름다운 선율에 그는 꼬박 넋을 빼앗기고 말았다. 그날부터 경두는 요셉만 따라다녔다.

공장에서 돌아오면, 마당의 수돗가에서 등목을 하고, 결핵을 앓는 누이가 차려 주는 저녁밥을 먹고, 텔레비전을 잠깐 보다가 다락방으로 올라가 잠드는 게 그의 정해진 일과였다. 그런 경두가 저녁을 먹고, 골목으로 나온 것이다. 여전히 건달패들은 때가 반질거리는 조리짝 사이로 삐져나온 발가락을 후벼대며, 오가는 여자들을 집적거리다가 가래침을 돋우어 길바닥에 뱉고 있었다. 그 가운데, 요셉이 앉아 기타를 치고 있었는데 경두는 그 곁에 턱을 고이고 앉았다.

친구는 멀리 갔어도 없다 해도
언젠가는 만날 날이 있겠지

몇 해 전, 행복슈퍼를 털다가 빵에 갔다 온 양은이가 배워 온 노래였다. 옥살이 하는 어느 죄수가 지었다는 노래를, 얼굴 하얀 대학생

요셉이 함께 부르는 걸 보며 경두는 유난히 큰 눈만 껌벅거렸다. 요셉도 감방에 갔다 오고, 거기서 그 노래를 배웠다는 말에 경두는 더욱 놀랐다. 대학생도 빵엘 가다니…….

어쨌든 어깨까지 축 늘어진 머리를 기른 요셉을 경두는 예수님처럼 섬기게 되었다. 알량한 용돈에서 담배를 곽째 사다 바치고, 요셉이 가르쳐 주는 기타를 황송해 하며 따라 배웠다. 유릿물에 덴 상처가 채 아물기도 전에 곪고 터져, 아예 손톱은 문드러져 성한 것이 드물었고, 이리저리 휘어진 손가락으로 경두는 요셉이 짚어주는 지판을 누르며, 난생 처음으로 제가 튕겨내는 기타 소리를 듣게 되었다.

황홀한 일은 그것만이 아니었다.

어디서 퍽치기를 했는지, 뽀리질을 했는지 기수가 시퍼런 지폐를 몇 장 꺼내 보이며 공술 한잔을 사겠다고 설쳐댔다. 노상 작부집 남는 술이나 얻어먹던 건달패들이 제 돈 주고 술을 사 먹자니 의견이 분분했다. 그런데 누군가 시내로 나가자고 제안했고, 여태껏 시장 골목을 벗어나 본 적이 없던 패들은 요셉을 앞세워 버스에 올라탔다.

무교동 낙지골목이라 하여 낙지나 먹는 곳인 줄 알았더니, 들어서자마자 어두침침한 실내에선 시큼한 막걸리 냄새가 코를 찌르고, 귀청을 찢는 듯한 음악소리와 여기저기 몸을 흔드는 여자들이 득실거렸다. 그것은 참으로 놀라운 감동이었다. 여자라고는 어려서부터 눈 화장 시퍼런 작부들만 보아왔던 경두에게, 생머리에 청바지를 입은 여대생 차림의 여자들이 엉덩이가 닿을 정도로 바로 곁에 앉아 요란스레 몸을 흔들어대는 현실을 어떻게 받아들여야 할지 말을 잃었다.

막걸리 몇 동이를 비우고 나서야 모두들 취기를 빌어 용기를 얻었다. 춤이라고는 추어 본 적이 없던 경두와 패거리들은 자리에서 일어나 되는대로 온몸을 흔들어댔다. 잠시 후, 누군가 그들에게 앉으라고 주의를 주었다. 이곳은 무도장이 아니기 때문에, 의자에 앉아서만 춤을 추어야 한다고 요셉이 설명해 주었다. 그러고 보니, 모두들 의자에 엉덩이를 붙인 채 흔들어대고 있었다.

눈치를 보니, 저마다 옆자리의 여자들에게 말을 걸며 이리저리 자리를 오가며 합석을 하고 있었다. 경두네 패도 여자들에게 집적거려 보았지만, 어찌된 일인지 여자들은 하나같이 쌀쌀맞은 반응을 보였다. 패들은 늦은 시각에 풀이 죽은 채 술집을 빠져나와, 골목에 서 있던 간판만 발로 내지르곤 동네로 돌아왔다.

경두가 집을 나온 것은 그로부터 며칠 안 되어서였다.

이른 아침에, 잠에서 덜 깬 요셉을 찾아온 경두는 품에서 돈다발을 꺼내 보였다.

"형, 나 집 나왔어."

"집?"

"씨발, 나두 멋있게 놀 거야."

"무슨 소리야, 아침부터……."

영문을 모르는 요셉을 앞세우고, 경두는 양복을 맞추러 가는 데 동행해 달라고 부탁했다. 아무래도 눈치가 심상찮은 걸 깨달은 요셉이 우선 돈의 정체부터 캐물었다.

"누나 통장에서 뺐어."

"말도 안 돼. 니 누나가 어떻게 모은 돈인데?"

요셉은 경두의 누나가 술집에서 몸을 팔며 악착같이 돈을 모았다는 이야기를 들은 적이 있었다. 결핵이 심해져 손님을 받을 수 없게 되어 집에 있으면서도 돈이 아까워 병원도 제대로 가지 않는다는 소문이었다.

"나두 양복 한 벌 뽑아 입을 거야."

"양복은 뭐 하려고?"

"씨발, 땀내 나는 작업복이나 입고 다니니까, 기집들두 사람 차별하구……. 나두 대학생들처럼 양복 입구 다닐 거라구."

"대학생이 양복 입고 다닌다고 누가 그러대?"

"술집 가서 다 봤어."

요섭은 자신의 경솔한 행동을 그제야 후회했다. 경두를 붙잡고 이리저리 설득해 보았지만, 도무지 말이 통하지 않았다. 생각 끝에 그는 경두를 자신이 다니던 대학교에 데려가 보기로 했다. 대학생이 양복만 입고 다니지 않으며, 너나 다름없이 검소한 차림에 별다를 바 없는 인간이라는 점을 눈으로 보여 줄 생각이었다. 대학에 가 보자는 말에 경두는 솔깃하여 따라 나섰다.

요섭이 단골로 드나들던 쌍과부집에 경두와 함께 들어섰을 때, 마침 그곳에선 몇몇 아는 얼굴들이 앉아 있었다. 대낮부터 어지간히 마셔댔는지 얼굴이 벌겋게 되어 무언가 심각한 표정으로 입씨름을 하고 있던 중이었다.

"조경두라 하고요. 유리공장에서 시다로 일하다 이제 기술을 배우고 있습니다. 잘 부탁합니다."

유리 공장에 다닌다는 말에 박수가 터져 나왔다.

"고생 많으십니다. 반갑습니다. 동지."

부천에 있는 신발하청공장에 위장 취업한 전력이 있는 국문과 세범이 반갑게 악수를 청했다.

공장 노동자라는 말에 누구보다 반겨 주는 좌중의 분위기에 경두는 영문을 몰라 했다. 제 또래들이 교복 입고 책가방 들고 통학할 때마다, 공돌이라고 수군거리던 기억들이 아직도 가슴에 못처럼 박혀 있던 그에게 이런 환대는 낯설기만 했다.

믿거니 해서 그러는지, 이내 그들은 하던 이야기들을 이어 나갔다. 경두는 멀거니 그들이 주고받는 말들에 귀를 기울였지만, 도무지 알아들을 수 없는 말들뿐이었다. 엔엘이니, 피디니, 민족해방이니, 매판 자본이니 하는······.

그러던 중에 귀가 번쩍 뜨이는 말이 들려왔다.

"박정희 군사정권의 하수인인 전두환을 처단하고, 민족 통일의 분위기를 조성하여, 남북 민중의 주체적인 반독재, 반미 민족전선을 구축할 필요가······."

이게 무슨 소리인가.

경두는 제가 아무리 가방 끈이 짧더라도 여태껏 들어온 바와는 정반대의 단어들이었다. 그의 귀에 익숙한 말들은 다음과 같았다.

"김일성 괴뢰정권의 세습자인 김정일을 타도하고, 멸공 통일의 기치를 앞세워, 긴밀한 한미 연합전력을 강화하여 반공 안보 태세에 만전을 기할 필요가······."

대학생들이 하는 말이니 제가 잘못 알아들었겠지 여겨, 경두는 묵묵히 앞에 놓인 술잔만 비운 채 입을 다물고 있었다. 그런데 이야기는 점점 이상한 방향으로 흘러갔다.

"미제 양키 놈들이 한반도를 저들 자본의 손아귀에 잡아매고, 제국주의의 전진기지로 삼으려고, 박정희나 전두환 같은 군부독재정권을 뒤에서 밀어 주고 있으니, 우선 양키 놈들을 박살내어 이 땅에 통일의 꽃을……."

그것은 이따금 산에서 주워 보던 삐라문과 다를 바가 없었다. 경두는 주변의 면면들을 조심스런 눈으로 살피기 시작했다. 그리고 보니 요셉도 수상한 점이 많았다. 대학생이라는 이가 학교는 갈 생각도 않고, 허구한 날 골목의 건달패들과 어울리는 점도 그랬다.

"조 동지 생각은 어떻습니까? 아무래도 현장에서 노동자들과 함께 생활해 온 입장이니, 기층조직의 동향을 잘 알 텐데……."

갑작스런 물음에 경두는 무어라 답변이 궁했다.

"공장이야…… 일거리 끊이지 않고, 제때 봉급 나오면 만사오케이지요."

"맞아요. 부천에 있을 때 보니까, 악덕 사장 놈들이 임금을 체불하고, 하루라도 질질 끌면서 고리대금 이자 늘려가는 사례가 있더군요. 여전하군요. 문제는 박정희가 노동자들 고혈을 빨아 제 배 채우는 재벌 놈들과 결탁해서, 노동문제를 반공 이데올로기로 억누르……."

"근데, 아무리 돌아가신 분이지만, 각하 함자를 그렇게 함부로 부르면 되겠습니까?"

순간 앉아 있던 패들이 당혹스런 표정으로 요셉의 얼굴을 돌아보았다.

"가만히 듣자 하니, 미제 양키 놈이 어쩌구, 군사독재가 어떻다느니 하는데, 그거 순전히 빨갱이들 하는 말들 아닙니까?"

요셉이 중간에 끼어들어 자리를 수습하려 했지만, 어지간히 취기가 오른 경두는 참았던 말들을 한꺼번에 쏟아 내기 시작했다.

"내가 비록 가방 끈이 짧긴 해도, 대한민국 국민의 한 사람으로서, 무엇보다 애국정신, 반공정신 하나는 투철한 사람인데, 솔직히 나는 아무리 공장일이 바빠도 민방위 훈련에 빠진 적이 없수다. 대통령께서 불순분자의 흉탄에 돌아가셨지만, 이럴 때일수록 온 국민이 총화단결해서, 북괴도당의 침략에 맞서야 하는 거 아니겠소?"

"아니, 우리가 말하고 싶은 것은, 이 나라가 이만큼 살게 된 것도 정치가나 공장 사장의 덕이 아니고, 무엇보다 밤잠 안 자고, 철야에 잔업근무까지 하면서 고생한 노동자들 덕이라는 말입니다. 유리병 하나가 만들어지자면, 노동자들이 얼마나 많은 고생과 눈물을 흘려야 하는지 잘 알고 있잖습니까? 그런데도, 그걸 판 돈의 대부분을 손 하나 까딱 않고 의자에 앉아 있는 사장이나 자본가들이 착취를 하니……."

"유리병도 여럿인데요, 우윳병이 젤 마진이 많아요. 한 개에 12원씩 남으니까, 괜찮은 거지요. 하지만 요샌 철야는 안 해요. 일거리가 줄어서……. 박 대통령 있을 때는 일본이나 미국에다 맥주병을 콘테이너로 수십 개씩 수출한 적도 있는데. 하여간 내 말은 이만큼 먹고살게 된 것도 그분 덕이 컸다는 거지요. 솔직히 대학생 여러분들, 편안히 앉아서 책 읽고 공부하는 것도 누구 덕입니까? 나라가 없으면 어떻게 되겠습니까? 대한민국 사람들은 하나, 하나는 다 똑똑한데, 열이 모이면 젤 못하다지 않습니까? 뭐니뭐니해도 한국 사람은 풀어 주면 안 된다니까요. 꽉 잡아서 앞에서 끌고 나가야 합니다. 빨갱이들이 눈이 뻘게서 집어삼키려는 나라에서, 무엇보다 중요한 건 안보 아닙니까? 그러니 대한민국은 군인 출신이 대통령을 해야 나라도 안정이 되고,

국민들도 안심하고……."

경두는 자신이 이렇게 말을 잘하는지 스스로 감탄할 지경이었다. 비록 민방위 훈련장에서 강사가 했던 말들을 되살리는 이야기였지만, 배웠다 하는 대학생들도 저렇게 입을 벌린 채 멀거니 자신의 이야기에 넋을 놓고 바라보는 것을 보면 자신도 양복만 차려 입고, 조금만 더 말발을 늘려 놓으면 저들에 뒤처질 게 없다는 생각이 들었다. 그는 끓는 유릿물에 데여 뭉툭하니 구부러진 손가락을 허공에 휘저으며 열변을 이어 나갔다.

"솔직히 나라가 잘 되려면 국민 모두가 각자 맡은 바 일만 묵묵히 해 나가면 됩니다. 대학생은 오로지 책이 뚫어져라 공부하고, 노동자는 열심히 공장에서 일하고……."

친일파 親日派

"씨발, 틀리면 틀린 거제, 와 아침부텀 대굴빡을 까노?"

1교시 음악 시간에 드럼 채로 머리를 서너 차례나 맞은 기섭은 쉬는 시간에도 채 가시지 않은 머리의 통증을 연신 손으로 문지르며, 음악실을 향해 눈을 부라렸다.

기섭이 매를 맞은 것은 얼마 전에 치른 중간고사 때문이었다.

워낙 공부라면 담을 쌓은 데다가, 그 가운데서도 죽죽 그은 선에다가 콩나물 건져낸 것 같은 음악 시험이라면 젬병이었다. 복잡한 악보를 보는 일도 힘들었지만, 가창 시험에도 기섭은 자신이 없었다. 그렇다고 기섭이 노래를 못하는 음치냐면 그것은 아니다. 친구들과 어울려 막소주라도 꿰차고, 무덤에 옹기종기 모여 노래라도 한 곡 뽑을라치면, 으레 첫 번째로 나가서 줄줄이 최신유행가로 서너 곡은 뽑아내던 기섭이었다. 그가 노래를 부르노라면, 늘상 눈만 내리깔고 칼 쓴

춘향이 시늉을 하던 새침데기 을순이도 입으로 주둥이를 가리고, 호호거리며 손뼉질로 박자를 맞춰 주던 실력이었다.

그러던 기섭이 음악과 멀어진 것은 어찌 보면 순전히 말대가리—얼굴이 기다란 음악 선생 별명이다—때문이다. 이론보다 실기 점수가 높은 음악 시험에, 그동안 무덤가 노래자랑에서 닦은 실력으로 모처럼 박수 좀 받자고, 쇠꼴 베어 오라는 아버지의 성화에도 불구하고, 저녁 내내 노래 연습을 했던 그였다.

그런데 생기기는 사정없이 긴 면상에 어울리지 않게 동전만한 유리알 낀 안경을 콧등에 걸친 음악 선생이, 그동안 갈고 닦은 실력을 기섭이 미처 발휘하기도 전에 퇴짜를 놓은 것이다. 어떻게 두어 마디라도 뽑다 음이 틀렸다던가, 실수로 박자를 놓쳤다면 군말할 건더기도 없을 것이다. 아무리 음악 선생이라지만, 어찌 사람의 노래 실력을 단 한마디로 판가름한단 말인가. 돼먹지 않게 시리.

그날, 기섭이 차례가 되자, 익히 그의 유행가 솜씨를 알고 있는 급우들은 박수까지 보내며 기대 찬 눈으로 바라보았다. 특히 트로트 노래에 정통한 기섭의 18번은 '안개 낀 장충단 공원'이었다. 눈을 갸름하니 내리깔고, 다리 한 짝을 척 내놓은 뒤, '안개 낀 장추웅다안 공우원……' 요렇게 착 가라앉은 목소리로 깔아낸 뒤, 클라이맥스라 할 수 있는 '다아시 하안버언 어루만지며……' 요부분에서 최대한 감정을 실어 토해내는 창법은 그가 아니면 누구도 따라잡을 수 없는 솜씨였다. 아마 배호 아니라, 배오, 배후, 배요, 떼거리로 와도 그 부분을 그만큼 잘 후리는 이가 없을 터였다.

이리하여, 가창시험으로 지정된 '사우'라는 노래를 특유의 창법으로 편곡한 이 불후의 트로트 청소년가수의 차례가 되었다. 헛기침을 한 뒤, 음악 선생의 피아노 전주를 발바닥으로 탁탁 박자를 맞추어, '봄에……'를 부르는 순간이었다. 엄밀히 말하면 '에'도 목구멍에서 미처 빠져 나가지 못한 상태에서, 아직도 도무지 사실로 믿어지지 않는 소리가 그의 귀에 들려왔다.

"됐다."

그게 무슨 소리인지, 기섭은 음악 선생이 드럼 채를 까닥거리며, 들어가라는 손짓을 한 뒤에도 멀거니 그 자리에 서 있어야 했다.

"지가 선생이믄 선생이제, 남의 노랠 그따구루 무시해도 되나?"

새삼 울화가 치민 기섭은 아까 맞았던 머리의 통증은 벌써 까맣게 잊어버린 채, 가창 시험 때, 얼굴이 벌게져 제자리로 돌아오던 모욕감에 치를 떨었다.

대학에서 성악을 전공했다는 음악 선생은 특히 트로트 가수를 경멸했다. 소풍 가면 으레 벌어지는 오락시간에 아이들이 앞에 나가 유행가 부르는 것이야 번번이 있는 일이고, 애들이 갖다 바친 맥주라도 몇 잔 들이켠 선생들은 어깨춤까지 덩실덩실 추는 판인데, 신다 벗은 양말 쪼가리 입에 문 인간처럼 인상을 쓰고 있는 건 또 뭐란 말인가. 상으로 큼지막한 양은대야를 받고 입이 찢어져라 들어오는 기섭의 머리를 쓰다듬어 주지는 못할망정, 고작 한다는 소리가 '지럴허구 자빠졌네'라며 삭을 죽일 걸 또 뭐냐. 성악이건, 유행가건 사람 입으로 불러내는 노래는 마찬가지인데, 명색이 음악 선생이라면 트로트건 뭐건 거리 먼 처지도 아니잖은가.

이런 쌓인 감정이 있는 데다, 워낙 종이 펼쳐 놓고 찍어대는 시험에는 약한 기섭이 이번 음악 시험을 잘 볼 리 만무했다. 사지선다형이야 연필을 굴리든, 징검다리로 퐁당거리며 찍든 오 분 만에 해치울 일이었지만, 끝에 달라붙은 주관식 문제가 골치였다.

빈칸으로 내면 초상 치를 줄 알라고 시험 전에 몇 번이고 겁을 주었던 음악 선생의 엄포도 있으니, 무어라 께적거리긴 해야 했다.

"일제 시대 때, 우리 민족의 애통한 감정을 '울 밑의 봉선화'에 비유한 가곡의 작곡가는?"

얼핏 듣긴 들었는데, 도무지 생각이 나지를 않았다. 끝에 무슨 파 자가 붙는 이름이었는데, 아무리 머리를 쥐어뜯고 생각해도 가물가물하기만 했다. 파 자가 들어가는 단어로 그가 알고 있는 것은 두 가지였다. 친일파와 청록파. 국어던가, 국사 시간이던가. 언젠가 들은 단어였다. 무어라도 써야 혼이 나지 않으리라는 일념에, 그는 종이 치는 순간, 답지에 그 중 하나를 허겁지겁 썼다.

그리고 오늘, 음악시간이었다. 유난히 기다란 얼굴을 더욱 길게 늘어뜨리고, 안경 너머로 치뜨는 선생의 눈빛과 마주치는 순간, 기섭은 무언가 심상찮은 느낌을 받았다.

"주딩이 닥치그라."

교탁을 귀가 찢어지도록 드럼 채로 두드린 음악 선생은 신경질적으로 답안지를 넘기며 점수를 불러 나갔다.

"오공필이…… 뭐라? 홍난필이 누꼬? 니 삼춘이가?"

그때마다 아이들 웃음소리가 터져 나왔다. 기섭은 조금 켕기기는 했지만, 아무 것도 안 쓴 용선이가 불려나가 손바닥을 세 대나 맞는 걸 보고, 무어라도 쓴 게 여간 다행스런 일이 아니라고 안도의 한숨을 내쉬었다.

"김기섭이, 니, 일루 나오그라."

아이들은 또 무슨 웃을 거리가 생겼다는 듯 잔뜩 기대에 찬 눈으로 기섭을 바라보았다.

"니들 똑바루 듣거라이. 사람이 말이다. 공부를 몬허는 건 봐줄 수 있다. 카지만, 인간성이 삐뚜루 진 놈은 일찌감치 싹을 잘라 베려야 헌단 말이다. 인간성이 잘못된 자슥이 공부를 허면 몬 허것노? 낭중에 사회에 나가 몬된 짓만 허구 자빠질 텐데……."

엉거주춤 선 기섭은 그런 비난이 자신에게 향한 것이라고는 생각도 못 했다.

"기섭이, 이거, 니가 쓴 거 맞제? 엉?"

선생이 내미는 답안지는 분명 그의 것이었다. 선생은 부들부들 떨리는 드럼 채로 그가 쓴 주관식 답을 가리켰다.

"니 같은 놈은 인간이 아이다. 어째, 홍난파 선생이 친일파고? 공불 몬하믄 성실하기라도 허야제, 그딴 소리는 어떤 놈한테 들었노?"

친일파라는 말에 교실 안은 한꺼번에 웃음판이 되었지만, 곧이어 사정없이 내리치는 선생의 드럼 채에 기섭의 머리가 설익은 호박덩이처럼 퍽퍽 소리를 내는 걸 보고는 이내 잠잠해졌다.

"조국을 잃고 절망에 빠진 민족에게, 음악으로 애통한 한을 풀어주던 선생님이 어째 친일파노? 차라리 빈칸으로 냈어도, 이리 혼 안 낸다."

쇳덩이보다 더 단단한 드럼 채는 기섭의 머리에 부딪치며 불을 튕겼다. 머리를 타고 전신으로 퍼져나가는 통증을 견디지 못해 기섭은 소금 맞은 지렁이처럼 온몸을 비비꼬며 어쩔 줄을 몰랐다.

"니 대꿀빡 아픈 거는 아나? 그런 자슥이, 지하에 계신 선열, 가슴 아픈 건 생각 몬하나?"

그렇게 서너 차례나 머리에 불이 튀고서야 기섭은 자리로 돌아올 수 있었다. 음악 선생이 등 뒤에다 대고 하는 말도 제대로 귀에 들어오지 않았다.

"니, 어데 가서 음악 선생이 내라꼬 하지 말그래이. 그카면 죽는데이, 이 매국노 겉은 자슥아."

세월이 흘렀다.

저녁상을 받아 놓고, 텔레비전을 보던 기섭은 입에 물었던 수저를 떨어뜨리고 말았다. 민족문제연구소인가 하는 곳에서 친일파 명단을 발표한 일로 시끄럽다는 뉴스였는데, 평소 같으면 단박에 채널을 돌리고 말 그가, 연속극 할 시간이라고 아우성치는 딸과 아내를 저리 밀쳐놓고, 텔레비전에서 눈을 떼지 못한 것은, 벌써 삼십 년도 더 되었던 드럼 채 사건의 장본인 이름이 거기 나왔기 때문이었다.

"……이번에 발표된 친일인사 명단에는 '울밑에 선 봉선화'로 잘 알려진 음악인 홍난파 선생도 포함되었는데, 홍난파 선생은 한일합병이 되고 난 이후, 천황과 일본군의 위대함을 찬양하였고, 일본군에 자진 입대하여, 동양의 평화를 지키자는 논지의 노래를 작곡하였으며,

국민총력 조선연맹 문화부 문화위원을 역임하는 등의 친일 행각이 지적되었습니다……."

　기섭은 오랫동안 잊고 지냈던 머리에 부딪치던 드럼 채의 고통이 되살아나, 자기도 모르게 들고 있던 밥숟갈을 떨어뜨리고 말았다. 그의 머리는 벌써 희끗희끗 반백이 되어 있었다.

'자유단편'이라는 형식의 새로움과 의미

홍기돈(문학평론가)

이시백의 『890만 번 주사위 던지기』는 퍽 재미있는 소설집이다. 그래서 그런지 제목 아래에는 다음과 같은 글귀가 붙어 있다. '엄숙한 것들의 무덤 앞에서'. 경직된 흐름이나 분위기와 멀찌감치 거리를 두기 위하여 '엄숙한 것들'에 대하여 결별하는 셈인가. 하긴, 문학이 그저 유희를 좇는 계기로만 전락하는 지금 우리 사회의 초상 속에서 이런 단호한 결별 선언이 울려 퍼진다고 하여 그리 이상할 것은 없다. 그렇지만, 몇 가지 사실을 염두에 둔다면 작가가 내세우는 가벼움이 치열한 주제 의식의 산물임을 이해하게 된다. 그래서 『890만 번 주사위 던지기』의 가벼움, 재미는 요즘 평론가들이나 언론매체, 출판자본에 의해 부풀려지는 유희의 문학작품들과는 격조가 다를 수밖에 없다.

1. '자유단편' 이라는 형식의 새로움, 그 의미

먼저 이 소설은 주로 1970년대와 그 전후를 대상으로 한다. 그러니까 지금으로부터 대략 30여 년 전이다. 사실 한 세대 이전으로 거슬러 올라가서 당대를 그려내는 방식은 '역사소설' 을 통해 친숙하게 보아왔다. 현재의 견고한 사회를 이해하기 위하여 그 기원으로 탐색해 들어가는 것이 역사소설의 본령이기도 하다. 루카치가 역사소설을 '현재에 대한 의식적인 역사적 파악'(『역사소설론』, 거름, 1999, 104면)으로 규정하는 것도 바로 그 때문이다. 그렇다면 『890만 번 주사위 던지기』가 역사소설인가.

물론 『890만 번 주사위 던지기』는 역사소설이 아니다. '자유단편' 이라는 생소한 명칭이 붙어있는 데서 알 수 있듯이, 분량으로는 단편소설에 턱없이 모자라는 각 작품들이 각기 독립적으로 묶여 작품집을 이루고 있다. 그렇기 때문에 통일적인 구성을 통한 총체적인 인식은 기대하기가 어렵다. 그렇다면 현재의 기원이 되는 시간대를 탐사하면서도 이시백은 왜 역사소설로 나아가지 않았을까. 이는 아마도 더 이상 역사의 흐름에 신뢰를 가지지 못하기 때문으로 보인다. 그러니까 역사의 진전을 이끌 만한 '주체' 를 인정하지 못하는 것이다.

가령 「마비(痲痹)」라는 소설을 보자. 친구들의 꼬임에 넘어간 '용두' 는 자신이 기르는 개를 잡는 데 동의한다. '아카시아 나무에 목줄을 걸고 잡아당기자 썰매 개는 허공에 매달려 두 발을 버르적거리며 울어댔다. 영세의 오함마가 허공을 나르며 썰매개의 정수리에 떨어졌다. 개는 혀를 빼물고 한쪽 눈알을 밖으로 돌출시킨 채, 공중도덕이나

300

예의범절도 없이 한 무더기의 용변을 남기고 조용해졌다.' 그런데, 물을 끓인다, 양념장을 만든다며 부산을 떨 때 이 개가 사라져 버린다. 도대체 이 개를 어떻게 다시 불러들일 것인가. '등을 떠밀린 용두가 마지못해, 썰매 개를 불렀다. 케리, 이리 나와. 놀랍게도 썰매 개는 주인의 부름에 꼬리를 흔들며 몸을 움직이기 시작했다. 한쪽 눈알을 매단 채, 썰매 개 케리는 자신을 죽음의 팬클럽에게 넘긴 주인의 손짓을 따라 기어 나왔다.' 물론 그 개는 형체도 알아볼 수 없을 지경으로까지 오함마에 맞아 죽음을 확실하게 증거하고 난 후 음식이 되고 말았다.

여기에 겹쳐지는 것이 국가이념에 철저하게 길들여진 인간의 의식이다. 1980년 공수부대원으로 광주에 투입되었던 '번기'라는 인물이 있다. 그는 사람 잡던 얘기를 밤새도록 자랑삼아 늘어놓는다. 개에게 오함마를 내리쳤던 영세는 한동안 오른쪽 팔이 마비되었지만, 그에게는 어떤 마비도 나타나지 않는다. '눈을 멀뚱멀뚱 뜨고 자신을 바라보던 사람의 머리를 몽둥이로 때려 수박이 쪼개지듯 부쉈다는 번기의 손은 다음날이 되어도, 휴가를 마치고 돌아갈 때까지, 그리고 세상이 바뀌어 민방위마저 끝난 지금까지도 마비되지 않았다.' 그렇다면 대체 번기는 팔 대신 무엇이 마비되었을까. 그는 과연 아무 것도 마비된 것이 없을까.

시간의 흐름이란 반성과 성찰을 동반하게 마련이다. 그런 까닭에 반성과 성찰이 증발한 곳에서는 시간의 흐름이란 아무런 의미가 없어진다. 흐름은 없이 그저 고여서 썩어가는 양상으로 펼쳐지기 때문이다. 이 자리에서 역사도 더불어 흐름을 멈춘다. 아직도 박정희의 유령이 우리 사회를 배회하고 있다. 아니, 더욱 강력한 모습으로 귀환하고 있다. 기득권에서는 자신들의 입장을 옹호하고 결집하기 위해 그를 불러들이며, 비참하게 사는 이들은 '밥을 먹여준 인물'로 그를 그리워하고 있다. 따라서 '박정희'라는 이름을 절박하게 불러들이는 지금 우리가 사는 시간대와 모든 국민들의 정신적인 아버지 '박정희'가 살아 있던 1970년대는 퍽이나 닮아있다. 다른 점이라면, 독재와 맞선다는 정당성에 근거한 활력이 지금은 사라져버렸다는 사실을 꼽을 수 있을까.

그래서 이시백은 『890만 번 주사위 던지기』를 역사소설로 구성하지 않은 듯/ 못한 듯 보인다. 역사소설 대신 반대의 방식을 취해 '自由短篇'으로 나아갔던 것이다. 비유적으로 표현하자면, 비장하게 중무장하여 전선으로 나서는 대신, 날카로운 풍자의 단검을 움켜쥐고 몸 가볍게 1970년대와 그 전후의 시간대로 뛰어든 것이다. 그리고 그 자리에서 현재 우리의 모습을 드러낸다. '엄숙한 것들의 무덤 앞에서'라는 조사(弔詞)를 연상시키는 문구는 이렇게 '자유단편'이라는 형식과 결합하고 있다. 이시백이 『890만 번 주사위 던지기』를 통해 선보이는 익숙하지 않은 글쓰기 형태는 그런 점에서 주목할 필요가 있어 보인다. 작가정신을 드러내는 새로운 형식이 될 테니 말이다.

2. 피해자이자 가해자로 길들여지는 교육의 현장

「마비(痲痹)」의 번기는 가해자이면서 피해자이다. 그런 유형의 인물들은 『890만 번 주사위 던지기』의 도처에서 만날 수 있다. 그 중 가장 흥미를 끄는 등장군은 교사들이다. 주지하다시피 인간은 한 사회를 지배하는 이데올로기로부터 독립하여 자유롭게 살아나갈 수 없다. 인간의 의식이란 지배 이데올로기에 의해 구성되는 까닭에 왜곡되어 있고, 상처 입은 것이며, 편향된 시각과 닿아 있으리란 주장은 그래서 설득력을 얻는다. 이렇게 이데올로기를 강화시키는 기구는 여러 가지 꼽을 수 있는데, 이시백은 그 가운데 교육의 현실에 주목하고 나섰다. 여러 편의 소설에서 교사와 교육의 문제를 다루는 까닭은 여기에 놓인다. 그런데, 교사 자신부터 스스로가 피해자면서 동시에 가해자라는 사실을 철저하게 망각한다면 그 주체 없는 순환의 과정은 어떻게 탈출할 수 있을까. 그러니까 작가는 바로 그런 문제를 제기하고 있는 셈이다.

대표적으로 「고문의 추억(拷問의 追憶)」을 보면 '박동진 교사'가 등장한다. 시간이 한참 지난 지금 회고해 보아도 그의 중·고교 시절은 가히 고문의 연속이었다고 할 수 있다. 고등학생 시절 '문학의 밤' 행사 문제로 여학생을 만나는 장면이 발각되어 그는 학생부로 불려갔다. '당시 수업 중에 교실 문이 드르륵 열리고, 학생부로 오라는 이름이 불리면 당사자는 단숨에 핏기를 잃고 사색이 될 뿐만 아니라, 주위 아이들도 인당수로 떠나는 심청을 보듯, 무사귀환을 마음속으로 빌며 행여 그동안 자신이 꿔준 버스표를 받지 못하는 횡액이나 당하지 않을까 내심 걱정하기도 하였다.'

말없이 지켜보던 거대 담임은 자신의 반 아이가 말썽을 부렸다는 사실을 견디기 어려운 듯, 멀리서 들어도 열기가 퍽퍽 묻어오는 거친 숨을 내쉬었다. 그리고는 천천히 웃옷을 벗고 시계를 풀더니 학생부 벽에 당구장처럼 온갖 몽둥이들이 즐비하니 꽂혀 있는 함 앞에 섰다.

"오늘은 뭐로 할까?"

짤막하지만 굵은 거, 가느다랗고 긴 것, 우둘투둘 옹이가 박힌 것, 매끈하게 니스 칠이 된 것……. 거대 담임이 몽둥이를 고르는 동안, 박동진은 선 채 오줌을 쌀 뻔했다.

"벗으라."

우둘투둘 옹이가 박힌 몽둥이를 고른 거대 담임이 책상에 손을 뻗치고 선 박동진에게 한 말이었다.

"예?"

"바지를 벗으란 말이다, 임마."

주저할 틈이 없었다. 머리 위로 치켜 올라가는 몽둥이를 바라보며, 그는 허겁지겁 바지를 벗었다. 그는 다리 밑에 바지를 내려뜨리고 팬티만 입은 묘한 모습으로 섰다. 거대 담임은 익숙한 솜씨로 대야에 담긴 물을 그의 팬티에 끼얹었다.

물에 젖은 팬티는 짝짝 소리를 내며 몽둥이를 빨아 당겼다. 네 대를 맞자 엉덩이가 터지며 팬티는 피에 젖었다. 다섯 대를 맞자 얼얼하니 감각이 없어졌다.

기다시피 교실로 돌아온 박동진을 눕혀 놓고, 친구들은 혀를 차며 당시 유일한 비상약품이었던 안티푸라민을 발라 주었다. 터진 살에 와 닿는 안티푸라민의 고통은 끔찍했다.

"야, 그래도 이걸 발라야 낫는다. 참아라."

버둥거리는 그의 사지를 하나씩 잡고는 친구들은 엉망으로 터져 팬티와 달라붙은 속살에 사정없이 안티푸라민을 발라 주었다. 뜨겁고 화끈거리고, 쓰린 느낌이 온몸으로 폭죽처럼 터져나가던 순간을 박동진 교사는 지금도 잊지 못하고 있다.

현재의 박동진 교사는 당시의 '거대 담임'과 얼마나 다른가. 그의 주장에도 불구하고 실상은 그리 달라 보이지 않는다. 그는 '이따금 말썽을 부리다 붙들려 온 아이들을 바닥에 엎드리게 한 후, 알루미늄 야구 방망이를 풀 스윙으로 내려치면서 항상 이렇게 말하곤 했다. '옛날 같으면 너희들은 죽었어. 세상 좋아진 줄이나 알아, 임마.'' 이 순간 피하자인 그는 가해자로 돌변한다. '쓰린 느낌이 온몸으로 폭죽처럼 번져가던 순간'을 지금도 잊지 못하기에 피해자이지만, 그는 그러한 폭력을 고스란히 학생들에게 행사한다. 그럼에도 그는 스스로를 피해자로 인식할 따름이다.

자, 이런 세상을 바꿀 수 있을까. 폭력적인 구조에 피폐해졌음에도 불구하고 그 구조에 익숙하게 길들여져서 이제는 그 구조의 일부로 자연스럽게 기능하는 우리 시대의 박동진들이. 고문의 기술에 대해 언급하는 가운데 작가는 다음과 같이 그 내력을 밝혀 놓기도 하였다. '인간이 지닌 성적 수치심을 이용하여, 심리적 고문을 가하는 첨단 기법도 있는데, 기미만세사건에 참여한 여고생을 옷 벗겨 책상 위에 올려놓고, 불에 달군 철사 줄로 유두를 지진 종로경찰서 왜경들에서 시작한 성고문의 기술은, 그 바닥에서만 은밀히 전수되어 오다가, 1986년 부천경찰서에서 현대적으로 개량되어 쓰이고 있음이 알려진 바 있다.' 그러니 고문을 둘러싼 가학과 피학의 역사는 무척이나 오랫동안 반복되어 왔으며, 그 기원으로는 식민지의 상흔이 자리하는 셈이다.

예컨대 『890만 번 주사위 던지기』는 이러한 방식으로 시간과 대화를 한다. 과거는 사라지지 않고 지금 여기에 고스란히 살아난다. 폭압적인 국가의 야만성이 이렇듯 개인의 영혼에 고스란히 박혀 뿌리를 튼다면, 그렇게 켜켜이 쌓여가는 역사는 어떻게 그 자신의 기원을 은폐하고 왜곡하는가.

3. 은폐되고 조작되는 역사

역사는 각각의 기억들을 억압하고 통제하면서 견고하게 구축된다. 가령 '반공'을 둘러싼 역사를 보라. 학교에서는 비장한 목소리로 '아 ~ 아~ 잊으랴 어찌 우리 이 날을'이라면서 《6·25의 노래》를 배우게 된다. 반공웅변대회에서 어린 학생들은 공산당에 대한 분노를 '이 어린 연사 힘주어 외칩니다!' 그러니 단발머리 팔랑이는 꼬마 여자아이들이 '무찌르자 오랑캐, 중공 오랑캐'라며 고무줄놀이를 하는 것도 당연한 현상이다. 교련복을 입고 총검술을 할 때 그 끝이 향하는 대상도 반공 정신에 따라 정해졌으며, 멀리 던져대던 모의 수류탄도 반공 정신이 그 방향을 정하고 있었다. 역사는 그렇게 하여 당연한 것으로 의식되기에 이른다. 「갈마리 반공 용사 순국기념비(碣摩里 反共 勇士 殉國記念碑)」는 그러한 역사의 속성 위에서 전개된다.

여기 갈마리 새마을 지도자 '봉각'이 있다. 그가 '갈마지구 반공 용사 순국기념비' 주위를 돌보는 것을 보면 상당한 애국자임에 틀림이 없다. "그이야 말로, 애국자여. 하루두 거르지 않구, 철철이 꽃을 바치구, 때가 되면 풀두 베구, 무네진 흙두 걷어 올리구, 시묘살이 저리 가라라니께." 뿐만이 아니다. 이십 년 넘게 한결같이 새마을 모자를 쓰고 다닌다. 간첩 신고에 대한 의식도 흔들림이 없다. "동구 밖에 낯선 사람만 들어서면 사뭇 그 뒤를 쫓아다니며 워찌나 자세히 살피는지, 땅 보러 온 부동산들허구 말다툼두 엄청 혔슈. 그렇쥬, 간첩인가 아닌가, 뭐 그런 걸 국가 안보적으루 살피는 거인디, 요새 간첩이 어디 이런 촌구석에 나돈대유. 지하철 타구 시내 복판을 활개치구 다니지." 막걸리를 사이에 두고 봉각과 직접 이야기를 나누어보면 현 세태에 대한 그의 생각을 명확히 들을 수도 있다.

"지금이야 즈눔들이 뱃대지에 쪼르륵 소리가 나닌께, 협상이다, 회담이다 아양을 떨쥬. 빨갱이넘들이 뉘간디, 배만 죄금 불러 기어다닐 심만 생겨봐유. 대번에 총칼 들이대구 처내려올 판인디……. (중략) 핏줄 간에 총칼 대구 있는 핏줄이 어딨감유. 누가 모래두 난 그이들 같은 핏줄루 안 봐유. 삽자루루, 대꼬챙이루 엄한 사람들 떼루다 쥑인 인간들허구 동포는 무슨 얼어죽을 동포유. (중략) 긔야, 그이들이 그리 나오니, 이쪽에서두 앉아서 당헐 수만은 읎으니께 남아 있던 바닥빨갱이들 잡아 죽인 거쥬. 아니, 내 부모 죽인 넘들을 그냥 놔둘 수만은 읎잖유. 내유? 아, 물론 내야, 직접 험한 일 당헌 거는 읎지만서두, 어디 그런 일에 내냄이 있는감유."

그런데, 마을에서 가장 나이가 많은 '진수네 할아버지'가 들려주는 바에 따르면 반공 용사 기념비의 내력은 반공과 아무 관계가 없다. 오히려 정반대이다. 마을의 젊은이들은 인민군이 온다고 하니까 갈마산으로 도망을 가서 도장바위 깊숙이 토굴을 파고 살았다. 그러다가 인민군이 국군과 미군에게 쫓겨나갈 때 산에서 내려왔는데, 공을 세우겠다는 욕심에 인민군이 내버리고 간 총으로 무장하고 마을의 군인들에게 반갑다고 다가갔다. 이를 빨갱이로 오인한 국군은 그들을 향해 총질을 하고, 수류탄을 던져댔다. 그래서 마을의 젊은이들이 다수 죽었다. "발써 죽은 목심을 어쩔 꺼여. 그나마 멘장이 나서구, 높은 군인 대장이 들어오구, 조사를 헌다 뭐헌다 법석을 떨더니, 그냥 있기 모허니, 위로적으루 비러두 하나 세우자, 그래서, 거그다 반공 용사 순국이러구 기념비 허나 슨 거여. 알구 보면 영 싱겁기두 허구, 딱허기두 허구, 그런 셈이여."

다시 말하건대 국가권력의 주도로 이루어진 신성하고 공식적인 역사는 기억을 억압함으로써 비로소 성립이 가능해진다. 그렇기 때문에 기억이 복원되는 순간 견고한 역사의 장벽에는 균열이 일어나게 된다. 그러한 관점에서 파악하자면, 「갈마리 반공 용사 순국기념비(碣摩里 反共 勇士 殉國記念碑)」와 같은 소설 작품에서 드러나는 기억의 복원은 역사에 맞서는 한 가지 방식이라고 할 수 있다. 그러니까 '엄숙한 것들의 무덤'이라 이를 수 있는 역사의 기록에 맞서서 작가는 나름의 계산 아래 '생생한 기억'들을 되살려내는 것이다. 이러한 방식을 전면적으로 펼치고 있다는 점에서도 『890만 번 주사위 던지기』의 가벼움은 그리 만만치 않은 것임을 확인할 수 있다.

4. 작가의 자리

　엉뚱하게도 나는 『890만 번 주사위 던지기』를 일독하면서 '작가의 자리'에 대하여 잠깐 생각해 보았다. 이 생각이 엉뚱하게 느껴진 까닭은 모더니즘 특히 유럽의 아방가르드 운동이 겹쳐졌기 때문이다. 아방가르드 운동의 전사(前史)로는 입체파가 온다. 근대적인 주체에 대한 신뢰가 무너지고 위기감과 절망감이 팽배하였을 때 유럽에서는 입체파가 태동하였다.

　1907년 피카소가 발표한 〈아비뇽의 처녀들〉은 유기적 형상의 모습을 추상적인 기하학적 도형으로 분해함으로써 세잔이 대상을 형상화하는 데 원추형, 원통형, 구(球)의 형태로 환원하여 제시한 방법을 계승하면서 르네상스 이래의 원근화법과 환영주의(幻影主義)와 결별을 선언했던 것이다. 즉 인간의 신체를 삼각형이나 타원 같은 기하학적 도형으로 단순화하여 제시한 피카소의 그림은 사물을 바라보는 시점이 여러 개일 수 있으며, 그에 따라 수학적 과학적 원근법이 사물을 재현하는 유일한 원리가 아님을 설득력 있게 말한 것이다.(최유찬, 『문예사조의 이해』, 이룸, 2006, 477면)

　입체파는 지성의 자리에서 당대의 위기감과 절망을 직시하고자 하였지만, 여기 동반하는 추상성은 스스로에 대한 혼란을 동반한 바 있다. 가령 초현실주의를 보면 입체파의 영향에 프로이드의 심리학이 도입되는 순간 난해함을 피할 수 없지 않았는가. 물론 이러한 경향을 비판적으로 파악할 수는 없다. 오히려 제1차 세계대전이 끝난 뒤의 불안감을 이해하는 데 도움이 되는 바가 있다.

내가 '작가의 자리'를 떠올린 것은 그 때문이다. 이시백은 무슨 근거로 이데올로기의 바깥에서 이데올로기로 둘러싸인 세계를 바라볼 수 있는 것인가. 역사의 바깥에서 기억의 복원을 향해 나아가는 것은 어떻게 가능한가. 그러니까 안과 바깥의 경계에 걸쳐 있는 까닭에 나타날 수 있는 분열이나 혼란이 왜 조금도 엿보이지 않는 것일까, 를 묻는 것이다. 아마도 분열로 이어지기에는 스스로 설정한 자리에 대한 의지가 그만큼 확실하기 때문이 아닐까 싶다. 다시 말한다면, 작가의 세계관이 외부의 사회 현실을 압도하기 때문에 리얼리즘의 관점에서 『890만 번 주사위 던지기』를 써 내려갈 수 있었다는 것이다.

이 정도에 이르면 이시백이 선택한 '자유단편'의 의미는 분명해진다. 지금 우리는 작가의 의식과 외부 세계가 길항하여 돌파구를 찾기 어려운 시대에 살고 있다. 그래서 자본의 질서에 순응하는 경향이 쉽게 나타난다. 작가의 의식이 외부 세계에 눌려 버리는 것이다. 요즘 유행하는 가벼운, 재미있는 소설들은 대체로 이런 경향에 따른 결과물들이다. 그렇다면, 작가의 의식을 외부 세계보다 우위에 놓는 방식은 무엇일까. 전통적인 방식을 따른다면 당위적인 양상을 벗어나지 못할 터, 따라서 짧고 가벼운 그러면서도 날카로운 풍자를 동반한 글쓰기가 요청되었을 법하다.

그러니, 이제, 『890만 번 주사위 던지기』의 새로움에 대해 이렇게 정리할 수 있다. 타락한 이 세계의 가치를 견디어내는 가능성을 모색하는 과정에 발견해낸 하나의 가능성이라고. 견고한 역사의 장벽에

균열 내는 노력을 동반하고 있다고. 선 굵은 투쟁이 어렵다면 나름의 방법을 찾아나가면서 자신의 자리를 마련하는 일도 현명한 선택이라고 할 수 있다. 그런 점에서 이시백의 새로움은 반갑기만 하다. 『890만 번 주사위 던지기』는 바로 그러한 의미 위에서 읽을 수 있겠다.